RESILIENTE PERSONALSICHERUNG IM GASTGEWERBE

Sandra Rochnowski (Hrsg.)

RESILIENTE PERSONALSICHERUNG IM GASTGEWERBE

Praxisnahe Beiträge zu innovativen Lösungsansätzen für die Personalkrise

BUSCHE

1. Auflage, 2022
ISBN 978-3-89764-409-0

© 2022
Busche Verlagsgesellschaft mbH
Schleefstraße 1
D-44287 Dortmund
www.busche.de
BNR 12277

Herausgeberin: Sandra Rochnowski

Gesamtherstellung: DZS GRAFIK, d.o.o., Ljubljana (Slowenien)

Personenbezogene Hauptwörter gelten im Sinne der Gleichbehandlung grundsätzlich für alle Geschlechter (m/w/d).

Copyrights
Umschlag: © iStock.com/aleksandarvelasevic (Verlauf), jelisua88/stock.adobe.com (Köpfe),
Georg Sieslack (Porträt Rochnowski)
S. 398: © Prof. Dr. Sandra Rochnowski / S. 399: © Maximilian Christian Koydl

Vorwort

Pink ist nicht meine Lieblingsfarbe, aber sie ist ungewöhnlich in der Wissenschaft. Ich habe diese Farbe bewusst für dieses Buch gewählt, denn „PINK" als Akronym charakterisiert nicht nur dieses Werk, sondern auch mich als Persönlichkeit – P = Power, I = Innovation, N = Nachhaltigkeit und K = Kooperation – und beschreibt im Vierklang die Motivation und Zielsetzung für dieses Projekt.

Das Buch „Resiliente Personalsicherung im Gastgewerbe" ist anders und damit außergewöhnlich in seiner Art. Es ist die Antwort auf eine von mir gestellte „Verrückte-Ideen-Frage", ein existentes Werkzeug und methodisches Vorgehen, mit dem traditionelle Denkweisen bewusst durchbrochen werden. Was heißt dies im Konkreten? Die Autorinnen und Autoren dieses Buches sind meine dual Studierenden im Studiengang BWL/Tourismus der Hochschule für Wirtschaft und Recht Berlin (HWR Berlin), die Nachwuchsgeneration im Tourismus und Gastgewerbe. Ihre Ansichten, Erwartungen und Bedürfnisse begegnen mir fast täglich in meinen Vorlesungen und in persönlichen Gesprächen. Aus aktivem Zuhören ist diese Buchidee Anfang 2021 entstanden.

In meinem Vorhaben wurde ich zudem durch die Leitung einer wissenschaftlichen (Machbarkeits-)Studie für das Berliner Gastgewerbe zur Fachkräftesicherung und -bindung durch Aus- und Weiterbildungsmaßnahmen ermutigt. Fast 200 Auszubildende, Nachwuchskräfte und Fachkräfte im Gastgewerbe berichteten über ihre Erfahrungen, über die Attraktivitätsfaktoren bei ihrer Berufswahl und ihrem Berufsweg im Gastgewerbe und über die für sie wichtigen Faktoren für die Attraktivität eines Arbeitgebers. Außerdem wurde die Frage beantwortet, warum sie gegebenenfalls nach ihrer Ausbildung die Branche verlassen möchten. Diese Erkenntnisse haben mich bestärkt, dieses Buchprojekt in die Tat umzusetzen, um so mit der Branche noch intensiver in einen wertschätzenden Dialog zu treten. „Per aspera ad astra" ist eine lateinische Redewendung und heißt wörtlich übersetzt „durch das Raue zu den Sternen". Auf das Gastgewerbe übertragen – „Per aspera ad gastro" – passt diese Redensart zur aktuellen Fachkräftesituation. Vielfältige Herausforderungen, wie der demografische Wandel, die Arbeitsbedingungen im Gastgewerbe oder die Corona-Krise, verlangen nach Resilienz und somit nach Transformation der bestehenden Wirtschaftsprozesse und Denkmuster. Um einen Wandel ins Positive zu bewirken, ist es nötig, die Nachwuchsgeneration zu verstehen, wertzuschätzen, zu unterstützen und sie in betriebliche Projekte und Prozesse einzubinden. Einen anderen Weg, Fachkräfte für die Zukunft zu sichern, gibt es nicht. Die junge Generation ist unsere zentrale und nicht ersetzbare Ressource im Dienstleistungsprozess und darf der schönsten Branche der Welt nicht verloren gehen.

Mein besonderer Dank gilt meinen Studierenden, die diese Buchidee im Sommer 2021 äußerst positiv aufgenommen und als Chance gesehen haben. Mit Begeisterung wurden die Beiträge erarbeitet. Aktuelle Fragestellungen zur Fachkräftesicherung im Gastgewerbe wurden aufgegriffen und innovative Lösungsansätze beleuchtet. Dieses Werk soll der Branche als Wegweiser dienen, der dabei hilft, mit der herausfordernden Personalsituation bestmöglich umzugehen. Mit ihren Arbeiten vermitteln die Autorinnen und Autoren die Sichtweise der jungen Generation dual Studierender auf das Gastgewerbe. Sowohl Attraktivitätsfaktoren von Arbeitgebern als auch sinnvolle Marketingkonzepte zur Ansprache der Generation Z, Programme für eine wertschätzende Führung in Betrieben und Best Practices finden sich in den Beiträgen wieder.

Mein Dank gilt ebenfalls der Busche Verlagsgesellschaft, die dieses einzigartige Buchprojekt realisiert hat – sogar in der Farbe Pink. Besonders freue ich mich, dass wir mit dieser Ausgabe eine Buchreihe in Kooperation mit der HWR Berlin beginnen, die in jährlicher Erscheinungsweise fortgeführt werden soll.

Mahatma Gandhi (1869–1948) sagte einst: „Die Zukunft hängt davon ab, was wir heute tun." Die dual Studierenden der HWR Berlin haben als künftige Nachwuchskräfte im Tourismus und Gastgewerbe mit ihren Studienbeiträgen ihren Anteil geleistet. Nun liegt es an den Betrieben des Gastgewerbes, diesen Blick aufzugreifen und daraus für die Zukunft die richtigen Schlüsse zu ziehen.

Berlin, im Mai 2022   Prof. Dr. Sandra Rochnowski

Inhaltsverzeichnis

Vorwort
Prof. Dr. Sandra Rochnowski 5
Hochschule für Wirtschaft und Recht Berlin

Grußworte
Prof. Dr. Andreas Zaby 10
Präsident der Hochschule für Wirtschaft und Recht Berlin

Reinhard Meyer 12
Präsident Deutscher Tourismusverband e.V.

Dr. Alexandra Gräfin von Stosch 16
Geschäftsführerin und Unternehmenssprecherin Artprojekt Entwicklungen GmbH

Einführende Worte
Micaela Hasterok 21

Zahlen, Daten und Fakten zur Wertschöpfung und zu Beschäftig-tenzahlen in der Hotellerie, im Gastgewerbe und im Tourismus in Deutschland
Sophie Buske 22

Auswirkungen und Trends in der Reisebranche in Deutschland durch COVID-19
Sophie Buske 34

Trends im Personalmanagement
Adrienne Weinsheimer 54

New Work
Vivien Lehmann 68

Der Trend der Digitalisierung im Rahmen der Personalarbeit
Sophie Fresia 80

Fallstudien von innovativen Individualhotels/Hotelgruppen und touristischen Leistungsträgern
Mitja Valentin Dombrowski 88

Essay – Das Gastgewerbe 2050
Georg Sieslack 100

Ohne Gastgeber keine Gäste
Alexander Aisenbrey 108

Visionen für die Zukunft der Führung
Patricia Josefine Höntsch 116

Die Chancen der evolutionären Weltsicht zur Schaffung einer motivierenden Unternehmenskultur
Jasmin Khalid 130

Relevanz und Zukunftsansatz von Arbeitgeberimage und Arbeitgebermarke im Personalmarketing
Sven Behm 142

Der Einfluss des Images auf die Wahl des Arbeitgebers
Ruben Plachy 154

Mitarbeiterbindung – Entwicklungstendenzen und Herausforderungen durch die Corona-Pandemie
Sophie Müller 166

Neue Wege der Personalgewinnung – innovative Recruiting-Konzepte zur Bewerberansprache
Tim Bernhard 174

Konzepte für Mitarbeiterbindung als langfristiger Erfolgsfaktor für Unternehmen
Lea Müller 184

Mit attraktiven Themen qualifiziertes Personal gewinnen und halten
Lina Tamara Emmerich 196

Gezieltes Finden und Binden von qualifizierten Mitarbeitern
Nicole Pawletta 210

Welcome back! Wie Sie abgewandertes Personal zurückgewinnen können
Sendy Mangelmann 222

Wie können Quereinsteiger, ausländische Fachkräfte und Langzeitarbeitslose für das Gastgewerbe gewonnen werden?
Anna Paula Baumann   234

Der Faktor Nachhaltigkeit als innovativer Ansatz der Mitarbeiterbindung
Carla Schinzel   248

Wie sehen innovative Lösungsansätze im Bereich der Aus- und Weiterbildung aus?
Alexander Apitzsch   260

Konzept zur Personalentwicklung für die Dr. Lohbeck Privathotel
Studierendenprojekt der Hochschule für Wirtschaft und Recht Berlin   272

Attraktivitätsfaktoren für Nachwuchskräfte im Gastgewerbe
Zeynep Dönmezer   300

Erhebung von Attraktivitätsfaktoren der Nachwuchsgeneration im Berliner Gastgewerbe
Sandra Rochnowski und Stefan Krüger   312

Zielvereinbarungen: das Führungsinstrument der Zukunft?
Baltrun Backhaus   326

Erfolgsfaktoren der externen Unternehmenskommunikation zur Gewinnung von Nachwuchs(führungs)kräften
Pia Stransky   336

Mitarbeiter als Markenbotschafter
Jenny Gartner   346

Literatur- und Quellverzeichnis   358

Autorenverzeichnis   388

Die Perspektive der wissenschaftlichen Nachwuchskräfte

Das Studium an Hochschulen für angewandte Wissenschaften (HAW) ist von einem hohen Praxisbezug geprägt. Das äußert sich im klaren Berufsfeldbezug der Studiengänge und in der signifikanten berufspraktischen Erfahrung, über die Professorinnen und Professoren zusätzlich zu ihrer wissenschaftlichen Qualifikation verfügen müssen. Die Forschung sowie der Wissens- und Technologietransfer der HAW sind besonders anwendungsorientiert und tragen so unmittelbar zu Innovation in Wirtschaft und Gesellschaft bei. An kaum einer Stelle sind Praxisbezug und Anwendungsorientierung so eng miteinander verwoben wie im dualen Studium, denn hier sind auch die Studierenden durch ihren abgestimmten Wechsel zwischen Studien- und Praxisphasen unmittelbar Lernende an der Hochschule und im Betrieb zugleich.

Hier setzt das Werk „Resiliente Personalsicherung im Gastgewerbe" an. Es gelingt der Herausgeberin, Frau Prof. Dr. Sandra Rochnowski, eine logisch miteinander verknüpfte Reihe an Beiträgen zusammenzustellen, die in wissenschaftlich und methodologisch fundierter Weise aktuelle Herausforderungen der Praxis des Gastgewerbes adressieren und wichtige Impulse zu ihrer Lösung entwickeln. Das entspricht nicht nur in vollem Umfang der strategischen Ausrichtung von HAW im Allgemeinen, sondern trägt im Speziellen auch dazu bei, dass Studierende des dualen Studiums Betriebswirtschaftslehre/ Tourismus an der Hochschule für Wirtschaft und Recht Berlin im Rahmen des Studiums selbst forschend tätig sind und publizieren, denn es sind die Studierenden, die hier ganz wesentlich die Autorenschaft übernommen haben.

Es besteht kein Zweifel, dass das Gastgewerbe durch das Pandemiegeschehen einen gravierenden Einbruch erlitt, dessen Ende sich zum jetzigen Zeitpunkt noch nicht absehen lässt. Die entstandene Krise konnte in Deutschland durch verschiedene staatliche Maßnahmen gedämpft werden, gleichwohl führt sie zu einer Transformation der Branche, die die Branchenstruktur und zukünftige Geschäftsmodelle langfristig verändern wird. Das Gastgewerbe wird, davon gehen zahlreiche Experten aus, nie wieder so sein, wie es vor der Pandemie war.

Besonders deutlich wird der transformative Effekt im Bereich des Personalmanagements. In wohl kaum einem Wirtschaftssektor hat es in so kurzer Zeit so erhebliche Verwerfungen bei den Beschäftigtenzahlen gegeben wie im Gastgewerbe. Während das Gastgewerbe lange Zeit als Job-Motor galt und in großem Umfang junge Menschen ausbildete, kehrte sich dies während der Corona-Krise um. Ein großer Teil der Beschäftigten fand Anstellung in anderen Branchen, zum Beispiel dem Einzelhandel, und wird nur unter Anstrengungen zurückzugewinnen sein. Die stark zurückgegangenen Ausbildungszahlen werden ebenfalls zum prognostizierten Fachkräftemangel im Gastgewerbe beitragen.

Noch ist nicht vorhersehbar, wie sich die Erfahrungen mit Homeoffice und virtuellen Besprechungen, Tagungen und Kongressen langfristig auswirken werden. Es ist jedoch nicht unrealistisch, anzunehmen, dass sich die Bereiche Touristik und Business-Travel dauerhaft verändern. Auch diese Entwicklungen werden Implikationen für die Angebote der Unternehmen des Gastgewerbes und damit auch für deren Personalarbeit mit sich bringen.

Dieses Werk widmet sich der Auslotung verschiedener Lösungsansätze für die entstehende Personalkrise. Ohne innovative Ansätze wird man der schwierigen Situation nicht begegnen können. Es ist daher besonders zu begrüßen, dass in diesem Buch Studierende und damit die zukünftigen Fach- und Führungskräfte zu Wort kommen, um ihre Forschungsergebnisse und ihre kreativen Ideen einzubringen.

Ich bin überzeugt, dass dieses Werk bei Entscheidungsträgern im Gastgewerbe ebenso positiv aufgenommen werden wird wie in der wissenschaftlichen Community. Der nun entstehenden Reihe in der Busche Verlagsgesellschaft wünsche ich eine große Nachfrage und den beteiligten Studierenden wünsche ich ein erfolgreiches Studium und, trotz des aktuell schwierigen Umfelds, einen guten Start in den Beruf.

Prof. Dr. Andreas Zaby
Präsident der Hochschule
für Wirtschaft und Recht Berlin

Das wertvollste Kapital der Hotel- und Tourismusbranche

Die Fach- und Arbeitskräfte im Tourismus sind das wertvollste Kapital, das die Branche aufzubieten hat. Vielen Akteuren dieses Wirtschaftszweigs ist das nicht erst durch die Corona-Pandemie und ihre tiefgreifenden Auswirkungen auf die Tourismusbranche klar geworden. Aber die Dramatik der Lage, die zum Teil existenzielle unternehmerische Folgen hat, ist dennoch vielfach erst wirklich greifbar geworden, als nach Monaten des Lockdowns und der Kurzarbeit nicht mehr nur einzelne, sondern viele Beschäftigte aus dem Tourismus in andere Betriebe und Branchen abgewandert sind. Es ist davon auszugehen, dass viele Mitarbeitende der Branche für immer den Rücken gekehrt haben. Aus dem Fach- und Arbeitskräftemangel ist vor allem in serviceintensiven Segmenten wie der Gastronomie und der Hotellerie eine handfeste Personalkrise geworden.

Die Gründe sind vielfältig. Selten hört man in Gesprächen mit Mitarbeitenden im Tourismus Frustration über den Beruf an sich. Die Menschen, die im Tourismus arbeiten, tun ihre Arbeit zumeist gern. Sie schätzen den direkten und persönlichen Umgang mit Menschen, die vielfältigen Einsatz- und Entwicklungsmöglichkeiten in ihrem Beruf, die Kreativität sowie die Abwechslung und Leidenschaft, die gerade in der Gastronomie gefragt ist. Sie haben eine hohe Servicebereitschaft, wollen die Gäste von ihrem Service begeistern und ihnen schöne Erlebnisse bereiten.

Was nicht stimmt, sind die Rahmenbedingungen. Eine vergleichsweise geringe Bezahlung und schlechte Work-Life-Balance werden als wichtigste Gründe genannt. Teilweise mangelnde Wertschätzung durch Arbeitgeber oder Gäste, zu teure Wohnmöglichkeiten in Tourismusdestinationen, hoher Druck, viele Überstunden, schlechte Planbarkeit und die Tatsache, dass oftmals gerade dann besonders viel Arbeit ansteht, wenn die meisten anderen Ruhe- und Feiertage genießen wollen, sorgen für Frustration und Desillusionierung.

All diese Punkte sind hinlänglich bekannt in der Branche. Seit Jahren rückläufige Auszubildendenzahlen und eine hohe durchschnittliche Fluktuation der Mitarbeitenden in bestimmten Segmenten sind nichts Neues. Diese Probleme werden auch wahrgenommen. Aber wurden sie in ihrer gesamten Konsequenz bisher auch wirklich ernst genommen? Die Schuld bei den Auszubildenden selbst und den Berufsschulen zu suchen und eine schlechte Vorbereitung auf den Beruf zu unterstellen, ist falsch.

Wo also ansetzen? Klar ist, dass Imagekampagnen nicht ausreichen werden, weil es um Grundsätzliches geht.

Was also tun? Lösungen sind im Kleinen wie im Großen gefragt. So lohnt der Blick auf engagierte Betriebe, die sich mit der Problematik auseinandergesetzt und individuelle Lösungen für bessere Arbeitsbedingungen und für das Recruiting neuer Mitarbeitender gefunden haben. Solche betrieblichen Lösungen gilt es, bekannter zu machen. Denn schließlich ist jeder Betrieb aufgefordert, sich im Wettbewerb als attraktiver Arbeitgeber zu beweisen und zu behaupten. Aber es braucht darüber hinaus auch gesellschaftliche Debatten und Antworten. Ein höherer Mindestlohn von 12 Euro als unterste Lohngrenze gehört zweifelsohne dazu. Aber auch die Frage nach einer besseren Bezahlung ist nur ein Teilaspekt eines notwendigen Veränderungsprozesses der gesamten Branche.

Prof. Dr. Sandra Rochnowski hat sich gemeinsam mit dual Studierenden des Studiengangs Tourismus an der Hochschule für Wirtschaft und Recht Berlin genau diesen notwendigen Veränderungsprozessen gewidmet und Theorie und Praxis vernetzt. Ergebnis ist dieses Buch, ein Vorzeigeprojekt und Wegweiser für die Branche, in dem die Studierenden praxisnah aktuelle Fragestellungen aufgreifen, Best Practices präsentieren und Lösungsansätze zusammenstellen.

Elementar an diesem Projekt ist, dass dem touristischen Nachwuchs selbst eine Stimme gegeben wird. Die Generation Z kommt zu Wort, die Generation, die dem Tourismus Zukunft gibt und die die Tourismuszukunft ausmacht. Sie beantwortet die Fragen selbst, welche Faktoren in ihren Augen einen Arbeitgeber attraktiv machen, wie der touristische und gastgebende Nachwuchs angesprochen und begeistert werden kann und wie wirkliche Wertschätzung für das wertvollste Kapital eines Betriebs, seine Mitarbeitenden, ausgedrückt und gezeigt werden kann. Gleichzeitig treten die Studierenden mit diesem Buch in einen direkten Dialogprozess mit der Branche. Dabei beweisen sie hohe fachliche Kompetenz und legen gleichzeitig Beleg dafür ab, wie wichtig auch die touristische Ausbildung im Hochschulbereich, die Tourismus-forschung und die Vernetzung der Hochschulen mit der Branche für die Zukunft des Tourismusstandorts Deutschland ist.

Allen, die dieses Buch zur Hand nehmen, wünsche ich eine interessante Lektüre. Profitieren Sie von den hier vorgestellten Anregungen, Ideen und Lösungsansätzen im bestmöglichen Sinn. Vor allem aber: Nutzen Sie die Gelegenheit und kommen Sie mit der Nachwuchsgeneration hierüber ins Gespräch! Nur wenn wir dem Tourismusnachwuchs Gehör schenken und auch seine Anregungen ernst nehmen, werden die notwendigen Veränderungsprozesse in die richtige Richtung gehen und die Berufsbilder in der Branche attraktiv, vielfältig und damit zukunftsfähig gestaltet werden können.

Reinhard Meyer
Präsident Deutscher
Tourismusverband e.V.

Duales Studium an der HWR Berlin

- Staatliche Hochschule mit rund 11.500 Studierenden und mehr als 180 Partnerhochschulen weltweit.

- Mit über 2.000 Studierenden **die größte Anbieterin für duales Studium** in Berlin und Brandenburg.

- Studierende wechseln alle drei Monate zwischen Theoriephasen an der Hochschule und Praxisphasen in ihrem Unternehmen.

Studiengang BWL / Tourismus

Studienabschluss	**Bachelor of Arts (B. A.)**
Studienform	**Dual**
Regelstudienzeit	**6 Semester (inkl. Praxisphasen)**
Studienbeginn	**Wintersemester (01.10.), ersten drei Wochen Betriebsphase**
Schwerpunkte	**Hotelmanagement / Destinationsmanagement / Reiseveranstalter**

www.hwr-berlin.de

Zukunftsfähigkeit wird durch Transformation erreicht

Was wollen die Mitarbeitenden von heute und die von morgen? Die Welt muss sich ändern, forderte Greta, und nun tut sie es – eher unfreiwillig. Corona ist ein Transformationsmotor für viele Bereiche: Das kommt der jungen Generation entgegen in ihren eigenen Ansprüchen an Sinn: Weltrettung mit Genuss, ohne Askese. Die viel bemühte Work-Life-Balance ist eigentlich auch obsolet, denn Leben und Arbeiten ist eins, dank digitalem Nomadentum.

Dabei gilt immer noch: Personal ist die Seele eines jeden Unternehmens, insbesondere dort, wo es sich um Gäste kümmert. Wie verbindet man diese individuellen Ansprüche nun mit der nötigen Dienstleistungshaltung?

Dazu gehört vor allem der sorgsame Umgang mit Mitmenschen und Umwelt, mit großer Sensibilität. Der Anspruch auf reines Funktionieren ist out. Man muss genau hinhören, was richtig ist für die jeweilige Situation der oder des Einzelnen. Das erfordert Zeit, Geduld und Flexibilität. Gleiche Regeln für alle ist ungerecht. Vielleicht muss es eine 4-Tage-Woche für die alleinerziehende Mutter sein, oder es braucht modulare Arbeitszeiten für den dual Studierenden. Es bleibt eine logistische Herausforderung, die pro Gastro-Outlet wohl eigene Algorithmen erfordert. Der neue Ansatz ist eine Mischung aus Individualisierung und Digitalisierung.

Wir nennen es „Curated Future": Zukunftsfähigkeit erreicht man durch Nachhaltigkeitstransformation. So leben wir seit 2021 das regionale 70/70-Prinzip in unseren Gastronomien: 70 % all dessen, was auf dem Teller ist, kommt aus einem Umkreis von maximal 70 km, zum Teil aus eigenem Anbau und aus der eigenen Fischerei. Wir engagieren uns aktiv für Naturschutz, sind Mitglied der Unternehmensstiftung des NABU International, unterstützen Vogelschutzprojekte nicht nur in Brandenburg, sondern auch in Ruanda, wo wir auch einen Ableger unseres Food Campus planen. Der Food Campus Berlin wird in einem ganzheitlichen Ansatz die Ernährung der Zukunft erforschen und produzieren. Wir bewegen uns hier zwischen den Polen Tradition und Innovation, zwischen kulinarischer Landwirtschaft und alternativen Proteinen aus Pflanzen und Zellkulturen als Beitrag für Planetary Health zur Klimarettung.

Nur durch gelebte Glaubwürdigkeit schaffen wir als Arbeitgeber Vertrauen, das wiederum langfristige Bindungen bei den Mitarbeitenden und resiliente Personalstrukturen bildet. Vertrauen muss belastbar sein. Das Schlimmste bei einer Krise, wie sie durch Corona und Lockdowns bedingt wurde, ist die Verunsicherung, die Angst. Auch wir mussten in unseren fünf Restaurants in Brandenburg unsere 100 Mitarbeitenden in Kurzarbeit schicken. Als Arbeitgeber vor Ort bemühen wir uns um ortsansässige Fachkräfte, sie sind die besten Botschafter unserer Gerichte und wissen auch genau, wie man sie vermittelt. Um sie zu halten, haben wir ihre Kurzarbeit in der Lockdownzeit zu 100 % aufgestockt, wodurch wir vergleichsweise geringe Personalverluste hatten. Aber darauf können wir uns nicht ausruhen, auch in Hinblick auf die anstehenden Bad Saarower Hotelprojekte wie das Marina Resort by David Chipperfield am Westufer des Scharmützelsees, weshalb wir ständig über neue Mitarbeiterkonzepte nachdenken: bezahlbare Mitarbeiterwohnungen mit eigener Kita, Pool und Freizeitangeboten, attraktive Ausbildungs- und Coachingangebote, flexible Arbeitszeiten – bis hin zu einer Hotel- und Gastro-Akademie auf dem Food Campus mit Dependance in Bad Saarow.

Auch in Berlin sind gute Mitarbeitende aller Fachbereiche rar. Hier lernen wir viel durch die Start-up-Kultur in Berlin und insbesondere durch die Food-Start-ups, die wir auf dem Food Campus ansiedeln werden: Flexibilität und individuelles Arbeiten mit digitalen Strukturen sind zunehmend wichtiger als Status und Gehalt. Ganz zentral für den Zusammenhalt einer so disparaten Gruppe mit unterschiedlichen Strukturen ist die Verbindung auf einer Ebene jenseits der Arbeit, bspw. durch Mitarbeiter-Events bei außergewöhnlichen Kunst- und Kulturexkursionen, Unterstützung bei der Mitgliedschaft in Kulturfördervereinen, gemeinsamen Festen, eigenen Initiativen wie einem Mitarbeiterchor oder gemeinsamen Workouts. Die Umwelt-BVG-Karte ist ja schon Standard. Für mehr Beteiligung und um alle auf dem gemeinsamen Weg des Wachstums und der Transformation mitzunehmen, gibt es bereichsübergreifende Taskforces für Nachhaltigkeit, für New Work & Digitalisierung sowie künftig ein Strategie-Kuratorium mit Vertreterinnen und Vertretern aus allen Bereichen, die sich um die Umsetzung der „Curated Future"-Exzellenz-Offensive kümmern. Diese internen Gremien entstanden auf Initiative der Unternehmensneuzugänge, die hiermit die Möglichkeit haben, sich schon früh aktiv einzubringen. Unsere Personalstruktur lebt stark von dem Austausch mit Werkstudierenden und dem engen Draht zu Wissenschaft sowie Berliner und Brandenburger Universitäten. Nur so können wir den Innovationsanspruch erfüllen, der uns zukunftsfähig macht. Dieses Projekt, bei dem Studierende während ihres Studiums Lösungsansätze für die aktuellen Herausforderungen im Personalbereich im Gastgewerbe erarbeiten, finde ich wichtig und zielführend. Der Nachwuchsgeneration dadurch eine Stimme zu geben, als Arbeitgeber mit ihr in den Dialog zu treten und gemeinsam über Lösungswege zu diskutieren, ist ein zentraler Ansatz zur Problemlösung.

Daher bedanke ich mich bei Frau Prof. Dr. Sandra Rochnowski für die Einladung zu diesem Grußwort und freue mich auf die weitere Zusammenarbeit.

Dr. Alexandra Gräfin von Stosch
Geschäftsführerin und Unternehmenssprecherin
Artprojekt Entwicklungen GmbH

Edles Design,
exklusive Vielfalt.

Mit der Gourmet-Linie im edlen Facetten-Design bietet Staatl. Fachingen Mineralwasser-Genuss auf höchstem Niveau. Eine exklusive Vielfalt in den attraktiven Sorten MEDIUM, STILL und NATURELL – und diese in den Gastronomie-Gebinden 0,25l, 0,5l und 0,75l. Da bleiben beim Geschmack und den Einsatzmöglichkeiten keine Wünsche offen. Abgerundet wird das Angebot durch eine hochwertige Gastronomie-Ausstattung, die der Qualität der Gourmet-Linie in nichts nachsteht. Darüber hinaus wird die Marke kontinuierlich kommunikativ und durch individuelle Maßnahmen für die Hotellerie und Gastronomie unterstützt.

Das Wasser. Seit 1742.

Achtsamkeit ist das zukunftsweisende Wort

Als Unternehmer, Vorbildhaltung, nicht Funktion.
Offenes Ohr, respektvoller Ton.
Wenn man etwas Gutes möchte,
muss man auch bereit sein, Gutes zu geben.
Verantwortung leben.
Der Jugend eine Stimme geben.
Sie ist Zukunft.
Sie hat Visionen.
An sie zu glauben, wird sich lohnen.
Aufeinander zugehen.
Miteinander sprechen.
Neue Wege beschreiten.
Alte Muster durchbrechen.
Neue Zeit. Neues Ziel. Service – ist nicht nur ein Wort.
Herz, Verstand und fleißige Hand.
Wertzuschätzen die neue Generation.
Mit freundlichem Umgang, respektvollem Ton.
Zukunftsweisende Wege ebnen.
Dann ist der perfekte Service für uns ALLE unser Lohn.
Neue Generation.
Neue Zeit.
Die Jugend ist dafür bereit!

Micaela Hasterok

Zahlen, Daten und Fakten zur Wertschöpfung und zu Beschäftigtenzahlen in der Hotellerie, im Gastgewerbe und im Tourismus in Deutschland

von Sophie Buske

1 Einleitung

„Die Tourismuswirtschaft erfüllt den Wunsch und das Bedürfnis der Bürger nach Mobilität, Erholung, Erlebnissen und Völkerverständigung" (Bundesministerium für Wirtschaft und Energie (BMWi) 2017, S. 7). Im vergangenen Jahrzehnt war die Tourismusbranche vor allem von Wachstum geprägt. Die Reiseausgaben der Deutschen stiegen Jahr für Jahr deutlich an. Im Jahr 2019 gaben die Deutschen insgesamt 69,5 Milliarden Euro aus. Damit galt der Tourismus als Wachstumsbranche der deutschen Wirtschaft (Deutscher Reiseverband (DRV) 2021, S. 4). Doch nicht nur die hiesige Wirtschaft profitiert vom Reiseverhalten der Deutschen. Auch Entwicklungs- und Schwellenländer generieren aufgrund der touristischen Aktivitäten der Deutschen Wertschöpfung und Beschäftigung in beträchtlichem Maße. Über 700 000 Menschen können in diesen Ländern aufgrund der Reisenden aus Deutschland beschäftigt werden. Zudem bleibt ein großer Teil von dem, was die

Urlauber während ihrer Reisen in den Entwicklungs- und Schwellenländern ausgeben, vor Ort. Hierbei handelt es sich um eine Summe von knapp sieben Milliarden Euro. Dies verdeutlicht, dass der Tourismus nicht nur eine Freizeitbeschäftigung ist, sondern auch ein bedeutsamer Wirtschaftsfaktor, sowohl im eigenen Land als auch in vielen wenig entwickelten Ländern dieser Welt. Mithilfe der erwirtschafteten Gelder kann Infrastruktur aufgebaut und verbessert, Arbeitsplätze können geschaffen und der Wohlstand der Bevölkerung kann gefördert werden. Zusätzlich trägt das durch den Tourismus geschaffene Einkommen dazu bei, dass die regionalen Wirtschaftskreisläufe vor Ort gefördert werden und somit auch über die Tourismuswirtschaft hinaus Beschäftigung generiert werden kann, beispielsweise in Handwerk, Landwirtschaft und Handel (Bundesverband der Deutschen Tourismuswirtschaft (BTW) 2015, S. 26).

Bis vor Beginn der Krise trug die Tourismuswirtschaft maßgeblich zur guten Lage auf dem Arbeitsmarkt in Deutschland bei. Gerade auch in ländlichen Regionen wurden Arbeitsplätze durch Reisebüros und Reiseveranstalter, Gastronomie, Hotellerie, Busreisebetriebe und Freizeitparks geschaffen. Aufgrund der komplementären Struktur der Arbeitsplätze im Tourismus zu denen der Automobilindustrie oder des Maschinenbaus gilt diese Struktur als notwendig, um die Ausgewogenheit der politischen Maßnahmen und die Akzeptanz in der Bevölkerung sicherzustellen (Kempermann/Lichtblau 2020, S. 4). Als eine der wenigen Branchen ist das Gastgewerbe in fast allen Regionen Deutschlands vertreten (Deutscher Hotel- und Gaststättenverband (DEHOGA) 2017, S. 3).

Mit mehr als 221 000 Betrieben in Hotellerie und Gastronomie trägt das Gastgewerbe grundlegend zur Lebensqualität und Standortattraktivität in Deutschland bei. Somit gilt die Branche als unverzichtbarer Teil des öffentlichen Lebens. Neben ihrer Wirtschaftskraft und Dynamik leistet das Gastgewerbe wertvolle Beiträge zum sozialen Zusammenhalt der Gesellschaft (DEHOGA 2017, S. 3). Rund 60 Milliarden Euro Umsatz wurden im Jahr 2020 im deutschen Gastgewerbe erwirtschaftet. In Zeiten vor der Corona-Pandemie lagen die Umsätze noch bei mehr als 93 Milliarden Euro (DEHOGA 2021a). Das Gastgewerbe ist außerdem eine der ausbildungsstärksten Branchen Deutschlands. Dennoch zählt sie auch zu jenen Wirtschaftszweigen, die am stärksten unter Arbeitskräfteengpässen leiden. Von der anhaltenden Pandemie wird diese Problematik beschleunigt. Vor allem an dieser Stelle gilt es, mit innovativen Lösungsansätzen die Branche wieder zu stärken und ihre Attraktivität zu steigern. Hierbei sollten aktuelle Megatrends wie derzeit Digitalisierung und Nachhaltigkeit bei der Entwicklung neuer potenzieller Geschäftsmodelle berücksichtigt werden.

$\wp$

2 Wirtschaftliche Bedeutung des Tourismus/ Gastgewerbes in Deutschland

In Deutschland sind rund 3 Millionen Erwerbstätige direkt in der Tourismuswirtschaft beschäftigt. Das macht 6,7 % aller Arbeitsplätze im Jahr 2019 aus (Deutscher Tourismusverband (DTV) 2021, S. 4). In dem Jahr wurden 495,6 Millionen Übernachtungen in Deutschland verbucht. Das sind knapp 100 Millionen Übernachtungen mehr als beispielsweise im Jahr 2011 (393,2 Millionen). Auch bei den Umsätzen im Gastgewerbe gab es bis zuletzt einen kontinuierlichen Anstieg. So wurden 93,9 Milliarden Euro im Jahr 2019 erwirtschaftet (DEHOGA 2021a). Aufgrund der hohen touristischen Nachfrage wird eine direkte Bruttowertschöpfung von grob geschätzt 120 Milliarden Euro generiert, was knapp 4 % der gesamten Bruttowertschöpfung der deutschen Volkswirtschaft ausmacht (Kempermann/Lichtblau 2020, S. 10). Somit leistet der Tourismus einen höheren Beitrag als Maschinenbau oder Einzelhandel und ist aus diesem Grund nicht nur ein bedeutsamer Wirtschaftsfaktor, der unter anderem die lokale Wirtschaft fördert, sondern auch ein Stellenförderer, der attraktive Arbeitsplätze schafft und zum Erhalt der Kultur einer Region beiträgt (DTV 2021, S. 4f.). Auch andere Wirtschaftsbereiche wie Handel, Handwerk oder Landwirtschaft profitieren von den positiven Impulsen des Tourismus. Durch den Einkauf von sogenannten Vorleistungen aus anderen Branchen, zu denen beispielsweise Dienstleistungen am Flughafen, Lieferungen von Bäckereien an Gaststätten oder Renovierungsarbeiten durch Handwerker im Hotel gehören, ist die Tourismuswirtschaft zusätzlich ein relevanter Absatzmarkt. Aus diesem Grund sollten bei den Berechnungen die indirekten Effekte durch Vorleistungskäufe berücksichtigt werden, da diese den Wirtschaftskreislauf in anderen Bereichen anstoßen. Werden diese induzierten Effekte berücksichtigt, kommen weitere 76 Milliarden Euro Bruttowertschöpfung und 1,25 Millionen Beschäftigte hinzu, die indirekt aus dem Tourismus resultieren (BMWi 2017). Somit wird direkt oder indirekt eine Wertschöpfung von rund 206 Milliarden Euro im deutschen Tourismus erwirtschaftet. Dies macht 6,7 % der gesamten Wirtschaftsleistung aus (Kempermann/Lichtblau 2020, S. 11).

3 Auswirkungen von COVID-19 auf die Branche

„Die deutsche Tourismusbranche ist früher, stärker und bereits jetzt länger als alle anderen Branchen von der Covid-19-Krise betroffen. Es ist zurzeit nicht absehbar, wann die Krise enden wird." (Kempermann/ Lichtblau 2020, S. 4)

Seit Anbeginn der Corona-Pandemie Anfang März 2020 verzeichnet das Gastgewerbe historische Umsatzeinbrüche, die für viele Betriebe zur Existenzgefährdung führen (März -43,8, April -75,3, Mai -63,2, Juni -41,4). Laut dem Statistischen Bundesamt und den Berechnungen des Deutschen Hotel- und Gaststättenverbands (DEHOGA) belaufen sich die Umsatzverluste im Gastgewerbe für den Zeitraum von März 2020 bis Juni 2020 auf 17,6 Milliarden Euro. Dabei handelt es sich nach 10 Wachstumsjahren um die größten Umsatzeinbrüche seit dem Zweiten Weltkrieg. Allein im ersten Halbjahr 2020 sanken die Umsätze um nominal 38,5 % (real -39,7 %). Die höchsten Umsatzverluste aller gastgewerblichen Segmente verzeichnet das Beherbergungsgewerbe mit -48,2 % im ersten Halbjahr 2020. Die Gastronomie inklusive Caterer hatte Einbußen von 33,1 % im ersten Halbjahr 2020. Somit belief sich der Nettoumsatz im Gastgewerbe im Jahr 2019 auf 93,6 Milliarden Euro (DEHOGA 2020, S. 4f.). Hochgerechnet betragen die wirtschaftlichen Verluste der Tourismusbranche von März bis Dezember 2020 insgesamt 68,7 Milliarden Euro. Diese setzen sich aus fehlenden Umsätzen von 34,7 Milliarden Euro aus dem Übernachtungstourismus und 34 Milliarden Euro fehlenden Umsätzen aus dem Tagestourismus zusammen. Im Vorkrisenjahr 2019 wurde noch ein Hoch von 495,6 Millionen Übernachtungen verzeichnet, das jedoch aufgrund der pandemischen Entwicklungen und durch die vom Bund beschlossenen Maßnahmen nicht von langer Dauer war. Im Gegenteil – die Übernachtungszahlen erreichten ein Rekordtief von nur noch 302,3 Millionen. Das ist ein Rückgang um ungefähr 39 % (DTV 2021, S. 6ff.).

Mit der sinkenden oder fehlenden touristischen Nachfrage sind nun auch viele Arbeitsplätze in Gefahr, die es zu retten gilt. Ein Großteil der Arbeitsplätze konnte im letzten Jahr durch Kurzarbeitergeld gesichert werden, sodass im April 2020 die Kurzarbeit historische Höchstwerte erreichte (April 663 138 Personen) (DEHOGA 2020, S. 13). Im Gastgewerbe waren im Juni 2021 noch immer 331 000 Beschäftigte in Kurzarbeit, Tendenz sinkend. Derzeit betrifft diese Beschäftigung knapp ein Drittel aller im Gastgewerbe Tätigen (Deutsches Wirtschaftswissenschaftliches Institut für Fremdenverkehr (dwif) 2021a). Kurzarbeit dient in Krisenzeiten vor allem der Stabilisierung von Beschäftigten und Einkommen. So wird aus ökonomischer Sicht ein Anreiz gesetzt, Arbeitskräfte zu halten, die sonst womöglich entlassen worden wären. Mit dem Einsatz von Kurzarbeit gehen auch einige Vorteile einher. So können beispielsweise gut eingearbeitete Beschäftigte in den Betrieben erhalten bleiben, wodurch zusätzlich spezifisches Humankapital gesichert wird. Außerdem können Betriebe so auch Entlassungs- und Wiedereinstellungskosten vermeiden und die Liquidität durch die aufgrund der Kurzarbeit entstehende geringere Lohnsumme stärken (ifo Institut 2021, S. 11). Allerdings war das Kurzarbeitergeld nicht für alle die Rettung. Viele Minijobber und studentische Aushilfen wurden in dieser Zeit entlassen. Die Zahl der sozialversicherungspflichtig Beschäftigten war bereits im Juni 2020 um über 7 % im Vergleich zum Vorjahresmonat gesunken. Im April 2021 wurde ein Rückgang von rund 8 % verzeichnet. Die Zahl der ausschließlich geringfügig Beschäftigten ist sogar um fast ein Fünftel zurückgegangen. Im Branchenvergleich ist das Gastgewerbe neben der Veranstaltungsbranche somit der größte Verlierer (dwif 2021a). Für alle anderen Branchen gab es sogar einen Anstieg der sozialversicherungspflichtig Beschäftigten um 1,1 %. Die Krise führt außerdem dazu, dass viele Mitarbeiter die Branche dauerhaft verlassen. Viele Fach- und Saisonkräfte nehmen das Gastgewerbe aufgrund der verhängten Lockdowns und der damit verbundenen Kurzarbeit nicht mehr als sicher wahr, sodass sie sich eher in krisensicheren und systemrelevanteren Berufen in der Logistik oder dem Einzelhandel umschauen (dwif 2021b). Das liegt auch an der fehlenden Planungssicherheit aufgrund wechselnder und unterschiedlicher Verordnungen sowie an den von der Politik teilweise zu kurzfristigen Ankündigungen in Bezug auf staatliche Hilfen (Buchhorn 2021a). Das Gastgewerbe ist somit stark von Arbeitslosigkeit betroffen. Im Zeitraum von April bis Juli 2020 meldeten sich 36 000 (72 %) Menschen mehr arbeitslos als im Vorjahr (DEHOGA 2020, S. 14). Bereits zu Beginn des Jahres haben sechs von zehn Betrieben dies gespürt oder erwartet. Aus einer

Umfrage des DEHOGA geht hervor, dass der Fachkräftemangel für rund 80 % der Betriebe ein Problem darstellt (Freizeit Verlag 2021).

4 Herausforderungen für die Branche

Die Herausforderungen für die Branche sind hoch – zum einen aufgrund der pandemischen Lage und zum anderen aufgrund des Fachkräftemangels. Im Oktober 2021 meldeten 58,2 % der Betriebe noch Umsatzverluste von teilweise mehr als 30 %. Vor allem die Tagungshotellerie, die Eventcaterer und die Betriebsgastronomie gehören weiterhin zu den Umsatzverlierern. Hingegen berichten 41,8 % der Unternehmer von stabilen bzw. sogar höheren Umsätzen, die von einer starken touristischen sowie privaten Nachfrage geprägt sind. Dem Weihnachts- und Silvestergeschäft 2021 sahen die Gastronomen und Hoteliers mit gemischten Gefühlen entgegen. Nur 18,8 % waren positiv bis sehr positiv gestimmt, 33,4 % zeigten sich neutral. Negativ oder sogar sehr negativ blickte fast jeder zweite Unternehmer (47,9 %) auf die letzten Wochen des Jahres. Dies ist auf die aktuelle Buchungslage zurückzuführen. Die meisten der Unternehmer (72,1 %) bewerteten die Lage schlechter als im Jahr 2019. Es wurde erhofft, dass die Anzahl an Reservierungen noch anzieht und das Jahresendgeschäft noch deutlich zunimmt, da Weihnachten und Silvester traditionelle Ausgehzeiten sind und in dieser Saison normalerweise hohe Umsätze erwirtschaftet werden können. Zusätzlich wurden die Aussichten durch die sich wieder zuspitzende Corona-Lage und die damit verschärften Zugangsregelungen getrübt. Durch die Verschlechterung der pandemischen Situation befürchtete über die Hälfte der Betriebe (63,5 %) die verpflichtende Einführung der 2G-Regelung. Aktuell wenden 66,4 % der Betriebe die 3G-Regelung an. Doch auch hier verzeichnen 31,4 % der Unternehmen bereits jetzt Umsatzausfälle aufgrund der zwischenzeitlichen Abschaffung der kostenfreien Testmöglichkeiten (DEHOGA 2021b). Nicht nur das Gastgewerbe selbst ist stark von den Auswirkungen der Pandemie betroffen, auch 85 % der Zulieferfirmen sind stark bis sehr stark betroffen. Im Corona-Jahr 2020 beliefen sich die Umsatzeinbußen der Partner auf durchschnittlich 37 %, in den Lockdown-Monaten Januar und Februar auf 46 % (DEHOGA 2021b).

Schon in Zeiten vor der Pandemie litt die Branche auch aufgrund von unattraktiven Arbeitszeiten, Löhnen und regionalen Unterschieden unter Personalnot. Gerade während des Lockdowns fanden Arbeitskräfte in den Städten sowie in anderen Branchen problemloser eine neue Arbeitsstelle als in den Ferienregionen, wo die Tourismusbranche als Arbeitgeber dominiert, was auch die großen regionalen Unterschiede im Rückgang der Beschäftigten erklärt (dwif 2021b). Voraussichtlich wird sich die Personalsituation nicht zeitnah wieder entspannen, da zum einen eine Rückkehr der abgewanderten Fachkräfte kaum zu erwarten ist und zum anderen immer weniger junge Menschen nachkommen (dwif 2021b). Gerade in der Hochsaison hatte das Gastgewerbe vielerorts mit Personalschwund zu kämpfen. Rund 275 000 Hotel- und Gastronomie-Mitarbeiter haben deutschlandweit im vergangenen Jahr die Branche verlassen. Das ist jeder sechste Beschäftigte. Einen Grund dafür sieht die Gewerkschaft Nahrung-Genuss-Gaststätten (NGG) in den Einkommenseinbußen durch die Kurzarbeit sowie in der unsicheren Perspektive durch die Corona-Krise. Rund 9000 Köche, Servicekräfte und Restaurantmitarbeiter haben allein in Sachsen die Stelle gewechselt, in Sachsen-Anhalt waren es 4300 und etwa ebenso viele in Thüringen. Demnach fehlen besonders Köche und qualifiziertes Servicepersonal beim Neustart. Zudem sind die Saisonarbeitskräfte aus dem Ausland und die studentischen Hilfskräfte noch nicht alle wieder zurück (Raatz 2021).

Zum Fachkräftemangel kommt noch erschwerend hinzu, dass bereits seit 2007 die Zahl der Ausbildungsverhältnisse im Gastgewerbe rückläufig ist. Nur rund 17 000 neue Ausbildungsverträge wurden 2020 geschlossen, was verglichen zum Vorjahr einen Rückgang um fast ein Viertel bedeutet (Deutsche Industrie- und Handelskammer (DIHK) 2021). Im Vergleich zum Jahr 2019 ist im Pandemiejahr auch die Zahl der bereits bestehenden Ausbildungsverhältnisse um durchschnittlich etwa 11 % zurückgegangen, während der Anteil unbesetzter Ausbildungsstellen auf 21 % anstieg. Davon waren besonders die Berufe Hotelkaufmann und Hotelfachmann mit Rückgängen von 16 bzw. 14 % betroffen. Im Jahr 2021, nach knapp 18 Monaten Pandemie, waren es nur noch rund 24 000 Ausbildungsplätze, von denen 6500 unbesetzt waren, wobei die Quote der Vertragslösungen unberücksichtigt bleibt. Ursachen dafür sind neben der azubi- oder arbeitgeberbedingten Beendigung des Arbeitsverhältnisses und der Pandemie unter anderem das sinkende Interesse der Schüler und die zunehmende Skepsis der Eltern, ob sich eine Ausbildung für ihr Kind in der jeweiligen Branche noch eigne. Vor allem jedoch kommen meistens die positiven Aspekte des Arbeitens im Gastgewerbe in der Kommunikation zu kurz. Die Branche lebt vom ständigen Kontakt zu Menschen, von abwechslungsreichen

Tätigkeiten sowie vom internationalen Umfeld sowohl unter Kollegen als auch bei den Gästen (dwif 2021b).

Die Gewerkschaft NGG fordert zur Linderung des Personalmangels im Gastgewerbe einen grundlegenden Kulturwandel, der bessere Arbeitsbedingungen sowie höhere Löhne für die Beschäftigten beinhaltet. Schon vor der Corona-Pandemie war die Lohnsituation für viele Beschäftigte schwierig. Durch den Wechsel in die Kurzarbeit gerieten viele an ihre Grenzen, da sie nun noch weniger verdienten und nicht wussten, wie sie ihre Kosten decken sollten. Das begünstigte vor allem den Wechsel in den Einzelhandel, die Lebensmittelindustrie oder zu Banken, der teilweise von gezielten Abwerbeversuchen aus den anderen Branchen gefördert wurde, da die Arbeitskräfte aus dem Gastgewerbe einen guten Ruf haben (dwif 2021b). Die bis jetzt verbliebenen Beschäftigten müssen teilweise die Arbeit für drei oder vier Personen weitere erledigen und geraten an ihre Kapazitätsgrenze (Deutsche Presse-Agentur (DPA) 2021a). Bisher hat die Branche auf den herrschenden Personalmangel mit Maßnahmen wie der Anpassung der Speisekarte (56,1 %), höheren Bezahlungen (54,1 %), zusätzlichen Ruhetagen (51,9 %), der Einstellung von mehr un- und angelernten Mitarbeitern (43,7 %) und Änderungen bei den Arbeitszeitmodellen (37,8 %) sowie bei der Organisationsstruktur (34,1 %) reagiert (Freizeit Verlag 2021). Eine weitere Herausforderung und große Sorge, vor die die Unternehmer gestellt werden, ist die von der SPD und von den Grünen im neuen Koalitionsvertrag angekündigte Erhöhung des Mindestlohns auf 12 Euro. Diese Erhöhung ab 2022 würde direkte Auswirkungen auf das gesamte Lohngefüge der Betriebe haben und eine starke Lohnspirale nach oben erzeugen. Dem DEHOGA zufolge würde dies für mehr als jeden zweiten Unternehmer (55,9 %) Personalkostensteigerungen von 15 und mehr Prozent bedeuten. Zwischen 10 und 15 % würde die Steigerung für 27,2 % der Betriebe liegen. Die Auswirkungen könnten fatal sein (Freizeit Verlag 2021). Ein weiterer Punkt im Koalitionsvertrag sind die Aussagen zu Minijobs und flexiblen Arbeitszeiten. Die Parteien halten an ihren bisherigen Positionen fest und erachten die Beibehaltung der Minijobs sowie die Heraufsetzung der Verdienstgrenze auf 520 Euro als einen Kompromiss. Dieser bleibt jedoch deutlich hinter den Branchenbedürfnissen zurück. Ebenso ernüchternd fiel der Punkt zur Arbeitszeitflexibilisierung aus, der bereits Inhalt des letzten Koalitionsvertrags war und von der Branche nicht genutzt werden konnte. Hier hätte sich der DEHOGA mehr Mut gewünscht. Auf große Zustimmung hingegen stieß der Abbau von Hürden, der die Gewinnung ausländischer Fachkräfte erleichtern wird. Hier handelt es sich vor allem um die verbesserte Anerkennung von Bildungs- und Berufsabschlüssen aus dem Ausland sowie Verfahrensbeschleunigungen (DEHOGA 2021b).

Auch im Zuge des demografischen Wandels wird sich der Wettbewerb um Fachkräfte weiter verschärfen. Vor allem mittelständische Unternehmen sind diesem verstärkten Wettbewerb ausgesetzt, da Großunternehmen ohnehin als die attraktiveren Arbeitgeber wahrgenommen werden. Diesen Wettbewerbsnachteil können mittelständische Unternehmen unter anderem durch eine Optimierung der Personalbeschaffungswege ausgleichen, indem sie beispielsweise an Kommunikationswege anknüpfen, die von jungen Menschen gut angenommen werden, um so die Reichweite bei der Suche nach Auszubildenden und jungen Nachwuchskräften zu vergrößern. Dabei sollte vor allem darauf geachtet werden, dass auf der unternehmenseigenen Homepage nicht nur das eigene Produkt erfolgreich vermarktet wird, sondern sich auch das Unternehmen selbst als attraktiver Arbeitgeber darstellt (Schröder et al. 2015, S. 16f.).

5 Fazit

Die Branche muss sich dringend einem strukturellen Wandel unterziehen, um sich den zukünftigen Herausforderungen angemessen stellen zu können und die Branchenattraktivität wieder zu steigern. Es ist ein tiefgreifendes Umdenken der Branche erforderlich, damit sie aus dem Niedriglohnbereich herauskommt. Dabei muss sich der ‚Kulturwandel‘ vor allem an den Bedürfnissen und Realitäten der Beschäftigten orientieren. Es wird ein vernünftiges, armutsfestes und krisensicheres Einkommen benötigt. Erst dann kann sich die Branche wieder erholen und die Flucht der Beschäftigten kann gestoppt werden – auch wenn dies eine andere Preispolitik für die Gäste bedeuten könnte. „Dienstleistung muss etwas wert sein. Dem müssen sich sowohl Unternehmen bei ihrer Preiskalkulation, aber auch die Gäste bewusst sein." (Buchhorn 2021a) Bisher wurden manche Menüs zu überaus günstigen Preisen angeboten, sodass es nicht möglich war, anständige Löhne zu zahlen. Zusätzlich sollte nach Ansicht der Gewerkschaft die Landespolitik hinzugezogen werden. Diese ist in der Lage, für eine Erleichterung der sogenannten Allgemeinverbindlichkeit von Tarifverträgen zu sorgen. Demnach sollte es Betrieben erschwert werden, sich dem zu entziehen, was NGG und DEHOGA ausgehandelt haben, was einen Wettbewerb, der über Lohndumping ausgetragen wird, beendet (DPA 2021a). Neben Lohnerhöhungen und flexibleren Arbeitszeitmodellen gilt es auch, attraktive Ausbildungsinhalte sowie Karrierewege und Entwicklungschancen zu schaffen (dwif 2021a). Einen innovativen Lösungsansatz könnte hier der HoGa-Campus des Berlin Hotel- und Gaststättenverbands (DEHOGA Berlin) bieten, der im aktuellen Koalitionsvertrag verankert ist und den Gedanken der Zukunfts- und Wissenschaftsstadt Berlin stärkt. Der HoGa-Campus ist ein Areal, das unter anderem die Berufsschule, Fachschule, Hochschule, einen Wissenschaftsbereich, Wohnraum, Mensa, Kita, ein sogenanntes Ausbildungshotel sowie einen Start-up-Workspace umfasst. Damit wäre der Campus nicht nur eine reine Berufs- und Fachschule, sondern ein Global Player für Aus-, Weiterbildung und Forschung im Gastgewerbe und gegebenenfalls sogar für die gesamte Tourismusbranche. Da sich der Tourismus im stetigen Wandel befindet, verändert sich auch der Bedarf an Fachkräften sowie das Beschäftigungspotenzial am Ausbildungs- und Arbeitsmarkt. Ebendieses Potenzial gilt es, nach der Corona-Krise wieder aufzubauen, auszubauen und zu stärken. An dieser Stelle möchte der Campus mit seinen Angeboten einen wesentlichen Beitrag leisten. „Die Ziele, die wir mit der Campus-Idee verfolgen, sind vielschichtig. Zum einen wollen wir Bildung und Wissenschaft besser verzahnen und Synergieeffekte der am Campus angesiedelten Institutionen optimal nutzen. Wir möchten Bildungs- und Karrieremöglichkeiten aufzeigen, aber auch einen Beitrag dazu leisten, dass Unternehmen mit dem dort vermittelten Know-how nachhaltig am Markt bestehen können – mit all den dazugehörigen Facetten (ökonomische, ökologische, soziale Aspekte)" (Buchhorn 2021a). Hier ist unter anderem die Rede von Institutionen wie dem Wissenschaftsbereich oder dem Ausbildungshotel. Das Ausbildungshotel soll Angebote für überbetriebliche und außerbetriebliche Ausbildung schaffen und allen am Campus lernenden Zielgruppen die Möglichkeit bieten, abhängig von ihrem Wissensstand, praxisnahe Lerneinheiten zu absolvieren und Projektarbeiten durchzuführen. Dies würde maßgeblich zu einer Attraktivitätssteigerung der beruflichen Fort- und Weiterbildung innerhalb der Branche führen, da Arbeitnehmer wie auch Arbeitgeber gleichzeitig von Zeitersparnissen profitieren würden (Buchhorn 2021a).

Meine Sichtweise als dual Studierende ist, dass die Idee des HoGa-Campus großes Potenzial birgt. Die enge Verzahnung von relevanten Lebensräumen wie Kita, Wohnraum und schulischen Räumlichkeiten bietet vorab schon viele Vorteile. Gerade in Großstädten wie Berlin ist die Suche nach einer Wohnung oder einem Kitaplatz schwierig, was durch die Bündelung am Campus gelöst werden könnte. Nicht nur die Zielgruppen selbst werden hier unterstützt, sondern auch die Ausbildungsbetriebe, die junge Menschen aus anderen Regionen und Ländern für sich gewinnen wollen und bisher keine Unterkunft gewähren konnten (Buchhorn 2021a). Zusätzlich könnte die Verschmelzung von Praxis und Theorie durch die vor Ort geplante Fachschule sowie den Hochschulbereich und das Ausbildungshotel viel Abwechslung und aufgrund der direkten Anwendungsmöglichkeiten gleichzeitig auch schon erste Praxiserfahrungen ermöglichen. Der Campus bietet mit seinen Aus- und Weiterbildungsmöglichkeiten, geplanten Meisterkursen oder möglichen Studiengängen ein breites Spektrum an Angeboten in der Branche – und genau das ist es auch, was diese meiner Meinung nach jetzt braucht: ein kreatives, vielfältiges, praxisnahes und aufeinander abgestimmtes Bildungsprogramm, bei dem sich unter anderem Auszubildende ausprobieren und inspirieren lassen können, ohne Angst zu haben, vor beispielsweise dem Kunden etwas falsch zu machen. Sehr ansprechend finde ich auch die Idee des Start-up-Workspace, womit möglicherweise auch noch mal eine ganz andere Zielgruppe angesprochen werden könnte. Aufgrund dieser Entfaltungsmöglichkeiten könnte die Branche von kreativen und innovativen Ideen profitieren. Es wird damit Existenzgründern eine großartige Chance geboten, sich bestmöglich auf ihrem Weg in die Selbstständigkeit vorzubereiten und mit entsprechender Führungs- und Managementkompetenz längerfristig oder nachhaltig am Markt zu bestehen. Mit Blick in die Zukunft sollte darauf geachtet werden, dass die Ausstattung des Hotels, wie alle anderen Elemente auch, den neuesten Anforderungen in Bezug auf Nachhaltigkeit sowie Digitalisierung entspricht und bei Bedarf unkompliziert angepasst werden kann (Buchhorn 2021a). •

Auswirkungen und Trends in der Reisebranche in Deutschland durch COVID-19

von Sophie Buske

1 Einleitung

1.1 Problemstellung und Zielsetzung

Zu Beginn des Jahres 2020 erreichte Deutschland jenes Virus, das die ganze Welt betreffen sollte. Nach der anfänglichen Hoffnung, es nur mit einer Epidemie zu tun zu haben, wurde schnell klar, dass es sich das Virus zu einer Pandemie entwickeln wird. Es handelt sich um eine neuartige Infektionskrankheit, die hauptsächlich über Tröpfcheninfektion und Aerosole übertragen wird. Bezeichnet wird diese Krankheit als ‚COVID-19‘ oder ‚Corona‘. Sie hat ihren Ursprung in China. Der erste COVID-19-Fall erreichte Deutschland am 27. Januar 2020. Zu diesem Zeitpunkt wurde das Risiko für eine Ausbreitung des Virus noch als gering eingestuft. Bereits am 12. Februar 2020 wurden weltweite Auswirkungen von COVID-19 verzeichnet. Aufgrund der rasanten Ausbreitung des Virus in Italien Ende Februar 2020 rechnete das Bundesgesundheitsministerium auch mit einer möglichen Infektionswelle in Deutschland. Corona war nun als Epidemie in Europa angekommen. Um dieser so gut es geht entgegenzuwirken, haben das Bundesinnen- und das Bundesgesundheitsministerium einen im Pandemieplan des Bundes vorgesehenen Krisenstab eingesetzt. Zum Schutz der Bevölkerung sind im Laufe der Jahre 2020 und 2021 verschiedene Beschränkungen ausgerufen worden, beispielsweise Kontakt- und Reisebeschränkungen (Bundesministerium für Gesundheit o.J.). Reisen spielt eine entscheidende Rolle bei der Verbreitung von infektiösen Krankheiten. Die

Möglichkeit, innerhalb von 20 Stunden oder weniger in fast alle Länder der Welt zu reisen und das Virus unwissend mitzunehmen, erlaubt es Krankheiten, sich auszubreiten, auch wenn diese in der Vergangenheit vielleicht schon unter Kontrolle waren. Ebenso bedeutet die zunehmende Globalisierung des Tourismus, dass die Branche in einzigartiger Weise anfällig für die Folgen von Katastrophen ist (Hudson 2020, S. 4).

Im Zuge der verhängten Beschränkungen wurde die Tourismusbranche vor eine der größten Herausforderungen ihrer Zeit gestellt. In fast allen Teilbereichen des Reisemarktes kam es zu historischen Einbrüchen (Bundesministerium für Gesundheit o.J.). Der März war der Monat, in dem andere Sektoren der Tourismus- und Gastgewerbebranche die Auswirkungen von Absagen zu spüren bekamen. Die für den 10. bis 14. März 2020 geplante ITB Berlin, die weltweit führende Reisemesse, wurde abgesagt, was ein symbolischer Schlag für die Reisebranche war (Hudson 2020, S. 15). Mitte April 2020 befand sich ein Drittel der Weltbevölkerung unter vollständiger oder teilweiser Abriegelung. Der Begriff ‚Lockdown' war zwar kein Fachbegriff, der von den Gesundheitsbehörden verwendet wurde, aber er bezog sich auf alle Einschränkungen von obligatorischen geografischen Quarantänen oder Empfehlungen, zu Hause zu bleiben, über Schließungen bestimmter Arten von Geschäften bis hin zu Verboten von Veranstaltungen und Versammlungen. Während dieser Zeit der Abriegelung erlebte die Reisebranche weltweit weitere Geschäftseinbußen. Andere große europäische Tourismusveranstaltungen wurden abgesagt, darunter das Oktoberfest, zu dem traditionell 6 Millionen Menschen nach München reisen (Hudson 2020, S. 28). Bis Anfang April 2020 hatten etwa 90 % der Reiseziele ihre Grenzen ganz oder teilweise für Touristen geschlossen. Ein signifikanter Anstieg wurde zwischen dem 9. und dem 24. März 2020 beobachtet, als sich die Anzahl der Reiseziele, die Reisebeschränkungen verhängten, von 81 auf 181 mehr als verdoppelte, nachdem die World Health Organization am 11. März 2020 COVID-19 zur Pandemie erklärt hatte. Bis zum 6. April hatte fast die Hälfte der Destinationen weltweit (43 %) ihre Grenzen teilweise oder vollständig geschlossen. Weitere 21 % hatten selektivere, zielgruppenspezifische Beschränkungen eingeführt und 27 % hatten einige oder alle internationalen Flüge ausgesetzt. Die verbleibenden 9 % verließen sich auf vielfältigere Visamaßnahmen, landesinterne Reisebeschränkungen und/oder Quarantänen (Hudson 2020, S. 78). Die vollen Auswirkungen der Pandemie auf die Tourismuswirtschaft auf der ganzen Welt sind noch unbekannt, aber der World Travel and Tourism Council sagte voraus, dass die Konsequenzen von COVID-19 auf den Reiseverkehr mit über 100 Millionen verlorenen Arbeitsplätzen in der Branche im Jahr 2020 fünfmal schlimmer sein werden als die globale Finanzkrise von 2008 (Hudson 2020, S. 104). Im Vergleich zum Jahr 2019 sind die Gesamtjahresumsätze von Reisebüros, Reiseveranstaltern und Reservierungsdienstleistern um mindestens 75 % eingebrochen (Verband Internet Reisevertrieb (VIR) 2021, S. 3). Mit den neuen nationalen und regionalen Mobilitätsbeschränkungen sowie Schul- und Betriebsschließungen kommen neue wirtschaftliche Probleme für viele Sektoren, unter anderem Hotellerie, internationaler Tourismus und Flugverkehr, hinzu (Welfens 2020, S. 385). Die Reise- und Tourismusbranche könnte diejenige sein, die die größten Auswirkungen des Corona-Virus zu spüren bekommt, und es könnte viele Jahre dauern, bis sich die Branche erholt (Hudson 2020, S. 4). Noch immer stellt das Corona-Virus auch für das Reisejahr 2021 eine große Unbekannte dar. Die anhaltende Pandemie hat die Tourismusbranche weiterhin fest im Griff und lässt somit wenig Spielraum für Prognosen oder Planungen.

Aus diesem Grund beschäftigt sich die vorliegende Arbeit mit der Frage, welchen Einfluss COVID-19 auf die deutsche Reisebranche hat und welche Trends sich zukünftig dadurch abzeichnen werden. Das Ziel ist es, die Auswirkungen und Folgen der Corona-Pandemie auf den deutschen Reisemarkt zu präsentieren und zu diskutieren.

1.2 Aufbau der Arbeit und methodische Vorgehensweise

Um einen Überblick über das Ausmaß der Auswirkungen von COVID-19 auf den deutschen Reisemarkt zu gewinnen und die Forschungsfrage der vorliegenden Studienarbeit beantworten zu können, wurde eine quantitative Literaturrecherche betrieben. Hierfür wurden mithilfe der Studiendatenbank der Hochschule für Wirtschaft und Recht Berlin sowie des Internetportals Google Zeitschriftenartikel, Studien und Fachliteraturen ermittelt, in denen der deutsche Reisemarkt vor dem Ausbruch des Virus sowie unter Einfluss der Corona-Pandemie thematisiert wird. Aufgrund der anhaltenden Aktualität und der Neuheit des Themas ist das Kontingent an Fachliteratur noch begrenzt, sodass die vorliegende Arbeit zu großen Teilen auf bereits veröffentlichten Studien basiert. Auf Basis dieser Quellen konnte ein Überblick über den bisherigen Verlauf der Pandemie gewonnen und dessen Auswirkungen auf den deutschen Reisemarkt konnten deutlich gemacht werden.

Für ein besseres zeitliches Verständnis der Arbeit wird zunächst auf relevante Eckdaten im Verlauf der Pandemie eingegangen und verdeutlicht, weshalb die Pandemie solch folgenschwere Auswirkungen auf die Tourismusbranche hat. Die Beantwortung der Forschungsfrage erfolgt in Kapitel 3, wobei die vorherigen Kapitel dafür die theoretische Grundlage bilden.

Das zweite Kapitel soll zunächst die Auswirkungen der Corona-Pandemie verdeutlichen, indem im ersten Teil des Kapitels der deutsche Reisemarkt und das damit verbundene Buchungsverhalten der Deutschen vor dem Ausbruch der Pandemie analysiert wird. Hier wird sowohl das Verhalten Freizeitreisender als auch das der Geschäftsreisenden untersucht. Im zweiten Teil des Kapitels werden die Auswirkungen des Corona-Virus auf die deutsche Reisebranche konkretisiert und es wird dargelegt, wie es dazu kommen konnte, dass die Branche beinahe kollabiert ist. Hier soll vor allem durch den Vorher-Nachher-Vergleich der Situation deutlich gemacht werden, wie negativ der Ausbruch des Virus für die Tourismusbranche war bzw. noch immer ist.

Im dritten Kapitel werden basierend auf dem zweiten Kapitel resultierende Trends und Entwicklungen der Branche analysiert. In Kapitel 3.1 wird anhand von Studien erforscht, wie sich das Reiseverhalten der Deutschen seit dem Ausbruch der Pandemie verändert hat. Es ermöglicht so schon erste Prognosen für zukünftige Trends. Diese werden im Kapitel 3.2 nochmals aufgegriffen und detailliert ausgearbeitet und geben so Antwort auf die eingangs gestellte wissenschaftliche Frage. Abschließend werden die Kernergebnisse aus dieser Arbeit in einem Fazit zusammengefasst.

2 Der deutsche Reisemarkt

2.1 Der deutsche Reisemarkt vor COVID-19

Im vergangenen Jahrzehnt wuchs die Reisebranche stetig. Die Reiseausgaben der Deutschen stiegen deutlich an. Zuletzt im Jahr 2019 wurde ein neuer Höhepunkt von 69,5 Milliarden Euro erreicht (DRV 2021, S. 4). Laut einer im Jahr 2021 durchgeführten Studie des VIR wurden 2019, ab einer Dauer von fünf Tagen und mehr, 70,8 Millionen Urlaubsreisen verbucht. Kurzurlaubsreisen mit einer Dauer von 2 bis 4 Tagen erlangten einen Wert von 92,1 Millionen Buchungen. Die Urlaubsreiseintensität in Deutschland stabilisierte sich seit 1995, kurz nach der

Wiedervereinigung, bis zum Jahr 2019 bei rund 70 bis 80 %. Vor dem Pandemiejahr reisten 74 % der Deutschen in ihrem Urlaub ins Ausland, wohingegen nur 26 % Inlandsreisen unternahmen. Die durchschnittliche Reisedauer lag zu dem Zeitpunkt bei 13,0 Tagen. Bei den Verkehrsmitteln der Reisenden lagen 2019 das Auto (43 %) und das Flugzeug (42 %) fast gleichauf. Nur in den seltensten Fällen wurde auf Bahn (6 %) oder Bus (6 %) ausgewichen. Im Hinblick auf das bisherige Buchungsverhalten war die Pauschalreise die bedeutsamste Organisationsform bei einer Reisedauer ab fünf Tagen. Im Vergleich dazu war es bei den Kurzurlaubsreisen die Einzelbuchung der Unterkunft. Dies ist stark vom Reiseziel abhängig, da Inlandsurlaube oft individuell mit Buchung der Einzelleistungen vorab organisiert werden, während Auslandsurlaube eher auf Grundlage von Pauschal- oder Bausteinreisen geplant werden. Die Buchungen erfolgen immer häufiger über digitale Kanäle. Im Jahr 2018 kam es zur erstmaligen Führung der online gebuchten Reisen im Vergleich zu persönlich abgeschlossenen (VIR 2021).

Neben Freizeitreisenden sind auch Geschäftsreisende ein Teil der Reisebranche. Im Rahmen einer Studie vom Deutschen Reiseverband 2019 stellte sich heraus, dass der persönliche Stellenwert von Geschäftsreisen immer mehr an Bedeutung erlangt und diese Reisetätigkeiten die Attraktivität einer Arbeitsstelle besonders steigern (DRV 2019, S. 10). Sie werden als Möglichkeit angesehen, berufliche Netzwerke zu erweitern sowie Neues zu erlernen, und sind eine willkommene Abwechslung vom Arbeitsalltag (Sonntag et al. 2020, S. 6). Dienstreisen sind oft Grundlage relevanter Geschäftsbeziehungen, da Mimik und Gestik in persönlichen Gesprächen weniger zu Missverständnissen führt. Oftmals zeigt eine Reise potenziellen Kunden, dass sie die Aufmerksamkeit eines Top-Managers wert sind und für sie mehr Aufwand als nur eine weitere Videokonferenz in Kauf genommen wird (Lanes & Planes o.J.; VistaJet 2021, S. 8). Im Jahr 2019 bevorzugten 71 % der Befragten eine mehrtägige Geschäftsreise gegenüber einer eintägigen Reise ohne Übernachtung. Im Jahr 2018 lag die Zahl noch bei 58 %. Es werden 32 % der Reisen mit dem Flugzeug, 24 % mit der Bahn und rund 41 % auf den Straßen per eigenem Auto, Firmen-, Mietwagen oder Bus zurückgelegt (DRV 2019, S. 12/38). Dem Verband Deutsches Reisemanagement (VDR) zufolge wurden 2019 insgesamt 195 Millionen Geschäftsreisen von Mitarbeiten deutscher Unternehmen durchgeführt (Verband Deutsches Reisemanagement (VDR) 2020).

Gemäß dem DRV ist der Nachhaltigkeitsaspekt bei der Buchung einer Geschäftsreise für 80 % der befragten Unternehmen von

Bedeutung. „Am ehesten wird versucht, mehrere Termine in einer Reise zu verbinden, den Zug statt des Flugzeugs zu nutzen oder die Reisedokumente digital mitzuführen. Auf wenig Interesse stoßen bei den Unternehmen die Nutzung von Car-Sharing, die Entrichtung eines Ökoaufschlags bei Flugtickets oder der Erwerb von Klimazertifikaten, um die CO_2-Emmissionen auszugleichen" (DRV 2019, S. 7).

Rückblickend erlebte die Tourismusbranche 2019 sowohl im Freizeit- als auch im Geschäftsreisesegment nochmals einen regelrechten Boom. Somit galt der Tourismus als Wachstumsbranche der deutschen Wirtschaft (VIR 2021). Jedoch gehen mit einem Boom auch meist Nachteile einher. Bereits im Vorfeld der Corona-Krise stand die Branche vor großen Herausforderungen. Klimafolgen und Overtourism prägten den Sektor und veränderten das individuelle Reiseverhalten signifikant (Kirig o.J.). Hinzu kamen Trends wie ‚Workation‘, die zunehmende Verschmelzung von ‚Work‘ und ‚Life‘, wodurch sich auch das Geschäftsreiseaufkommen bereits stark im Wandel befand. Es wird deutlich, dass die Branche in den letzten Jahren zwischen ungebremstem Wachstum und existenziellen Herausforderungen schwankt und dass tiefgreifendes Umdenken und Umlenken auf langfristige Sicht unverzichtbar ist (Kirig o.J.).

2.2 Auswirkungen von COVID-19 auf die deutsche Reisebranche

Mit dem Corona-Jahr 2020 kam die große Wende mit historischen Einbrüchen in allen Bereichen. Die Reiseausgaben sanken von zuletzt 69,5 Milliarden Euro um mehr als 50 % auf 31,9 Milliarden Euro. Laut der Studie des VIR wurde die wirtschaftliche Lage im Januar 2021 mit zunehmender Besorgnis eingeschätzt. Es gingen 60 % der Befragten von einer Verschlechterung der Situation aus und nur rund 12 % von einer Verbesserung. Zu Beginn des Jahres 2021 gaben 62 % an, dass sie über ausreichend finanzielle Mittel für eine Urlaubsreise verfügen würden. Rund jeder Zweite verspürte bereits die Lust nach Urlaub und rund jeder Fünfte hatte feste Reisepläne für das Jahr. Jedoch war mehr als ein Drittel (38 %) noch unsicher, ob und wie sie dieses Jahr verreisen sollten. In dem Jahr ganz auf Reisen verzichten, wollten 14 %, nur unwesentlich mehr als zum Vorjahreszeitpunkt (11 %). Trotz aller Corona-Bedingungen freuten sich 42 % wieder auf Urlaubsreisen im Jahr 2021 und waren dazu bereit, notfalls in Länder oder Regionen zu reisen, die sonst nicht die erste Wahl wären (VIR 2021, S. 45).

Viele Unternehmen der Branche, wie Reisebüros und Reiseveranstalter, kämpfen noch immer ums Überleben, da sie ihre Umsätze fast ausschließlich aus dem Auslandsreiseverkehr erwirtschaften und zudem derzeit kaum deutsche Tourismusleistungen verkaufen. Damit einhergehend sind auch die fast drei Millionen Arbeitsplätze, die die Tourismuswirtschaft bietet, in Gefahr. Mitte April gaben, laut einer Umfrage des DRV, zwei Drittel der 500 befragten Reisebüros an, dass sie sich unmittelbar vor ihrer Insolvenz befinden würden. Nicht nur Deutschland ist von den Auswirkungen der Pandemie betroffen, sondern auch viele andere Reiseländer, in denen die Deutschen zu den größten Nettodevisenbringern im internationalen Reiseverkehr zählten (DRV 2021; Balaš/Strasda 2020, S. 15f.). Durch den Outbound-Tourismus werden Arbeitsplätze geschaffen sowie Einkommen generiert. Deutsche Auslandsreisen machen ca. 1,2 % aller Tourismusausgaben in den Entwicklungs- und Schwellenländern aus. Etwa die Hälfte der touristischen Ausgaben bleibt vor Ort in den Regionen und fördert so die lokale Wertschöpfung. Zudem ist der Outbound-Tourismus auch für die deutsche Wirtschaft von großer Bedeutung. Dennoch gehen mit stetig steigenden Zahlen der Auslandsreisen auch Probleme und Risiken wie lokale Abhängigkeiten vom Tourismus, steigende CO_2-Emissionen durch Flüge und Kreuzfahrten, Nutzungsdruck auf Natur und Landschaft oder Überlastungserscheinungen durch hohe Gästezahlen einher. Aufgrund der Corona-Krise entstehen für alle bisher bereisten Länder hohe finanzielle Einbußen sowie Arbeitslosigkeit mit dem Ausbleiben der Touristen. Gleichzeitig kommt es zu positiven Nachhaltigkeitswirkungen als ‚unbeabsichtigte' Nebeneffekte. So ist zum Beispiel ein Emissionsrückgang im Flugverkehr durch die stark eingebrochenen Flugbewegungen eingetreten. Auch ist von einer verzögerten Erholung im Flugverkehr auszugehen und damit zu rechnen, dass Emissionen aus dem Flugverkehr für die nächsten Jahre reduziert bleiben. Die Sensibilität für das Thema Overtourism wird mit der Krise zunehmen und sich voraussichtlich für einige Destinationen zu einem größeren Wettbewerbsnachteil entwickeln, da große Menschenansammlungen weiterhin vermieden werden sollen und Auflagen diesbezüglich abzusehen sind (Balaš/Strasda 2020, S. 9).

Die Tourismusindustrie gehört zu den Branchen, die weltweit am stärksten von der Krise betroffen ist (Kirig o.J.). Laut der Reiseanalyse 2021 der Forschungsgemeinschaft Urlaub und Reisen (FUR) wurden für das Jahr 2020 rund 20 % weniger Urlaubsreisende, 30 % weniger Urlaubsreisen und 60 % weniger Kurzurlaubsreisen als im Jahr zuvor verzeichnet. Mit fast -50 % gab es die größten Rückgänge bei Auslands-, Pauschal- und Bausteinreisen sowie wie bei Flugurlaubsreisen mit fast -60 % (Sonntag 2021, S. 2). Seit Anbeginn der Pandemie verzichten die Deutschen tendenziell auf Fernreisen. Im Jahr 2019 flog noch jeder fünfte Deutsche (22,2 %) in ein Urlaubsland außerhalb der EU, mittlerweile ist es nur noch einer von 16 (6,0 %). Die USA, die einst zu den beliebtesten Reisezielen deutscher Urlauber international gehörten, sind laut der Studie ‚Reisen 2020' von Allianz Partners von Platz 1 auf Platz 10 gefallen (Marketagent 2020). Einen positiven Verlauf hingegen konnten Urlaubsreisen im Inland verzeichnen, deren Marktanteil sich deutlich gesteigert hat (Sonntag 2021, S. 5). Wurde Anfang des Jahres 2020 noch nach Reisen in Richtung Asien, Mittelmeer und europäischen Großstädten gesucht, war der Sommertrend der Deutschen 2020 Urlaub im eigenen Land (Opodo Deutschland 2020). In Zeiten vor der Pandemie verbrachten nur 3 von 10 Deutschen (29,8 %) ihre Ferien im eigenen Land, mittlerweile planen 6 von 10 Befragten (61,0 %) Urlaub in der Heimat (Tageskarte 2020). Zu den beliebten Urlaubszielen innerhalb der Landesgrenzen zählen Bayern, Mecklenburg-Vorpommern und Schleswig-Holstein (VIR 2021, S. 16).

Nicht nur Freizeitreisen sind von den Maßnahmen und Beschränkungen durch die Pandemie betroffen, sondern auch Geschäftsreisen, die durch eine globale Wirtschaft anstiegen (Rydoo 2020). Vor Corona zählten Geschäftsreisen zu den festen Bestandteilen einer Managers-Tätigkeit (VistaJet 2021, S. 2). Mit der Ausbreitung des Virus konnten 50 % der Geschäftsreisenden die von ihnen geplanten Reisen für den Zeitraum März 2020 bis Mai 2020 nicht durchführen. Als Ersatz wichen sie auf Video- bzw. Telefonkonferenzen aus. Jeder Vierte konnte dennoch seiner geplanten Geschäftsreise inklusive Übernachtung nachkommen. Trotzdem sind die im Rahmen von Geschäftsreisen anfallenden Übernachtungskosten um 96 % gesunken (Expensya 2020). Die Lage verschärfte sich mit den am 17. März 2020 angeordneten Ausgangsbeschränkungen, woraufhin Geschäftsreisen nahezu unmöglich waren (Rydoo 2020). Im Juni 2020 glaubte die Hälfte der Befragten, dass in den kommenden 12 Monaten genauso viel gereist werde wie vor der Krise. Vier von zehn Befragten rechneten eher mit weniger Reisen und jeder Zehnte war sogar der Meinung, dass es mehr geben werde als zuvor. Während des Lebens mit der Pandemie ist 48 % der Geschäftsleute klar geworden, dass auch auf Reisen verzichtet werden kann und persönliche Treffen durch digitale Lösungen ersetzt werden können. Zukünftig werden Faktoren wie Hygienemaßnahmen in der

Unterkunft, Stornierungsbedingungen und generelle Sicherheitsmaßnahmen eine große Rolle bei der Buchung spielen. Außerdem wird im Vorfeld die Notwendigkeit der Reise genauer überprüft und fortan enger Kontakt mit fremden Menschen gemieden (Sonntag et al. 2020, S. 5). Zudem werden Unternehmen stärker auf Themen wie Reisesicherheit sensibilisiert sein, da der Arbeitsausfall infizierter Mitarbeiter, die beispielsweise mit dem Corona-Virus angesteckt wurden, zu weiteren Personalengpässen führt. Hintergrund ist die damit im Zusammenhang stehende Quarantäne der jeweiligen Mitarbeiter, wodurch ganze Unternehmensbereiche zum Stillstand kommen könnten (Lanes & Planes o.J.). Es geht jedoch nicht ausschließlich um globale Unternehmen, auch kleinere Unternehmen sind auf Geschäftsreisen angewiesen. Zu ihren Zielen zählen auch Fachmessen, die derzeit ebenfalls nicht stattfinden können. Diese werden genutzt, um mit einem eigenen Stand auf sich aufmerksam zu machen und Kontakte zu knüpfen. Eine derartige Erfahrung lässt sich nicht über einen Computer nachahmen, obwohl einige Firmen bereits versucht haben, den Weg virtueller Konferenzen einzuschlagen (Rydoo 2020).

3 Trends und Entwicklungen im Tourismus

3.1 Entwicklung der Tourismusbranche durch COVID-19

„Nach der Krise wird die Industrie mit einem gestiegenen Sicherheits- und Vertrauensbedürfnis der Menschen zu kämpfen haben. Egal, ob Urlaub oder Geschäftsreise: Die Zukunft des Tourismus wird zur Qualitätsfrage und die Parameter werden andere sein." (Kirig o.J.)

So negativ die Corona-Krise wirtschaftlich für die Branche auch ist, kann und muss sie als Anbeginn einer neuen, nachhaltigeren Ära für den Tourismus verstanden werden, global wie lokal. Der Ausbruch der Pandemie erzwang dieses Neudenken mit einem Schlag und ermöglicht es sogleich, einen neuen Weg für eine neue Rezeption des Tourismus zu ebnen (Kirig o.J.). Fakt ist, dass Reisen immer ein elementares menschliches Bedürfnis bleibt, woran auch COVID-19 nichts ändern wird. Mit der Aufhebung der Restriktionen wird die Tourismusbranche schnellstmöglich wieder operieren, jedoch werden die künftigen Herausforderungen mehr als nur ökonomische Restabilisierung umfassen. Es geht von nun an darum, Reisenden Angebote zu unterbreiten, die ihnen Sicherheit wie auch – und vor allem – Resonanz- und Transformationserlebnisse ermöglichen, orientiert an neo-ökologischen und gemeinschaftlichen Werten, denn die Erfahrungen, die durch die Corona-Krise gemacht wurden, werden zukünftig für eine neue, bewusstere Selektierung sorgen sowie dem Wunsch nach nachhaltigen Beziehungserfahrungen Aufschwung verleihen. Dies ist auf die zunächst reduzierten Reiseoptionen der Post-Corona-Welt zurückzuführen. Der Post-Corona-Tourismus wird ein Beziehungs- und Entwicklungstourismus sein. Den Grundstein dafür legten Tourismus-anbieter bereits während der Krise. Die Art, wie sie mit den Reisenden in dieser Zeit interagierten, wird auch für spätere Resonanzerfahrungen ausschlaggebend sein. Vor allem jene Anbieter, die bereits während der Krise nachhaltig, solidarisch und sozial gehandelt haben, werden in Erinnerung bleiben. Der Tourismus benötigt konkrete Inhalte, die den Reisenden langfristig erkennbare und spürbare Mehrwerte vermitteln (Kirig o.J.). Ziele werden ab jetzt bewusster und achtsamer gewählt. In Zeiten vor der Pandemie wurde die Wahl des Reiseorts vielfach spon-tan, kurzfristig und wenig voraussehbar entschieden. Zukünftig wird die Erfahrung der Corona-Krise für eine neue, bewusstere Selektierung sorgen (Kirig o.J.). Mittlerweile wird die Wahl der Reisedestination un-mittelbar von Risiko- und Sicherheitseinschätzungen zuständiger Be-hörden beeinflusst. Bereits im Sommer 2020 gab es erste Anzeichen für eine Veränderung im Buchungsverhalten. Beispielsweise wurden Destinationen, wie Griechenland und Spanien, nach Aufhebung der Reisewarnungen gesucht und besucht (Opodo Deutschland 2020). So wird es auch in Zukunft Menschen geben, die in dem Konzept einer Pauschalreise eine altbewährte Form von Sicherheit und Kom-fort finden. Die TUI beobachtete, dass der Anteil an Pauschalreisen wächst und im Juni 2021 bei 70 % lag. Grund dafür ist die sichere und stressfreie Reiseform, die eine Pauschalreise verkörpert. Zudem bedient sie das gestiegene Bedürfnis nach Sicherheit am besten (Ta-geskarte 2021a). Sauberkeit wird zukünftig ein noch bedeutsamerer Buchungsfaktor. Aufgrund der Corona-Maßnahmen wird noch mehr auf Hygiene geachtet und diese wird verbessert. Dieser Prozess wird beispielsweise durch kontaktloses Einchecken, einen Spuckschutz an der Rezeption, Frühstücksbuffets mit Zeitfensterbuchung, mehr Platz pro Person an Tischen, Pool und Strand sowie die Desinfektion von Fernbedienungen und Stellen, die ständig in Benutzung sind, unter-stützt (Horny 2021). Essenziell ist es jetzt, das Vertrauensverhältnis zu den Reisenden wiederherzustellen. Garantien und Sicherheiten der Tourismusanbieter werden künftig die Wahl von Reisezielen und

Verkehrsmitteln beeinflussen. Aus diesem Grund hat der regionale Tourismus an Attraktivität gewonnen, da kurze Wege und Naherholung mehr Sicherheit vermitteln – ebenso wie vertraute Kulturkreise eine emotionale Sicherheit versprechen. Überregionale Destinationen könnten ebenfalls profitieren, wenn diese hohe Standards hinsichtlich Gesundheitsversorgung und Transport garantieren können. Insbesondere der Massentourismus wird sich durch die neue Reisekultur nach Corona verändern – in Teilen wird er sogar vernichtet werden –, sodass Anbieter, deren Zielmarkt massentouristische Destinationen waren, mit den wirtschaftlichen Folgen zu kämpfen haben. Kurz nach der Pandemie wird zunächst eine Post-Shutdown-Euphorie aufleben, in der Spaß und Erlebnis gefeiert werden, und dennoch wird nach kurzer Zeit wieder Ernüchterung eintreten (Kirig o.J.). Laut der Studie ‚Reisen 2020' von Allianz Partner bevorzugte noch im Juni 2020 die Hälfte aller Befragten (49,4 %) einen kurzen Urlaub mit kurzer Anreise (vor COVID-19: 29,8 %) und nur jeder Siebte (14,8 %) eine längere Reise inklusive längerer Anreise (vor Corona: 34,8 %) (Marketagent 2020). Im Juli 2021 hingegen buchten die Deutschen laut TUI wieder längere Reisen, statt bisher 8 bis 10 Tagen wurden nun durchschnittlich 10 bis 14 Tage gebucht. Zudem steigt wieder das Bedürfnis nach mehr Komfort: Es werden Hotels in höheren Kategorien, größere Zimmer mit Meerblick und zusätzliche Verpflegungsformen gebucht (Tageskarte 2021a). Einen hohen Stellenwert beim Reisen hat nun vor allem das Thema Sicherheit. In Zeiten vor der Pandemie war nur jedem Fünften (21,8 %) Sicherheit im Urlaub wichtig, mittlerweile jedem Dritten (33,8 %). Fast ebenso relevant ist nun auch das Thema medizinische Versorgung. Mit dem Ausbruch des Virus stieg das Bedürfnis danach von 17,8 % auf 31,0 %. Jedem Vierten (23,4 %) ist es jetzt im Urlaub wichtig, die Möglichkeit zu haben, andere Touristen und große Gruppen zu meiden. Vor der Pandemie hat nur jeder Achte (12,8 %) darauf Wert gelegt. Für bisherige Reisen hatte fast jeder Vierte (22,8 %) keine Reiserücktritts- und Auslandskrankenversicherung, diese Gruppe wird dies aber für zukünftige Reisen in Betracht ziehen (Tageskarte 2020). Es freuen sich 42 % der Bevölkerung wieder auf Urlaubsreisen im Jahr 2021 – trotz Corona-Bedingungen. Ein Drittel würde auch Länder oder Regionen in Betracht ziehen, die sonst nicht erste Wahl als Reiseziel gewesen wären (Sonntag 2021, S. 15).

Auch bezüglich Dienstreisen wurden einige Entwicklungen verzeichnet. Laut einer aktuellen Studie des VDR erlauben rund drei Viertel aller deutschen Unternehmen mittlerweile wieder Dienstreisen. Nur noch knapp 20 % aller Unternehmen sind einem strikten Reiseverbot ausgesetzt. Im März 2020 waren es noch doppelt so viele (42 %). Angetreten wurden die innerdeutschen Dienstreisen von 46 % der VDR-Mitglieder mit dem eigenen Pkw. Der Trend könnte anhalten, da davon auszugehen ist, dass Kurzstreckenflüge teurer werden und Langstreckenflüge noch zurückhaltend angeboten werden. Sollte es die Deutsche Bahn schaffen, ihre Hochgeschwindigkeitsverbindungen zeitnah auszubauen und sich an internationale Bahnnetze anzuschlie-ßen, könnte es vorstellbar sein, dass sich zahlreiche Business-Trips langfristig auf die Schienen verlagern werden. Ökologisch gesehen wäre dieser Schritt positiv und könnte den zukünftigen CO_2-Fußab-druck von Unternehmen verbessern. Dabei sollte nicht außer Acht gelassen werden, dass bereits 80 % der Geschäftsreisen schon vor der Pandemie innerdeutsch waren. Hier ist ein großes Potenzial hinsicht-lich der ökologischen Gesichtspunkte zu erkennen. Schon jetzt kann prognostiziert werden, dass sich genau dieser Markt wieder schnell erholen oder sogar Interkontinentalreisen kompensieren wird. Zu-künftig werden also deutlich mehr Kurzstreckenreisen durchgeführt als vor der Corona-Pandemie. Auf langfristige Sicht, vorausgesetzt die allgemeine Situation bleibt unter Kontrolle, ist davon auszugehen, dass Geschäftsreisen wieder in alle Richtungen der Welt stattfinden werden. (Lanes & Planes o.J.)

3.2 Reisetrends durch COVID-19

Aufgrund des Verlaufs der Pandemie und der damit verbundenen Einschränkungen hat Corona neue Reiseformate hervor- bzw. weiter vorangebracht. Wie im Kapitel zuvor bereits erwähnt, sind Autoreisen wieder stark im Kommen und so setzt sich auch der Trend zum Urlaub im eigenen Land weiterhin fort (Opodo Deutschland 2020). Dabei erhalten vor allem naturnahe Landhotels, Ferienhäuser und Camper einen deutlichen Zulauf. Dem Caravaning Industrie Verband zufolge wurden 70 551 Freizeitfahrzeuge in den ersten sieben Monaten des Jahres 2020 neu zugelassen – und somit mehr als jemals zuvor (Horny 2021). Vor der Pandemie lagen Pkw (35,6 %) und Flugzeug (32,0 %) gleichauf. Mittlerweile bevorzugen es 53,6 % der Deutschen, mit dem Auto in den Urlaub zu fahren, und obwohl der Flugbetrieb wieder zu-nimmt, fliegt nur noch jeder zehnte Deutsche (10,8 %) (Marketagent 2020). Hier könnte sich der Trend von Fernreisen hin zu Slow Travel und Resonanztourismus verschieben (Pfuderer o.J.). Bei Slow Travel stehen Entspannung, Achtsamkeit sowie der Einklang mit der Natur im Mittelpunkt des Reisens. Pauschalurlaub, Easyjet-Wochenenden und zweiwöchige Asien-Rundreisen zählen von nun an nicht mehr dazu. Die ‚langsame' Art zu reisen ist stressärmer und spart Ressourcen. Mit dem Lockdown der Corona-Krise ist vielen Menschen bewusst geworden, dass Schnelligkeit und Rund-um-die-Uhr-Verfügbarkeit keinen Wert mehr haben, wenn die gesunde Lebensführung darunter leidet. Das Thema Nachhaltigkeit rückt ebenfalls wieder mehr in den Fokus beim Reisen. Mit den COVID-19-Reisebeschränkungen wurden die sozialen Auswirkungen durch das Ausbleiben des Tourismus deutlich, da viele Länder in hohem Maße auf Urlauber angewiesen sind, um Arbeitsplätze und Lebensgrundlagen zu erhalten (Zukunftsinstitut o.J.a). Transparenz, Flexibilität, Mehrwert und die Fähigkeit, potenziellen Kunden durch den Einsatz von virtuellen Touren mit visuellen Inhalten genau zu zeigen, worauf sie sich freuen können, werden bedeutsam sein (Hebbard 2020, S. 4). Das wachsende Bewusstsein für den Beitrag zum Klimawandel wird der größte Einzelkatalysator für den Wandel im Reiseverhalten sein (Hebbard 2020, S. 7).

Einen Überblick über die größten Trends der aktuellen Zeit verschafft das Zukunftsinstitut. Megatrends benennen und beschreiben komplexe Veränderungsdynamiken, dauern über mehrere Jahrzehnte an und sind Treiber des Wandels in Wirtschaft und Gesellschaft. Es gibt derzeit insgesamt die zwölf Megatrends Globalisierung, Gender-Shift, Gesundheit, Mobilität, Individualisierung, Konnektivität, Urbanisierung, Silver Society, Wissenskultur, New Work, Sicherheit und Neo-Ökologie (Zukunftsinstitut o.J.b). Die Corona-Pandemie hat auf einige dieser Trends einen starken Einfluss. So wird beispielsweise der Megatrend Mobilität aufgrund von Kontaktbeschränkungen sowie Reisewarnungen ausgebremst, was für eine Trendverschiebung sorgt. Dabei ist hier die Rede von den sogenannten Unterwegs-Märkten, die in der Vergangenheit durch einen immer mobileren Lebenswandel an Wachstum erlangten. Bei Unterwegs-Märkten werden die Einkäufe an verschiedenen Verkaufsorten ‚im Vorbeigehen' getätigt. Das ist oft der Fall bei Flughäfen, die bereits einen Großteil ihrer Umsätze über die Handelsflächen realisieren, sowie bei Tankstellen, Bahnhöfen und anderen Third Places. Dieser Trend wurde nun durch die vorübergehende Immobilität der Gesellschaft stark abgeschwächt (Pfuderer o.J.). Weitere Megatrends, die von der Pandemie betroffen sind und in engem Zusammenhang mit dem Tourismus stehen, sind Gesundheit und

Neo-Ökologie. Der Megatrend Gesundheit durchdringt alle Bereiche des Lebens und rückt durch die Pandemie wieder mehr in den Fokus. Es geht zukünftig nicht mehr um die kleinteilige Betrachtung eines Individuums oder eines spezifischen Leidens, sondern um komplexe Wirkungsgefüge. Demnach werden zukünftig nicht mehr nur Körper und Geist, sondern es wird auch die menschliche Umwelt bis hin zur globalen Ebene betrachtet. Schlussendlich hängt die Gesundheit des Einzelnen auch von der Gesundheit des Planeten ab. Zudem bestärkt die Pandemie die Angst der Menschen vor Keimen, Viren und Pilzen, fachsprachlich auch ‚Germophobia' genannt (Zukunftsinstitut o.J.c). Durch den von der Pandemie verursachten globalen Zwangsstopp erhält auch der Trend Neo-Ökologie neuen Aufschwung. Durch gestrichene Flüge und Stillstand in den Fabriken ist beispielsweise die Luftverschmutzung in China zurückgegangen. Was nun folgen wird, ist das neue Bewusstsein im Umgang mit dem Planeten, da der Mensch allmählich versteht, dass auch er nur Teil des vielfältigen, resilienten und sich selbst organisierenden Systems Erde ist (Gatterer o.J.).

Immer mehr Deutsche buchen ihre Reisen in letzter Minute. Laut der Studie ‚A year in travel – 2020, ein Wendepunkt in der Reisebranche' entschlossen sich 30 % der Befragten erst kurzfristig (bis 5 Tage vor Abflug) dazu, eine Buchung abzuschließen. Im August 2019 wurde noch die Hälfte aller Buchungen mindestens 31 Tage vor Abflug getätigt. Die noch immer ungewisse Situation führt weiterhin zu kurzfristigen Reiseentscheidungen (Opodo Deutschland 2020).

Die Vorteile des bisherigen Stadtlebens, wie Gastronomie, Shoppingcenter, Kultur- und Freizeitangebote sowie lebendige Subkulturen, wurden durch Corona plötzlich nichtig. Im Trend ist jetzt Going Local, das ‚Superlokale'. Hier ist die Rede vom Park in der Nähe, den kleinen Läden in der Nachbarschaft oder der Änderungsschneiderei in unmittelbarer Umgebung. Mit dem Trend entstand aus der Notwendigkeit heraus in einigen Städten ein neues urbanes Gestaltungskonzept: die 15-Minuten-Stadt. Hierbei wird der Raum so segmentiert und dezentralisiert, dass alle notwendigen Bereiche des alltäglichen Lebens innerhalb von 15 Minuten mit dem Fahrrad oder zu Fuß erreicht werden können: Einkaufsmöglichkeiten, Arztpraxen, Bildungseinrichtungen, Behörden, sportliche Einrichtungen, Naherholungsflächen und öffentliche Verkehrsmittel sollen von jedem Punkt aus in kurzer Zeit erreichbar sein. So wird auch in Zukunft die Lebensqualität in Städten steigen (Pfuderer o.J.). Dieses Konzept wird bereits von deutschen Großstädten im Tourismus adaptiert. So hat die Berlin Tourismus & Kongress GmbH visitBerlin beispielsweise das Projekt 15-Minuten-Stadt, basierend auf Hotels, ins Leben gerufen. Hier erhalten Reisende einen Überblick darüber, welche Restaurants, Attraktionen und Shoppingmöglichkeiten innerhalb eines 15-Minuten-Radius fußläufig von ihrem Hotel aus zu erreichen sind (Berlin Tourismus & Kongress 2021a).

Gleichzeitig treibt die Pandemie auch die Digitalisierung und Innovationen durch Technologie an wie nie zuvor. Große und kleine Reiseveranstalter und Destinationen werden ihr Reiseangebot drastisch verändern, da die Verbraucher ein transparenteres und verantwortungsvolleres Reiseerlebnis fordern (Hebbard 2020, S. 7). So spielen digitale Technologien und Automatisierung auch eine entscheidende Rolle in der Zukunft des Flugverkehrs. Die Notwendigkeit, Berührungspunkte an Flughäfen zu reduzieren, könnte zu einem verstärkten Einsatz von biometrischem Boarding führen, das es Passagieren ermöglicht, Flugzeuge nur mit ihrem Gesicht als Ausweis zu betreten. Eine Reihe von Fluggesellschaften, darunter British Airways, Qantas und EasyJet, nutzen diese Technologie bereits an ihren Boarding-Gates. Die Umstellung auf berührungsloses Reisen und ein neues Gesundheitssystem wird durch digitale Tools wie die Known Traveler Digital Identity (KTDI) unterstützt. Dabei handelt es sich um eine Initiative des Weltwirtschaftsforums, die ein globales Konsortium aus Einzelpersonen, Regierungen, Behörden und der Reiseindustrie zusammenbringt, um die Sicherheit im weltweiten Reiseverkehr zu erhöhen (Welfens 2020, S. 136). Die KTDI ist eine Art digitale Identität, die es ermöglichen soll, ohne Papiere zu reisen. Hierfür werden biometrische Daten wie das Gesicht gespeichert. Außerdem sollen persönliche Daten wie Name, Herkunft, Geburtsdaten etc. und bestenfalls auch vergangene Reisen oder Kreditkartenverläufe hinterlegt werden. Je mehr der Reisende digital preisgibt, als desto vertrauenswürdiger wird er eingestuft. Unter anderem könnte beispielsweise das vollständige Impfzertifikat hinterlegt werden, sodass Kameras der Grenzbehörden oder am Eingang eines Fußballstadions erkennen, ob eine Person schon geimpft ist. So komfortabel das neue Konzept auch klingen mag, kollidiert es in einigen Punkten mit der geltenden Datenschutzgrundverordnung und bietet zudem eine Angriffsfläche für Hacker (Kruchem 2021).

Ein sich für Geschäftsreisen abzeichnender Trend ist, dass Kurzstreckenreisen zwar wieder zunehmen (50 % von Vor-Corona-Zeiten), sie aber zeitlich kürzer werden. Bisher waren Geschäftsreisen mit zwei bis drei Übernachtungen üblich. Nun versuchen Unternehmen, diese auf eine Übernachtung zu beschränken oder in der Früh an- und abends wieder abzureisen, da noch angestrebt wird, auf Übernachtungen weitgehend zu verzichten. Zudem wird es in Zukunft strengere Regelungen seitens des Arbeitgebers für die Mitarbeiter geben, da fortan darauf geachtet wird, in welchen Fällen Reisen notwendig sind. Dafür wurde in vielen Unternehmen bereits die Travel-Policy strikter gestaltet: Zum Beispiel dürfen Interkontinentalreisen nicht mehr selbst gebucht werden. Außerdem können Reisen innerhalb Europas nur noch mit Genehmigung des Vorgesetzten durchgeführt und Deutschlandreisen oftmals nur mit Dringlichkeitsbegründungen unterstützt werden. Bereits 50 % der befragten Unternehmen der VDR-Studie gaben an, dass sie Geschäftsreisen nur in begründeten Ausnahmefällen erlauben würden, was auch auf die Fürsorgepflicht der Unternehmen gegenüber ihren Mitarbeitern zurückzuführen ist (Lanes & Planes o.J.).

Neben dem bisherigen Trend Workation, also Homeoffice im Urlaubshotel, der durch die zunehmende Digitalisierung neuen Aufschwung erhält, entsteht nun der Trend ‚Bleisure Travel‘, die Kombination aus Business (Geschäft) und Leisure (Freizeit). Einer Umfrage des DRV zufolge haben knapp drei Viertel der Geschäftsreisenden schon einmal eine Reise für private Aufenthalte verlängert. In den häufigsten Fällen nutzen diese Möglichkeit Geschäftsführer und Vielreisende. Jeder Dritte würde eine Verlängerung für einen privaten Aufenthalt allerdings nur dann in Betracht ziehen, wenn dadurch keinerlei private Mehrkosten anfallen. Dennoch gaben 76 % der Geschäftsreisenden an, dass sich durch Bleisure-Möglichkeiten ihre Produktivität erhöhe.

Die zwangsläufige Verlegung des Arbeitsplatzes in das eigene Zuhause durch Corona stößt noch mal eine neue Dynamik an. Doch nicht immer ist das Eigenheim der perfekte Arbeitsplatz. Aufgrund von mangelnder Internetverbindung, hohem Lärmpegel oder fehlenden Arbeitsmöbeln verringert sich oftmals die Produktivität. Diesen Bedarf haben viele Hotels erkannt und bieten ihre sonst leerstehenden Zimmer als Ersatzbüro an (Neumann 2021). Aufgrund des während der Pandemie verhängten Beherbergungsverbots ist es Hotels etc. untersagt worden, Touristen zu beherbergen, sodass diese Zimmer über Monate leerstehen würden und Hotels trotz laufender Nebenkosten keinerlei Einnahmen generieren könnten. Mithilfe des neuen Konzepts, jene Zimmer für Homeoffice-Arbeiten anzubieten, entsteht eine vorteilhafte Situation sowohl für das Beherbergungsgewerbe als auch für Arbeitnehmer. Die Beherbergungen erhalten trotz ausbleibender Touristen eine Nutzungspauschale für gebuchte Homeoffice-Zimmer und Arbeitnehmer erhalten so die Möglichkeit, effizient und in einer ruhigen Umgebung ihre Arbeit zu verrichten (Götzke 2020). Aufgrund steigender Nachfrage wurde die Website ,Homeoffice im Hotel' geschaffen, die einen Überblick über alle teilnehmenden Beherbergungen in Deutschland bietet (Abel Consulting o.J.). Teilnehmende Hotels in Berlin sind beispielsweise das Grimm's Berlin Mitte, das Hotel Oderberger in Prenzlauer Berg, das Hotel Die Schule in Prenzlauer Berg sowie das 25hours Hotel Bikini Berlin in Charlottenburg (BerlinOnline Stadtportal 2020).

4 Fazit

Noch nie in der Geschichte des Tourismus sahen sich Reiseanbieter mit einer derart schwierigen Situation konfrontiert wie in der aktuellen Corona-Krise. Doch jede Krise bringt auch eine Chance mit sich. Gegenwärtig haben Hotelketten, Fluggesellschaften, Reisebüros und sonstige Touristikdienstleister die einzigartige Möglichkeit, ihr Geschäftsmodell zu überdenken und radikale Maßnahmen zu ergreifen. So wird für alle Touristikunternehmen in der Post-Corona-Zeit die noch stärkere Flexibilisierung ihrer Geschäftsmodelle im Vordergrund stehen. Dazu gehört es ebenso, sich mit aufkommenden Megatrends auseinanderzusetzen und bei Bedarf Transformationsprozesse einzuleiten, um nicht unter Modernisierungsdruck zu geraten (Berlin Tourismus & Kongress 2021b). Die verhängten Reisebeschränkungen haben allen Unternehmen deutlich vor Augen geführt, wie schnell es zu einem Beinahe-Kollaps der Branche kommen kann. Diese Erkenntnis sollten Touristikunternehmen in Zukunft bewahren, da ein weiteres staatliches Unterstützungspaket zur Rettung der Reisebranche nicht sicher ist (Lanes & Planes o.J.). Die Krise wird den Tourismus nachhaltig prägen. Trotz Infektionsschutzverordnungen sowie des ausgebauten Impfangebots sind noch viele Menschen verunsichert, ob und wann Verreisen wieder möglich sein wird. Dennoch ist die Sehnsucht nach Urlaubsreisen ungebrochen. Sie bleibt für die Deutschen ein bedeutsames Gut. Somit wird der Heimaturlaub mit dem Auto zunächst weiterhin im Trend bleiben, da er vielen Urlaubern trotz der Umstände das nötige Gefühl von Sicherheit vermittelt und ihnen die Chance bietet, etwas außerhalb des eigenen Zuhauses zu erleben. Urlaube werden kurzfristig und unter Berücksichtigung der Reisebeschränkungen gebucht. Aufgrund der gesammelten Erfahrungen während der Pandemie wollen Deutsche tendenziell Menschenmengen meiden, sodass vor allem individuelle Urlaubsarten wie Ferienhäuser und Camping an Bedeutung gewinnen. Dieser Trend bietet viele Chancen für kleinere Betriebe sowie für die Erschließung neuer Ferienziele und so auch für die Entlastung großer touristischer Zentren. Urlaubsformen wie Camping, Wasser-, Wander- oder Radtourismus könnten durch günstige Rahmenbedingungen vonseiten der Politik unterstützt werden, indem sie beispielsweise den Ausbau der Camping-Stellplatz-Infrastruktur und die Sicherstellung einer intakten wassertouristischen Infrastruktur fördert. Hinsichtlich des touristischen Mobilitätsverhaltens der Deutschen bedarf es ebenfalls nachhaltiger Lösungen für alle Verkehrsträger. Einen kompletten Wandel der touristischen Mobilität auf Rad, Bus und Bahn wird es nicht geben. Insbesondere im Deutschlandtourismus wird der Pkw voraussichtlich das bedeutendste Transportmittel bleiben. So sollten touristische Destinationen nicht nur besser an Rad und Bahn angebunden werden, auch ihre Infrastruktur für alternative Antriebe – insbesondere Lademöglichkeiten für E-Autos – sollte ausgebaut werden und es sollte attraktiver gemacht werden, mindestens vor Ort das Auto stehen zu lassen (Allgemeiner Deutscher Automobil-Club (ADAC) 2020).

Zukünftig werden Reisende den Fokus auf Buchungsfaktoren wie Stornobedingungen, Flexibilität, Hygienestandards sowie eine gute medizinische Versorgung legen. Die Tourismusbranche wird auch nach der Corona-Pandemie wieder zu einem relevanten wirtschaftlichen Faktor in Deutschland werden. Dabei ist es Aufgabe der Politik, nicht in ihrem Bestreben nachzulassen, die Branche über die Krise hinweg zu stabilisieren und Neustartkonzepte zu unterstützen. Es gilt zu verhindern, dass der temporäre Buchungseinbruch ihre wirtschaftlichen Strukturen nachhaltig beschädigt. Die Auswirkungen der Corona-Pandemie haben Reisende für die finanziellen und planerischen Risiken einer Reisebuchung sensibler gemacht. Darauf kann die Branche zukünftig nur mit flexibleren Angeboten reagieren. Außerdem muss mehr Schutz auch politisch verankert werden. Lange Vorauszahlungsfristen, fehlender oder nicht ausreichend sicherer Insolvenzschutz sowie kostenintensive Stornobedingungen bei Airlines und touristischen Anbietern sind nicht mehr zeitgemäß. Diese Risikoverteilung zulasten der Verbraucher muss politisch adressiert werden (ADAC 2020).

Die Folgen der Corona-Pandemie sind für Dienstreisen ebenfalls momentan weder mittel- noch langfristig abzusehen, jedoch lassen sich schon heute einige Prognosen wagen. Mittelfristig werden nicht zwingend notwendige Reisen weiterhin durch Video-Telefonate und -Konferenzen ersetzt (Lanes & Planes o.J.). Dadurch können Kosten eingespart werden und viele Unternehmen haben bewiesen, dass sie auch ausschließlich mit virtuellem Kontakt gut arbeiten können (Rydoo 2020). Das bedeutet allerdings nicht ein Ende für Geschäftsreisen. Diese werden auch künftig nicht an Wert verlieren und für viele Unternehmen dauerhaft nicht wegzudenken sein. Langfristig kann die Technologie den Präsenzauftritt vor Ort in vielen Branchen nicht ersetzen. Beispielsweise können Reisen, die im Zusammenhang mit der Qualitätsbeurteilung von Produkten getätigt werden, nicht durch digitale Kommunikationswerkzeuge bewerkstelligt werden. Ebenso muss ein Stoffeinkäufer für ein Modeunternehmen die Stoffe anfassen können. Dennoch könnte die Qualität sich verändern. Geschäftspartner, die sich früher gewohnheitsmäßig einmal im Quartal getroffen haben, kommen vielleicht künftig seltener zusammen. Das liegt daran, dass Reisen zukünftig bewusster durchgeführt werden und dass das Zusammenkommen unter Umständen dadurch effektiver und effizienter wird (Lanes & Planes o.J.). •

RESILIENTE
PERSONALSICHERUNG
IM GASTGEWERBE

Trends im Personalmanagement

von Adrienne Weinsheimer

1 Einleitung

Das Personalwesen sieht sich ständig neuen Herausforderungen gegenübergestellt. Es muss sich dauerhaft weiterentwickeln und seine Anpassungsfähigkeit optimieren. Digitalisierung, Globalisierung und Nachhaltigkeit beeinflussen das Human-Ressource-Management in seinen Entscheidungen und Entwicklungen. Arbeitsstellen werden digitalisiert oder gar überflüssig, während sich gleichzeitig neue Chancen für die Arbeitswelt ergeben. Die Art der Ausführung verschiedener Aufgaben ändert sich, es kommen neue Anforderungen hinzu, die wiederum andere Kompetenzen erfordern könnten. Daher ist es von Bedeutung, dass das Personalmanagement zeitnah handelt und sich so schnell wie möglich an die Situationen anpasst, die sich aus den internen und externen Faktoren ergeben (Bruch et al. 2019, S. 5).

Vor allem die Tourismusbranche, ferner die Hotellerie, haben mit den Herausforderungen zu kämpfen, da seit „2020 jeder sechste Beschäftigte vom Gastgewerbe in eine andere Branche abgewandert" ist (Vladimirov 2021). Für die verbliebenen Mitarbeiter bedeutet dies, dass mehr Aufgaben übernommen und Überstunden geleistet werden müssen. Gleichzeitig verringert sich die Work-Life-Balance und die Gesundheit der Mitarbeiter rückt in den Hintergrund. Die

Gäste sollen dies nicht merken und ihren Aufenthalt, ob im Hotel oder im Restaurant, ohne Einschränkungen genießen können. Um das jedoch zu gewährleisten, kommt es auf das Hotelpersonal an. Die Arbeitnehmer sind das Fundament eines jeden Unternehmens, was im Besonderen für Beherbergungsbetriebe gilt. Ihre Kräfte sind nicht unendlich. „Zu viel Arbeit stellt die Belastbarkeit des Personals auf die Probe: Gestresste Mitarbeitende machen öfter Fehler, sind unzufriedener und häufiger krank." (Gastfreund 2021) Daher gilt es, das Personal so gut es geht zu entlasten, um nicht Gefahr zu laufen, die Mitarbeiterfluktuation noch zu verstärken. Die Frage dabei ist, wie es dem Arbeitgeber gelingt, trotz fehlender personeller Aufstockung die Arbeitnehmer weniger zu fordern (Gastfreund 2021).

Abhilfe kann durch das sogenannte New Work geschaffen werden, das durch das Zukunftsinstitut als einer der Megatrends der nächsten Jahre definiert wird. Ein Megatrend ist eine Entwicklung, die eine Dauer von mindestens mehreren Jahrzehnten aufweist, alle Lebensbereiche betrifft, weltweit anzutreffen ist und durch eine Komplexität gekennzeichnet ist, die mit anderen Trends in Wechselwirkung treten kann (Zukunftsinstitut 2021d).

2 Megatrend New Work

2.1 Definition, Erkenntnisse und Herausforderungen

New Work bezeichnet ein neues Verständnis von Arbeit. Das Zukunftsinstitut beschreibt den Trend insofern, als sich die Arbeitswelt durch den „Einfluss von Digitalisierung und Postwachstumsbewegungen" in einem grundlegenden Wandel befindet (Zukunftsinstitut 2021d). Ferner definiert das Fraunhofer-Institut New Work wie folgt: „erwerbsorientierte Arbeit mit einer Arbeitsweise, die durch ein hohes Maß an Virtualisierung von Arbeitsmitteln, Vernetzung von Personen, Flexibilisierung von Arbeitsorten, -zeiten und -inhalten gekennzeichnet ist" (Hays PLC 2021a, S. 8). New Work hat zur Folge, dass die Karriere, im klassischen Sinne, weniger Relevanz hat und die Frage nach dem Sinn in den Fokus gestellt wird. Die Grenze zwischen dem Arbeitsalltag und dem Privatleben ist nicht mehr eindeutig. In diesem Sinne wird alles als Arbeit angesehen, was zu unterschiedlichen Tageszeiten und Lebensphasen auf produktive Art erbracht wird (Zukunftsinstitut 2021d). Durch technologische Trends sowie die natürliche Evolution wie auch die vorangegangene pandemische Lage wurde die Etablierung von New Work schneller vorangetrieben. Durch die Krise wurde auch die Digitalisierung beschleunigt, was neue Arbeitsstrukturen, zum Beispiel Work-Life-Blending oder Remote Work, zur Folge hatte.

NEW WORK
- Work-Life-Balance
- Diversity
- Mitarbeitergewinnung
- Unternehmenskultur
- Mitarbeiterbindung
- Führung
- Förderung der Beschäftigungsfähigkeit

(Hays PLC 2021a, S. 4)

Der Fokus wird immer mehr auf Werte und Sinn der Aufgaben gelegt statt auf Kennzahlen wie das Einkommen. Ziel ist es, Arbeit und privates Leben so gut es geht miteinander zu vereinbaren und so die Gesundheit der Mitarbeiter zu fördern (Zukunftsinstitut 2021e). Das neu geschaffene Mindset von Arbeitnehmern wie auch Arbeitgebern beinhaltet auch eine bessere Beziehung der Mitarbeiter untereinander und zum Chef, eine verbesserte Unternehmenskultur, mehr Diversity und ein erfolgreiches Mitarbeiterrecruiting (Hays PLC 2021a, S. 4). Immer häufiger wird das Personal in die Phase der Entscheidungsfindung miteinbezogen, die Arbeitszeit wird flexibel gestaltet und die individuelle Entwicklung eines jeden Mitarbeiters wird aktiv unterstützt. Langfristig kann somit nicht nur das Potenzial des Personals gesteigert werden, sondern auch die Produktivität. „Gute Mitarbeiter sind Gold wert. Sie zu finden und zu binden, wird zur immer wichtigeren Aufgabe, aber auch mehr und mehr zur großen Herausforderung von Unternehmen." (Haufe Akademie o.J.) Unternehmen erscheinen attraktiver für Arbeitssuchende, wenn diese ihrer Kreativität freien Lauf lassen können und die Gewissheit haben, sich in dem Betrieb frei entfalten zu können (Haufe Akademie o.J.).

Insgesamt gibt es vier Schwerpunkte in der Denkweise des New Work, die in einer Studie des Fraunhofer-Instituts wie folgt beschrieben werden: „Arbeite wo und wann du willst", „Jenseits der Organigramme und Silos", „Meine Arbeit stiftet mir und anderen Sinn" und „Jenseits der Hierarchie" (Hofmann et al. 2019, S. 4f.).

Dies bedeutet, dass die Arbeit unabhängig von Ort und Zeit erfolgt sowie die Umsetzung der Aufgaben agil und projektbasiert sowie mit Sinnhaftigkeit und Werteorientierung, ohne die herkömmliche Arbeitshierarchie, geschieht. Die Arbeitnehmer organisieren sich und den Arbeitsaufwand zunehmend selbst und können sich ihre Aufgaben selbst einteilen, weisen also Selbstverantwortlichkeit auf (Hofmann et al. 2019, S. 4f.).

Aus einer Umfrage des HR-Reports 2021 von Hays mit rund 1050 Befragten geht hervor, dass viele Unternehmen noch Aufholbedarf hinsichtlich der neuen Anforderungen an Arbeitgeber haben. Die zeitliche Flexibilisierung ist eine der unkompliziertesten Änderungen, da bereits 61 % der Befragten angaben, dass diese bereits in ihrem Unternehmen umgesetzt werde. Die örtliche Flexibilisierung von Arbeit ist bei 53 % der Unternehmen erreicht, während die neue Machtverteilung mit 43 % am wenigsten etabliert wird (Hays PLC 2021a, S. 9).

Die Umsetzung von New Work im Betrieb bietet viele Vorteile für Arbeitgeber und Arbeitnehmer. Mitarbeitern werden mehr Freiräume und Einflussmöglichkeiten eingeräumt, wodurch diese sich freiwillig mehr in den Betrieb einbringen und sich besser entfalten können. So wird Mitarbeitermotivation und -bindung geschaffen. Durch flexible Arbeitsorte und -zeiten ist es problemloser möglich, Privatleben und Beruf zu kombinieren. Dies erleichtert die Familienplanung. Auch die Mitarbeitergesundheit wird gefördert, da durch die Vereinbarkeit von Familie und Beruf das Stresslevel gesenkt wird. Das Personal profitiert psychisch davon, während der Arbeitgeber mit weniger Fehltagen seitens der Mitarbeiter zu rechnen hat. Um Faktoren wie Teamarbeit und Produktivität ebenso steigern zu können, ist es aufgrund der dezentralen Arbeitsstandorte relevant, auf digitale Tools zurückzugreifen, die es dem Personal trotzdem ermöglichen, auf unkomplizierte Weise miteinander zu kommunizieren. Insofern alle genannten positiven Auswirkungen von New Work eintreten, steht auch der Mitarbeiterbindung nichts mehr im Weg. Vor allem junge Arbeitnehmer der Generation Y greifen inzwischen lieber auf Arbeitgeber zurück, die die neuartigen Ansätze verfolgen und eine ausgewogene Work-Life-Balance ermöglichen (Heider 2020).

Neben etlichen positiven Effekten wird der Trend New Work auch von Herausforderungen begleitet, die es zu meistern gilt. Zum einen ergibt sich ein großer Koordinationsaufwand aufgrund der neuen Arbeitsformen. Koordination und Organisation müssen perfekt aufeinander abgestimmt sein, damit ein reibungsloser Ablauf ermöglicht wird. Durch dezentrale Arbeitsorte und flexible Arbeitszeiten wird der Aufwand weiter erschwert. Hier empfiehlt es sich, klare Regeln und Guidelines zu generieren, um eine erfolgreiche Umsetzung im Arbeitsalltag zu gewährleisten. Zudem ist zwar die Kombination von Privatleben und Beruf auf der einen Seite positiv, sie kann aber auf der anderen Seite aufgrund der fehlenden Kommunikation zum Nachteil werden. Ob jeder Arbeitnehmer privat soweit ausgestattet ist, dass die neueste Software für optimale digitale Zusammenarbeit genutzt werden kann, ist fraglich. Daher ist es von Bedeutung, auch als Arbeitgeber den Prozess der Digitalisierung zu unterstützen und dafür zu sorgen, dass der Arbeitsplatz erst dann dezentral eingerichtet wird, wenn auch Kommunikation und Zusammenarbeit online ohne Probleme möglich sind. Die letzte Herausforderung besteht darin, New Work zu begreifen und zu verstehen, welcher Prozess und welche Veränderungen dahinterstehen. Es handelt sich dabei um „Änderungen der Unternehmenskultur, neue Arbeits- und Zusammenarbeitsprozesse" (Heider 2020) und soziale Fähigkeiten. Ein erfolgreicher Wandel erfordert Zeit und die Mitarbeit aller Beteiligten. Somit muss das Bewusstsein von allen geweckt sein, wenn sich ein Unternehmen dazu entscheidet, Schritte in Richtung New Work einzuleiten (Heider 2020).

2.2 Etablierung von New Work in einem Unternehmen

Was ein Unternehmen explizit ändern muss und wie die Vorgehensweise dabei sein sollte, wurde vom Hessen-Tourismusnetz in einer Veröffentlichungsreihe zum digitalen Management zusammenfassend beschrieben. Der erste Aspekt ist das neue Mindset. Bei New Work handelt es sich um eine Veränderung der Unternehmenskultur und der Arbeitskultur, was einen längeren Zeitraum in Anspruch nehmen wird. Daher ist es notwendig, ein „langfristig ausgelegtes Change-Management und agile Arbeitsmethoden" (Heider 2020) aufzuweisen, sodass New Work dauerhaft etabliert werden kann. Im Zusammenhang damit muss sich das Unternehmen, im zweiten Punkt, darüber im Klaren sein, dass die Veränderung zukunftsorientiert vorgenommen werden muss. Die Aufgaben, die sich in den nächsten fünf bis zwanzig Jahren ergeben, sind dabei ein bedeutender Faktor. Ein genauer Plan muss erstellt werden, der wiedergibt, was in welchen Mengen und zu welchem Zeitpunkt benötigt wird. Dazu gehört beispielsweise der dritte Punkt, das Einbeziehen von digitalen Tools. Die Hardware und die Software bilden die Grundlage des dezentralen Arbeitens und sind der wesentliche Erfolgsfaktor für das Vorhaben New Work. Ist die Ausstattung gegeben, darf die Einarbeitung der Mitarbeiter nicht in den Hintergrund geraten, denn gerade die digitale Kompetenz ist ausschlaggebend dafür, wie gut die flexible Arbeitsgestaltung, der vierte Punkt, gelingt. Infolgedessen können Optionen wie Homeoffice, Gleitzeit- bzw. Vertrauensarbeitszeit oder sogar eine Viertagewoche angeboten werden. Von Bedeutung hierbei ist es, dass es trotzdem Orientierungspunkte in Form von Kernarbeitszeiten und Erreichbarkeit gibt. Beim fünften Punkt geht es darum, herkömmliche Meetings durch agile Arbeitsmethoden zu ersetzen, die in kurzen Zeitabständen stattfinden (Heider 2020). Dafür eignet sich zum Beispiel Scrum. Dabei handelt es sich um eine Methode für Teamarbeit, bei der sich das Team selbst organisiert und definiert. Es legt die Rollen der Mitglieder selbst fest, um möglichst schnell und flexibel auf Anforderungen reagieren zu können (Studyflix o.J.).

Der sechste Punkt betrifft vor allem die Führungskräfte. Diese sollen ihre Mitarbeiter durch New Leadership und hierarchieübergreifende Partizipation darin bestärken, mehr Verantwortung zu übernehmen und eigenverantwortlicher zu handeln. In diesem Sinne ist es für die Teilhabe an einer Aufgabe nicht mehr relevant, welche Position der Arbeitnehmer innehat. Es zählen allein die Interessen und Fähigkeiten. Der nächste Punkt betrifft die Sharing-Culture und das Community-Feeling. Angestrebt wird ein Wir-Gefühl, gekennzeichnet durch gemeinsame Werte, regelmäßigen Austausch und Anerkennung jeder Leistung. Dabei sollten auch wieder die digitalen Tools oder gemeinsame Dashboards genutzt werden, die jedem Mitarbeiter den Zugriff auf das digitale Netzwerk erlauben. Das Erstellen eines gemeinsamen Netzwerks ist für die Erfüllung dieses Schritts unausweichlich. Sollte doch eines der Meetings in Offline-Form stattfinden, empfiehlt es sich, die physischen Arbeitsplätze ansprechend zu gestalten. Im achten Punkt wird beschrieben, wie durch optimal ausgestattete und attraktiv gestaltete Büroräume die Kreativität und Leistungsbereitschaft des Personals gesteigert werden kann. Es sollte bestenfalls verschieden eingerichtete Räume für unterschiedliche Zwecke geben, ganz im Sinne des Design Thinking beispielsweise. Bei dem abschließenden Punkt geht es um die Anerkennung der bedeutsamsten Ressource eines jeden Mitarbeiters: des Wissens.

Die Annahme, dass sich jeder Mensch in einem kontinuierlichen Lernprozess befindet, gelangt in den Vordergrund. Die Förderung von Weiterbildungen und der individuellen Karriere ist relevant, um für die Mitarbeiter wie auch für das Unternehmen langfristigen Erfolg mit der Strategie New Work zu gewährleisten (Heider 2020).

Ein Best-Practice-Beispiel zur Etablierung von New Work im Betrieb ist das ostfriesische Unternehmen Upstalsboom Hotel + Freizeit GmbH & Co. KG, das vor allem für seine Häuser an der Nord- und Ostsee bekannt ist. Circa siebzig Hotels und Ferienwohnanlagen zählen zu der mittelständischen Unternehmensgruppe, deren Hauptsitz sich in Emden befindet. Die insgesamt 18 Standorte innerhalb von Deutschland zeichnen sich durch „höchste Qualitätsstandards im Drei- bis Fünf-Sterne-Segment" aus (Upstalsboom Kultur & Entwicklung o.J.a). Momentan beschäftigt das Unternehmen ungefähr 650 Mitarbeiter, die sich auch wegen der Unternehmensphilosophie, des Upstalsboomer Wegs, für die Arbeitsstelle entschieden haben. Im Vergleich zu anderen touristischen Dienstleistungsanbietern stehen hier der Mensch und dessen Werte im Mittelpunkt (Upstalsboom Kultur & Entwicklung o.J.a).

Angefangen hat der Umschwung in der Denkweise mit einer Befragung der Mitarbeiter im Jahr 2010, in der viele Arbeitnehmer einen neuen Arbeitgeber, anstatt Bodo Janssen, verlangt haben. Durch diese Meinung hat Janssen sich entschlossen, eine neue Sichtweise für sich zu entdecken und die Erkenntnisse aus positiver Psychologie sowie Neurobiologie einzubeziehen. Im jetzigen Arbeitsalltag werden daher Leitmotive wie ‚Wertschöpfung durch Wertschätzung', ‚Potenzialentfaltung statt Ressourcenausnutzung' und ‚Führung ist Dienstleistung, kein Privileg' herangezogen (Upstalsboom Kultur & Entwicklung o.J.a). Der sogenannte Upstalsboomer Wertebaum, der 2013 in einem gemeinsamen Workshop von Mitarbeitern und Arbeitgebern entwickelt wurde, gibt die wesentlichen Werte des Unternehmens wieder. Wie in nebenstehender Grafik zu sehen ist, gibt es zu jedem der Werte auch einen Leitsatz, der eingehalten wird. Aus der Summe aller Leitbilder ergibt sich der Upstalsboomer Weg, der nach dessen Umsetzung dazu geführt hat, dass die Mitarbeiterzufriedenheit auf 80 % und die Weiterempfehlungsrate der Gäste auf 98 % gesteigert wurde. Die durchschnittliche Krankheitsquote der Arbeitnehmer fiel von 8 auf 3 % während die Unternehmensumsätze innerhalb von 3 Jahren verdoppelt wurden (Upstalsboom Kultur & Entwicklung o.J.a).

Freiheit spielt eine zentrale Rolle in dem Betrieb und führt dazu, dass „jeder Mensch bei der Arbeit so sein kann, wie er ist, ohne eine Rolle ausfüllen zu müssen oder sich zu verstellen" Upstalsboom Kultur & Entwicklung o.J.a). Auch wenn der gewählte Weg für die ‚Upstalsboomer', wie sich die Mitarbeiter selbst nennen, regelmäßig viele Herausforderungen birgt, da die Abläufe und Denkweisen hinterfragt werden müssen, inspiriert und ermutigt der neue Weg des Arbeitens die Beschäftigten und hilft ihnen sowohl bei der persönlichen Weiterentwicklung als auch in der beruflichen Laufbahn. Janssen überlegte sich im Laufe des Umdenkens eigene Bedeutungen für bekannte

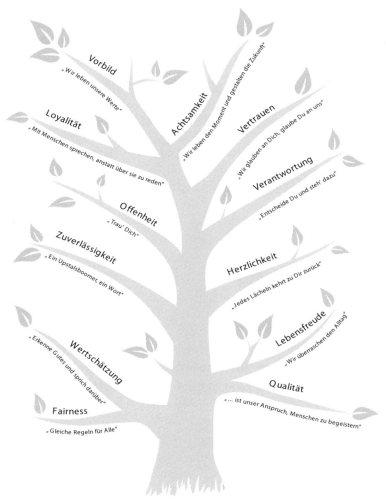

Wertebaum des Upstalsboomer Wegs. (Upstalsboom Kultur & Entwicklung o.J.b)

Begriffe innerhalb von New Work. So beschreibt er Human Resources zunehmend als ‚Human Potential', was bedeutet, dass Mitarbeiter in der Lage sind und die Verantwortung dafür haben, sich eigenständig mit ihren Stärken und Potenzialen im Unternehmen einzubringen und selbstständig zu arbeiten. Zudem sollten Arbeit und Freizeit in seinen Augen miteinander kombiniert werden und der Mensch selbst sollte im Mittelpunkt stehen, anstatt durch seine Generation und das Geschlecht eingeschränkt zu sein (Forster 2015). Das Unternehmen Upstalsboom wirbt mit seiner Interpretation des Megatrends New Work für „eine Arbeitswelt mit mehr Sinn und Menschlichkeit" und ist damit vielen anderen touristischen Dienstleistungsanbietern ein Vorbild (Upstalsboom Kultur & Entwicklung o.J.a).

3 Trendbeispiele innerhalb von New Work

Nicht immer kann ein Unternehmen New Work in allen Perspektiven umsetzen. Es fokussiert sich daher auf Veränderungen, die in dem Betrieb eine Zukunft haben und zielführend wirken. Entsprechend haben sich innerhalb des beschriebenen Megatrends kleinere Trendrichtungen entwickelt, in deren Rahmen jeweils Teile von New Work aufgefasst und umgesetzt werden.

3.1 Arbeitszeitmodell der Zukunft: Viertagewoche
Da immer mehr traditionelle Arbeitszeitmodelle an ihre Grenzen stoßen und die Arbeitswelt nach und nach flexibler werden muss, entwickeln sich zunehmend mehr Unternehmen weg von der herkömmlichen Fünftagewoche und hin zu einem neuen Arbeitszeitmodell: der Viertagewoche. Sinn hinter dem neuen Modell ist es, den Mitarbeitern einen zusätzlichen freien Tag in der Woche zu gewähren und so das Stresslevel zu senken, um motiviertere Arbeitnehmer zu haben. Zwar verkürzt sich die Arbeitswoche um einen Tag, der Lohn verändert sich dabei aber nicht. Entweder werden die 40 Arbeitsstunden dann auf die 4 Tage verteilt oder auf 32 Stunden gesenkt, in der Regel ohne Kürzung des Gehalts (Dearwork o.J.). Dass das Arbeitszeitmodell funktioniert, zeigt beispielsweise das Traube Tonbach, ein Fünf-Sterne-Superior-Hotel im Schwarzwald. Im April 2021 startete erstmals ein Versuch, die

Viertagewoche im Restaurant des Hotels einzuführen. In einem Interview mit Haufe erklärte Personaldirektor Markus Volz, dass die Umsetzung mit einigen Herausforderungen verbunden gewesen sei. Neben der Anpassung verschiedener Abläufe in Küche und Service müsse auch eine optimale Planung für den Personaleinsatz vorgenommen werden. Im Unterschied zu dem erklärten Modell der Viertagewoche behielten die Mitarbeiter aber ihre 40 Stunden Arbeitszeit, die dann als 10 Stunden pro Tag verrechnet würden. Dabei arbeite das Personal zwar nur 8 Stunden am Tag, baue aber zwei Überstunden auf, die von Markus Volz mit der nötigen Flexibilität des Gastgewerbes begründet werden. Nur so sei der zusätzliche freie Tag möglich. Die Mitarbeiter nehmen, laut Volz, die 10 Stunden am Tag aber gerne entgegen, wenn sie durch mehr Flexibilität die Möglichkeit haben, Beruf und Privatleben besser zu vereinbaren. Schon jetzt sei zu spüren, dass nicht nur der Teamgeist des Personals durch das neue Arbeitszeitmodell gestärkt wurde, sondern auch die Produktivität. Sowohl das Hotel als auch die Mitarbeiter würden von der Viertagewoche profitieren. Ob das Modell zukünftig auch in anderen Bereichen von Traube Tonbach eingesetzt wird, bleibt abzuwarten. Es ist aber wahrscheinlich, wenn die Viertagewoche im Restaurant weiter so erfolgreich umgesetzt wird (Furkel 2021).

Eine weitere Hotelgruppe, die das neue Arbeitszeitmodell in zwei Häusern am Standort Hamburg ausprobiert, ist das 25hours. „Seit November 2021 haben alle Mitarbeitenden in beiden Hamburger Hotels die Möglichkeit, an einem Pilotprojekt teilzunehmen und ihre Wochenarbeitszeit auf vier Arbeitstage zu verteilen." (25hours 2021) Die Hotelkette erhofft sich so, die Work-Life-Balance ihrer Mitarbeiter zu optimieren und die Arbeitsplätze attraktiver gestalten zu können. Dass der Fachkräftemangel im Gastgewerbe so groß wie nie ist und sich die Personalgewinnung als schwierig gestaltet, ist für Kathrin Gollubits, Director of Human Resources bei 25hours, der ausschlaggebende Grund, das Unternehmen so verändern zu müssen, dass die ca. 150 freien Stellen bei der Hotelgruppe durch die Generation neuer Arbeitssuchender besetzt werden können. Dafür gilt es aber, als Arbeitgeber deren Ansprüche zu erfüllen. Nachdem aus einer internen Umfrage hervorging, dass sich 40 % der Mitarbeiter eine Veränderung der Arbeitszeiten und mehr Freizeit wünschen, ist die Entscheidung gefallen, dem neuen Arbeitszeitmodell eine Chance zu geben. Personal in administrativen Bereichen bekommt die Möglichkeit, die tägliche und wöchentliche Arbeitszeit selbst zu ordnen. Mitarbeiter im Service, in der Küche oder am Front-office arbeiten neun

Stunden am Tag. Für jeden, der sich in das neue Modell integrieren möchte, sind die drei freien Tage aber garantiert. Da diese Möglichkeit der Arbeitszeitgestaltung in Zeiten des Fachkräftemangels beliebt ist, erhofft sich das 25hours „damit ein Alleinstellungsmerkmal auf dem Arbeitsmarkt und einen positiven Impuls für die Branche" (25hours 2021).

3.2 Resilienz: Lösung durch Digitalisierung?

Ein anderer Trendansatz innerhalb von New Work ist Resilienz. „Resilienz ist die Fähigkeit, schwierige Lebenssituationen zu überstehen bzw. zu überdauern, ohne mit anhaltenden Beeinträchtigungen konfrontiert zu werden." (Dudenredaktion o.J.a) Speziell auf das Gastgewerbe bezogen ist häufig die Rede von einem smarten, resilienten Hotel. Dabei handelt es sich um „ein Hotel, das sich durch einen hohen Grad an Digitalisierung auszeichnet und dadurch in der Lage ist, stressvolle, bedrohliche Situationen ohne anhaltende Beeinträchtigungen zu überstehen." (Borkmann 2020, S. 4) Der Begriff des ‚smarten Hotels' bezeichnet ein Konzept, das durch technische Lösungen den Komfort, die Wohlfühlqualität, die Sicherheit und die Energieeffizienz des Beherbergungsbetriebs verbessert und damit sowohl den Aufenthalt der Gäste angenehmer als auch den Arbeitsalltag des Personals einfacher macht (Borkmann 2020, S. 5). Der Fokus liegt dabei auf kontaktlosem Service. Zum Beispiel können der Check-in wie auch der Check-out online vorgenommen werden und anstatt herkömmlicher Zimmerschlüssel gibt es einen Code oder eine magnetische Schlüsselkarte. Das Zimmer selbst verfügt in den meisten Fällen über eine zentrale Steuerungseinrichtung, über die beispielsweise Licht und Heizung gesteuert werden können (Borkmann 2020, S. 13). Werden die internen Prozesse betrachtet, sind diese weitgehend digitalisiert und selbstgesteuert, sodass zum Beispiel die Warenbestellung idealerweise automatisch geschieht, sobald ein Produkt ausgeht. Auch eine digitale Personaleinsatzplanung durch Apps, die einen direkten Zugriff auf den Dienstplan, unabhängig vom Standort, ermöglichen, erweist sich als sinnvoll (Borkmann 2020, S. 20).

Wie erfolgreich das smarte, resiliente Konzept in einem Hotel sein kann, zeigen die Koncept Hotels. Das Start-up rund um Geschäftsführer Martin Stockburger eröffnete 2017 in Köln das erste Haus. Dabei entstand aus einem von der Kirche als Gästehaus genutzten Gebäude ein digitalisiertes Mikrohotel, das ohne feste Mitarbeiter vor Ort betrieben wird (Freizeit Verlag 2018). Das mit zwanzig Zimmern ausgestattete Hotel verfügt über lediglich eine Mitarbeiterin, die das technische System steuert. Check-in und Check-out sind ausschließlich online möglich, genau wie der Bezahlvorgang und der Rechnungsversand. Es besteht die Möglichkeit eines Online-Concierge. Der Hotelzutritt und die Zimmeröffnung basieren auf einer App, jedes Zimmer verfügt über eine schnelle Internetverbindung, einen Ultra-HD-Smart-Fernseher mit einer Apple-TV-Box und appbasierte Zusatzdienste wie Netflix. Auch wenn es weniger persönlichen Kontakt als in anderen Betrieben gibt, haben die Gäste die Möglichkeit, rund um die Uhr mit einem Mitarbeiter über WhatsApp und Co. zu kommunizieren. Auch das Team hinter dem Koncept Hotel wird durch die Online-Vorgänge entlastet. Die Digitalisierung erleichtert die Arbeitsbedingungen und entlastet die Ressourcen. Homeoffice und Teilzeit sind die Arbeitsformen, auf die der Betrieb setzt, um Work-Life-Blending zu gewährleisten. Zudem ist das Hotel nachhaltig, denn neben fairen und regionalen Produkten setzt sich das Unternehmen für die Umwelt ein, indem für jede Buchung ein Baum gepflanzt wird (Koncept Hotels Verwaltung o.J.). Dass das Konzept erfolgreich ist, beweist der 2018 gewonnene ‚Digital Leader Award' (Freizeit Verlag 2018). Die Anpassungsfähigkeit des Hotels an jegliche Situationen ist aufgrund des digitalen gegeben. Es gilt als Vorreiter für zukünftige smarte und resiliente Hotels (Borkmann 2020).

4 Fazit

Neben den genannten Entwicklungen Viertagewoche und Resilienz existieren noch weitere New-Work-Konzepte, die aufzeigen, wie vielfältig und kreativ New Work sein kann. Damit sich der Megatrend in der Tourismusbranche etablieren kann, muss das Bewusstsein dafür gestärkt werden. Dass der Weg der Veränderung kompliziert ist, muss klar sein. Jedoch gibt es viele positive Effekte, die daraus resultieren, zum Beispiel die schnellere Anpassungsfähigkeit an sich ändernde Situationen, die Bewältigung des Fachkräftemangels und die Steigerung der Mitarbeiterzufriedenheit. Die damit einhergehende Digitalisierung ist daher auch ein unabdingbarer Vorgang, den jedes Unternehmen frühestmöglich durchführen sollte. Wie erfolgreich New Work ist, zeigen die Hotelbeispiele. Ich hege keine

Zweifel, dass andere Hotels die gleiche positive Bilanz daraus ziehen können. Abschließend möchte ich als dual Studierende den Impuls an die Tourismusbranche geben, in Zukunft mehr auf die relevanteste Ressource des Unternehmens, die Mitarbeiter und deren Wünsche, zu hören. Niemand ist näher an den Gästen als die Arbeitnehmer, die tagtäglich Check-ins machen oder die Reisenden bedienen und ihnen jeden Wunsch erfüllen. Viele junge Menschen bringen innovative Ideen mit in die Ausbildungsbetriebe und späteren Arbeitsplätze, die kein Gehör finden, aber helfen könnten, sich an die verschiedenen Trends anzupassen oder ein Alleinstellungsmerkmal zu entwickeln. Hören Sie auf die neue Generation der Touristiker, wir entwickeln und fördern die Trends von morgen. •

EINANDER
fair
TRAUEN

Für die Hotellerie von morgen.

Unsere Mitarbeiter:innen sind der zentrale Erfolgsfaktor unserer Branche. Mit ihnen gemeinsam betrachten wir uns als Impulsgeber für Veränderung und Fortschritt. Dabei setzen wir auf ein ausgewogenes Verhältnis aus Förderung, Befähigung und der Unterstützung auch individueller Entwicklungsziele.

Wir begrüßen jedes neue Partnerhotel in unserer Wertegemeinschaft, das unsere Überzeugungen teilt – ganz gleich ob 3 oder 5 Sterne. Entscheidend ist Haltung, die durch unsere Mitarbeiter:innen gelebt und damit erlebbar wird. Für die schönste Branche der Welt.

Folgen Sie uns!

fair-job-hotels.de

New Work

von Vivien Lehmann

1 Einleitung

Wir leben in einer Zeit, in der unsere Vorstellungen von Karriere und Erfolg noch stark vom Kapitalismus geprägt sind. Bereits in der Schule wird der Mensch mit Leistungsdruck konfrontiert, Erfolg misst sich an Zahlen auf dem Zeugnis. Diese Denkweise begleitet uns bis ins Berufsleben. Weiche Faktoren, wie die Sinnhaftigkeit unserer Tätigkeit oder die Vereinbarkeit von Beruf und Privatleben, wurden bisher in den Hintergrund gedrängt. „Die rationale Leistungsgesellschaft des Industriezeitalters mit Überstunden, Konkurrenzkampf und Präsenzzeiten hat sich als nicht zukunftsfähig erwiesen", meint das Zukunftsinstitut (Zukunftsinstitut o.J.e). Im Zuge des gesellschaftlichen Wertewandels muss auch die Arbeitswelt neu gedacht werden. New Work gilt als Megatrend der Zeit (Zukunftsinstitut o.J.e). Im Folgenden soll den Fragen nachgegangen werden, was New Work theoretisch und praktisch bedeutet, warum wir eine neue Sichtweise auf die Arbeitswelt brauchen und welchen Mehrwert der Megatrend für die Tourismusbranche mit sich bringt.

2 New Work damals und heute

Frithjof Bergmann begründete den Denkansatz New Work erstmals Ende der 1970er Jahre auf Basis zweier Annahmen: Er war überzeugt von der

Polarität der Arbeit. Damit meinte er, dass Arbeit Menschen mit Leben erfüllt und ihnen somit etwas geben kann, ihnen auf der anderen Seite aber auch Kraft und Lebensfreude nehmen kann. Des Weiteren beobachtete er eine Armut der Begierde, ergo eine fehlende Sinnhaftigkeit und Passion bei der Arbeit (Schnell 2019, S. 7f.). So sagte er, für die meisten Menschen sei Arbeit wie eine leichte Erkältung. Bis Freitag könne man es noch aushalten (Bergmann 2004, S. 13). Bergmann (2004) war überzeugt, dass Arbeit verändert und neu gedacht werden müsste – und zwar dahingehend, Menschen Lebensfreude zu geben, anstatt zu nehmen, und sie in dem zu unterstützen, was sie wirklich wollen. Er implizierte mit dieser Wortdopplung, dass es sich bei der Suche nach dem Wollen und der damit verbundenen Erfüllung durch Arbeit um keine einmalige Überlegung handelt, sondern um die ständige Auseinandersetzung mit sich selbst und bisher ungestellten Fragen (Schnell 2019, S. 7).

Heute existiert eine neue Arbeitswelt, geformt durch neue Werte, Technologisierung, Digitalisierung und Globalisierung. New Work besteht in diesem Rahmen als Haltung und Denkweise, die den Menschen in den Mittelpunkt stellt und der Sinnhaftigkeit in der Arbeit nachgeht. New Work bedeutet transparente Kommunikation, die Begleitung der persönlichen Weiterentwicklung und die Förderung von Kompetenzen. Damit sich Personen damit identifizieren, ist es notwendig, ein offenes, flexibles Mindset zu haben und Routinen häufig infrage zu stellen (Schnell 2019, S. 9f.).

3 Bausteine von New Work

Das, was Menschen „wirklich, wirklich wollen", bildet auch heute noch einen essenziellen Kern von New Work. Arbeit soll vom Menschen als sinnstiftende und erfüllende Tätigkeit verstanden werden. Die Auseinandersetzung mit neuen, sinnsuchenden Fragen spiegelt sich beispielsweise in der Sustainability-Bewegung wider. Menschen wollen einen verantwortungsbewussten Beitrag für die Gesellschaft leisten. Um Mitarbeitern dies zu ermöglichen, brauchen Unternehmen ein selbstbewusstes, aufmerksames und durchdachtes Auftreten (Schnell 2019, S. 11).

Unternehmen sollten ihren Mitarbeitern in der neuen Arbeitswelt die Zeit und den Rahmen geben, sich auch zwischenmenschlich zu entwickeln und ihre Sozialkompetenzen zu optimieren. Die eigenen

Fähigkeiten zu kennen und einzuschätzen, Neues zu lernen und Kenntnisse damit auszubauen, bilden Teile einer Prozesskette, auf die mehr Wert gelegt werden muss. Ständiges Lernen und permanente Verbesserung sollten im Unternehmen als Grundhaltung bestehen. Dabei ist aus Arbeitgebersicht jedoch darauf zu achten, seinem Mitarbeiterteam die Entscheidungsfreiheit zum Lernen zu überlassen und kein Gefühl einer erzwungenen Notwendigkeit zu vermitteln (Schnell 2019, S. 12).

Ein zentraler Bestandteil von New Work bildet auch die Aufwertung der Personalarbeit. Zusammenarbeit und Interaktion wird weiterentwickelt, es finden sich in den Unternehmen der Zukunft Happiness Manager, Purpose Enabler und Coaches, die sich ganz der Erfüllung und Weiterentwicklung der Menschen widmen. Die Veränderung von Titeln bedingt auch die Veränderung von Führung und Rollen. Coaching- und Moderations-Skills werden zu neuen Kernkompetenzen von Human-Resources-Mitarbeitern. Es geht bei der Mitarbeiterführung darum, es Menschen zu ermöglichen, ihre Arbeit gut auszuführen, und somit als Wegbereiter zu agieren (Schnell 2019, S. 11).

Der Sharing-Gedanke rückt im New Work mehr in den Vordergrund. Hierbei wird davon ausgegangen, durch das Teilen von Wissen Neues lernen und dadurch gemeinschaftlich mehr erreichen zu können. Das Silodenken, bei dem jede Abteilung ihr Wissen für sich behält, wird im New Work abgebaut. Somit wird auch dem Konkurrenzkampf zwischen Abteilungen entgegengewirkt und das Wir-Gefühl wird gestärkt. Die Google-Studie Oxygen bekräftigt, dass die Weitergabe von unternehmensinternem Wissen maßgeblichen Einfluss auf den Erfolg hat. Der Sharing-Gedanke ist auch mit der Abgabe von Macht und einer höheren Ersetzbarkeit des Einzelnen verbunden. Dies ist aber auch gewünscht. Der sogenannte Bus-Faktor wirft die Frage auf, ob es einem Unternehmen Schwierigkeiten bereiten würde, falls ein bestimmter Mitarbeiter vom Bus überfahren würde. Ist dies der Fall, wäre das unternehmensinterne Wissen nicht offenkundig geteilt worden. Menschen mit spezifischen Kompetenzen stehen somit vor der neuen Herausforderung, andere weiterzubilden, wodurch auch das eigene Wissen gefestigt wird. Der Sharing-Gedanke wird auch mit der Gründung crossfunktionaler Teams aufgegriffen, die sich aus Personen unterschiedlicher Expertise zusammensetzen. Das Teilen von Wissen innerhalb einer solchen Arbeitsgruppe ermöglicht gemeinschaftliche Erfolge, die über die Potenziale der einzelnen Mitglieder hinausgehen (Schnell 2019, S. 13).

Offene, transparente Kommunikation bildet einen weiteren Aspekt, der mit New Work in Verbindung steht. Damit ist gemeint, so offen wie möglich über Anforderungen, Möglichkeiten und Chancen zu sprechen. Mögliche Entscheidungen des Top-Managements sollten kommuniziert werden, bevor sie getroffen werden. So können Mitarbeiter Veränderungsprozesse mitgestalten, ihre Sorgen besprechen und sich auf neue Anforderungen einlassen, anstatt unmittelbar mit ihnen konfrontiert zu werden. In einer Organisationsstruktur mit flachen Hierarchien kann Kommunikation leichter alle Ebenen durchdringen (Schnell 2019, S. 12).

Die Einführung neuer Programme und Software geht mit dem Voranschreiten der Digitalisierung einher. Im New-Work-Kontext geht es nicht darum, als Unternehmen stets die neuesten Trends einzuholen. Stattdessen sollte der Fokus darauf gelegt werden, Hilfsmittel zu finden, anzupassen oder sogar zu entwickeln, die ein Unternehmen in seiner individuellen Arbeitsweise sinnvoll unterstützen (Schnell 2019, S. 12). Fortschritt bekommt also eine neue Bedeutung. Es wird von einer ‚Sinn-Ökonomie' gesprochen, die den Wert aus einer Kombination aus ökonomischen, ökologischen und ethischen Werten bestimmt (Zukunftsinstitut o.J.e).

Die Veränderung von Kommunikation und Sprache, die Darstellung von Status sowie die Milderung von Traditionen und Eitelkeit sind Aspekte, die New Work ebenfalls miteinbezieht. Dem Begriff ‚Status' wird im New-Work-Kontext eine neue Bedeutung zugeschrieben und er wird zum Wunsch nach Freiheit und Flexibilität. Es geht darum, sich zu verbessern, zu lernen, sich mit neuen Themen auseinanderzusetzen und zu reflektieren (Schnell 2019, S. 10).

Zusammenfassend zielt New Work also darauf ab, die eigene Denkweise zu ändern und das Arbeiten menschlicher zu gestalten. Frithjof Bergmann erkannte, dass Unternehmen, die versuchen, bei diesem Trend mitzuhalten, oftmals oberflächliche Maßnahmen ergreifen. Er nannte dies „New Work im Minirock". Es reicht nicht aus, Mitarbeitergadgets oder Services einzuführen, die nur als Extraleistungen dienen. Häufig auftretende Beispiele hierfür sind die Beschaffung von Kickertischen, kostenlosem Obst oder Yogastunden für Mitarbeiter. Erst wenn das Unternehmen die Mitarbeiter in den Mittelpunkt stellt und dieser Grundgedanke in die Unternehmenskultur eingeht, kann von New Work die Rede sein. (Schnell 2019, S. 14ff.)

4 Die Notwendigkeit von New Work

Arbeit hat einen deutlichen Einfluss auf die physische und psychische Gesundheit. In der postmodernen Lebens- und Arbeitswelt wird das Gehirn immer mehr zum Leidensorgan. Technologische Fortschritte verringern die Notwendigkeit körperlicher Arbeit und verlangen ein höheres Maß an geistiger Arbeit. So nahmen auch Arbeitsunfähigkeitstage bedingt durch psychische Belastungen in den letzten 20 Jahren zu. Arbeitsbedingungen sind in der neuen Arbeitswelt schwerer zu kontrollieren. Hinzu kommen Faktoren wie Stress durch Arbeitsverdichtung, Termindruck sowie Hyperkommunikation. Der Geist reagiert darauf in einigen Fällen mit körperlicher Erschöpfung oder Erkrankung im Urlaub, sogenannter Leisure-Sickness. In anderen Fällen reagieren Menschen auf die hohe Ausprägung dieser Faktoren mit Depressionen oder erleiden ein Burn-out. Wenn der Mensch durch das Mindset New Work mehr in den Mittelpunkt gestellt wird, kann diesem psychischen Druck entgegengewirkt werden (Väth 2016, S. 25ff.).

Der Begriff ‚Work-Life-Balance' steht in der neuen Arbeitswelt dem Terminus ‚Work-Life-Blending' gegenüber. Nach Aussage des Zukunftsinstituts wird das Leben nicht mehr in Arbeit und Freizeit unterteilt, sondern als Ganzes gesehen. Dadurch ist ein flexibleres und selbstbestimmteres Leben und Arbeiten möglich. Dies bezieht sich nicht nur auf die Arbeitszeit, sondern auch auf den Arbeitsort. ‚Workation' bezeichnet beispielsweise die Verbindung von Arbeiten und Reisen (Zukunftsinstitut o.J.e). Wenn jedoch die Grenzen von Beruf und Privatleben schwinden, muss der Mensch die Verantwortung für seine Gesundheit, Balance und Dynamik selbst übernehmen. Dafür benötigt es eine gewisse geistige Klarheit, sodass diese Freiheit ausgeschöpft werden kann, ohne sich von den vielen Wahlmöglichkeiten und Kommunikationsangeboten überwältigen zu lassen. Achtsamkeit ist also gefordert, um herauszufinden, was eine Person wirklich möchte. Die Grenzen zwischen Work und Life muss sie selbst setzen. Indem New Work sich mit sinn- und wertsuchenden Fragen beschäftigt, hilft es dem Menschen, seine Balance und Dynamik im Work-Life-Blending zu finden (Väth 2016, S. 36f.).

In der Wirtschaft steht das Profitstreben humanistischen Werten gegenüber. Das klassische Management sieht diese beiden Seiten als Gegenspieler mit einer Win-Lose-Mentalität an. Eine dieser beiden Seiten dominiert stets. In kritischen Situationen hat das wirtschaftliche Denken meist Vorrang vor dem menschlichen (Väth 2016, S. 39). New Work strebt an, diesen Gegensatz neu zu diskutieren und ein Gleichgewicht anzuvisieren. Aus einer Win-Lose-Situation soll eine Win-Win-Situation werden. Personalverantwortliche nehmen dabei eine Schlüsselposition ein. Sie sollten einen Kompromiss zwischen dem kapitalistischen System und dem menschlichen Faktor bilden und sich somit beiden Seiten zugehörig fühlen. Markus Väth (2016) sagt dazu in seinem Buch über New Work: „Die Personalfunktion sollte nicht nur Ausführungsorgan der Unternehmensleitung sein, sondern auch Anwalt der Mitarbeiter." New Work ermöglicht also eine stärkere Beachtung humanistischer Werte und macht das Berufsleben somit vor allem für Arbeitnehmer attraktiver (Väth 2016, S. 44f.).

Das Menschenbild der sogenannten Theorie X ist in der heutigen Arbeitswelt noch präsent. Diese besagt, dass ein arbeitender Mensch selten von sich aus Motivation findet. Es ähnelt dem Gedanken Bergmanns zu der Armut nach Begierde. Deshalb handelt der Manager von heute häufig mit einem hohen Maß an Kontrolle, detaillierten Vorgaben von Handlungsschritten sowie energischer Anleitung und Führung, um eine effiziente Arbeitsausführung zu garantieren. Markus Väth beschreibt in seinem Buch den Menschen in diesem Weltbild als Maultier, dass ständig geprügelt werden muss, um sich fortzubewegen. Obwohl der Mensch nicht geprügelt werden muss, ist dieses abwertende Menschenbild in der Arbeitswelt verankert. Für die Führung des 21. Jahrhunderts ist dieses Bild laut Väth jedoch ungeeignet. Arbeitsbereiche, in denen der Mensch nur funktionieren muss, werden automatisiert, wohingegen Arbeitsbereiche, die Kreativität und menschlicher Interaktion bedürfen, aufleben werden. Väth sieht hier im Kontext von New Work eine Chance in der Aufwertung des Menschseins. New Work bietet Ansätze wie Dezentralisierung und Demokratisierung, die Hierarchie und Kontrolle entgegenwirken. Es schafft konkrete Vorschläge dahingehend, wie Management der Arbeitswelt der Zukunft gerecht werden kann (Väth 2016, S. 47f.).

5 Ein Mehrwert für die Tourismusbranche

„Der chronische Fachkräftemangel trübt die Zukunftsaussichten der Tourismusbranche" (Zukunftsinstitut o.J.f) Faktoren wie unregelmäßige Arbeitszeiten, Saisonalität, Überstunden, niedrige Löhne, starre Hierarchien und fehlende Entwicklungsmöglichkeiten tragen dazu bei, dass die Branche als allgemein unattraktiver Arbeitgeber angesehen wird. Das Zukunftsinstitut ist der Meinung, dass Arbeitgeber das Geben und Nehmen im Hinblick auf ihre Arbeitnehmer stärken müssen. Es muss eine Resonanz geschaffen werden. Menschen müssen das Gefühl bekommen, mit ihrer Arbeit etwas zu bewirken (Zukunftsinstitut 2021f). New Work ist die Lösung dieses Problems.

Die Frage nach dem Sinn der Arbeit wird thematisiert, wodurch Menschen eine Leidenschaft für ihre Tätigkeit entwickeln können. Somit steigern sich auch Engagement und Leistung. Arbeitnehmer sind zufriedener, arbeiten verantwortungsbewusster und sind gewillt, zu lernen und sich weiterzuentwickeln. In diesem Sinne ist New Work mit einem ständigen Verbesserungsprozess für Arbeitnehmer und ihre Unternehmen verbunden. Auch mehrwertstiftende Innovationen sowie neue Strukturen und Prozesse, die das Arbeiten sinnhafter gestalten, werden durch das Mindset New Work vorangetrieben. Ansätze wie flache Hierarchien, offene und transparente Kommunikation oder der Sharing-Gedanke helfen dabei, die Zusammenarbeit zu optimieren. Dadurch, dass der Mensch in den Mittelpunkt gestellt wird, kann New Work der Tourismusbranche helfen, ein attraktiverer Arbeitgeber zu werden und auch in Zukunft bestehen zu bleiben (Schnell 2019, S. 17f.).

6 Soulkitchen – wie New Work gelebt werden kann

Das Gastronomieunternehmen Soulkitchen hat den New-Work-Gedanken in seiner Unternehmenskultur verankert und lebt diesen auch. Somit ist es ein Beispiel dafür, dass New Work Erfolge generieren kann. Die Gruppe erhielt bereits mehrere Auszeichnungen, zum Beispiel als ‚Great Place to Work', die ‚goldene Palme' für die Umsetzung origineller Ideen oder den ‚Golden Pin Award' als Arbeitgeber und Gastronom des Jahres (Raschhofer Indigo Consulting Holding (R.I.C.H.) 2021). Daher soll das Unternehmen im Folgenden als Best Practice für die Umsetzung von New Work als Leitfaden ihrer Unternehmenskultur vorgestellt werden.

6.1 Von der Vision zum Lieblingsplatz

„Die Soulkitchen Gruppe vereint innovative Gastronomiekonzepte unter einem Dach." Darunter fallen Namen wie My Indigo, Glorious

Bastards oder Raschhofers Rossbräu. Etwa 400 Mitarbeiter zählt das Unternehmen an verschiedenen Standorten in Österreich und Deutschland (Bayern). Die Gruppe bekräftigt mit ihrer Vision, dass sie ihren Teammitgliedern, die sie ‚Soulmates' nennen, genauso viel bieten wollen wie ihren Gästen, nämlich „Lieblingsplätze voller Energie und Lebensfreude" (R.I.C.H. 2021).

Nadine Stadler ist Teil des Unternehmens und berichtete, dass dieser Gedanke bereits im Zuge der Gründung vor 10 Jahren gefasst worden sei: „Man hat sich damals intensiv mit der Frage beschäftigt, was wir unseren Mitarbeitern langfristig geben wollen – denn die Frage, was man den Gästen bietet, stellt sich eh immer." Dabei betonte sie, dass es bei der Formulierung einer solchen Vision nicht darum gehe, dass sie nur gut klingt. Sie müsse auch authentisch sowie ehrlich sein und vor allem tagtäglich gelebt werden. Dazu müsse auch sichergestellt werden, dass jeder Mitarbeiter die Vision kennt und vorgelebt bekommt (Stadler 2021).

Nicht nur, aber vor allem für die Gastronomie sieht sie einen Anspruch darin, Authentizität zu bewahren. „Als Arbeitgeber ist die Branche mit einem eher schlechten Image behaftet. Das spornt uns noch mehr an." (Stadler 2021). Ein Problem der heutigen Arbeitswelt sieht sie darin, dass in vielen Unternehmen die Unternehmenskultur nicht einmal festgehalten wurde. Sich darüber intensiv Gedanken zu machen, wofür man steht, sei die erste Maßnahme, um etwas zum Positiven hin zu verändern. Des Weiteren sei es bedeutsam zu erkennen, dass die Arbeitnehmer heutzutage den Markt bestimmen. Deshalb sei die Frage, was man ihnen zurückgeben kann, für Arbeitgeber umso relevanter (Stadler 2021).

Auf die Frage, was man sich unter einem Lieblingsplatz vorstellen könne, antwortete Nadine Stadler wie folgt: „Bei uns ist ein Lieblingsplatz einfach ganz simpel ausgedrückt ein Ort, an dem man sich wohlfühlt, wo eine positive Energie herrscht, wo man gerne ist, wo man Gleichgesinnte trifft und mit inspirierenden Menschen Gespräche führt. Ein Lieblingsplatz ist dort, wo die Musik gut ist, das Essen fein schmeckt, das Interieur ansprechend ist. Es sind ganz viele kleine Dinge, die dazu beitragen." (Stadler 2021) Dabei sei der Lieblingsplatz nicht nur auf einen physischen Raum beschränkt, sondern auch über gemeinsame Erlebnisse, beispielsweise Staffelmeetings, definiert. Abgeleitet von ihrer Vision hat sich die Soulkitchen-Gruppe eine Mission gesetzt. Diese besteht aus vier aufeinander aufbauenden Bausteinen: Fun, Passion, Progress und Profit.

6.2 New Work – eine Frage des Alters?

Auffällig bei der Soulkitchen-Gruppe ist, dass ihr Team aus einer überwiegend jungen Kollegschaft besteht und viele englische Begriffe die Kultur prägen. Anglizismen sind vor allem in der Jugendsprache vertreten. Daher stellt sich die Frage, ob New Work auch zu älteren Generationen passt. Nadine Stadler meinte dazu: „Kultur ist keine Frage des Alters, es ist immer eine Frage des Mindsets." Dieses könne man trainieren, optimalerweise regelmäßig. Das Wort ‚Progress' als Teil ihrer Vision verlange dem ganzen Team eine Offenheit gegenüber Veränderungen und Fortschritt ab. Dazu sei es keine Voraussetzung, einer bestimmten Altersgruppe anzugehören. Sie sehe es zudem als Vorteil, ein breit aufgestelltes Team zu haben, sodass es möglich ist, von Inspirationen und Sichtweisen aus verschiedensten Bereichen zu profitieren (Stadler 2021).

6.3 Coaching und Weiterentwicklung

Nadine Stadler ist nicht nur Teil des Teams, sondern auch Head of Soulkitchen Academy. Dort werden Mitarbeiter angelernt und gefördert und somit wird ein Teil der Mission erfüllt, nämlich ständigen Progress zu fördern. Es wird persönliche wie auch fachliche Weiterentwicklung angestrebt. In der Unternehmenskultur wird von ‚Spirit und Skills' gesprochen. Während jedermanns Skills on the Job trainiert werden könne, sei es beim Spirit von Bedeutung, sich als Mitarbeiter grundsätzlich mit der Kultur identifizieren zu können. Das bedeute, die Persönlichkeit des Mitarbeiters muss mit den Werten der Unternehmenskultur übereinstimmen. Dann sei er auch gewillt, mehr zu lernen (Stadler, 2021). Die Academy besteht aus fünf Modulen. Neuankömmlinge starten im Unternehmen als Rookie, darauf folgen die Stufen Officer, Purser und Co-Pilot. Jeder hat dabei die Chance, im Zuge seiner Laufbahn und Weiterentwicklung zum Piloten, dem höchsten Rang, aufzusteigen (R.I.C.H. 2021). Die interne Anwendung exklusiver Bezeichnungen wirke wie ein Insider und stärke das Wir-Gefühl (Stadler 2021).

Dem Unternehmen beschere die Academy den Vorteil, dass ihre Fach- und Führungskräfte selbst ausgebildet werden und somit die Unternehmenskultur fest verankert wird. „Das vollumfängliche Verständnis unserer Kultur lernt man weder in der Schule noch in der Uni", meinte Nadine Stadler. Es sei wichtig, sicherzustellen, dass alle Führungskräfte das gleiche Verständnis von Leadership haben, die gleichen Tools und Werkzeuge kennen und in ihrer Persönlichkeits-entwicklung so weit sind, Verantwortung zu übernehmen. Anders als bei externen Schulungen und Seminaren sei durch die Academy eine maßgeschneiderte Ausbildung nach Bedürfnissen und Vorstellungen des Arbeitgebers möglich. Da der Mensch im Mittelpunkt stehe, könne die Aus- und Weiterbildung nach individuellen Maßstäben adaptiert werden.

Mit der Academy werde nicht nur der Coaching-, sondern auch der Sharing-Gedanke von New Work aufgegriffen. Wenn ein Mitarbeiter Soulkitchen verlässt, so meinte Nadine Stadler, sei es von Bedeutung, dass er stets mit einem guten Gefühl verabschiedet wird und Arbeitnehmer und Arbeitgeber voneinander etwas lernen konnten. Offboarding sei mittlerweile genauso wichtig wie Onboarding geworden (Stadler 2021).

6.4 Partizipative Führung und Kommunikation

Im Kontext von New Work liegt es in Soulkitchens Interesse, Führung neu zu denken und zu demokratisieren. „Wir möchten nicht, dass eine Einzelperson Befehle erteilt und alle anderen tun, was befohlen wird, sondern dass wir gemeinsam entscheiden und handeln.", bestätigt die Gruppe auf ihrer Website (R.I.C.H. 2021). Auch Nadine Stadler ist der Meinung, das Zeitalter von Top-Down-Entscheidungen sei vorbei. Es sei wichtig, die Zielgruppe miteinzubeziehen, ergo die Mitarbeiter, damit sie Veränderungen erfolgreich umsetzen können. Als Mittel dafür fänden regelmäßige Pitchly-Perfect-Meetings statt. Innovative Ideen und Verbesserungsvorschläge würden dort von verschiedenen Speakern vorgestellt, diskutiert und weiterentwickelt. Jeder Mitarbeiter habe die Möglichkeit, an diesen Meetings teilzunehmen. Partizipative Führung sei bei Soulkitchen durch eine klare und gut definierte Meetingkultur definiert, meinte Nadine Stadler. Wer sich wann und wie oft mit wem austauscht, sei klar festgelegt, um regelmäßige Kommunikation zu fördern und eine Feedbackkultur zu leben. Dabei sei es relevant, auch bewusst für negative Kritik offen zu sein. Partizipative Führung funktioniere vor allem, weil Soulkitchen ein Mindset der Fülle und Offenheit pflege (Stadler 2021).

Auf der Arbeitgeber-Bewertungsplattform Kununu beschreiben Mitarbeiter die Unternehmenskultur von Soulkitchen durch flache Hierarchien (Kununu o.J.). Dies stellt auch einen Zusammenhang zu New

Work her. Jedoch stellt sich die Frage, ob flache Hierarchien nicht auch Schwierigkeiten hervorbringen, wie das Bedürfnis einer Vielzahl von Mitarbeitern, zu delegieren und Chef zu sein. Nadine Stadler meinte dazu, dass dem Team bewusst sei, dass Führung immer mit Verantwortung einhergehe und jeder die Möglichkeit habe, Pilot zu werden, wenn er diese Verantwortung tragen möchte. Flache Hierarchien hätten den großen Vorteil, dass sie eine gute Zusammenarbeit fördern.

6.5 New Work als Chance für den Tourismus

Nadine Stadler sieht New Work als Chance, nicht nur für die Gastronomie. Man solle sich als Arbeitgeber nicht die Frage stellen ‚Machen wir da mit?', sondern eher die Frage, wie dieses Mindset umgesetzt werden könne. Sie glaube auch, dass New Work in Zukunft die Attraktivität von Arbeitgebern bestimmen wird. Leichter sei es sicher, ein Start-up aufzubauen, als ein Unternehmen umzupolen. Wenn jedoch die Unternehmensspitze offen für Veränderungen sei und Change-Management bewusst vorantreibe, könne ein Wandel gelingen. Ein Problem sehe sie darin, dass Menschen ihre Komfortzone nur ungern verlassen. Die Königsdisziplin bestehe darin, das Mindset dahingehend zu schulen, Veränderungen willkommen zu heißen. „Sonst ist man ständig gezwungen, aus einem Mangel heraus zu reagieren. Wenn es einem gelingt, das umzukehren, dann kann man aus einer Fülle heraus reagieren." Dabei betonte Nadine Stadler, dass eine Veränderung nicht immer trendig, hip und cool sein müsse, sondern vor allem hin zu mehr Authentizität und Ehrlichkeit führen solle. Wer strengere Hierarchien als Teil der Unternehmenskultur sieht, müsse schauen, wie viele Menschen zu solch einer Kultur in Zukunft passen. „Man kann seine Kultur nicht faken, jeder muss die für sich passende finden", meinte sie (Stadler 2021).

Auf die Frage, was sie dem Arbeitgeber der Zukunft mit auf den Weg geben würde, antwortete Nadine Stadler, dass es wichtig sei, sich mit der eigenen Unternehmenskultur stetig auseinanderzusetzen. Man müsse sich über seine Vision, seine Mission, seine Werte und sein Verständnis von Führung im Klaren sein und dieses vereinheitlichen. Man müsse die Kultur leben, denn „Worte sind nicht so viel Wert, wenn man sie nicht tagtäglich lebt" (Stadler 2021). Es sei bedeutsam, diese Schwerpunkte auch zeitweise zu hinterfragen und anzupassen. Soulkitchen führe beispielsweise Kulturworkshops durch, um die Gültigkeit ihrer Werte zu prüfen. Früher sei noch das Wort ‚Food' Teil der Mission gewesen. Jedoch sei im Rahmen eines solchen Workshops die Erkenntnis gefasst worden, dass nicht Food, sondern Passion das ist, was das Team verbindet. Der Arbeitgeber der Zukunft müsse sich zu neuen Themen Gedanken machen. Dies betreffe zum Beispiel die Digitalisierung, den Wertewandel in der Gesellschaft, die Work-Life-Balance sowie die Frage zur Sinnhaftigkeit der Arbeit (Stadler 2021).

7 Ein Impuls an die Branche

Zusammenfassend ist festzuhalten, dass es sich bei New Work um ein Mindset handelt, mit dem die Arbeitswelt neu gedacht wird. Der Sinn der Arbeit für den Menschen sowie seine Bedürfnisse stehen dabei im Mittelpunkt, humanistische Werte gewinnen an Bedeutung. New Work könnte mit diesen Ansätzen dazu beitragen, dass die Attraktivität der Tourismusbranche als Arbeitgeber steigt, wodurch ein Mehrwert für Arbeitgeber und -nehmer besteht. Dieses neue Mindset mit dem Fokus auf Menschlichkeit ist außerdem notwendig, um den Herausforderungen der Zukunft, wie zunehmender psychischer Belastung oder Work-Life-Blending, standhalten zu können.

Mein Impuls als dual Studierende an die Branche ist, als Unternehmen häufiger die eigenen Werte zu hinterfragen und auch zu prüfen, ob man ihnen treu ist. Wenn es um Optimierung und Fortschritt geht, denkt man oft an Prozesse und Technologien. Um auf dem neuesten Stand zu bleiben, reicht es jedoch nicht, nur die äußere Fassade zu renovieren, auch das, was dahintersteckt, muss erneuert werden. Ich denke, wenn es um Optimierungen geht, wird die Unternehmenskultur oftmals vernachlässigt. Ich würde mir wünschen, dass Unternehmen ihre Mitarbeiter mehr in den Mittelpunkt stellen. Vor allem die Basis dazu scheint mir zu fehlen, nämlich die Rechte, Ziele und Bedürfnisse der Teammitglieder zu kennen. Gerade weil das Gastgewerbe im Vergleich zu anderen Branchen mit härteren Arbeitsbedingungen und -zeiten verknüpft ist, sollte man sich fragen, wie man dazu einen Ausgleich schaffen kann. Sich New Work anzunehmen, um auch zukünftig auf dem Arbeitsmarkt zu bestehen, würde ich der Branche sehr ans Herz legen. Wie man an den Erfolgen von Soulkitchen erkennen kann, ist es einen Versuch wert, die Rechte, Ziele und Bedürfnisse der Teammitglieder kennenzulernen. ●

Der Trend der Digitalisierung im Rahmen der Personalarbeit

von Sophie Fresia

1 Einleitung

Die Digitalisierung ist im Wandel der Zeit und im Rahmen der Industrie 4.0 zu einem festen Bestandteil der Gesellschaft geworden. Während im privaten Bereich alltägliche Aufgaben vereinfacht werden, verfolgt die digitale Transformation in der Arbeitswelt vor allem das Ziel der effizienteren Gestaltung von Arbeitsprozessen. Die digitale Transformation kann in der Hotellerie extern am Gast sowie intern im Personalmanagement durchgeführt werden. Die Hotellerie wurde bisher als ‚High-Touch-Industry' verstanden, also als persönliche und zwischenmenschliche Dienstleistung. Im Jahr 2020 fand durch die weltweite Pandemie, ausgelöst durch die Verbreitung des Corona-Virus, ein Umdenken hin zur ‚Low-Touch-Economy' statt. Hierbei geht es vor allem aufgrund von Kontaktbeschränkungen und Hygienemaßnahmen darum, persönliche Abhandlungen von Dienstleistungen zu vermeiden. Wie dies in Zukunft, mithilfe der Digitalisierung, umgesetzt werden kann, ohne dabei den Kern der zwischenmenschlichen Dienstleistung zu vernachlässigen, soll im Folgenden erläutert werden.

Auch die Personalarbeit in der Hotellerie profitiert stark von dem Trend des Internets of Things. Human Resources, wie die Personalarbeit im Fachsprachlichen auch genannt wird, umfasst hauptsächlich administrative Tätigkeiten. Dabei verfolgt die Personalarbeit vor allem das Ziel der Personalbeschaffung sowie der Personalentwicklung. Allerdings inkludiert das Personalmanagement noch weitere Aufgaben wie die Netzwerkpflege oder das Employer-Branding (Berthel/Becker 2021).

Der Administrationsaufwand durch aufwendige Dokumenten- und Datenpflege war vor dem Zeitalter der Digitalisierung so hoch, dass die Bewältigung der oben genannten Anforderungen im Arbeitsalltag eine Herausforderung darstellte. Vor allem für den Tourismussektor ist die Implementierung von Automatisierungsprozessen durch die zunehmende Abwanderung der Mitarbeiter von hoher Bedeutung. Dies entlastet auch die Personalabteilung, die sich so wieder ihren Kernaufgaben widmen kann. Der Tourismussektor ist ein Bereich mit hohem Personalbedarf, weswegen hier die Akkreditierung, Weiterentwicklung und Rekrutierung von Mitarbeitern eine zentrale Rolle in einem Unternehmen spielt.

Welche Prozesse der Human Resources im Tourismus automatisiert werden können und warum digitale Personalarbeit vor allem in der Hotellerie einen positiven Wendepunkt darstellt, soll im Folgenden erläutert werden.

2 Digitale Transformation in der Hotellerie

Die weltweite Pandemie hat vor allem die Hotelleriebranche vor große Herausforderungen gestellt. Die Krise erfordert einen Wandel der bisherigen Abläufe in der Hotellerie, denn jeder bisher bestehende Prozess muss auf den Gesundheitsschutz von Gästen und Mitarbeitern hin angepasst werden. Es empfiehlt sich für Hotels und Gastronomie, den Beitrag zum Gesundheitsschutz als Anlass zur Entwicklung einer Digitalisierungsstrategie zu nutzen. Die digitale Transformation in der Hotellerie verfolgt das Ziel, die Komponenten – also die Mitarbeiter, die Gäste und die Unterkunft – miteinander in einem digitalen System zu vernetzen. So implementiert die Digitalisierung in der Hotellerie zum Beispiel die sogenannten Smart Services. Einige dieser Services werden digital angefordert und dennoch in physischer Form ausgeführt. Ein Beispiel dafür ist der sogenannte Code to Order, der eine digitale Alternative zur traditionellen Gästemappe darstellt. Hierbei wird dem Gast nach dem Check-in im Hotel ein QR-Code zur Verfügung gestellt, mit dem er auf seinem mobilen Gerät online Dienstleistungen im Hotel anfordern kann. So kann der Gast beispielsweise Bademäntel und Handtücher aufs Zimmer bestellen oder eine Wunschzeit für die Zimmerreinigung buchen. Die Bestellung ist somit auf smarte Weise vereinfacht und erfolgt dennoch durch eine physische Komponente. Dies kann auch dabei helfen, Kontaktbeschränkungen einzuhalten, da der Service trotz physischer Distanz erfolgen kann. Die Implementierung solcher Prozesse ist in der Hotellerie vor allem deswegen beliebt, da eine Zusammenarbeit aus Digitalisierung und zwischenmenschlichem Kontakt erreicht wird. Dennoch bietet die digitale Transformation auch vollständig kontaktfreien Service an. Die gesamte Customer-Journey kann digital gestaltet werden. Dies beginnt bei der Buchung des Hotels, die inzwischen weit über den Abschluss via beispielsweise Booking hinausgeht. Gäste können inzwischen per Chatbot schon vor der Anreise ihr Zimmer sowie die Anreisezeit auswählen. Sie können außerdem vorab eine virtuelle Hotelführung durchlaufen, um eine genaue Vorstellung von dem Haus zu bekommen und Informationen über den Ort verschiedener Outlets zu erhalten. Auch die benötigten Gäste- und Zahlungsdaten können bereits vor der Anreise online vom Gast eingefügt werden. Ebenso ist für den Check-in-Prozess vor Ort die Erstellung einer zwischenmenschlichen Dienstleistung nicht mehr erforderlich. Hierbei kann der Mitarbeiter durch ein Check-in-Terminal ersetzt werden. Der Automat liest den Personalausweis sowie die Kreditkarte des Gastes ein und gibt dem Gast danach die Zimmerkarten aus. Weitere Informationen über Outlets des Hotels, Öffnungszeiten oder touristische Attraktionen in der Umgebung des Hotels können vom Gast via QR-Code über ein Tool erfragt werden. Hier stehen dem Gast alle Informationen sowie ein zusätzlicher Chatbot zur Verfügung. Auch der Check-out kann über ein digitales Terminal erfolgen.

Die Digitalisierung ermöglicht einen vollständig kontaktlosen und effizienten Ablauf eines Hotelaufenthalts. Da Dienstleistungen mit einem menschlichen Austausch verbunden sind und dieser auch geschätzt wird, weisen die digitalen Instrumente in der Hotellerie häufig einen unpersönlichen Charakter auf. Dennoch wird die Digitalisierung in der Zeit der Pandemie als für Hotelleriebetriebe notwendig und vorteilhaft erachtet (Fraunhofer 2020).

3 Personalmanagement im Tourismus

Im Dienstleistungssektor geht der betriebliche Erfolg mit motivierten und talentierten Mitarbeitern einher. Darum ist es vor allem in diesem Wirtschaftsbereich von hoher Bedeutung, die zentrale Rolle der Human Resources in einem Unternehmen nicht zu verkennen.

Während vor allem die Hotellerie schon viele Jahre einen anhaltenden Mitarbeitermangel aufweist, wanderte infolge der Corona-Pandemie zusätzlich ein Großteil der Angestellten in andere Wirtschaftssektoren ab. Hinzu kommt, dass das Personalmanagement in der Hotelleriebranche aufgrund von Schichtarbeit zu aufwendigen Organisationsmaßnahmen greifen muss. Diese lassen sich durch digitalisierte Prozesse jedoch erheblich vereinfachen (Gardini 2014). Im Folgenden werden zur Erläuterung einige Beispiele gegeben.

4 Digitale Kommunikation mit der Personalabteilung

Anders als in herkömmlichen Unternehmen stellt die Kommunikation zwischen der Human-Resources-Abteilung und den Mitarbeitern in der Hotellerie häufig eine Herausforderung dar. Vor allem für Mitarbeiter der operativen Abteilungen kann sich die Kommunikation mit dem Personalbüro schwierig gestalten. Mitarbeiter des ausführenden Bereichs arbeiten zum einen im Schichtdienst und zum anderen am Gast. Das bedeutet, dass manche Mitarbeiter nicht im Einklang mit den Bürozeiten des Personalmanagements arbeiten und dementsprechend darauf angewiesen sind, in ihrer Freizeit persönliche Anliegen mit der Human-Resources-Abteilung zu besprechen. Allgemein gestaltet sich für die Mitarbeiter im Gästebereich die Kommunikation mit den Mitarbeitern aus dem Personalbüro schwierig, da bei einem hohen Gästeaufkommen die Zeit für einen Austausch fehlt und ein eventuell geplanter Termin mit dem Personalbüro nicht wahrgenommen werden kann. Dieser Austausch kann durch die Umstellung auf digitale Kommunikationsmittel erheblich vereinfacht werden. An dieser Stelle können im Unternehmen digitale

Plattformen eingerichtet werden. Hierzu erhält jeder Mitarbeiter einen individuellen Account. Ein Beispiel für solch eine Plattform ist Hotel-Kit. Es dient als eine Art Intranet des Hotels und bietet der Human-Resources-Abteilung die Möglichkeit, Neuigkeiten an alle Mitarbeiter zu verbreiten, mit einzelnen Mitarbeitern via Chat zu kommunizieren und die Dienstpläne für die jeweiligen Abteilungen hochzuladen. Die Mitarbeiter können auf alle Komponenten zugreifen und reagieren. Der Vorteil des digitalen Intranets liegt darin, dass die Anwesenheit der Mitarbeiter für die Kommunikation untereinander oder mit der Personalabteilung nicht notwendig ist (Hänsler 2010). Die Digitalisierung des Dienstplans vereinfacht den Prozess der Kommunikation ebenfalls. Zum einen haben Mitarbeiter von ihrem Mobilgerät zu jeder Zeit die Möglichkeit, den Dienstplan abzurufen, weswegen es nicht nötig ist, die Dienstzeiten im Hotel selbst zu erfragen. Zum anderen ist es online möglich, Diensttausche oder Freiwünsche zu beantragen. So ist der Mitarbeiter auch nicht auf die Anwesenheit des Abteilungsleiters angewiesen und kann eventuelle Freiwünsche im digitalen Tool zu jeder Zeit beantragen. Darüber hinaus können Mitarbeiterversammlungen online über Plattformen wie Microsoft Teams, Zoom oder Webex abgehalten werden. Hierbei besteht der Vorteil, dass mehr Mitarbeiter daran teilnehmen können, da ihre physische Anwesenheit dafür nicht notwendig ist. Durch solche Online-Plattformen haben Angestellte die Möglichkeit, unabhängig von ihrem Aufenthaltsort oder ihrem Schichtdienst an dem Austausch teilzunehmen.

5 Online-Schulungen

Ein weiterer essenzieller Aufgabenzweig des Personalmanagements ist die Förderung und Entwicklung des aktuellen Personalstands. Vor allem in der Hotellerie steht der Mitarbeiter im Zentrum des Unternehmens. Die Kompetenzen und Arbeitshaltungen der Mitarbeiter haben einen fundamentalen Einfluss auf den Unternehmenserfolg. Je nachdem, wie der Gast die Qualität der Dienstleistung beurteilt, empfindet er seine Customer-Journey. Die Qualität des Hauses wird also im großem Maß an der erstellten Dienstleistung der Mitarbeiter gemessen. Um den Ansprüchen der Kunden gerecht zu werden, ist es für Hotelbetriebe von hoher Bedeutung, ihre Mitarbeiter regelmäßig zu evaluieren und ihnen Rückmeldung bezüglich ihrer Arbeit im Betrieb zu geben. Während dies im Zeitalter vor der Digitalisierung in Präsenz erfolgte, kann die Evaluation nun auch durch Online-Tools, beispielsweise Kenjo, durchgeführt werden. Hierbei evaluiert der Mitarbeiter die Arbeit in seiner Abteilung und erhält im Umkehrschluss von seinem Abteilungsleiter Rückmeldung über seine Fortschritte und eventuellen Defizite.

Zusätzlich werden vor allem in der Hotellerie regelmäßig Schulungen zur Verbesserung der Mitarbeiterqualität und zur beständigen Einhaltung der Standards durchgeführt. Während diese ehemals in zeitaufwendigen Vorträgen und anschließender Praxisdurchführung aufgrund des Schichtdienstes teilweise mehrmals veranstaltet wurden, kann auch dieser Vorgang inzwischen online durchlaufen werden. Wie auch beim Intranet erhalten Angestellte hierbei einen Zugang zu einer digitalen Lernplattform. Beispiele für digitale Lernplattformen sind LMS (Lernmanagement-System) oder LXP (Learning-Experience-Plattformen). Die Mitarbeiter sind verpflichtet, im Rahmen des Tools Online-Schulungen zu absolvieren. Der Vorteil hierbei ist, dass sich die Beschäftigten die Zeit zur Absolvierung der Schulungen selbst einteilen können und nicht einem vorgegebenen Termin folgen müssen.

So kann die Mitarbeiterqualität stetig verbessert werden, ohne dass dabei in den Arbeitsalltag der Mitarbeiter eingegriffen werden muss (Gardini 2014).

6 Mitarbeiterakkreditierung

Die größte Herausforderung des Personalmanagements in Hotelleriebetrieben besteht in der Mitarbeiterbeschaffung. Die Hotellerie verzeichnet seit einigen Jahren einen anhaltenden Personalmangel und eine zunehmende Abwanderung der Mitarbeiter. Dies hängt mit den Arbeitsbedingungen, wie Schichtdienst oder körperlicher Arbeit, sowie mit der durchschnittlich eher geringen Bezahlung zusammen. Ein weiterer bedeutender Faktor für die zunehmende Abwanderung der Mitarbeiter liegt in der Verbreitung des Corona-Virus, das im Jahr 2020 die gesamte Weltwirtschaft betroffen hat. Durch Reiseverbote gehört die Hotellerie zu einer der am stärksten von der Pandemie beeinflussten Branchen. Um Gästeansprüchen gerecht zu werden, ist eine ausreichende Einteilung von Mitarbeitern jedoch unumgänglich. Doch auch die Akkreditierung oder Rekrutierung von Beschäftigten kann durch die Digitalisierung vereinfacht werden.

Angestellte der Hotelleriebranche wechseln in der Regel häufig ihren Standort, um neue Destinationen, Arbeitsabläufe, Kulturen oder Sprachen kennenzulernen. Vor der Implementierung des Internets 4.0 gestaltete sich die Bewerbung in ausländischen Destinationen jedoch kompliziert. Bewerber mussten für Bewerbungsprozesse häufig in die Destination reisen, um sich jeweiligen Unternehmen vorzustellen. Der Zeitaufwand und die dafür anfallenden Kosten stellten für viele Anwärter eine Herausforderung dar. Heutzutage ist es jedoch möglich, den gesamten Bewerbungsprozess zu digitalisieren. Die Gesellschaft hat, verstärkt durch die Pandemie, den Online-Austausch fest in ihren Arbeitsalltag integriert. Bewerbungsgespräche finden also nicht mehr zwingend in Präsenz, sondern in Onlineforen statt. Hier können sich Bewerber und Vertreter eines Unternehmens digital austauschen. Eine zeitaufwendige Anreise und die Präsenzerscheinung sind somit nicht mehr notwendig.

Auch Stellenausschreibungen von Unternehmen sind digital effektiver. Durch Onlineplattformen können Betriebe aktiv auf potenzielle Bewerber zugehen. Ein modernes und weitreichendes Tool hierfür sind die sozialen Medien. Über Plattformen wie Xing, Facebook oder Instagram können die Hotels Vakanzen publizieren und erreichen somit eine große Reichweite. Dabei können Unternehmen gezielt Kandidaten mit den passenden Bewerberdaten ansprechen. Interessenten haben somit die ausgeschriebene Stelle, die dafür entsprechenden Anforderungen und das gesamte Unternehmen im Überblick.

Auch der Bewerbungsprozess erfolgt online. Hierbei spielen die sozialen Medien ebenfalls eine erhebliche Rolle. Das Bild über die Bewerber durch den vorgelegten Lebenslauf kann vom Unternehmen durch das personalisierte Profil auf den sozialen Medien vervollständigt werden. Auf dem Profil des Bewerbers kann der Betrieb einen Einblick in die Interessen, Freunde, Reiseorte oder Ähnliches erhalten. Die Gestaltung des eigenen Profils auf sozialen Medien spielt in der heutigen Gesellschaft eine große Rolle. Möchte ein Nutzer der sozialen Medien für Stellenangebote infrage kommen, muss dieser gezielt die Inhalte überdenken, die er veröffentlichen möchte (Ternès 2018).

7 Die mögliche Entwicklung durch Metaverse

Der Trend der Digitalisierung ist in der Gesellschaft und in der Arbeitswelt inzwischen nicht nur fest implementiert, sondern entwickelt sich auch stetig weiter. Im Jahr 2021 hat sich in der digitalen Welt ein Konzept integriert, das einen Meilenstein in der Geschichte der Digitalisierung setzen könnte: Metaverse. Metaverse (ins Deutsche übersetzt Metaversum) beschreibt einen virtuellen 3-D-Raum, der eine neue Form der Realität aufzeigen soll. Zwar stellt Metaverse eine Innovation dar, dahinter steht jedoch der erfolgreiche, etablierte Konzern Facebook. Der CEO Mark Zuckerberg hat seinen Konzernnamen im Jahr 2021 zu Metaverse geändert und möchte damit auf einem Portal das reale Dasein und die virtuelle Welt zusammenbringen. Fortan sollen Menschen mithilfe einer Reality-Brille in der Lage sein, ihren alltäglichen Tätigkeiten wie Einkaufen, Interagieren mit Freunden oder Sporttreiben in Form eines digitalen Charakters nachzugehen (CNBC 2021). Darüber hinaus soll eine Umgebung geschaffen werden, die es den Nutzern ermöglicht, zu arbeiten. Unternehmen sollen die Alternative bekommen, Metaverse für Einstellungen und Personalmanagement zu nutzen. So soll die virtuelle Welt als Einarbeitung für Mitarbeiter oder zur Abhaltung von Messen dienen. Dabei soll Metaverse die negative Konsequenz der Digitalisierung auslöschen, denn so viele Vorteile die Digitalisierung auch hervorbringt, verliert die menschliche Interaktion immer mehr an Bedeutung, nicht jedoch bei Metaverse. Während bei der Digitalisierung bisher nur Effizienz und Datenaustausch im Vordergrund standen, soll Metaverse eine virtuelle Welt bieten, bei der menschliche Kommunikation erschaffen wird, die Gefühle, Emotionen und zwischenmenschliche Beziehungen inkludiert. So sollen Nutzer zukünftig in der Lage sein, einen digitalen Ort für beispielsweise ein Bewerbungsgespräch auszuwählen und während des Austauschs die Gestik und Mimik des Gegenübers wahrzunehmen. Dadurch wird der gesamte Bewerbungsprozess nicht nur vereinfacht, sondern gewinnt auch an Authentizität und Realität.

Zwar wurde die Digitalisierung durch die Pandemie in Unternehmen verstärkt installiert und umgesetzt, jedoch lassen Entwicklungen und der zunehmende Zuspruch darauf schließen, dass das virtuelle Arbeiten und Leben in der Zukunft auch über die Pandemie hinaus zum großen Teil online abgehalten wird (Meta 2021). •

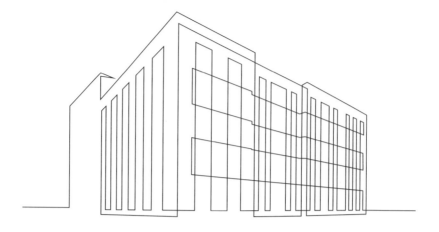

Fallstudien von innovativen Individualhotels/ Hotelgruppen und touristischen Leistungsträgern

von Mitja Valentin Dombrowski

1 Status quo/Einleitung

Das Gastgewerbe ist durch eine akute Personalkrise global geschwächt. Nicht nur einzelne Hotels und komplette Hotelketten mit ihren übergeordneten Mutterkonzernen sind von einer deutlichen Personalknappheit betroffen. Sie trifft alle touristischen Leistungsträger, beispielsweise auch die Gastronomiebetriebe und Freizeitorganisationen.

Nachdem bis zum Jahr 2019 die Anzahl der sozialversicherungspflichtigen Beschäftigten im Gastgewerbe moderat stieg, wurde in den Jahren 2020 und 2021 erstmals ein Einbruch der Beschäftigtenzahlen verzeichnet. In den letzten beiden Jahren sank die Mitarbeiterzahl um über 100 000 auf rund 980 000 Beschäftigte – was einem Minus von ca. 10 % entspricht (Bundesagentur für Arbeit 2021a). Diese negative Entwicklung ist vermutlich auf die Corona-Pandemie zurückzuführen, aber auch auf die wachsende Unbeliebtheit des Gastgewerbes als arbeitgebender Wirtschaftszweig.

Bereits zu Beginn der Pandemie waren rund 22 % weniger Beschäftigte im Vergleich zum Vormonat im Hotelgewerbe tätig. Der Getränkeausschank verlor 44 % im Vergleich zum Vormonat (Statistisches Bundesamt 2021a) Doch ist die Pandemie nicht die alleinige, wenn auch eine relevante, Ursache für die Personalkrise, die aktuell auch das Fehlen von Nachwuchskräften einschließt. Welche weiteren Ursachen es für diese Entwicklung gibt, soll in den später folgenden Interviews verdeutlicht werden.

Den Stellenwert des Reisens erkannte bereits der Dalai Lama, indem er jedem Menschen dazu riet, wenigstens einmal im Jahr einen Ort zu besuchen, an dem er noch nie war. Und so sind anerkannte Zukunftsforscher davon überzeugt, dass das Gastgewerbe auch in mehreren Jahrzehnten noch Arbeitsplätze bieten wird (Zweites Deutsches Fernsehen (Phoenix) 2019).

Dieselben Forscher prognostizieren in zahlreichen Branchen neue Beschäftigungsarten und Arbeitsfelder. Konventionelle Beschäftigungsformen werden, ähnlich wie in der Industrialisierung im 19. Jahrhundert, einen Umschwung erleben. Neben der Ursachenbetrachtung des Personalschwunds ist der Blick auf Best-Practice-Beispiele aus der Branche von Interesse. In einer digitalisierten, globalisierten Welt scheint es, als würden Informationen über innovative Methoden des Personalmanagements überall problemlos zu finden sein (Zweites Deutsches Fernsehen (Phoenix) 2019).

Jedoch sind die Human Resources Manager oft mit der Ausarbeitung spezifischer Personalstrategien beschäftigt und es fehlt an kompakten, lebensnahen Beispielen aus der Praxis. Die Inhalte einer betriebsspezifischen Personalstrategie und die verschiedenen Herangehensweisen an das Personalmanagement, insbesondere an Personalgewinnung und -bindung, werden im Folgenden betrachtet. Dazu wurden Vertreter des deutschen Gastgewerbes befragt. Die Größe der Unternehmen wurde dabei als Kriterium herangezogen, um Unterschiede in der Komplexität des Personalmanagements zu verdeutlichen. Unterscheidungsmerkmale sind auch der jeweilige Unternehmensfokus bzw. dessen Kerngeschäft und mögliche Nebenleistungen:

Es wird zwischen Freizeiteinrichtungen, Übernachtungsbetrieben und Gastronomiebetrieben differenziert. Die Top-Player der Branche des Gastgewerbes kombinieren mehrere Zweige miteinander, weshalb die Grenzen ineinander übergehen. Viele Freizeiteinrichtungen haben auch gleichzeitig eine gastronomische Einrichtung auf ihrem Gelände, während manches Wirtshaus nicht nur rein gastronomischer

Natur ist, sondern auch Kultur- und Freizeitangebote im Programm hat. Übernachtungsbetriebe bieten, wenn die Kapazitäten und limitierenden Faktoren es erlauben, auch Leistungen aus all den genannten Komponenten an. Die befragten Best-Practice-Unternehmen berichten nicht nur davon, wie die Komponenten optimal kombiniert werden, sie beschreiben auch ihre Idee zur Bekämpfung der Personalkrise.

Der Fokus dieser Arbeit liegt also sowohl auf der Ursachenforschung der Krise als auch auf praktischen Handlungsempfehlungen durch den Blick auf Best-Practice-Beispiele, die sich ein Aufblühen oder gar eine Revolution des Arbeitskräftemarktes erhoffen.

2 Wunschsituation

Das Gastgewerbe genießt im Vergleich zu anderen Branchen ein weniger gutes Renommee hinsichtlich Personalanwerbung. Das gilt auch für die Bereiche Arbeitsbelastung, Arbeitszeiten, Verdienstmöglichkeiten und Aufstiegschancen. Potenzielle Arbeitskräfte scheuen daher diese Branche und suchen sich Wirtschaftszweige, in denen die Bedingungen und Zukunftschancen vermeintlich besser sind.

Dies sind nur einige Faktoren, die im Gastgewerbe für den Personalmangel verantwortlich sind. Obwohl diese Probleme bekannt sind, werden sie nur teilweise angegangen, Lösungsvorschläge scheinen auszubleiben. Dabei ist es für jede Wirtschaftsbranche von elementarer Bedeutung, neues Personal zu gewinnen und wertvolles Humankapital zu halten. Eine Studie von Statista aus dem Jahr 2020 verdeutlicht den Rückgang der Arbeitskräfte im Tourismussektor in den letzten beiden Jahrzehnten. Aktuell ist nur noch ein geringer Anteil aller Beschäftigten des Gastgewerbes in einem Ausbildungsverhältnis. So sind beispielsweise im Jahr 2020 rund 16 300 Personen als Koch ausgebildet worden. Im gesamten Gastgewerbe wurden in diesem Jahr rund 45 500 Ausbildungsverträge abgeschlossen (Statista 2020). Auf diesem Wissen muss aufgebaut werden, um Strategien zu erarbeiten und einen Umschwung zu erreichen.

Dezidierte Personalgewinnungs- und Personalentwicklungsstrategien verhelfen Unternehmen aller Branchen nicht nur zu erfolgreichem Personalmanagement. Daraus resultieren auf lange Sicht auch Kosteneinsparungen, eine Rentabilitätsverbesserung und ein Imagegewinn. Personalstrategien sind also ein bedeutender Erfolgsfaktor in der Unternehmensführung. Zukunftsforscher stellen unterschiedliche Prognosen darüber auf, wie sich die Personalsituation im Gastgewerbe in den folgenden Jahren entwickeln wird. Matthias Horx ist beispielsweise überzeugt davon, dass in den kommenden Jahrzehnten nicht nur einige Berufe und Berufsfelder verschwinden, sondern auch neue Berufszweige entstehen werden. Seine Annahme basiert auf Beobachtungen der jüngsten Vergangenheit, in der Berufsfelder durch die Digitalisierung verändert wurden.

Auch das Gastgewerbe steht vor neuen Herausforderungen, die intelligente und ganzheitliche Lösungsansätze erfordern. Führende Positionen und ausführende Stellen werden sich stark verändern. Während bestimmte Tätigkeiten einen Bedeutungsverlust erfahren, erweitern sich andere Arbeitsfelder und es entwickeln sich neue Perspektiven.

3 Best-Practice-Unternehmen

Die Weissenhäuser Strand GmbH & Co. KG ist ein Tourismusunternehmen an der Ostsee, das sich nicht nur durch die Lage, den Ganzjahresbetrieb und die Angebotsvielfalt von Wettbewerbern abhebt, sondern auch durch die Preisgestaltung und die Personalführung. David Depenau, Geschäftsführer seit 2010, ist zugleich Mitglied der Deutschen Hoteldirektorenvereinigung und Mitbegründer von Fair Job Hotels sowie Exzellente Ausbildung. Diese Aktivitäten werden knapp auf den Websites erklärt.

Exzellente Ausbildung ist ein Zertifikat, das durch die Hoteldirektorenvereinigung Deutschland ins Leben gerufen wurde, um Ausbildungsbetriebe mit guten Aus- und Weiterbildungsmöglichkeiten zu präsentieren. Fair Job Hotels ist eine Vereinigung von anfangs 15 Hoteliers und Industriepartnern, die sich als Wertegemeinschaft sieht und die Mission verfolgt, die Branche durch verbindliche Standards und Werte stetig zu verbessern. David Depenau hat jahrzehntelange Erfahrungen in der sich ständig verändernden Hotellerie und dem ebenso flexiblen Personalmanagement.

Die einzigartige Angebotsvielfalt der seit fast 50 Jahren existierenden Hotel- und Ferienanlage im Norden führt nicht nur zu einer hohen Auslastung, sondern verschafft dem Unternehmen auch einen Freiraum in der Preisgestaltung. Der Geschäftsführer ist überzeugt:

„Wenn du es schaffst, unvergleichbar zu sein, dann bist du auch frei in der Preisgestaltung." Zudem ist die Größe der wetterunabhängigen Angebote ein relevanter Aspekt, der zu einer ganzjährig hohen Auslastung führt. Zu nennen sind hier das Subtropische Badeparadies, das Abenteuer Dschungelland, das Dünenbad mit Wellness- und Fitnessbereich sowie die Wakeboard- und Wasserskianlage.

Das Personalmanagement wird im Unternehmen, laut David Depenau, so gestaltet, dass es eine Aufteilung in externe und interne Arbeitskräfte gibt: „Wir haben ungefähr 500 Arbeitskräfte und holen extern 150 hinzu. Die 150 Arbeitskräfte umfassen meist Aufgabenbereiche, die outgesourct werden, beispielsweise den Reinigungsbereich. Die Bandbreite unserer Beschäftigten reicht von Fitnesscoach über Tierpflegende bis hin zu Sprachlehrkräften, die zweisprachig Deutsch unterrichten, sowie die traditionellen Beschäftigungsfelder der Hotellerie wie Bankett, Technikabteilung, Buchhaltung, Kreativatelier, Animateure und Betreuende." Es sind 95 % der Mitarbeiter saisonunabhängig fest angestellt. Der Grund ist die ganzjährig hohe Auslastung. Auch Auszubildende oder Studierende sind fest angestellt. David Depenau berichtete: „Wir haben etliche Mitarbeitende, die seit über 30 Jahren bei uns beschäftigt sind."

In der Personalstrategie gibt es konzeptionelle Lösungsansätze, zum Beispiel die Gründung einer Fortbildungsakademie, mit der Sprachunterricht, der bisher nur extern eingekauft wird, aber auch weitere Wissensvermittlung, angeboten werden kann. Der erhöhten Arbeitsbelastung im Gastgewerbe versucht das Unternehmen durch eine minutengenaue Zeiterfassung entgegenzuwirken. Diese schafft Transparenz und Verlässlichkeit in der Arbeitszeitgestaltung.

„Die Fünftagewoche mit nicht mehr als 39 Stunden ist so garantiert und Mehrarbeit wird dadurch verhindert", ergänzte David Depenau. Das Unternehmen stellt den Mitarbeitern auch Wohnungen zur Verfügung. Momentan sind 30 bis 35 Wohnungen auf dem Gelände und weitere 12 bis 15 Wohnungen in Nachbarorten angemietet. Insgesamt sind derzeit 165 Mitarbeiter in Personalunterkünften untergebracht. Eine festangestellte Mitarbeiterin koordiniert die Unterbringung und das Handling der Mitarbeiteranfahrt.

Auch in der Ausbildung zeigt sich das Unternehmen durch eine strukturierte, hochqualitative Ausbildung nach Industrie-und-Handelskammer-Vorgaben sowie einen intensiven Austausch mit der Berufsschule engagiert.

David Depenau ist es als Mitbegründer des Gütesiegels Exzellente Ausbildung besonders wichtig, sein Expertenwissen auch praktisch im Unternehmen umzusetzen. Bei überaus guten Leistungen in der Berufsschule kann die Ausbildungszeit nicht nur auf zwei Jahre verkürzt werden, Auszubildende erhalten bei guten Schulnoten auch zusätzliche 100 Euro im Monat. Im ersten Ausbildungsjahr bedeutet das eine Lohnsteigerung von über 14 %. Bessere Verdienstmöglichkeiten sind laut David Depenau einer der Beweggründe, der für Bewerber entscheidend ist. Die Weissenhäuser Strand GmbH & Co. KG bietet hier übertarifliche Bezahlung und liegt, zusätzlich zu den Schulleistungsboni und Weihnachtsgeldzahlungen, mit einer anfänglichen Ausbildungsvergütung von 700 Euro bereits 150 Euro über der ab 2021 gesetzlich festgelegten Vergütung von 550 Euro.

Der Trend in der Personalführung liegt aber nicht mehr nur bei einer fairen Bezahlung, sondern generell in mehr Dienstleistungen und mehr Boni für das Personal. Die Vereinigten Arabischen Emirate beispielsweise werben Arbeitskräfte durch gefüllte Kühlschränke in den Service-Apartments zusätzlich zum eigentlichen Gehalt an. Geschäftsführer David Depenau bestätigte: „Die Angestellten wollen immer mehr Service, weitere Faktoren neben dem Lohn gewinnen an Relevanz. Wenn du sie nur so kriegst, dann geht es halt in die Richtung."

Es gibt in der Weissenhäuser Strand GmbH & Co. KG einen Pool von Firmenwagen, auf den Mitarbeiter kostenlos Zugriff haben. Dem Personal, das nicht selbst mit dem Auto fährt, wird ein kostenloser Transfer von und zur Arbeit angeboten. Auch in das Gesundheitsmanagement investiert das Unternehmen und bietet seinen Mitarbeitern eine vergünstigte Mitgliedschaft im hauseigenen Fitnessclub an. Es gibt einen umfangreichen Bonuskatalog für die Angestellten. Er reicht von kostenfreier Nutzung der Freizeiteinrichtungen über das Veranstalten privater Feiern und das vergünstigte Einkaufen bei angeschlossenen Partnerbetrieben bis hin zu rabattierten Übernachtungen.

Das alles täuscht jedoch nicht über die Personalkrise der Branche hinweg. David Depenau ist als langjähriges Vorstandsmitglied der Hoteldirektorenvereinigung damit vertraut. Der Personalmangel hat sich durch die Corona-Pandemie und die daraus folgenden Einschränkungen wie Lockdown und Kurzarbeit deutlich verschärft.

Zahlreiche Beschäftigte in der Tourismusbranche wechselten zu boomenden Branchen mit zukunftssichereren Positionen, die mehr Stabilität versprachen. Hinzu kam die verstärkte Nachfrage im

Inlandstourismus, die durch chronischen Personalmangel mit einer erhöhten Arbeitsbelastung für das Stammpersonal einherging. David Depenau sagte: „Daraus ergibt sich eine deutliche Nachfragelücke, die beispielsweise bei uns zu 20 % mehr Auftragsvolumen bei 5 % weniger Mitarbeitenden führte, eine deutliche Überbelastung des Personals."

Ein zusätzlicher Faktor ist der altersbedingte Nettoarbeitskräfterückgang von 400 000 Beschäftigten in Deutschland allein durch die wachsende Überalterung der Gesellschaft. Davor warnte die Bundesagentur für Arbeit bereits vor Jahren. Das wurde in der Branche aber kaum beachtet. Der Deutsche Reiseverband fordert eine Nettozuwanderung von außen, allerdings positioniert sich Bundeskanzler Olaf Scholz dagegen.

David Depenau befürchtet: „Da werden wir in zusätzliche Probleme rauschen, weil sich andere dann bei uns bedienen, weil wir nicht solche kritischen Konditionen wie niedrige Löhne oder unattraktive Arbeitszeiten haben." Deshalb schlussfolgert er, dass das Gastgewerbe dem Thema Einwanderung positiv gegenüberstehen sollte und dass Deutschland „die Füße auf den Boden kriegen" und das Wort ‚Einwanderungsgesetz' enttabuisieren sollte. Hinzu kommt, dass die Positivliste der Mängelberufe nie umgesetzt und durch die Einführung der Gleichwertigkeitsprüfung der Bildungsabschlüsse ersetzt wurde. Diese Entscheidung sorgte für nachdenkliche Ausbilder, denn die deutsche Ausbildungsqualität ist schwer vergleichbar, was zusätzliche Hürden für die dringend benötigte Zuwanderung schafft. Das Nürnberger Foreign Skills Approval Institut, kurz FOSA, prüft die Qualität der ausländischen Bildungsabschlüsse, beschäftigt allerdings nur 30 Mitarbeiter. Das macht das Verfahren, ausländische, qualitativ hochwertige, nach Industrie- und Handelskammer anspruchsgerechte Arbeitskräfte an den deutschen Beschäftigungsmarkt zu binden, nahezu unmöglich. David Depenau fasste die Problemlösung zusammen: „Der Staat hat damit lediglich eine Placebo-Lösung geschaffen, aber sie funktioniert nicht. Es ist eine Tür an die Wand gemalt worden, die gar nicht aufgeht. Außerhalb der EU stehen die Leute und scharren mit den Hufen. Sie wollen zu Konditionen, mit denen wir bisher leben konnten, in der EU arbeiten, und zu diesen Konditionen locken wir in Deutschland halt niemanden mehr hinter dem Ofen vor."

Die Weissenhäuser Strand GmbH & Co. KG findet schon jetzt Personal in der ganzen Welt. Hier arbeiten Menschen aus 35 Nationen. Die Personalstrategie dieses Unternehmens beinhaltet zum einen, auf Arbeitsmarktportalen europaweit Anzeigen zu schalten, zum anderen das internationale Engagement des Geschäftsführers, selbst Personal zu suchen.

David Depenau sieht hier eine kombinierte Lösung für das Personalproblem. Die Preise im deutschen Tourismus seien im europäischen Vergleich einerseits viel zu niedrig, weshalb auch nur geringe Löhne gezahlt werden könnten. Diese Situation müsse einen Wandel erleben und es müssten „gescheite Löhne ausgezahlt" werden. Andererseits müsse Personal außerhalb der EU gefunden und nach Deutschland gebracht werden. Wenn diese Bedingungen, wie Arbeitszeiten und Bezahlung, verbessert werden, dann würden die Arbeitskräfte auch an die spannende, zukunftsreiche Branche gebunden. Um in den Bereichen Personalentwicklung, Personalhandling, Neueinstellungen, Genehmigungsprozesse, Personalmeldungen und internationales Recruiting Erfolge zu erzielen, seien allein sieben Mitarbeiter in der Personalabteilung des Unternehmens eingestellt. Durch ein effektives Change-Management in diesen Bereichen und durch weitere Faktoren, wie eine verstärkte Nachfrage im Inlandstourismus, habe die Weissenhäuser Strand GmbH & Co. KG trotz viermonatiger Zwangsschließung im vergangenen Jahr das beste Betriebsergebnis seit ihrer Gründung vorlegen können.

Die Personalkrise wird für einige Unternehmen das Aus bedeuten. Anpassungen sind in der Branche erforderlich. Im Fall der Hotellerie sind konkret höhere Löhne, verschiedenartig qualifiziertes Personal und Personalvielfalt nötig. Dazu bedarf es einer stringenten Führung und innovativer Methoden sowie einer durchdachten Personalstrategie, weshalb David Depenau und seine Führungskompetenz die Weissenhäuser Strand GmbH & Co. KG zu einem Best-Practice-Beispiel im Bereich Personalsicherung macht.

Für das zweite Interview stand Marcus Fränkle vom Hotel Der Blaue Reiter zur Verfügung. Das Hotel ist ein mehrfach ausgezeichnetes Vier-Sterne-Superior-Tagungs- und Designhotel in Karlsruhe-Durlach (Hospitality HR Award, Preis für die beste Nachwuchsförderung). Es verfügt über 88 Designzimmer und -suiten sowie über 10 Veranstaltungs- und Besprechungsräume.

Das Hotel gehört zu den wenigen Unternehmen des Gastgewerbes, das nach einer Pilotphase 2021 seit Januar 2022 dauerhaft mit dem System der 4-Tage-Woche auf Basis der 38-Stunden-Woche arbeitet. Das Kerngeschäft des Hotels ist die klassische Übernachtungsleistung. Es bietet aber mit einem eigenen Veranstaltungskalender und einer überregional beliebten Bar noch deutlich mehr.

Der Betrieb existiert bereits seit zwei Jahrzehnten und ist ein familiengeführtes Hotel. Im Jahr 2007 übernahm Marcus Fränkle die Leitung. Unter seiner Führung wurde das Hotel erweitert und konzeptionell verändert. Sein Ziel war und ist es, die Hotelbranche attraktiver zu gestalten und auch außerhalb des eigenen Hotels für die Branche verbindliche Werte und Standards einzubringen. Dabei sind Marcus Fränkle als Vorstand der Vereinigung Fair Job Hotels insbesondere gerechte Arbeitsbedingungen wichtig. Die Vereinigung hat zum Ziel, das Branchenimage zu stärken und Mitarbeiter in fairem Maß nicht nur zu fordern, sondern auch zu fördern. Marcus Fränkle ist auch Mitglied des Deutschen Hotel- und Gaststättenverbandes e. V. Karlsruhe und im Vorstand der Union für Wirtschaft sowie Mitglied der Hoteldirektorenvereinigung Deutschlands. Im Jahr 2021 gründete er zudem die Beraterfirma Vorreiter Consulting, die sich vorrangig mit den Themen agile Transformation und Modern Leadership aus der Praxis heraus beschäftigt.

Das Hotel Der Blaue Reiter hebt sich im Personalmanagement insbesondere deshalb von anderen Unternehmen ab, weil es nach dem Sieben-Säulen-Konzept der Personalbindung und der Personalentwicklung arbeitet. Konkret heißt das: Die Mitarbeiter werden in den Bereichen Gesundheit, Sicherheit, Wissen, Freizeit, Soziales und Finanzen sowie durch Extraangebote direkt gefördert. Der Hoteldirektor konkretisierte: „Das Spektrum bei den Gesundheitsmaßnahmen reicht von einem Bonus für den Fitnessstudioeintritt über das Teamtraining mit einem Personal Trainer, dem allgemeinen betrieblichen Gesundheitsmanagement, der Vermittlung von Arztterminen und einer monatlichen Gesundheitsprämie." Zum Bereich Sicherheit zählen unbefristete Arbeitsverträge nach der Probezeit. Zudem werden eine private Rentenversicherung, eine Berufsunfähigkeitsversicherung und eine private Krankenversicherung zu günstigeren Konditionen vom Unternehmen übernommen.

Im Bereich Wissensmanagement ist das Hotel Der Blaue Reiter ebenso vielschichtig aufgestellt. Es werden zwei bis drei Schulungen und zwei Teammeetings mit gemeinsamem Beisammensein für alle Angestellten organisiert. Das Hotel bietet außerdem die Möglichkeit des bilingualen Sprachunterrichts durch einen Sprachlehrer mit Fokus auf Deutsch und Spanisch an. Marcus Fränkle: „Die Kurse finden direkt im Hotel statt, um die Wege für das Personal so kurz wie möglich zu halten." Ausgelernten Fachkräften wird die Möglichkeit eines anschließenden Studiums der Betriebswirtschaftslehre angeboten. Auch um

die Work-Life-Balance kümmert sich die Hotelleitung. Neben vergüns-
tigten Reise- und Freizeitangeboten wird den Mitarbeitern ein freies
Wochenende im Monat garantiert, wobei Urlaubs- und Dienstwünsche
berücksichtigt werden. Dass ein im Gastgewerbe beschäftigtes Personal freie Wochenenden hat, ist nicht selbstverständlich. Marcus Fränkle
ergänzte: „Wir bieten zudem als eines der wenigen Unternehmen in
der Branche das innovative Arbeitszeitmodell des Sabbaticals an." Dem
Hotel liegen das psychische Wohlbefinden seiner Beschäftigten und
das soziale Miteinander am Herzen und so finden neben einer Ken-
nenlernwoche für neue Mitarbeiter auch regelmäßige Gespräche über
Sorgen, Wünsche, Anregungen und Fragen mit dem Chef statt. Auch
finanziell bietet der Arbeitgeber einige Besonderheiten: Es gibt neben
klassischen Zuschlägen an Sonn- und Feiertagen sowie Spät- und
Nachtschichten auch Fahrgeld, Weihnachtsgeld und eine Erholungsprä-
mie. Auch werden den Auszubildenden nach der Probezeit pro Monat
1000 Euro ausbezahlt. Monetäre Extras sind neben Vergünstigungen
bei über 400 Geschäften und die Vergütung für das kurzfristige Ein-
springen bei Diensten eine Family- und Friends-Rate in allen Fair-Jobs-
Partnerhotels. Um das Wissensmanagement zu optimieren, gründete
Marcus Fränkle die digitale Trainingsplattform Blaue Reiter Akademie
in Zusammenarbeit mit der Deutschen Hotelakademie. „Hier können
sich die 50 Beschäftigten des Hotels bedarfsgerecht weiterbilden",
ergänzte der Hoteldirektor.

Doch genauso wie dem Geschäftsführer der Weissenhäuser
Strand GmbH & Co. KG bereiten dem Unternehmen Mitarbeiterman-
gel, Fachkräftemangel und das geringe gesellschaftliche Ansehen
der Hotellerie Sorgen. Sicher sei sein Hotel aufgrund einer ausgeklü-
gelten Personalstrategie und der innovativen Investitionen in die
Personalbindung nicht so stark betroffen wie andere Betriebe. Vor der
Corona-Pandemie seien Personalverlust und Fluktuation aber eher die
Ausnahme gewesen.

Zahlreiche Wettbewerber hätten durch harte Einschnitte die
veränderte Situation aufgefangen. Flächendeckend seien Anpassungen wie veränderte Öffnungszeiten mit eingeschränktem Service, ein
Wandel im Restaurant zu mehr Reservierungen und ein allgemein
eingeschränktes Angebot umgesetzt worden. Solche drastischen
Veränderungen konnte das Hotel Der Blaue Reiter umgehen, indem es
das Konzept der sieben Säulen entwickelte und umsetzt, um so auf die
Bedürfnisse der Beschäftigten einzugehen und sie zu halten. Dennoch
suche auch der Betrieb Hotel Der Blaue Reiter Personal. Die derzeitige

Personalbeschaffung erfolgt über unterschiedliche Kommunikationswege, etwa Social Media, Pressemitteilungen, Stellenausschreibungen und Karrieremessen.

Marcus Fränkle betonte die Notwendigkeit, in der Branche gemeinsam politisch gut abgestimmt vorzugehen: „Alle Branchenverbände des Personalmanagements müssen eine Sprache sprechen, um in der Politik und in der Gesellschaft Gehör zu finden und auf Innovation setzen zu können." Um zu zeigen, wie auf die Bedürfnisse der Mitarbeiter einzugehen ist und wie sich Unternehmen im Gastgewerbe anpassen können, bündelte Marcus Fränkle praxisnahes Know-how der Branchenakteure und gründete die Beraterfirma Vorreiter Consulting. „Die gewonnenen Erkenntnisse durch unterschiedliche Pilotprojekte werden so künftig als Branchenwissen geteilt", sagte der Branchenprimus.

Das Hotel Der Blaue Reiter ist ein weiteres Beispiel für Best-Practice-Unternehmen. Die Leitung hat 2013, also frühzeitig, ein innovatives Konzept zur Personalsicherung entwickelt und umgesetzt und somit zugleich dem negativen Branchenimage entgegenwirkt. Zudem passt sich die Hotelleitung durch die Einführung der Viertagewoche und weiterer Angebote dem Trend an, auf die Bedürfnisse der Belegschaft einzugehen.

4 Fazit

Anhand der Interviews mit zwei Führungskräften erfolgreicher Unternehmen im Gastgewerbe ist deutlich geworden, wie innovativ Personalmanagement sein kann. Dies hat nicht nur Nutzen für die eigenen Betriebe, sondern kann Strahlwirkung auf die komplette Branche haben und das Bild des Gastgewerbes als Ganzes attraktiver werden lassen. Auch aufgrund aktueller Trends passen sich Unternehmen an, um Personal zu sichern und Arbeitskräfte zu gewinnen. Beide Interviewpartner der Best-Practice-Unternehmen sind in der Hoteldirektorenvereinigung und engagieren sich für eine positive Entwicklung der Branche. Sie geben ihre Ideen, Innovationen und Forderungen preis, um vor allem das Image aufzuwerten, damit die weitere Fluktuation gebremst wird. Die progressiven Maßnahmen reichen von neuen Arbeitszeitmodellen und Fortbildungsakademien über erweiterte Freizeitangebote, überdurchschnittlich hohe Vergütung, Personalwohnungen und Fahrdienste, Boni und monetäre Anreize für

Auszubildende bis hin zu internationaler Anwerbung von Personal durch vereinfachte Genehmigungsprozesse. Die Zusammenarbeit und der Austausch möglichst zahlreicher Brancheninsider könnten dafür sorgen, dass unzureichende Arbeitsbedingungen, geringe Bezahlung, fehlende Aufstiegschancen und mangelnde Zukunftssicherheit bald der Vergangenheit angehören. David Depenau, Geschäftsführer des Unternehmens Weissenhäuser Strand GmbH & Co. KG, sagte hierzu: „Wir machen jetzt keinen Diamantenbeutel auf, aber sind gerne bereit, der Branche zu helfen, denn ich bin mir sicher, dass die Leute nur dahin kommen, wo sie auch ordentlich behandelt werden."

Die Lösungsansätze beider mehrfach ausgezeichneter Tourismusunternehmen sind vielseitig und spezifisch, jedoch in der Praxis umsetzbar. Detaillierte Unternehmensinformationen und Einblicke in die genannten Betriebe und ihr Personalmanagement sind auf den Websites des Hotels Der Blaue Reiter und des Weissenhäuser Strands zu finden. •

Essay – Das Gastgewerbe 2050
Ein Gespräch mit der Gastgewerbetreibenden des Jahres 2053

von Georg Sieslack

„Nichts ist so beständig wie der Wandel." (Heraklit von Ephesus, 535–475 v. Chr.)

Hotels im Weltraum oder am Meeresgrund sowie Flüge zu anderen Planeten: Wer weiß schon, was die Zukunft bringen wird? Ein Blick in das Jahr 2053: Das erste Mondhotel ist aktuell im Bau. Hier ‚unten' ergänzen Zeppeline das Transportangebot als Mischung zwischen Schiff und Flugzeug. Auch in Hotels ersetzen interne Service-Bots auf dem Smartphone oder Mitarbeiter-Tablet gedruckte Gästelisten und Wege in den Keller, um im Lager nachzusehen. Realistische virtuelle Angebote, insbesondere für kurze Auszeiten, sind nur wenige Jahre vom Durchbruch entfernt. Alles ist ein wenig anders.

Doch zwei Konstanten verbleiben: schneller Fortschritt in der Digitalisierung und der Mensch, der im Fokus des Handelns steht. Er ist Geber und Nehmer, Produzent und Konsument, Kollege und Kunde. Wie gehen wir mit ihm um?

Mittwoch, 3. März 2053: Wir treffen die Gastgewerbetreibende des Jahres in der Nähe Berlins, um mit ihr über die Veränderungen der letzten Jahre und Jahrzehnte zu sprechen. Schnell kommt das Thema auf die neuen Angebote wie bezahlbare Weltraumaufenthalte oder das neue

U-Boot-Hotel 200 Meter unter dem Meeresspiegel. Auch die strengen Gesetze gegen Lebensmittelverschwendung und die Anpassung bzw. Erhöhung der Körperschaftssteuer an CEO- und Gesellschaftereinkommen sind hochaktuell. Vieles hat sich verändert, smarte Technologien sind allgegenwärtig und Urlaube als Pausen vom schnelllebigen Alltag sind beliebter denn je. Der Markt boomt wieder. Und das Angebot kann aufrechterhalten werden. Personalprobleme? Dutzende unbesetzte Stellen? Extreme Mitarbeiterfluktuation? Fehlanzeige!

Motivierte Fachkräfte zu halten, sei gar nicht schwer. Im Gespräch verweist unsere Interviewpartnerin hierbei immer wieder auf Studien und Wissen, die seit Jahrzehnten allgemein bekannt sind. Es ging ihr in ihrer Arbeit zuerst um das Schaffen einer zukunftsfähigen Grundlage in der Personalentwicklung. Unsere Gastgewerbetreibende des Jahres 2053 meinte dazu:

„Wer sich an die Maslow'sche Bedürfnispyramide erinnert, weiß: Zuerst müssen unsere Defizitbedürfnisse gedeckt werden. Wir Menschen wollen also Schlafen, Essen und Sicherheit (zum Beispiel in Form eines Dachs über dem Kopf). Dabei sind zuerst einmal Politiker gefordert, die uns eine sichere Umgebung bieten. Doch viel wichtiger sind wir Führungskräfte! Unfähige Führungskräfte sorgen dafür, dass Mitarbeiter innerlich kündigen und – wenn überhaupt – nur noch Dienst nach Vorschrift leisten. Das ist im Umgang mit Gästen quasi tödlich! In meinem Betrieb berichten Mitarbeiter nur von geringen Stressleveln. Wie das kommt? Wir haben nach der Corona-Pandemie 2023 einen alten Teufelskreis erkannt: Wir haben zu wenig Geld in Personal gesteckt – und es dann auch noch ineffizient verteilt: Einerseits waren die Gehälter unserer Mitarbeiter zu gering zum Leben in einer Großstadt wie Berlin, andererseits hatten wir auf die wenigen ausgeschriebenen Stellen zu wenige qualifizierte Bewerbungen. Zeitarbeitsfirmen etc. sparen halt langfristig kein Geld. Außerdem waren die Schichten häufig unterbesetzt, sodass unsere von Geld- und somit Existenzängsten vorbelasteten Mitarbeiter nur noch weiter gestresst wurden."

Doch angemessene Bezahlung und vollständig mit voll ausgebildeten Fachkräften besetzte Schichten waren nur ein Teil des Puzzles. Ziel unserer Interviewpartnerin war es auch, ihre Mitarbeiter langfristig zu binden:

„Wir leben seit Langem in einem Arbeitnehmermarkt. Es ist an uns Unternehme(r)n, Fachkräfte dauerhaft an uns zu binden. Neben guter Bezahlung und Familienfreundlichkeit haben wir noch einen dritten

Faktor verändert: Unsere Arbeit muss Sinn ergeben – und das muss unseren Mitarbeitern bewusst sein. Natürlich nicht durch standardisierte Schulungen, Plakate und leere Platituden, sondern durch ein vollkommen verändertes Arbeitsumfeld. Würden alle Mitarbeiter agieren wie der Homo oeconomicus, wären während der Corona-Pandemie um 2020 alle Krankenschwestern, Pfleger und ‚systemrelevanten Arbeiter' streiken gegangen. Das ist trotz unglaublich schlechter Arbeitsbedingungen nicht passiert, weil viele von ihnen trotz allem ihren Job intrinsisch lieben. Das ist auch in unserer Branche so!"

Das Arbeitsumfeld macht's

‚Der Gast (bzw. Kunde) hat immer recht!' Insbesondere in operativen Abteilungen wird bei diesem Satz regelmäßig mit den Augen gerollt. Jede Servicekraft weiß, dass jetzt der Teamleiter bzw. Manager den eigenen Mitarbeitern in den Rücken fällt, sie vermutlich gegenüber dem Kunden bloßstellen und die Dienstanweisung (nach der mitarbeiterseitig gehandelt wurde) kurzzeitig außer Kraft setzen wird. Frust ist vorprogrammiert.

In unserem Arbeitsalltag dreht sich alles um unsere Gäste. Das ist die Natur des Gastgewerbes und des gesamten Dienstleistungssektors – oder?

„Dennoch muss sich jede Führungsperson einmal die folgende Frage stellen: Wen kann ich leichter anwerben bzw. ersetzen: einen Stammgast oder einen langjährigen Mitarbeiter? Wer ist uns demnach wichtiger?"

Viel zu häufig liegt der Fokus exklusiv auf dem Gast. Das liegt in der Natur der Branche. Er lässt sich durch gutes Marketing und ein angemessenes Produktportfolio gewinnen. Weitere relevante Kundenbindungsmaßnahmen wie Bonusprogramme, Communitybildung und sonstige Aufmerksamkeiten für Stammkunden sind seit Jahrzehnten Bestandteil vieler Lehrmaterialien, Gegenstand von Best-Practice-Analysen und im Repertoire vieler Anbieter vertreten. Wenn die Kunden einen Wunsch haben, ist es quasi Berufsethos, ihn (im angemessenen Rahmen) zu erfüllen.

Wie sieht es jedoch mit unseren Mitarbeitern aus? Kennen wir ihre Wünsche und Bedürfnisse? Kennen wir unsere Mitarbeiter – nicht als ‚graue Masse', sondern als Individuen mit Wünschen, Zielen und Geschichten? Mitarbeiter, die sich bewusst für das Gastgewerbe entscheiden, lieben ihren Beruf. Dennoch würden viele ihn nicht weiterempfehlen. Gründe wie

Stress, Familienunfreundlichkeit und unangemessene Bezahlung sind weithin bekannt.

„Unsere Branche ist Meister darin, Menschen glücklich zu machen. Wir bieten unvergleichliche Zeiten für unsere Gäste – aber bitte nicht auf Kosten der Mitarbeiter! Warum fangen wir nicht an, unsere Mitarbeiter ein wenig wie Gäste zu behandeln?"

Gute Kundenansprache ist persönlich und individuell, ehrlich und dennoch präzise. Diese Konzepte auf Mitarbeiter zu übertragen, ist leichter als gedacht. Offene und ehrliche Kommunikation sowie das rechtzeitige Bekanntgeben von Informationen und Terminen sollten überall eine Selbstverständlichkeit sein. Insbesondere Berufsanfänger, Auszubildende und Studierende werden zunächst ins Team aufgenommen und als gleichwertige Mitglieder betrachtet. Dies kann durch einfache Förderungsmöglichkeiten unterstützt werden: „Lehrjahre mögen zwar keine Herrenjahre sein – müssen wir unseren Nachwuchs aber als Menschen zweiter Klasse behandeln? Etwas Förderung und Motivation haben noch niemandem geschadet, oder?"

Unsere Interviewpartnerin schwieg kurz. Dann erzählte sie von Projekten, die sie in den letzten Jahren in ihrem Betrieb durchgeführt hat. So können Auszubildende jede Woche beispielsweise ein bis zwei Stunden vom regulären Dienst befreit werden, um ein eigenes ‚Azubiprojekt' zu betreuen. Dieses sollte in Eigenregie ohne zu enge Vorgaben durchgeführt werden. Der ‚Nachwuchscocktail der Woche/ des Monats' in Form einer Eigenkreation ist beispielsweise nicht nur für die Karte gut: Bei expliziter Bewerbung (zum Beispiel kleine Aufsteller an der Bar) mit einer Beschreibung des Konzepts ist das Interesse des Gastes fast schon garantiert – und die Auszubildenden betreiben ihre eigene Form der Marktforschung. Vielleicht wird im Laufe der Zeit sogar ihr neues Lieblingsgetränk kreiert?

Auch ein ‚Azubi-Blog' bietet viele Möglichkeiten. Auszubildende berichten hier in kurzen Beiträgen von Gegebenheiten ihres Ausbildungsbeitrags. Dadurch können primär Einblicke in den Alltag gegeben werden. Auszubildende können so nicht nur gemeinsam reflektieren, sondern liefern ‚nebenbei' wertvolle Inhalte für die sozialen Medien. Inhalte dieser Art sind nicht nur im Recruiting von großem Wert. Sie geben dem Betrieb ein junges Gesicht, das durch Offenheit und Ehrlichkeit auch beim Gast punkten kann. Zudem lernen Auszubildende die Grundlagen des Storytellings.

Doch auch langjährige Mitarbeiter können Kunden ein besonderes Erlebnis bieten. Was spricht gegen exklusive Backstage-Touren in einzelnen Abteilungen? Neben einer echten Unique Selling Proposition können Mitarbeiter aus ihrem Alltag berichten und ihren Betrieben ein menschliches Gesicht geben. Kunden sind oft interessierter an Hintergründen und Erklärungen als zunächst angenommen. Zusätzlich geht mit solchen Einblicken eine gewisse Selbstverpflichtung einher: „Alles, was wir von uns preisgeben, soll unanstößig und präsentabel sein – aber nicht fake. Greenwashing und exzentrische Selbstdarstellung haben hier keinen Platz. Damit keiner unsere Leichen im Keller sieht, dürfen wir halt keine haben."

Diese Art der persönlichen, fast intimen Einblicke kann zudem für eine stärkere Kundenbindung und für Sympathiepunkte bei eventuellen Problemen sorgen. Selbstverständlichkeiten werden aufgebrochen. Und vielleicht können solche Einblicke auch monetarisiert werden? „Wir brauchen keine eigene Fernsehserie über uns. Unsere Mitarbeiter sind unsere größte Quelle an kreativen Ideen. Warum haben wir sie nicht schon früher genutzt, um ihren Arbeitsalltag schrittweise zu verbessern und gleichzeitig neue Mehrwerte für unsere Gäste zu erschließen?"

Diese simplen Konzepte zeigen, wie einfach es ist, Mitarbeitern zeitgleich einen zusätzlichen Sinn – einen Mehrwert – zu geben und diesen potenziell zu monetarisieren. Sie bieten Mitarbeitern auch die Chance für Kreativität und Selbstentwicklung. Sie beinhalten ‚nebenbei' auch Teambuilding. Kombiniert mit ehrlicher Wertschätzung (‚Danke ist kein Fremdwort!') werden Mitarbeiter zufriedener – und zufriedene Mitarbeiter sorgen bekanntlich für zufriedene Kunden.

Was ist der Kern unserer Arbeit?

Kern unserer Arbeit ist es, Gastgeber für unseren Kunden zu sein und ihm einen unvergesslichen Aufenthalt zu bieten. Das ist ein nobles Ziel. „Vor über 120 Jahren sagte John Maynard Keynes voraus, dass bis zur Jahrtausendwende in der westlichen Welt die 15-Stunden-Woche die Norm wäre (lacht). Das ist leider auch heute noch nicht so. Fast schon im Gegensatz, bis zur Zeit der Corona-Pandemie wurde mehr und mehr gearbeitet, in Jobs, die irgendwie sinnlos waren."

Diese Aussage bezieht sich auf eine britische YouGov-Studie von 2015 und ihre Äquivalente in anderen Staaten. Fast 40 % der Befragten waren der Meinung, dass ihre Berufe bzw. Aufgaben sinnlos seien. „Wir haben erkannt, dass das Managen des Managements um des Managens willen nicht zielführend ist. Die stetige Verkleinerung der operativen Belegschaft und das zwanghafte Outsourcing ganzer Abteilungen haben logischerweise nicht geholfen, Expertise in Form ausgebildeter und motivierter Fachkräfte im Betrieb und in der Branche zu halten. Wir brauchen allerdings nicht unbedingt nur mehr Stellen. Jobs müssen mehr sein als Mittel zum Geld verdienen. Nicht nur unsere Dienstleistungen, sondern auch unsere Jobs müssen Mehrwerte produzieren. Was halten Sie von Jobs mit dem expliziten Ziel, unsere Lebensumstände als Mensch und Allgemeinheit zu verbessern?"

Das Schaffen von tangibler Veränderung zum Guten ist oft (kurzfristig) nicht profitabel. Doch Arbeit ist nicht das ultimative Lebensziel. Zu leben bedeutet viel mehr. Arbeit – gute, sinnvolle Arbeit in einem gut bezahlten Job, der uns intrinsisch glücklich macht – umfasst einen Teil dieses ‚Mehr'. Wenn Arbeitgeber dieses ‚Mehr (an Sinn)' anbieten, werden operative Mitarbeiter ‚mehr' arbeiten. Gastgeber sein statt Dienst nach Vorschrift. Und den Kern unserer Branche erhalten.

Digitalisierung und Arbeitszeit – zwei getrennte Phänomene?

Unser Arbeitsalltag wird immer komplexer. Einerseits steigt die Arbeitslast, andererseits sollen wir bald alle von Robotern ersetzt werden. Wie passt das zusammen?

Die Digitalisierung kann viele Jobs ersetzen. Automatisierte Systeme können mithilfe neuronaler Netzwerke und weiterer künstlicher Intelligenzen große Teile des touristischen Backoffice ersetzen. SMARTe Assistenzen erleichtern den Arbeitsalltag und erhöhen die Produktivität – aber auch die Komplexität des Arbeitsalltags. Das dadurch entstehende starke Effizienzwachstum steht in keinem Verhältnis zur nur moderat steigenden Nachfrage. Warum halten wir dennoch an Arbeitszeitmodellen des letzten und vorletzten Jahrhunderts fest?

Spätestens seit der Generation Y (den Digital Natives) sehnen sich Berufstätige verstärkt nach Selbstbestimmung. Die fängt bei der Arbeitszeit an. Hier werden Modelle gefordert, die vor dreißig Jahren nur in der Selbstständigkeit denkbar waren. Wenn der Arbeitgeber nicht rechtzeitig mitzieht, wird zur Konkurrenz gewechselt. Viele Arbeitgeber sträuben sich jedoch vehement gegen neue Tendenzen. Sie fürchten sich vor Kontrollverlust (‚Wie kann ich überprüfen, dass du arbeitest, wenn ich nicht jederzeit unverhofft ins Büro hineinplatzen kann?') oder sind schlichtweg von den neuen Anforderungen und Möglichkeiten überfordert.

Die Digitalisierung ganzer Betriebe ist eine Investition mit extremen Returns on Investment. Moderne Kommunikationsmittel beispielsweise bieten nie dagewesene Möglichkeiten zum flexiblen Arbeiten. Flexible Schichtplanung und Aufgabenverteilung hilft ungemein und erhöht nebenbei noch die Mitarbeiterzufriedenheit. Insbesondere Büroarbeit kann bekanntlich nicht nur nine to five, sondern auch six to twelve and fifteen to sixteen gemacht werden – oder auch samstags gegen Mitternacht.

„Solange die Arbeit erledigt wird und Deadlines eingehalten werden – wo ist das Problem?"

Selbstverständlich sind hier noch viele Fragen offen. Sind acht mal fünf Stunden je Woche wirklich das optimale Arbeitszeitmodell? Was spricht gegen sechs mal sechs (auch vielleicht in Schichten)? Wahrscheinlich wird niemand Sigmund Freud oder Victor Hugo Faulheit unterstellen. Dennoch arbeiteten sie und viele weitere geniale Geister in mehreren kurzen Schichten.

„Was spricht denn gegen drei Stunden am Gast (Bankett), gefolgt von zwei bis drei Stunden im Frontoffice, abschließend zwei Stunden backstage, vielleicht unterstützend im Lager – anstelle einer eintönigen Frühschicht? Mitarbeiter haben so Abwechslung und sind flexibler. Dieses Konzept ist auch resilienter gegen Krankheitsausfälle."

Auch 6-Stunden-Tage oder die 32- oder 36-Stunden-Woche werden hierzulande immer noch kritisch betrachtet. In Schweden und weiteren Pilotprojekten führ(t)en sie flächendeckend zu erhöhter Produktivität, mehr Zufriedenheit und besserer Gesundheit. Dem fügte unsere Interviewpartnerin noch hinzu:

„Arbeitnehmer klagten über zunehmende Arbeitsbelastung – mehr Aufgaben wurden auf weniger Köpfe verteilt. Ein Grund war der radikale Einsparungswahn vieler Unternehmen unserer Gesellschaft. Dabei wurde selten bedacht, dass Qualität an erster Stelle stehen sollte. Dass dauergestresste Arbeitnehmer Fehler machen oder gar krank werden und ersetzt

werden müssen (und so den Stelleneinsparungs-Stress-Teufelskreis noch verstärken), lässt sich schwerlich in harten Zahlen ausdrücken. Unsere Mitarbeiter sind unsere wichtigste Ressource. Wir dürfen sie nicht verschwenden, sondern müssen immer wieder in sie investieren!"

Die Zukunft des Gastgewerbes

Die für dieses Kapitel interviewte Gastgewerbetreibende des Jahres existiert ebenso wenig wie exakte Voraussagen über das Jahr 2050. Doch jeder von uns kann sich an ihr ein Beispiel nehmen und sich im eigenen Arbeitsalltag für besseres Arbeiten im Dienstleistungssektor einsetzen. Wie auch im Kampf gegen den Klimawandel kann hier allein (fast) nichts erreicht werden. Doch jeder Schritt, jedes Gespräch in diese Richtung schafft Aufmerksamkeit und kann einen Samen in unserem Umfeld einpflanzen. Und wer weiß? Vielleicht haben wir alle einen versteckten grünen Daumen! •

Ohne Gastgeber keine Gäste

von Alexander Aisenbrey

Genügend und vor allem versierte, motivierte Mitarbeiterinnen und Mitarbeiter, oder besser Gastgeberinnen und Gastgeber, für die Hospitality-Industrie zu finden und dort zu halten, ist schon seit Jahrzehnten eine nie endende Herausforderung. Doch solch eine Situation, wie sie im Jahr 2021 während der Pandemie herrschte, ist dramatischer als je zuvor.

Dass diese prekäre Situation des Mangels an Gastgeberinnen und Gastgebern auch ohne die Pandemie eingetreten wäre, muss allerdings allen bewusst sein. Ohne die Pandemie hätte dieses Ausmaß sicher noch drei bis fünf Jahre auf sich warten lassen, aber diese Situation hat sich schleichend angekündigt – wir hätten uns wahrscheinlich viel langsamer bewegt als es die Branche jetzt muss.

Da eine resiliente Personalsicherung nur mit genügend Gastgeberinnen und Gastgebern machbar ist, muss im gleichen Atemzug auch eine resiliente Personalsuche damit verbunden sein und verfolgt werden. Doch wie kann eine solche Situation ‚unbemerkt' über Jahre hinweg entstehen? Und vor allem: Lassen sich die Herausforderungen lösen? Und wenn ja, wie?

Beginnen wir mit einem Rückblick: Die Hospitality-Industrie hat ihre Wurzeln bereits im 18. Jahrhundert. Anfang des 19. Jahrhunderts gab es schon auf der ganzen Welt Luxushotels, einfache Herbergen und alles, was man sich dazwischen vorstellen kann. Die Dienstleistung wurde und wird durch Persönlichkeiten wie César

Ritz, Lorenz Adlon, Albert Steigenberger, Conrad Hilton oder Horst Schulze – um nur einige zu nennen – weiterentwickelt, perfektioniert und weltweit begehrenswert gemacht. Ein stetig steigender Luxus und die daraus entstandene Welt machten und machen das Arbeiten spannend und attraktiv. Durch die Kreuzfahrtindustrie konnten dann die Gastgeberinnen und Gastgeber die ganze Welt bereisen. Nicht umsonst galt die Hospitality-Branche lange Zeit als eine der schönsten der Welt. Das Angebot erweiterte sich unaufhörlich. Bis heute kommen täglich neue Hotels, Restaurants und innovative Übernachtungsmöglichkeiten sowie Food- und Beverage-Konzepte hinzu. Auch das Reisevolumen und der Drang nach Reisen steigen weltweit stetig an. Doch insbesondere in den reichen Industrieländern wie Deutschland, der Schweiz oder Österreich ist der Wunsch, ‚bedient' zu werden, größer als der, selbst zu bedienen.

Nun kommen wir in der Gegenwart an. Essen, übernachten, kulinarische Erlebnisse oder freundlich umsorgt zu werden, erscheint vielen Menschen schon als selbstverständlich. Die Angebote sind auch in einer reizüberflutenden Vielzahl vorhanden, nur fehlt es an der ausreichenden Anzahl begeisterter Gastgeberinnen und Gastgeber. Aber warum ist es so unattraktiv geworden, in unserer Branche zu arbeiten? „Ladies and Gentlemen serving Ladies and Gentlemen" (Zitat Horst Schulze) – das klingt doch gut. Doch leider haben das Ansehen und die Wertschätzung den Gastgeberinnen und Gastgebern gegenüber immer mehr abgenommen. Die Gründe hierfür sind vielseitig.

Zunächst liegt es an uns selbst, den Eigentümern, Managern und Direktoren, den Küchenchefs, Restaurantleitungen und Room-Division-Managerinnen und -Managern. Über lange Zeit hinweg haben wir die deutlichen Zeichen des Wandels ignoriert. Niedrige Bezahlung, viele unbezahlte Stunden, vermeintlich schlechte Arbeitszeiten, herausfordernde Gäste. Die Führungskräfte standen auch in unfairen Situationen hinter den Gästen und haben den Blick für den Menschen in ihren Betrieben verloren. Vor allem die antiquierte diktatorische, selbstherrliche Führung, und das auf allen Ebenen, hat einige gute Gastgeberinnen und Gastgeber dazu bewogen, die Branche zu verlassen. Der digitale Wandel, der Einzug von New Work, Empowerment, der Wandel vom Besitz in den Nutzen sowie die Frage nach der Sinnhaftigkeit der Tätigkeit unserer Gastgeberinnen und Gastgeber sind Themen, die bereits sehr lange vorherrschen. Doch hielt der nötige Wandel des agilen Mindsets nur

spärlich und nicht in derselben Geschwindigkeit Einzug in die Führungs-
ebenen. Dies ist einer der Hauptgründe für die jetzige Situation.

Ein weiterer, aber von uns nicht zu beeinflussender Faktor ist die
demografische Entwicklung in den bereits genannten DACH-Ländern.
Geburtenstarke Jahrgänge gehen in Rente, oftmals sogar in Frührente, und
die nachkommenden Generationen können die jährliche Lücke von 200 000
bis 300 000 frei werdenden Stellen nicht auffangen.

Weitere Gründe sind unter anderem die Akademisierung sowie neue
Ausbildungsberufe. Ebenso geben geänderte Lebensformate ihr Weiteres zu
den bestehenden Mängeln dazu. Auch die fehlende Wertschätzung und die
Wahrnehmung unserer Dienstleistung in der immer noch von Industrie und
Fertigung geprägten Nation tragen nicht zur Steigerung der Attraktivität
unserer Branche bei. Der Gast kann nicht König sein, sonst wären wir seine
Untertanen. Hier muss dringend ein Umdenken stattfinden.

Ein weiterer Störfaktor ist unsere stehen gebliebene und somit unattraktive Ausbildung. Es finden seit Jahren keine revolutionären Anpassungen,
geschweige denn notwendige und mit der Zeit gehende Änderungen der
Inhalte der Berufsbilder an sich statt. Als Beispiel lässt sich hier die Res-
taurantfachfrau bzw. der Restaurantfachmann nennen. An dieser Stelle sei
gesagt, dass es noch eine Vielzahl an weiteren und sich gegenseitig bedin-
genden Gründen und Faktoren gibt, die zu diesen Situationen geführt haben.

Und nun? Was müssen wir tun, um eine resiliente Personalsicherung und -suche im Gastgewerbe, in der Hotellerie und in der gesamten
Hospitality-Industrie umzusetzen?

1 Fangen wir bei uns an

Die Leistung muss besser entlohnt werden. Die Vergütungspakete
müssen an die Bedürfnisse der jungen Generationen angepasst werden. Neben einem Gehalt, das zum Leben reicht, müssen Gesundheit,
Nachhaltigkeit, lebenslanges Lernen, Networking, Entwicklung nach
oben, aber auch auf der Ebene, Kommunikation auf Augenhöhe und
vor allem eine ehrliche Wertschätzung, frei von Befindlichkeiten, in die
Vereinbarungen und Arbeitsverträge aufgenommen werden.

Angebote wie Gesundheitskurse, Fitnessstudio, Jobfahrrad, Sabbatical oder auch gesunde Ernährung sollten zukünftig einen festen Platz
in den Arbeitsverträgen haben. Fortbildungsangebote sollten über das
schon etablierte Schulungsangebot hinausgehen. Wenn alle Betriebe die

Gastgeberinnen und Gastgeber fördern, ihr Wissen zu erweitern, hilft das der gesamten Branche.

Vor allem müssen wir das Führungsproblem angehen. Ein großer Fehler ist es, die Gastgeberinnen und Gastgeber in die Obhut von unausgebildeten Führungskräften zu geben. Es gibt aber auch eine Vielzahl an guten Managerinnen und Managern, die zwar zumeist die richtigen Dinge machen, aber dennoch: Revenue, Zahlen, Prozesse und die Anleitungen von Gastgeberinnen und Gastgebern sind oft aus einem profitgetriebenen Ego heraus angetrieben. Führungskräfte müssen zeitnah zu Leadern aus- und weiterentwickelt werden – auf dass sie nicht nur die richtigen Dinge, sondern die Dinge auch richtig machen. Durch Kommunikation und Zuhören werden die Gastgeberinnen und Gastgeber motiviert und angeleitet. Effektivität und Effizienz müssen in der täglichen Führungsaufgabe eine Selbstverständlichkeit sein.

Der letzte Schritt zur glückseligen Führung ist der, die oberste Führungsebene vom Leader zum Coach zu entwickeln. Mit emotionaler Intelligenz verleiht sie den Gastgeberinnen und Gastgebern das Empowerment, um den Sinn für die tägliche Arbeit zu erzeugen.

Dann wird aus Gewinnmaximierung Gewinnoptimierung – und eine nachhaltige, wertschätzende Menschenführung garantiert eine dann langfristige Bindung der Gastgeberinnen und Gastgeber an das Unternehmen.

2 Auch die Gäste müssen sich ändern

Das Image, die Wertschätzung, die Wahrnehmung der Menschen und das Ansehen müssen gesteigert werden. Wir sind Gastgeberinnen und Gastgeber – und dieses Selbstbewusstsein sollten wir alle leben, mit all den Facetten, die dazugehören: Freundlichkeit, Kommunikation, Begeisterung, Dienstleistung – aber alles mit gegenseitiger Wertschätzung, zudem mit Stolz und Selbstbewusstsein.

In früheren Zeiten haben wir uns bedingungslos hinter unsere Gäste gestellt. Dadurch haben wir oftmals den Gastgeberinnen und Gastgebern Unrecht getan. Das führte und führt dazu, dass grandiose Menschen unsere Branche verlassen, weil auch unsere Gäste die Wertschätzung und den Respekt dem Menschen nicht ausreichend entgegenbringen. Schreien, Ignoranz und Drohen mit schlechten Bewertungen dürfen nicht tatenlos hingenommen werden.

Sätze wie

- das geht gar nicht,
- das ist ein absolutes No-Go oder
- so was darf nicht passieren

produzieren Endgültigkeiten, die unsere Gastgeberinnen und Gastgeber enorm unter Druck setzen. Es sollte eine faire Fehlerkultur herrschen, aber der Drang zur perfekten Gästebegeisterung darf nie außer Acht gelassen werden.

Gäste müssen sich wie Gäste benehmen, und wir zeigen uns von unserer besten Gastgeberseite. Eine Erfolgssymbiose, die zukunftsversprechend klingt.

3 Wir dürfen uns nicht unter Wert verkaufen

Um unseren Gastgeberinnen und Gastgebern die notwendige monetäre Wertschätzung entgegenzubringen, müssen wir Preise von unseren Gästen verlangen, die das auch ermöglichen. Das ‚Verramschen' von Leistungen erfolgt immer zulasten unserer Gastgeberinnen und Gastgeber.

Auch sollten wir mithilfe der Politik Wege finden, die vermeintlich schlechten Arbeitszeiten attraktiver zu machen. Dies geht meiner Ansicht nach nur monetär: Erhöhung der steuerfreien Zuschläge für Sonn- und Feiertage von 50 % auf 100 %, Einführung von steuerfreien Zuschlägen für Samstage von 50 % und Erhöhung der Nachtzuschläge von 25 % auf 50 %. Wenn es uns gelingt, die Zeiten über die Bezahlung attraktiver zu machen, finden wir auch Gastgeberinnen und Gastgeber, die dort und dann gerne arbeiten. Zumindest wäre es ein erster Ansatz.

Wertschätzung ist sicher nur in Bruchteilen durch einen monetären Ausgleich zu schaffen, aber manche Dinge müssen eben über die Attraktion Geld geregelt werden.

4 Disruptive Gedanken in der Aus- und Weiterbildung

Um junge Menschen auch zukünftig zu gewinnen und langfristig an uns zu binden, ist die Aus- und Weiterbildung ein entscheidender Faktor. Unsere Ausbildungsberufe sind im Inhalt und im Aufbau veraltet und unattraktiv geworden. Jeder, der etwas anderes behauptet, sollte sich die Ausbildungszahlen der letzten zehn Jahre anschauen. Der Deutsche Industrie- und Handelskammertag (DIHK), der Deutsche Hotel- und Gaststättenverband (DEHOGA) und die Gewerkschaft Nahrung-Genuss-Gaststätten (NGG) müssen ihre Befindlichkeiten ablegen und im Sinne unserer jungen Menschen Ausbildungsinhalte schaffen, die attraktiv und zukunftsorientiert sind.

Ebenso sollte das Mindset dahingehend verändert werden, dass für Abiturientinnen und Abiturienten der Bachelor die neue Lehre ist. Durch berufsbegleitende Angebote oder im Blended-Learning-Verfahren (zum Beispiel IST-Hochschule) können wir mündige, top ausgebildete Gastgeberinnen und Gastgeber entwickeln, die zum größten Teil unserer Branche treu bleiben (eine gute Führung vorausgesetzt).

Des Weiteren müssen unsere Betriebe, Institutionen und Verbände das lebenslange Lernen als die neue DNA der jungen Generation verstehen. Wenn wir attraktive Angebote für Quer- oder Umsteigerinnen und -umsteiger kreieren, Mut zur Entwicklung haben und unsere Branche attraktiv gestalten, können wir Menschen aus anderen Branchen für uns gewinnen.

5 Die Welt bei uns zu Hause

Nun wissen wir, dass wir über alle Branchen hinweg – aus Deutschland und teilweise bereits aus der EU – nicht genügend Menschen zu uns bekommen, um alle offenen Stellen zu besetzen. Deswegen müssen wir Programme entwickeln, die uns arbeitswillige und motivierte Menschen aus der ganzen Welt nach Deutschland bringen. Es gibt schon einige Unternehmungen (zum Beispiel Thamm, AuLiD, Fair Job Hotels e. V.), die funktionierende Modelle praktizieren. Das bestehende Fachkräfteeinwanderungsgesetz muss als Schlüssel zum Erfolg dringend für unsere Branche geändert werden. Ebenso müssen unsere Verbände und Institutionen aktiv mit der Zentralen Auslands- und Fachvermittlung (ZAV) und den Bildungsträgern in den einzelnen Bundesländern in Kommunikation treten, um dort vorbereitete und motivierte Menschen zu akquirieren.

6 Imagewandel längst überfällig

Damit wir unsere Gastgeberinnen und Gastgeber langfristig an unsere Unternehmen binden, braucht es neben einer fairen Führung, einer guten Entlohnung und einer wertschätzenden Entwicklung auch einen Wandel unseres Gesamtimages. Wir müssen uns die Anerkennung in Politik und Presse erarbeiten. Ignoranz und negative Presse sind konsequent zu unterbinden. Unsere Gastgeberinnen und Gastgeber sind auch in der Außenwirkung stolz darauf zu machen, dass sie für uns und bei uns arbeiten. In gemeinsamer Zusammenarbeit gehören Negativbeispiele der Branche bekehrt oder ignoriert. Das klingt dramatisch, ist aber einfach notwendig. Die Industrie- und Handelskammern müssen konsequente, flächendeckende Kontrollen ein- und durchführen. Nur wir alle zusammen schaffen es, in der Politik für Auf- und Ansehen zu werben. Neu geschaffene Institutionen wie die Denkfabrik Union der Wirtschaft e. V. helfen aktiv dabei.

Final lässt sich festhalten, dass es nicht die eine Lösung oder den einen Wandel gibt. Unsere Branche ist vielschichtig und somit fallen auch die Lösungsansätze vielschichtig und individuell aus. Wir müssen vom Reden (oftmals vom Jammern) in den Modus des Machens wechseln. Jede und jeder Einzelne ist angehalten und verpflichtet, aktiv den Wandlungsprozess anzugehen. Diejenigen Mehrheiten sind zu finden, die sich aktiv dafür einsetzen, in Gemeinsamkeit stärker aufzutreten. Die Menschen sind dahingehend zu überzeugen, dass eine Welt ohne Hospitality eine traurige und triste Welt wäre.

Starten wir die Transformation jetzt! Für unsere Branche, für unsere Gäste, aber vor allem für unsere Gastgeberinnen und Gastgeber, denn:

ohne Gastgeber keine Gäste!

Hochschule für
Wirtschaft und Recht Berlin
Berlin School of Economics and Law

Partner der HWR Berlin werden!

- Profitieren Sie als Unternehmen von den Vorteilen eines dualen Studiums.
- Sie haben die Auswahl der Studierenden selbst in der Hand – Sichern Sie sich den vielversprechendsten Nachwuchs für Ihr Unternehmen.
- Alle Infos und Ansprechpartner*innen finden Sie unter: hwr-berlin.de > Fachbereiche und Zentralinstitute > FB2 Duales Studium > Partner werden

5 Gründe für die Einstellung eines dual Studierenden

1. Übernahme der Studierenden als Fachkräfte
2. Hoher Mehrwert durch Flexibilität der Studierenden / flexible Einsetzbarkeit in unterschiedlichen Abteilungen
3. Direkte Anwendung von Erlerntem in der Praxis
4. Hohe Motivation der Studierenden, frischer Wind, neue Anregungen und Trends
5. Enge Zusammenarbeit mit der Hochschule – immer auf dem neusten Stand in der Forschung

Ansprechpartnerin: Fachleiterin Prof. Dr. Sandra Rochnowski | sandra.rochnowski@hwr-berlin.de | www.hwr-berlin.de

Visionen für die Zukunft der Führung

von Patricia Josefine Höntsch

1 Einleitung

„Der beste und einzige Weg, auf dem Menschen erfolgreich werden, ist richtiges und gutes Management." (Malik 2014) Die Frage nach dem richtigen Führungsstil beschäftigt Menschen sowohl in der Betriebswirtschaftslehre als auch in der Psychologie und Sozialwissenschaft (Dillerup/Stoi 2016). Doch Führungskonzepte und Methoden stagnieren nicht, sondern werden stets den modernen Trends in Gesellschaft und Wirtschaft, sogenannten Megatrends, angepasst. Sie müssen zudem den Unternehmenszielen entsprechen, die autonom festgelegt werden (Dillerup/Stoi 2016).

In diesem Beitrag geht es um die aktuellen Veränderungen in der Unternehmensführung sowie um die Frage nach der möglichen Zukunft der Führung. Dafür wird der Begriff ‚Unternehmensführung' zunächst erläutert, gefolgt von dem Wort ‚Megatrends'. Zudem wird aufgezeigt, wie sich dies auf die Führung auswirkt. Anschließend werden die Unterschiede im Führungsstil von Frauen und Männern, die Entwicklung des Anteils von Frauen in Führungspositionen sowie die aktuellen Gehaltsunterschiede betrachtet. Es folgt das Thema Ausbildung von Führungskräften, das in engem Zusammenhang mit Trainee-Programmen und der Karriereförderung steht. Um theoretische Aspekte mit praktischen Erfahrungen zu vergleichen, wurde außerdem ein Interview mit der Geschäftsführerin des Europäischen Hofs in Heidelberg zum Thema ‚Visionen für die Zukunft der Führung' geführt. Es folgen eine Zusammenfassung der relevantesten Erkenntnisse sowie eine persönliche Einschätzung der Autorin. Das Ziel ist ein Ausblick und eine Empfehlung für Führungskräfte.

2 Führung allgemein

2.1 Definition und Merkmale

Unternehmensführung ist die „zielorientierte Gestaltung, Steuerung und Entwicklung eines Unternehmens" (Olfert/Pischulti 2017). Sie umfasst sämtliche Funktionsbereiche und betrachtet somit das Unternehmen in seiner Gesamtheit (Dillerup/Stoi 2016). Bezogen auf Mitarbeiter ist es die Aufgabe der Führungskraft, sicherzustellen, dass auf ein gemeinsames Ziel hingearbeitet wird (Herrmann et al. 2012). Neben Mitarbeitern fällt in den Aufgabenbereich der Führungskraft die Betrachtung des Marktes, des Wettbewerbs, der Kunden und der Wirtschaftlichkeit (Dillerup/Stoi 2016). Da ein Unternehmen nicht nur als Leistungserbringer fungiert, sondern in sich ein soziales System bildet, ist es außerdem die Aufgabe der Führungskraft, sich mit der internen und externen Kommunikation auseinanderzusetzen (Dillerup/Stoi 2016). Die Schlüsselfaktoren zu guter Unternehmensführung sind Effizienz und Effektivität (Herrmann et al. 2012).

Die Entscheidungen einer Führungskraft lassen sich in verschiedene Merkmale unterteilen. Zum einen ist der Grundsatzcharakter entscheidend, der beispielsweise die Zukunft des Unternehmens, die Standorte oder die Rechtsform betrifft. Zum anderen besitzen Entscheidungen eine hohe Bindungswirkung im Hinblick auf Verträge mit Parteien wie Zulieferern, Abnehmern, Mitarbeitern und Werbeagenturen. Die Einhaltung der Rechte und Pflichten ist hierbei entscheidend. Dazu kommt die finanzielle Bedeutung der Entscheidungen, da stets eine strategische Positionierung gefragt ist, ebenso wie das Kalkulieren des Finanzbedarfs, des Bedarfs nach neuen Produktionslinien oder des Erwerbs anderer Unternehmen. Ebenfalls von Bedeutung ist die soziale Dimension von Entscheidungen. Sie bezieht sich auf die Verantwortung für Mitarbeiter, die mit der Vermeidung von Entlassungen einhergeht (Olfert/Pischulti 2017).

2.2 Trends in der Führung – ‚Führung von morgen'

Die kontemporäre Führung wird stark von der VUKA-Orientierung der Welt beeinflusst. Bei VUKA handelt es sich um eine Strategiemethode, die die Vorhersehbarkeit und den Informationsgehalt der heutigen Zeit ermittelt. Das Akronym VUKA steht für Volatilität, Unsicherheit, Komplexität und Ambiguität. Es bezieht sich auf die vorliegenden komplexen Umweltbedingungen, die Globalisierung sowie die Intransparenz der Märkte und Finanzwelt (Sarica 2020).

Darauf aufbauend findet, wie in der nebenstehenden Grafik ersichtlich, auch ein Wandel im Bewusstsein von Mitarbeitern bezüglich mentaler Gesundheit und Individualisierung der eigenen Person statt. Die mentale Gesundheit von Mitarbeitern müssen Führungskräfte berücksichtigen, da Krankheiten wie Depressionen oder Angststörungen mit großen Produktivitätsverlusten einhergehen, die zu Kosten von einer Billion US-Dollar jährlich auf dem globalen Markt führen. Dem kann durch das Kreieren von psychologisch sicheren Situationen wie Problemgesprächen in kleineren Gruppen oder persönlichen Coachings von einzelnen Mitarbeitern entgegengewirkt werden. Der Aspekt der Individualisierung bezieht sich hingegen auf die Unabhängigkeit der Mitarbeiter von Führungskräften und die steigende Selbstständigkeit in Bezug auf Probleme, aber auch in Bezug auf Bildung. Die Bildung des Einzelnen ist zu einem großen Teil vom persönlichen Engagement abhängig, da das Vorhandensein von Lernmaterial und Hilfestellungen vor allem durch die Digitalisierung stark angestiegen ist (Hieker/Pringle 2021).

Die Entwicklung eines Unternehmens in der VUKA-Welt ist als Kreislauf zu betrachten, der aus den Phasen Orientierung, Entwicklung, Umsetzung und Überprüfung besteht. In der ersten Phase wird eine Bestandsaufnahme vollzogen, auf deren Basis Lösungen gefunden werden sollen. Diese werden anschließend gestaltet und überprüft (Sarica 2020).

Bis 2025 werden Digital Natives – also Personen, die mit digitalen Medien aufgewachsen sind – 75 % des Arbeitsmarktes ausmachen. Dies führt zu strukturellen Veränderungen in der Arbeitswelt und speziell in der Führung. Die Medien ermöglichen globale Transparenz, sodass Führungskräfte zwischen hochqualifizierten Arbeitskräften aus aller Welt wählen können. Folglich steht die fachliche Kompetenz von Mitarbeitern über ihrer Organisationszugehörigkeit. Flexible sowie projektbasierte Arbeitsverhältnisse tragen ebenfalls zur schwindenden Bindung von Mitarbeitern an die Führungsebene bei (Lutz 2018).

Gleichzeitig findet ein Wertewandel bezüglich der Erwartung an Führungskräfte statt. Während lange Zeit Perfektionismus und eine eindeutige Lösung in jeder Situation verlangt wurden, werden inzwischen Authentizität, paradoxes Handeln, Verwundbarkeit und Vorausdenken mehr geschätzt. Die Fähigkeiten, Fehler frühzeitig zu bemerken sowie zu analysieren und neue Erkenntnisse umzusetzen, sind dabei besonders von Bedeutung (Hieker/Pringle 2021).

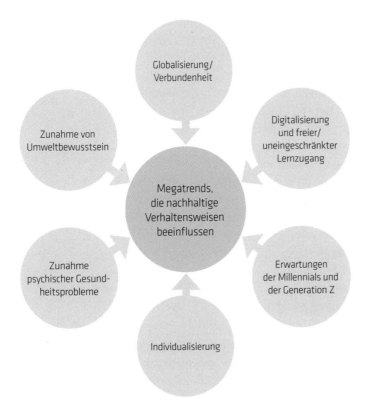

Einflussfaktoren auf nachhaltige Verhaltensweisen.
Quelle: In Anlehnung an Hieker/Pringle 2021.

3 Frauen in der Führungsrolle

Frauen sind im Hinblick auf Führungspositionen unterrepräsentiert. Lediglich in der Modebranche oder im Einzelhandel ist dies nicht der Fall. Dabei erzielen gemischte Teams meist bessere Ergebnisse. Entscheidend für den Anteil von Frauen im Top-Management ist unter anderem die Unternehmensgröße (Olfert/Pischulti 2017).

Es existieren zwei Konzepte zur Verabschiedung von Ungleichheit in Unternehmen: ‚Gender-Mainstreaming' und ‚Diversity-Management'. Gender-Mainstreaming stammt aus der Entwicklungspolitik und dient der Umgestaltung von Geschlechterverhältnissen. In Europa wurde dies vor allem durch die Europäische Kommission und durch den Europarat umgesetzt. Diversity-Management beschäftigt sich nicht nur mit der Gleichstellung aller Geschlechter, sondern auch mit dem Schaffen eines Wettbewerbsvorteils für Unternehmen. Diversity, also Vielfalt, bezieht sich neben dem Geschlecht auch auf andere Kategorien wie Alter, Ethnizität und Nationalität, Behinderung, sexuelle Identität und Ausbildung (Krell 2011).

Der Kulturwandel eines Unternehmens liegt meist in der Verantwortung der Human-Resources-Abteilung. Sie kann aktiv Innovationen einbringen und Abläufe im Unternehmen verändern. Dazu zählt auch das Abschaffen von Hierarchien, das besonders im digitalen Zeitalter immer häufiger praktiziert wird. Sogenannte Open-Leadership-Prinzipien beschreiben die positiven Resultate, die mit flachen Hierarchien einhergehen:

- Vernetzung
- Partizipation
- Vertrauen
- Transparenz (Lutz 2018)

Es kann für die Karrierechancen von Frauen vorteilhaft sein, da bestimmte vorherrschende gesellschaftliche Muster durchbrochen werden. Ebenso hilfreich können die aktuell gefragten Kompetenzen Empathie, Flexibilität und Kreativität sein, da diese typisch weiblich sind (Lutz 2018).

In Deutschland liegt der Anteil von Frauen in Führungspositionen bei 28,4 %. In den Vorständen der Top-200-Unternehmen Deutschlands sind Frauen mit 11,5 % vertreten und in deren Aufsichtsräten mit 29,9 % (Rudnicka 2021a). Der Anteil von Frauen in Vorständen hat sich seit 2006 verzehnfacht (Rudnicka 2021b). Dennoch liegt der hier betrachtete Anteil von Frauen deutlich unter dem Anteil von Männern. Auch die Bezahlung von Frauen weist Unterschiede zu der von Männern auf. Dieses Missverhältnis wird als ‚Gender-Pay-Gap' bezeichnet und lag zuletzt bei 18 % im Jahr 2020 (Rudnicka 2021c).

4 Ausbildung von Führungskräften

4.1 Erstellung eines karrierefördernden Trainee-Programms

Der Prozess des Aus- und Weiterbildens von Führungskräften wird im Englischen als ‚Leadership Development' bezeichnet und wurde lange Zeit missachtet. In der ersten Hälfte des 20. Jahrhunderts herrschte die Annahme, manche Personen wären aufgrund ihres finanziellen und sozialen Hintergrunds eher für die Position Führungskraft geeignet als andere. Inzwischen ist sicher, dass die meisten Menschen mithilfe von Unterstützung sowie Aus- und Weiterbildung das Potenzial besitzen, Führungskraft zu werden (Hieker/Pringle 2021).

Trainee-Programme treten in verschiedenen Formen auf. Beim Studieren von Management ist entscheidend, dass sich das Gelernte auf die Praxis übertragen lässt. Studierende werden darauf vorbereitet, komplexe Probleme in ihrem späteren Beruf zu lösen. Damit soll die sogenannte Beschäftigungsfähigkeit oder Employability gesteigert werden (Niggemeier 2020). Hochschulabsolventen können anschließend ein Fachtrainee-Programm durchlaufen, das auf die zukünftige Position als Fach- oder Führungskraft vorbereiten soll. Neben einem bestimmten inhaltlichen Fokus beinhaltet diese Art von Programm eine Rotation zwischen verschiedenen Arbeitsplätzen und spezielle Weiterbildungen. Das klassische Trainee-Programm dient Unternehmen zur eigenen Ausbildung von Führungskräften. Es hat meist eine Dauer von 12 bis 24 Monaten und erlaubt es dem Trainee, das Unternehmen, ebenfalls durch Arbeitsplatzrotation, in seiner Gesamtheit kennenzulernen. Es besteht die Möglichkeit, bei internationalen Unternehmen auch den internationalen Standort kennenzulernen. Der Trainee eignet durch das Tagesgeschäft, durch Schulungen sowie durch Projektarbeit praktisches Wissen an (Woischwill/große Klönne, 2013). Alle genannten Trainee-Konzepte haben einen stark praxisorientierten Ansatz, da dies angesichts der Komplexität der heutigen Probleme in der Arbeitswelt angebracht ist.

5 Best-Practice-Beispiel

5.1 Interview

Im Rahmen eines Interviews wurde die Geschäftsführerin des Hotels Europäischer Hof in Heidelberg, Dr. Caroline von Kretschmann, am

08.12.2021 zum Thema Führung befragt. Der Europäische Hof Heidelberg ist ein privat geführtes Fünf-Sterne-Hotel in der vierten Generation, das sich durch seine Herzlichkeit gegenüber Gästen und Mitarbeitern auszeichnet (Der Europäische Hof Hotel Europa Heidelberg o.J.). Die Fragen bezogen sich auf Führungsqualitäten, Führungsaufgaben sowie moderne Anforderungen an die Führung.

Wann haben Sie die Führung in Ihrem derzeitigen Betrieb übernommen?
„Ich bin 2010 zunächst als Beraterin tageweise in den Europäischen Hof Heidelberg eingestiegen und habe verschiedene Projekte begleitet, wie zum Beispiel den Relaunch der Website oder eine organisatorische Umstrukturierung. Mein Ziel war es zunächst, mir das Familienunternehmen und den Markt schrittweise zu erschließen und vor allem nach und nach das Vertrauen der Kolleginnen und Kollegen zu gewinnen. 2011 habe ich den Bereich Marketing und Vertrieb als Abteilungsleiterin übernommen, Ende 2012 bin ich schließlich in die Geschäftsführung der Betriebsgesellschaft eingetreten. Der Eintritt in die Führung war also ein Prozess."

Was macht für Sie persönlich eine gute Führung in Ihrem Betrieb aus?
„Entscheidend sind aus meiner Sicht eine wertschätzende Haltung, ein hohes Maß an Empathie und ein aufrichtiges Interesse am Gegenüber. Wir versuchen im Europäischen Hof Heidelberg, die Menschen an der Stelle im Unternehmen einzusetzen, an der sie lieben, was sie tun, und dadurch voll zur Entfaltung kommen können. In meinem Selbstverständnis habe ich als Führungskraft meine Aufgabe erfolgreich erfüllt, wenn die Mitarbeiter in ihrem Aufgabenbereich aufgehen und glücklich sind – und besser als ich es dort je sein werde. Ich muss also Rahmenbedingungen schaffen, dass die Kolleginnen und Kollegen ihr ganzes Potenzial bestmöglich entfalten können. Eine Führungskraft muss die Größe besitzen, andere groß werden zu lassen. Und im Idealfall größer als man selbst. Wir haben hier in unserem Familienunternehmen alle eine sehr herzliche Beziehung zueinander, sind wie eine große Familie. Ehrlichkeit, Authentizität, Nahbarkeit und Verbindung sind entscheidend, denn dadurch erreicht man die Menschen wirklich. Wir leben das nach innen und außen.

Dies voraussetzend, gibt es für mich auf der Verhaltensebene in Bezug auf Führung fünf wesentliche Erfolgsfaktoren. Als Erstes muss ich als Führungskraft in der Lage sein, ein attraktives Zukunftsbild zu entwickeln und für das Unternehmen die Frage nach dem Warum zu beantworten. Bei uns im Europäischen Hof Heidelberg ist das unser Ziel, das herzlichste 5-Sterne-Stadthotel Deutschlands zu werden und einen Ort zu schaffen, an dem Menschen glückliche Momente verbringen. Das begeistert das Team und ermöglicht sinnstiftende Tätigkeit. Und es berührt auch unsere Gäste. Dann muss die Führungskraft Teammitglieder (für ein diverses Team) finden und diese entwickeln, also Rahmenbedingungen schaffen, in denen Menschen voll zur Entfaltung kommen. Hier geht es um Unterstützung, Mentoring und Coaching. Die Führungskraft hat in diesem Sinne in der Regel ein anderes Selbstverständnis, als es häufig früher noch der Fall war, als es stark um Zielvorgabe, Fehlervermeidung und Kontrolle ging. Eine dritte Aufgabe der Führung ist es, den Teambuilding-Prozess aktiv zu gestalten und die kollektive Intelligenz im Unternehmenssystem zu heben. Mir persönlich hat es in diesem Punkt geholfen, dass ich berufsbegleitend eine Zusatzausbildung zum systemischen Berater und Coach absolviert habe. Gerade in VUCA-Zeiten (Volatility, Uncertainty, Complexity, Ambiguity) wird diese Aufgabe immer entscheidender, denn die Intelligenz des Einzelnen reicht in der Regel nicht mehr aus, um das Unternehmen erfolgreich zu führen. Ganz wichtig in diesem Zusammenhang sind Konfliktmanagement-Fähigkeiten und Kompetenzen im Umgang mit Widerstand. In unsicheren, transformativen Zeiten entstehen viele Spannungen, die moderiert werden müssen. Grundaufgabe und Erfolgsfaktor 4 ist eine ständige Kommunikation, aber auch Metakommunikation, also die Kommunikation darüber, wie wir kommunizieren und wie wir miteinander umgehen. Beide Formen der Kommunikation werden von manchen Führungskräften immer noch unterschätzt. Abschließend ist es aus meiner Sicht das Wichtigste, Vorbild zu sein und alle Werte zu jeder Zeit und ausnahmslos authentisch zu leben. Anders erreicht man die Menschen schwer und man schafft es selten, dass die Kolleginnen und Kollegen der Führung in unsicheren Umfeldern folgen."

Mit Ihrem Hotel fallen Sie in die Kategorie Privathotel und sind gleichzeitig ein Familienbetrieb. Ausgehend davon: Sehen Sie einen Unterschied im Hinblick auf die Werte der Führung im Unterschied zu beispielsweise einer Hotelkette?

„Es ist immer schwierig, pauschale Aussagen zu tätigen. Es gibt bestimmt auch Hotelketten, welche eine Führungsphilosophie leben, die einem Familienbetrieb – zum Beispiel in der fünften Generation – ähneln. Im Durchschnitt unterscheidet sich ein klassisches Privathotel rein system- und strukturimmanent von einer Hotelkette. Familienunternehmen sind häufig über Generationen hinweg ausgerichtet, langfristige Management-Entscheidungen dominieren die strategische Ausrichtung. Der Fokus auf Profit und ökonomische Kenngrößen reicht bei vielen nicht aus, um zu erfüllen, zu begeistern und das Unternehmen zu führen und sich in dessen Dienst zu stellen. Bei nationalen und internationalen Hotelketten, insbesondere wenn sie börsennotiert sind, haben Entscheidungen kurzfristigere Perspektiven. Sie orientieren sich vielfach an Quartalen, am Cash-Flow und vor allem am betriebswirtschaftlichen Nutzen. Das alles wirkt auf die Führungskultur. Bei inhaber- oder familiengeführten kleinen und mittelständischen Unternehmen, die meist stark regional verwurzelt sind, existieren häufig zum Teil auch sehr enge persönliche Beziehungen zwischen Belegschaft und Management. Wir verstehen unsere 150 Kolleginnen und Kollegen zum Beispiel auch als erweiterten Teil der Familie. Führungs- und Unternehmenskultur und das Wertesystem ist in Familienunternehmen stärker durch die Unternehmerfamilie geprägt als in Hotelketten. Mit zunehmender Größe, Komplexität und Arbeitsteilung eines Familienbetriebes kann sich das natürlich ändern und es werden formellere Abläufe etabliert. Es gibt Untersuchungen, die voraussagen, dass sich im Zuge der Megatrends wie Digitalisierung, Nachhaltigkeit, Einsatz von künstlicher Intelligenz etc. zwei Grundtypen von Unternehmen herausbilden werden, die Caring Companys und die Großkonzerne. Die Caring Companys sind die klassischen Familienunternehmen mit einer empathischen und wertorientierten Unternehmenskultur, die lange Beziehungen mit ihren Mitarbeitern eingehen und sich intensiv um diese kümmern. Die Konzerne entwickeln sich nach Ansicht dieser Fachleute zu ‚fluiden Unternehmen‘, professionell im Anziehen und gezielten Wieder-Abstoßen von Projektarbeitern. Eines ist aber unabhängig vom Unternehmenstyp sehr wahrscheinlich, nämlich dass sich fundamental etwas ändern wird. Wir im Europäischen Hof sind nach dieser Lesart ein klassisches Familienunternehmen. Wir verstehen uns als Teil eines größeren Ganzen und sind schon in der vierten Generation einem verantwortungsvollen unternehmerischen Handeln verpflichtet, das achtsam alle Bereiche der Gesellschaft berücksichtigt und insbesondere die Perspektiven der zukünftigen Generationen wahrt und fördert. Dieses stark wertorientierte, ganzheitliche und sehr verantwortungsvolle Denken und Handeln bezeichnen wir gerne als ‚Enkelfähigkeit‘. Neben dem starken, emphatischen Fokus auf den Mitmenschen und auf ein das innere und äußere Wachstum unterstützendes Arbeitsumfeld, aber auch auf die gesellschaftliche Verantwortung unseres Tuns, ist der

Schutz der natürlichen Ressourcen und ein nachhaltiges Wirtschaften in Bezug auf Klima, Umwelt und damit auf unsere Lebensgrundlagen als ein wesentlicher Bestandteil in unsere Unternehmensphilosophie gerückt. Ich bin fest davon überzeugt, dass Unternehmen in Zukunft kritischer befragt werden, worin ihr Beitrag für die Gesellschaft liegt. Auch die Hotelketten. Somit nähert sich alles vielleicht auch wieder an."

Wie bewerten Sie die Wichtigkeit von Diversität in Führungspositionen?
„Als enorm wichtig. Schon seit Jahren weisen nationale und internationale Studien nach, dass Unternehmen mit einem höheren Anteil an Frauen in Fach- und Führungspositionen erfolgreicher, kreativer, innovativer und resilienter sind. Männer und Frauen unterscheiden sich immer noch hinsichtlich ihrer Sozialisationen und damit ihrer Erfahrungen, aber auch häufig in ihrem Führungsverhalten. Um die Tendenz zur Pauschalisierung und zur Vereinfachung komplexer Phänomene wissend, habe ich dennoch beobachtet, dass Frauen im Durchschnitt empathischer, kooperativer und teamorientierter agieren. Im Kontext, in dem aufgrund einer stark wachsenden Komplexität und Dynamik, einer exponentiell steigenden Vernetzung und zunehmender Instabilität ein grundsätzlicher Paradigmenwandel in der Führung stattfindet – weg von transaktionaler Führung im Sinne von Kontrollieren, Optimieren und Korrigieren in Richtung transformativer Führung durch Inspirieren, Kommunizieren und Entwickeln – wird ‚empathisch-weibliche' Führung wahrscheinlich ein wesentlicher unternehmerischer Erfolgsfaktor. Zudem: In Zeiten des massiven Fach- und Mitarbeitermangels steigert ein hoher Anteil an Frauen als Fach- und Führungskräfte nachweislich die Attraktivität eines Arbeitgebers. Sie gelten dann als moderner, vertrauenswürdiger, mitarbeiterorientierter, agiler und ganzheitlicher. Es lohnt sich also aus vielerlei Hinsicht, aktiv in diverse Teams mit einem ausgeglichenen Anteil an weiblichen und männlichen Mitgliedern zu investieren."

Haben Sie als Frau jemals Diskriminierung im Ausleben Ihrer Führungstätigkeit erfahren?
„Erfreulicherweise nie. Ich weiß aber, dass ich in dieser Hinsicht durchaus privilegiert bin."

Bieten Sie Programme zur Ausbildung von Führungskräften in Ihrem Betrieb an?
„Ja. Bei uns gibt es ein umfangreiches Schulungs- und Weiterbildungskonzept. Das ist uns sehr wichtig. Es umfasst interne Schu-

lungen genauso wie externe Trainings und Coachings, aber auch die Möglichkeit zu umfassenden Weiterbildungen (wie zum Beispiel zum staatlich geprüften Buchhalter oder zum Sommelier). Gerade die Ausbildung von Führungsqualifikationen und die Vermittlung von sogenannten Soft Skills wie Problemlösungskompetenz, Kommunikations- und Feedbackfähigkeiten oder Konfliktmanagementkompetenz werden von unseren Kolleginnen und Kollegen besonders nachgefragt."

Welche Führungsqualitäten sind speziell in der Hotelbranche gefragt?
„Ich sehe hier grundsätzlich keine Unterschiede zu anderen Branchen."

Wie stellen Sie sich die Zukunft der Führung in der Hotelbranche vor?
„Führungskräfte stehen in besonderer Verantwortung, die Rahmenbedingungen für eine lebenswerte Zukunft von Unternehmen und Mitarbeitern zu gestalten. Ich glaube, dass Führung in der Hotellerie kooperativer, empathischer und wertorientierter werden wird. Sie wird sich im Durchschnitt grundsätzlich ändern müssen, um die Generation Y und Z zu erreichen und zu begeistern. Nicht mehr das Ego des Führenden wird im Vordergrund stehen, sondern die Interessen und Bedürfnisse der Geführten. Auf einer ganz grundsätzlichen Ebene glaube ich, es wird in Zukunft immer weniger um Wettbewerb, sondern immer mehr um Kooperation gehen, weniger ums Nehmen, sondern mehr ums Geben, weniger um Kontrolle und mehr um Vertrauen und weniger um Haben, sondern dafür mehr um Sein. Getragene Kulturräume und Werteräume werden bestimmend für die Zukunft. Nach meiner Wahrnehmung ist aber schon jetzt ganz viel in Bewegung gekommen. Die Branche ist auf einem guten Weg. Und trotzdem bleibt ein transformativer Raum."

6 Erkenntnisse

Das Interview offenbarte viele Gemeinsamkeiten zwischen der Führung der befragten Geschäftsführerin und den zeitgenössischen Trends in der Führung. Der Führungsstil der Hotelleiterin zeichnet sich durch einen starken Mitarbeiterfokus aus, der mit Empathie, Wertschätzung und Interesse realisiert wird. Um die Wettbewerbsziele des Hotels zu erreichen, setzt sie Rahmenbedingungen, innerhalb derer die Mitarbeiter ihr Potenzial voll entfalten können – in dem Bewusstsein, dass dies zum Ziel führt. Auch sie lehnt Perfektionismus ab und konzentriert sich auf Authentizität und Ehrlichkeit.

Sie schafft Mitarbeitermotivation durch eine konkrete Arbeitsmoral sowie positive Zukunftsaussichten. Zudem betreibt auch sie Diversity-Management und legt dabei Wert auf die Unterstützung und Entwicklung der Mitarbeiter mittels Coaching und Training. All diese Maßnahmen führt die Geschäftsführerin vor allem darauf zurück, dass bei inhaber- und familiengeführten kleinen und mittelständischen Unternehmen ein persönlicherer Bezug zwischen der Belegschaft und dem Management existiert, der diese zu ‚Caring Companys' macht. Entscheidend ist auch für sie Konfliktmanagement, um in transformativen Zeiten standhaft zu bleiben. Dies beinhaltet für sie Kommunikation und Metakommunikation.

Ein weiterer Megatrend, auf den die Geschäftsführerin in ihrem Betrieb eingeht, ist Nachhaltigkeit. Dieser lässt sich sowohl in Bezug auf Mitarbeiter durch das Schaffen von Sicherheit und langfristigen Arbeitsperspektiven feststellen als auch in der Wirtschaftlichkeit durch langfristige Planung. Flexible Arbeitsmodelle sowie Projektarbeiter sind für sie eher unerwünscht, da hier die Bindung zum Arbeitgeber fehlt, die für die Geschäftsführerin Priorität hat. Auch in Bezug auf ökologische Nachhaltigkeit ist die Hotelleiterin aktiv. Teil ihrer Unternehmensphilosophie sind Maßnahmen zum Schutz des Klimas und der Umwelt.

Auch sie erkennt Unterschiede im Führungsverhalten von Männern und Frauen und empfindet dabei typisch weibliche Charaktereigenschaften wie Empathie und Teamfähigkeit als wertvoll für die Zukunft der Führung. Zudem betonte sie die höhere Attraktivität eines Arbeitgebers, wenn dieser weibliche Führungskräfte beschäftigt.

Letztlich sieht sie Weiterbildungsmöglichkeiten als essenziell für Talentmanagement und bietet somit externe und interne Trainings an, bei denen sowohl Hard als auch Soft Skills trainiert werden.

7 Zusammenfassung

Zusammengefasst wurde deutlich, dass Führungskräfte in der heutigen Zeit mit komplexen Problemen konfrontiert sind, die neue Konzepte der Führung erfordern. Dies bietet Spielraum für Diversity-

Management und die Integration sämtlicher Randgruppen sowie die Einführung neuer Arbeitsmodelle. Die Schnelllebigkeit der Arbeitswelt wird Trainees vor allem durch praxisorientiertes Lernen nähergebracht. Unternehmen wird es dadurch ermöglicht, Trainees speziell für den eigenen Betrieb auszubilden.

Dies kann ich aus meiner Perspektive als dual Studierende gutheißen, da die Verbindung von Theorie und Praxis einen nachhaltigeren Lernerfolg bewirkt und die Bildung vieler Kompetenzen mit sich bringt. Ich sehe in dieser Lernmethode Potenzial für Führungskräfte aller Branchen. Unternehmen sollten außerdem ihre Methoden im täglichen Betrieb ständig hinterfragen sowie sich stetig informieren und verbessern. ●

RESILIENTE
PERSONALSICHERUNG
IM GASTGEWERBE

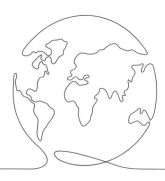

Die Chancen der evolutionären Weltsicht zur Schaffung einer motivierenden Unternehmenskultur

Empowerment, Corporate Purpose und Ganzheitsprinzip als zukünftige Erfolgsfaktoren im Arbeitsalltag

von Jasmin Khalid

1 Einleitung

1.1 Problemstellung

„Ich kannte ein Unternehmen, das von allen Seiten perfekt aussah: von vorn, von hinten, von links, von rechts, von oben, von unten; nur nicht von innen." (Haitzer 2011, S. 225) Das Zitat von 2011 verdeutlicht die Komplexität und Relevanz der Konsistenz eines Unternehmens. Interne Unternehmensaspekte sind für Außenstehende nur bedingt wahrnehmbar, aber definieren den täglichen Umgang zwischen den Mitarbeitern. Unternehmen stehen vor der Herausforderung, trotz fehlender Regulierungsmöglichkeiten und der Einflüsse der derzeitigen COVID-19-Situation eine ansprechende Unternehmenskultur zu gestalten, um hohe Leistungen, kreative Ideen und ein loyales Verhalten der Mitarbeiter zu erzielen.

Laut dem Gallup Engagement Index fühlen sich 83 % der befragten Mitarbeiter wenig bis gar nicht an ihr Unternehmen gebunden, was mit höheren Fehltagen einhergeht (Machfit 2021). Unternehmen mit einer offenen und wertschätzenden Unternehmenskultur können weiterhin im Vergleich zur Konkurrenz die Einnahmen langfristig um das Vierfache erhöhen (Teamstage 2021). Das zukünftige Ziel ist es folglich, die Mitarbeiter an das Unternehmen zu binden und sie vor allem nachhaltig zu motivieren. Der Nutzen der Entwicklung einer authentischen und toleranten Unternehmensphilosophie mit einem durchdachten Anreizsystem ergibt sich dabei erst durch die Zielgruppe. Qualifizierte Führungskräfte stehen aufgrund ihrer fachlichen, sozialen und strategischen Expertise sowie der Belastungen, denen sie ausgesetzt sind, im Vordergrund. Die Führungskräfte tragen nicht nur die Verantwortung dafür, eine einheitliche abteilungsübergreifende Unternehmenskultur zu schaffen und ihre Mitarbeiter zu motivieren, sie werden auch selbst im Arbeitsalltag ständig mit der Unternehmenskultur konfrontiert und benötigen daher ein gleichermaßen motivierendes Umfeld. Ihr Verhalten und ihre gelebten Werte können von den Mitarbeitern reflektiert werden, sodass ein förderndes und produktives Arbeitsklima geschaffen wird.

Im nachfolgenden Auszug aus meiner Bachelorarbeit werden moderne Kulturansätze betrachtet, um am Beispiel eines Vier-Sterne-Superior-Hotels, des Vienna House Andel's Berlin, Handlungsempfehlungen für eine motivationsfördernde Unternehmenskultur zu entwickeln. Dafür erfolgt die Erklärung des evolutionären Kulturbegriffs mit den Teilaspekten Empowerment, Corporate Purpose und Ganzheitsprinzip. Im Vordergrund steht die Motivation des Lower Managements im Vienna House Andel's Berlin, das die Kultur des Unternehmens im Hinblick auf moderne Ansätze und das eigene Verhalten einschätzt. Bevor die relevantesten Aspekte für einen Ausblick zusammengefasst werden, werden Handlungsempfehlungen für das Unternehmen aufgezeigt.

1.2 Methodische Vorgehensweise

Um ein realistisches Bild von der derzeitigen Unternehmenskultur und den Bedürfnissen der Mitarbeiter zu bekommen, hat die Autorin vom 09.06. bis 22.06.2021 acht qualitative Interviews mit den Führungskräften des Vienna House Andel's Berlin geführt. Insgesamt wurden elf Manager, Assistant Manager und Senior Manager unterschiedlicher

Abteilungen angefragt, wobei sieben Interviews persönlich in dem benannten Vier-Sterne-Superior-Hotel geführt wurden und ein Interview per Mail realisiert werden konnte. Des Weiteren wurde die Culture und Change Managerin befragt, um die aktuellen und zukünftigen Veränderungen in der Unternehmenskultur zu ermitteln.

2 Chancen moderner Kulturansätze

Organisationen unterscheiden sich durch ihre Weltsichten: Zu nennen sind der Wandel sowie die Koexistenz impulsiver, konformistischer und leistungsorientierter Unternehmen. Die nächste Stufe bilden die pluralistischen Organisationen, die Empowerment, ein hohes Verantwortungsbewusstsein und die Entwicklung von Werten als passende Handlungsgrundlage bewerten. In den nachfolgenden Kapiteln wird auf die evolutionäre Weltsicht eingegangen, die sich gerade im Entstehungsprozess befindet und neben Empowerment einen Corporate Purpose sowie die Darstellung der eigenen wahren Persönlichkeit beinhaltet (Laloux 2017, S. 20ff.).

2.1 Empowerment

Hierarchien als Pyramidenstruktur sind bei hoher Komplexität nicht möglich. Die Führungskräfte können nicht alle entscheidungsrelevanten Informationen berücksichtigen oder Fehler zurückverfolgen und erreichen dadurch einen Gefühlszustand der Überforderung und Unsicherheit. Als Lösungen werden die Struktur und Koordination ohne Vorgesetzte sowie die Verteilung von Autorität im Rahmen des Empowerments gesehen (Laloux 2017, S. 58ff.). ‚Empowerment' bedeutet übersetzt ‚Selbstbemächtigung' (Socialnet o.J.). Organisationen werden beim Empowerment als Familien betrachtet, die mithilfe von Werten inspiriert und organisiert werden (Laloux 2017, S. 30f.). Die Unterschiede in den individuellen Interessen und Kompetenzen führen zur Entwicklung natürlicher Hierarchien ohne Machtautorität (Laloux 2017, S. 78f.). Politisches Empowerment beschreibt die Umverteilung von Macht für mehr Partizipation und Entscheidungsfreiheit, während sich psychologisches Empowerment auf die Belastbarkeit im Alltagsmanagement bezieht (Socialnet o.J.).

Im Unternehmenskontext sind flache Hierarchien mit Top-Managern als Servant Leaders und Middle-Managern als Berater umgesetzte Ansätze des Empowerments (Laloux 2017, S. 31). In leistungsorientierten Unternehmen können das Middle und das Lower Management selbst eine stressfreie Umgebung schaffen, indem den Mitarbeitern die Mittel zur Erreichung von Zielvorgaben freigestellt werden (Laloux 2017, S. 153). Führungskräfte stehen dem Machtverlust trotz der gleichbleibenden Verantwortung oft kritisch gegenüber (Laloux 2017, S. 32). Dabei beschreibt Empowerment nicht die gleiche Verteilung der Macht, sondern den gleichen Zugang für jeden Mitarbeiter (Laloux 2017, S. 123), was den Druck auf Führungskräfte langfristig verringert (Laloux 2017, S. 147).

Im Hinblick auf den Entscheidungsprozess wird beim Empowerment auf die Implementierung von Entscheidungsfindungsmethoden wie die Beratung gesetzt (Laloux 2017, S. 62). Das Konzept der Entscheidungsfreiheit mit unterstützender Beratung wird als erfolgreich angesehen, da sich jeder Mitarbeiter im Laufe der Unternehmenszugehörigkeit in der Rolle des Beraters und Entscheiders wiederfindet, wodurch Ratschläge von Kollegen eher angenommen werden. Entscheidungen, die alle Mitarbeiter betreffen, können durch Blogbeiträge kommuniziert und konstruktiv diskutiert werden (Laloux 2017, S. 68ff.).

Die Abhängigkeit von den Reaktionen des sozialen Umfelds wird auch am Beispiel des Unternehmens FAVI – das für Kupferleistungen und Druckguss verantwortlich ist – deutlich, dessen Mitarbeiter seit den 1980er Jahren autonom arbeiten (FAVI SA o.J.). Statt durch die Definition von Verkaufszielen ergibt sich die Motivation aus der Vorstellung der Bestellungslage und der darauffolgenden Enttäuschung oder Freude der Teamkollegen. Des Weiteren werden die Mitarbeiter am Unternehmensgewinn beteiligt. Unternehmen, die das Empowerment stark verankert haben, lassen die Mitarbeiter die eigene Gehaltserhöhung vorschlagen. Das aus Unternehmensangehörigen bestehende Gehaltsgremium prüft die Forderung und koordiniert eine gemeinsame Lösung (Laloux 2017, S. 73ff.).

Philip Jones, der ehemalige General Manager vom Mövenpick Hotel Jumeirah Beach, beschreibt Empowerment als einen Zukunftstrend, der sich positiv auf das Gästeerlebnis auswirkt und den Personalauswahlprozess erneuert. Als relevante Eigenschaft wird der Umgang mit Fehlern bewertet. Empowerment ohne Unterstützung oder Prüfung der Vorbereitung der Mitarbeiter führt häufig zur Überforderung. Ein Fehltritt eines Mitarbeiters in dem Hotel wird daher nicht als Fehler geahndet (Laloux 2017, S. 24). Stattdessen wird die Bedeutung von Fragen kommuniziert. Mitarbeiterseitige Rahmenbedingungen und Handlungsspielräume werden festgelegt (Osthus 2015, S. 25; Raub 2020).

Durch Empowerment und die Beschränkung von Strategien wird die natürliche Entwicklung von Organismen mit eigenem Sinn zugelassen (Laloux 2017, S. 116ff.).

2.2. Corporate Purpose

‚Corporate Purpose' beschreibt den höheren Zweck eines Unternehmens bzw. das Versprechen, im Umfeld einen Mehrwert zu schaffen. Der Sinn fungiert als Treiber von Entscheidungen und Handeln mit gleichzeitiger Bedürfnisbefriedigung von Kunden (Bruce/Jeromin 2020, S. 3ff.).

Der Golden Circle impliziert durch die Anordnung der Fragewörter ‚was', ‚wie' und ‚warum' die Bedeutsamkeit des Corporate Purpose. Die Antwort auf die Frage ‚was' beinhaltet dabei die Beschreibung der unternehmerischen Tätigkeit. Dazu gehören das Ziel, das in den nächsten fünf bis zehn Jahren angestrebt wird, sowie die hergestellten Produkte und Dienstleistungen. In der zweiten Ebene wird die Mission mit den Fähigkeiten – dem Alleinstellungsmerkmal – des Unternehmens als überzeugendes Argument aufgeführt (Bruce/Jeromin 2020, S. 25f.). Der Inhalt der beiden äußeren Kreise basiert auf Fakten und Informationen. Die Frage nach dem ‚Warum', der innerste Kreis, ist die Ursache für das unternehmerische Tun. Einen Gewinn zu erwirtschaften, wird dabei als Folge der Geschäftstätigkeit und nicht als Anreiz bewertet. Der Golden Circle repräsentiert die Werte und den Sinn der Branche. Eine Kommunikation von innen nach außen ist aufgrund der hohen Emotionalität komplexer, aber auch entscheidender, um zum Unternehmen passende Geschäftspartner zu finden (Sinek et al. 2018, S. 26; Sinek 2009). Die Vision der Führungskraft und deren Passung zu den Mitarbeitern sowie dem Unternehmen sind dabei starke Einflussfaktoren auf die erfolgreiche Umsetzung von Praktiken, zu denen beispielsweise die Ergänzung eines leeren Stuhls, der in Meetings die Organisation und den Sinn repräsentiert, gehört (Laloux 2017, S. 131; Laloux 2017, S. 123). Nach der GLOBE CEO Studie aus dem Jahr 2014, an der über 1000 Unternehmen und über 5000 Senior Executives verschiedener Branchen in 24 Ländern teilgenommen haben, ist das Vorhandensein von Visionen die Eigenschaft, die erfolgreiche Führungskräfte von anderen CEOs abhebt (GLOBE 2020).

„Unser Ziel ist es, profitabel zu sein, ohne zu wissen, wie, statt Geld zu verlieren und genau zu wissen, warum." (Laloux 2017, S. 127). Der Leitsatz des Industrieunternehmens FAVI beschreibt die Priorisierung des Corporate Purpose statt der Budgetplanung. Die Fokussierung auf Konkurrenten und Marktanteile kann intern zwischen Abteilungen im Hinblick auf Budgets und Anerkennung stattfinden (Laloux 2017, S. 113). Das Verhalten richtet sich in dem Fall nach den Budgetvorgaben statt nach dem Sinn, wodurch der Freiraum für intuitive Entscheidungen beschränkt wird (Laloux 2017, S. 126f.). Hinzu kommt, dass die Vorhersage oder Kontrolle der Zukunft unrealistisch ist. Die Lösung von Problemen liegt in der Achtsamkeit und Anpassungsfähigkeit (Laloux 2017, S. 116ff.; Laloux 2017, S. 145). Zu berücksichtigen ist, dass Freiheit kein Verantwortungsgefühl einschließt. Letzteres wird durch eine emotionale Bindung zum Unternehmen erreicht (Laloux 2017, S. 140). Durch einen übergeordneten Sinn ist kein Konkurrenzdenken oder komplexes Anreizsystem mit Zielvorgaben mehr notwendig (Laloux 2017, S. 127). Der Wettbewerbsvorteil ergibt sich aus einer Managementphilosophie, bei der eine Beratung der Mitstreiter angestrebt und fehlende Inspiration als Ursache für Demotivation definiert wird (Laloux 2017, S. 114f.; Laloux 2017, S. 127).

Ein Praxisbeispiel ist das Tourismusunternehmen sleeperoo GmbH, das 2017 gegründet wurde. Bei sleeperoo werden Gästen Pop-up-Erlebnisübernachtungen in einem nachhaltig hergestellten und ausgestatteten Cube angeboten (Bruce/Jeromin 2020). In den Unternehmenswerten wird die Relevanz jedes Teammitglieds aufgeführt. Alle Teammitglieder stehen hinter folgendem Corporate Purpose: Menschen ein nachhaltiges Erlebnis schenken, das im Kopf und im Herzen bleibt (Bruce/Jeromin 2020, S. 121). Dafür werden Mitarbeiter mit einer großen Leidenschaft für die Bereiche Natur und Kultur gesucht. Des Weiteren werden die positiven Folgen der Gestaltungsfreiheit und des innovativen Arbeitens genutzt, um flexibel auf Probleme zu reagieren und Pläne anzupassen (sleeperoo o.J.). Das Unternehmen hat durch die Inspiration der Mitarbeiter einen Wettbewerbsvorteil, während gleichzeitig für die Kunden und die Umwelt ein Mehrwert geschaffen wird. Die genannten Aspekte führen zu einer hohen Identifizierung mit dem Sinn von sleeperoo, wovon das Unternehmen durch viele Initiativbewerbungen profitiert (Bruce/Jermon 2020, S. 122f.). Der Corporate Purpose kann nur bei einer ausreichenden Signifikanz, Authentizität, Ernsthaftigkeit und Profitabilität und nicht als reine Marketingstrategie erfolgreich sein (Bruce/Jeromin 2020, S. 2).

2.3 Ganzheitsprinzip

Das Ego mit dem Drang nach Erfolg und Anerkennung repräsentiert selten die tieferen Wünsche einer Persönlichkeit (Laloux 2017, S. 82). Das Bedürfnis, nicht zwischen der Arbeitspersönlichkeit und der individuellen Persönlichkeit zu unterscheiden, wird in stark ausgeprägten Hierarchien unterdrückt. Die Ermutigung zur Darstellung der wahren Persönlichkeit, das Ganzheitsprinzip, kann während der gesamten Unternehmenszugehörigkeit (Laloux 2017, S. 91ff.), beispielsweise durch die Vorstellung der Unternehmenswerte beim Onboarding, erfolgen (Laloux 2017, S. 97). Im Arbeitsalltag ist die Bedeutung von Beurteilungsgesprächen nicht zu unterschätzen: Neben einer Potenzialanalyse kann die Einbeziehung des Teams bzw. können Komplimente von Kollegen eine motivierende Wirkung haben (Laloux 2017, S. 108). Des Weiteren bieten sich Reflexionsübungen und -räume, Themenbesprechungen in einem sicheren Umfeld und die Möglichkeit der Inanspruchnahme von Konfliktberatern an. Zur Konfliktvermeidung können weiterhin Meetings beispielsweise so organisiert werden, dass durch eine festgelegte Stille oder Unterbrechung das eigene Verhalten, meistens das Ego, reflektiert wird (Laloux 2017, S. 104f.). Im Fokus steht die Unterbindung des exzessiven Strebens nach Anerkennung und Idealen, das eine Verhaltensanpassung an externe Erwartungen und das Gefühl der Überbelastung mit sich bringen kann. Stattdessen werden Pragmatik und Kritikfähigkeit empfohlen (Drath 2016, S. 125f.).

Allgemein erfordert die Einführung moderner Ansätze Risikofreudigkeit und einen inneren Drang statt eines externen Zwangs zur Veränderung der Unternehmenskultur (Laloux 2017, S. 128; Laloux 2017, S. 156). Die Umsetzung kann zuerst in einer Abteilung oder prozessbezogen, zum Beispiel im Hinblick auf den Ablauf von Meetings, erfolgen (Laloux 2017, S. 142f.).

3 Praxisbeispiel Vienna House

Das Vienna House Andel's Berlin ist ein Vier-Sterne-Superior-Hotel direkt an der Landsberger Allee. Der Golden Circle des Vienna House Andel's besagt, dass es das Ziel ist, für Gäste und Kollegen Momente der Freude zu schaffen, mit der Mission, Vielfalt zu leben und eine gastorientierte Sicht aufzuweisen. Die ‚You shine card', mit der sich Kollegen untereinander ein persönliches Lob überreichen können, ist eine von vielen Maßnahmen zur Stärkung des kollegialen Zusammenhalts im Vienna House Andel's. Hinzu kommt die Who-Ebene – die begeisternden, mit Hingabe arbeitenden Gastgeber.

Den Mitarbeitern des Vienna House Andel's wird der Freiraum gegeben, unkonventionell zu handeln, wobei nicht geplante Resultate als Lern- und Verbesserungsmöglichkeit gesehen werden. Der Corporate Purpose der Familie Vienna House ist: ‚Wir glauben an das Schöne der Einfachheit'. Im nachfolgenden Abschnitt beschreiben die Führungskräfte, ob die modernen Ansätze Empowerment, Corporate Purpose und Ganzheit hinsichtlich der Darstellung der individuellen Persönlichkeit aktuell umgesetzt und generell gewünscht werden. Hierzu wurden acht Führungskräfte – fünf weibliche und drei männliche Manager, Assistant Manager und Senior Manager mit einer durchschnittlichen Betriebszugehörigkeit von vier Jahren – des Lower-Managements befragt. Die Personen dieser Zielgruppe befinden sich aufgrund der Vermittlung zwischen den Top-Managern und der operativen Ebene in der Hammer-Amboss-Situation und weisen im Vergleich zu Personen aus anderen Managementebenen eine höhere Wechselbereitschaft auf (Hernstein Institut für Management und Leadership 2017, S. 12).

Bei der Einschätzung der Entscheidungsfreiheit erwähnten zwei Mitarbeiter, dass in ihren Abteilungen viele Absprachen mit dem Management notwendig seien, weshalb der Entscheidungsspielraum mittelgroß sei. Ansonsten wurde das Empowerment in den verschiedenen Abteilungen im Rahmen der gesetzlichen und produktbezogenen Vorgaben und Touchpoints als hoch eingestuft. Weiterhin wurde erwähnt, dass diese Freiheit während der Pandemie gestiegen sei. Zwei Führungskräfte betonten die Ergebnisorientierung in ihrer Abteilung. Die Arbeitsweise werde freigestellt, solange der Lösungsweg qualitativ und zeitlich in Ordnung sei oder Kollegen mit einer hohen Expertise die Mitarbeiter unterstützen. Mitarbeiter 3 (MA 3) beschrieb, dass in der eigenen Abteilung Entscheidungen aus dem Bauch heraus bzw. durch die Orientierung an Tools getroffen würden. Während des Interviews mit MA 2 bekam dieser einen Anruf von einem Mitarbeiter, der sich erkundigen wollte, ob er an dem Tag später zur Arbeit kommen könne, was der Vorgesetzte bewilligte. Nach MA 1, der den eigenen Führungsstil als antiautoritär bezeichnete, können sich die Mitarbeiter in der Abteilung selbstständig die Pausen einteilen. MA 6 findet, dass Verantwortungsbewusstsein und eine starke Identifikation mit dem Unternehmen, der Abteilung und den Aufgaben immer vorteilhaft für ein Unternehmen sei. Die Voraussetzung dafür sei, dass Mitarbeiter Entscheidungen gerne treffen und ihnen vermittelt werde, dass Fehler eine Lernmöglichkeit darstellen. MA 8 ergänzte, dass Vertrauen und die Ermöglichung eigenverantwortlichen Handelns notwendig seien, um Zeit für die Managementaufgaben zu finden. Das Vertrauen in die Kompetenz der Mitarbeiter wurde von einer weiteren Führungskraft aufgeführt, die jedoch fehlende Regeln als Ursache für Selbstüberschätzung und Fehler sieht. Die Führungskräfte hatten die Möglichkeit, den Kulturansatz auf einer Skala von 1 (nicht wichtig) bis 10 (sehr wichtig) einzustufen. Der Durchschnittswert bei der Einschätzung der Relevanz des Empowerments beträgt 9,625.

Die Corona-Pandemie und die veränderten Bedürfnisse der Mitarbeiter sind der Hauptgrund für den Bedarf nach einem strukturierten Kulturwandel im Vienna House Andel's. Beim Change-Prozess im Vienna House Andel's wird die klare Definierung von Handlungsspielräumen und Vorgaben als Voraussetzung gesehen, um den Mitarbeitern Mut und Sicherheit zu geben, damit sich diese in einem festgelegten Rahmen empowern können. Mit der angestrebten Prozessoptimierung wird versucht, die Belastung für die Führungskräfte zu verringern und Freiräume für Kreativität, Weiterbildung und die Rolle als Leader zu fördern. Weitere Bedingungen sind laut der Culture und Change Managerin ein ehrliches und respektvolles Umfeld, das die Verletzlichkeit der Persönlichkeit nicht ausnutzt und in dem die Potenziale sowie die Lernmöglichkeiten als Vorteil gesehen werden. Bei der Veränderung werde als weiteres Ziel die Vermittlung einer sinnhaften Tätigkeit angestrebt, da der Corporate Purpose als Grundlage für die Darstellung der eigenen Persönlichkeit gesehen werde.

Als die Führungskräfte gefragt wurden, warum sie sich für das Vienna House Andel's entschieden hätten, erwähnten drei Mitarbeiter, dass die Größenordnung des Hotels und die damit einhergehenden Möglichkeiten, Abwechslungen und Herausforderungen überzeugend gewirkt hätten. Zusätzlich wurden die Nähe zum Wohnort und die Erleichterung, als Ausländer eingestellt zu werden, aufgeführt. Weitere Gründe waren, dass die Befragten mit einer ehemaligen Kollegin oder einer bestimmten Führungskraft zusammenarbeiten wollten. Während MA 3 die lockere und angenehme Atmosphäre im Vorstellungsgespräch anführte, erwähnte MA 4 das positive Arbeitsklima. Berufsbezogen wurden die Kompetenz und Freude oder das Interesse am Beruf benannt. Zudem wurde erwähnt, dass der Arbeitsalltag nie langweilig werde und kreatives Arbeiten möglich sei. MA 6 beschrieb sich selbst als Kind der Gastronomie, da die Familie im Besitz eines Hotelbetriebs gewesen sei, während MA 4 den Wunsch benannte, eines Tages ein eigenes Hotel zu eröffnen. Mit Ausnahme eines Mitarbeiters bewerteten alle Befragten das Vorhandensein eines Sinns bei der Arbeit mit der Zahl 10, also als sehr wichtig. Während des Interviews gab MA 2 an, die Stelle in jedem anderen Unternehmen erledigen zu können. Dazu gehöre auch der Verkauf der Philosophie an Gäste, was nicht aus Überzeugung geschehe. Die Entwicklung einer nachhaltigen und aus sich entstehenden Kultur wurde von der Culture und Change Managerin als langwierige Aufgabe bezeichnet. Das

Ziel sei die Bildung crossfunktionaler Teams, um Abteilungen in Stoßzeiten zu entlasten und das Verständnis für andere Abteilungen zu fördern.

Fast alle Führungskräfte gaben an, dass sie sich auf der Arbeit nicht verstellen und sich dazugehörig fühlen würden, auch wenn noch nicht alle Kollegen bekannt seien. MA 3 erwähnte, dass trotz der räumlichen Trennung ab der zweiten Arbeitswoche ein Zugehörigkeits- und Ganzheitsgefühl von 100 000 % erreicht worden sei, wobei MA 5 die persönliche Situation mit 7 bewertete. MA 4 gab zu, aufgrund der neuen Managementposition ein fehlendes Zugehörigkeitsgefühl in der Abteilungsleiterebene zu haben. Eine Führungskraft implizierte den Wunsch, die eigene Persönlichkeit zu zeigen, was jedoch, um Stress zu vermeiden, unterdrückt werde. MA 1 erwähnte, dass bestimmte Kollegen zwischen der Arbeits- und der individuellen Persönlichkeit differenzieren wollten, wobei MA 2 ergänzte, dass manche Positionen ein anderes Verhalten als im Privatleben erforderten, was von MA 8 mit einer eigenen Corporate Identity verglichen wurde. Beispielsweise würden im Gästekontakt bewusst Gefühle unterdrückt. Fünf Manager erwähnten, wie bedeutsam eine authentische Ausstrahlung als Führungskraft sei. Das Tragen einer Maske wurde als unmöglich und anstrengend oder in Bezug auf die Unternehmensphilosophie als unpassend bewertet. Das Thema Ganzheit wird von den Interviewpartnern mit Individualität verbunden, wobei individuelle Charakterzüge statt eines Einheitsmenschen angestrebt würden. MA 5 räumte ein, dass die Offenheit für Individualität zur Folge hat, dass bestimmte Mitarbeiter nicht mehr zu den Unternehmenswerten passen.

4 Handlungsempfehlungen für das Vienna House Andel's

Die flachen Hierarchien im Vienna House Andel's bilden eine Voraussetzung, um das Individualbedürfnis nach Anerkennung für die eigene Persönlichkeit zu befriedigen. Indem der Fokus gleichermaßen auf die Anerkennung für die Arbeit und die Individualität gelegt wird, kann die Gefahr der Verhaltensanpassung zur Erreichung externer Anerkennung beschränkt werden. Da von zwei Führungskräften erwähnt wurde, dass andere Mitarbeiter zwischen der Arbeits- und der individuellen Persönlichkeit differenzieren möchten, ist zu untersuchen, ob die Einführung des Ganzheitsprinzips für alle Mitarbeiter zufriedenstellend ist.

Die Heterogenität der Persönlichkeiten, die im Vienna House Andel's angestrebt wird, erhöht das Konfliktpotenzial. In dem Zusammenhang wurde Ehrlichkeit bezüglich des Umgangs mit Fehlern und Kritik thematisiert, wobei fehlende Kritikfähigkeit bemängelt wurde. Die Notwendigkeit der Akzeptanz von Fehlern ist bereits in der Philosophie beschrieben. Weiterhin sind Hilfestellungen sowie die Organisation von Prozessen die Basis für ein strukturiertes Empowerment und werden von den Führungskräften wie auch von der Culture und Change Managerin als relevant erachtet. Entscheidungsfindungen mithilfe von beratenden Experten können den Führungskräften die Sicherheit für selbstständige Entscheidungen geben. Bei der Entwicklung der Rahmenbedingungen ist darauf zu achten, weder den Kontrolldruck zu sehr auszuweiten noch detaillierte Vorgaben zu implementieren, sodass kein negativer Anreiz geschaffen wird. Aus den Interviews ging hervor, dass eine Erhöhung der Entscheidungsinstanzen und fehlendes Verständnis für Verwaltungsprozesse Unzufriedenheit hervorrufen.

Im Rahmen der Transzendenz erwähnten zwei Führungskräfte, dass das persönliche Ziel durch die eigene Arbeit mit Gästen oder im Team zu vereinen sei. Die Antworten in Bezug auf den Sinn bei der Arbeit werden durch den Freiraum und die Gästeorientierung impliziert, wobei der Golden Circle nicht explizit erwähnt wurde. Die geplante Ausweitung der Rolle der Führungskräfte als Leader überschreitet die Vermittlung von Wissen. Demnach ist zu untersuchen, ob Signifikanz, Authentizität, Profitabilität und Implementierung des Corporate Purpose zu verbessern seien. Das Hinzufügen eines leeren Stuhls als Symbolik kann bei der Sinnsuche unterstützen und die Widerstandsfähigkeit der Organisationsebene durch die Übernahme von Verantwortung fördern.

5 Fazit

Zusammenfassend lässt sich festhalten, dass die evolutionäre Weltsicht ein großes Potenzial für Unternehmen darstellt. Im Fokus des modernen Kulturansatzes steht der Austauschprozess, bei dem Personen voneinander lernen und bestmögliche Entscheidungen treffen können. Das Verantwortungsgefühl entwickelt sich dabei durch eine emotionale Bindung zum Arbeitgeber. In der Hinsicht ist es essenziell, die Unternehmensaktivitäten und die Antriebe von Mitarbeitern zu hinterfragen. Eine offene Kommunikation und die eigene Reflexion ermöglichen die Reduktion von Konfliktpotenzialen zwischen den Mitarbeitern. Indem Entscheidungen selbstständig statt durch externen Druck getroffen werden können, müssen Verlustängste oder Überforderungen weniger überspielt werden.

Erste Aspekte des Empowerments, des Corporate Purpose und des Ganzheitsprinzips wurden bereits in verschiedenen Unternehmen erfolgreich implementiert – beispielsweise im Vienna House Andel's, wo eine empowernde, innovative und wertschätzende Unternehmenskultur angestrebt wird. Optimiert werden kann diese durch die Strukturierung des Empowerments aufgrund des Wunsches nach mehr Regeln ohne verwaltungsbezogene Hemmnisse. Zusätzlich empfiehlt es sich zur Erhöhung der Mitarbeiterbindung, den persönlichen Sinn verstärkt mit dem Corporate Purpose zu verknüpfen. Trotz der Vorbildfunktion der Führungskräfte ist fraglich, ob die ganzheitliche Präsentation der Persönlichkeit von allen Mitarbeitern gewünscht wird und inwiefern die Umsetzung im Gastgewerbe möglich ist, da der Kundenkontakt die Verhaltensweisen einschränkt. Im Rahmen der Ehrlichkeit bildet eine Erhöhung der Kritikfähigkeit die Chance, den vorhandenen Teamzusammenhalt auszubauen. Folglich ist die Umsetzung der evolutionären Weltsicht ein langwieriger und komplexer, aber notwendiger und natürlicher Prozess.

Weg aus der Personalkrise

Vertrauen ist essenziell für ein erfolgreiches Unternehmen. In einem erfolgreichen Unternehmen geben die Führungskräfte ihren Mitarbeitern Freiräume zur Förderung statt zur Überforderung, wofür sich die Mitarbeiter durch kreatives und effizientes Arbeiten revanchieren. In einem innovativen Unternehmen bestimmt eine gemeinsame Vision das Handeln, deren Ehrlichkeit Mitarbeiter begeistert. In einem wertschätzenden Unternehmen werden die Mitarbeiter nicht nach dem Status bewertet, sondern als Menschen betrachtet, die ihre Wünsche und Ängste miteinander teilen können – und dies in einem vertrauensvollen Umfeld auch tun.

Im Gastgewerbe sind wir so darauf fokussiert, unsere Verantwortung als Gastgeber zu erfüllen, dass wir die relevantesten Kunden vergessen: unsere Mitarbeiter. Folglich ist die Hauptverantwortung die Schaffung einer ehrlichen Vertrauensbasis unter den Mitarbeitern sowie zwischen den Mitarbeitern und dem Unternehmen. Lassen Sie uns die Branche so erneuern, dass keine Kritiker mehr fragen, warum Personen bloß im Gastgewerbe arbeiten. Lassen Sie uns den Mitarbeitern eine Vielzahl von ehrlichen Gründen geben, langfristig über ihren Beruf zu lächeln. •

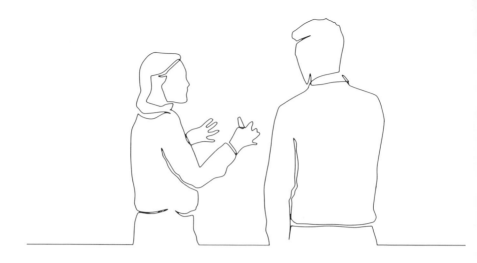

Relevanz und Zukunftsansatz von Arbeitgeberimage und Arbeitgebermarke im Personalmarketing

von Sven Behm

Das Thema Personal- und Fachkräftemangel trifft aus mehreren Gründen immer mehr Unternehmen und Branchen. Auch der demografische Wandel ist eine Ursache für das Fehlen von Arbeitskräften. In nächster Zukunft wird dieser eine zunehmende Rolle einnehmen. Es ist daher essenziell, die jüngeren Generationen abzuholen, für die neben fairen Arbeitsbedingungen oftmals auch die Werte eines Unternehmens Relevanz haben. Das Thema Nachhaltigkeit des Arbeitgebers spielt hierbei eine tragende Rolle und sollte auch beim Marketingansatz in der Personalgewinnung in den Fokus gelangen. Zudem ist ein positives Arbeitgeberimage die Grundlage für ein aufkommendes Interesse potenzieller Bewerber.

Die Tourismusbranche ist jenen Personalbedarf schon seit über einem Jahrzehnt gewohnt, möglicherweise auch aus Gründen der oftmals fehlenden Arbeitgeberattraktivität. Um sich vor der zunehmenden Verschärfung dieses Problems zu schützen und eine noch stärkere Arbeitnehmernot in Zukunft zu vermeiden, ist es von Bedeutung, bereits jetzt zu handeln und effektive Maßnahmen zu ergreifen. Somit gilt es zunächst, eine möglichst große potenzielle Zielgruppe zu finden, die mit einer Marketingstrategie und mit gezielten Marketingaktionen angesprochen werden kann. Welche Ansätze bei der Zielgruppengewinnung (speziell jüngerer Zielgruppen) im Personalbereich sinnvoll sein können, wird innerhalb dieses Kapitels thematisiert.

Da auf dem Arbeitsmarkt ein großer Wettbewerb herrscht, sollte sich ein Arbeitgeber von anderen differenzieren und im positiven Sinne abheben (Lies 2018). Wie es gelingt, sich als attraktiver Arbeitgeber nach außen zu präsentieren, und welcher Marketingansatz dabei sinnvoll sein kann, ist ein weiterer Schwerpunkt dieses Kapitels. Es sollen Interessenspunkte der Arbeitnehmerseite aufgegriffen werden, die einen Arbeitgeber von der Außenperspektive ansprechend wirken lassen. Auch stellt sich die Frage, wie ein Arbeitgeberimage aufgebaut werden kann.

Definition und Begriffsabgrenzung

Begriff ‚Arbeitgebermarke'

Um den Begriff ‚Arbeitgebermarke' im Zusammenhang mit der Personalgewinnung und dem Personalmarketing einordnen und verstehen zu können, gilt es, ihn zunächst zu definieren. Hierbei kann der Begriff semantisch in die Begriffe ‚Arbeitgeber' und ‚Marke' unterteilt werden (Naundorf 2016, S. 17). Der Begriff ‚Arbeitgeber' ist bereits rein rechtlich definiert und in der Juristik verankert:

„Arbeitgeber ist derjenige, der einen Arbeitnehmer beschäftigt. Hauptpflichten des Arbeitgebers sind insbesondere: Vergütungspflicht, Fürsorgepflicht, Pflicht zur Gleichbehandlung sowie Verpflichtung zur Abführung von Lohnsteuer und Sozialversicherungsabgaben."
(Dautzenberg/Wichert 2018)

Genannte Pflichten sowie das Verhältnis beider Parteien untereinander werden in einem Arbeitsvertrag festgehalten.

In Bezug auf die Markenbildung eines Arbeitgebers sind diese juristische Definition sowie das vertragliche Verhältnis zwischen Arbeitgeber und Arbeitnehmer Voraussetzungen für die Entstehung einer Arbeitgebermarke. Allerdings ist es für das Entwickeln einer Marke deutlich zielführender, neben dem vertraglichen Verhältnis das tatsächliche Verhältnis in Bezug auf die Beziehungsebene zu betrachten. Es ist bedeutsam, inwiefern der Arbeitgeber Leistungsfaktoren und Wertschöpfung garantieren kann. Jene Faktoren tragen maßgeblich zur Arbeitgeberwahl bei und bestimmen die Attraktivität eines Arbeitgebers. Konkrete Faktoren können beispielsweise Vergütung, betriebliches Gesundheitsmanagement, Weiterbildungsmöglichkeiten, Karrierechancen oder auch eine ausgeglichene Work-Life-Balance sein (Naundorf 2016, S. 17f.).

Da der Begriff ‚Marke‘ in der wirtschaftswissenschaftlichen Forschung als heterogen wahrgenommen wird, ist eine Begriffsabgrenzung hier sinnvoll.

Ursprünglich leitet sich der Terminus ‚Marke‘ aus dem Mittelhochdeutschen Wort ‚marc‘ ab, was so viel wie ‚Zeichen‘ bedeutet. Auch mit dem Französischen ‚marquer‘ (markieren; kenntlich machen) und dem Englischen ‚mark‘ (Merkmal; Zeichen) besteht eine Verwandtschaft (Petkovic 2008, S. 47).

Eine Arbeitgebermarke ist durch ein oder mehrere besondere Merkmale gekennzeichnet, die den Charakter eines bestimmten personalpolitischen Vorgehens zum Ausdruck bringen. Sie ist also eine Markierung, die die Werte und die Identität eines Unternehmens als Arbeitgeber darstellt und kenntlich macht, wie das Unternehmen als Arbeitgeber auftritt (Naundorf 2016, S. 17f.). Des Weiteren kann eine Arbeitgebermarke als einzigartiges Vorstellungsbild des potenziellen Arbeitgebers definiert werden, das fest in den Köpfen der umworbenen Zielgruppe verankert ist (Petkovic 2008, S. 59).

Auf der Marketingebene hat eine Arbeitgebermarke diverse Funktionen. Beispielsweise soll sie, wie auch andere Marken, eine Verbundenheit zum Produkt (in dem Fall zum Arbeitgeber) schaffen. Zudem soll sie für Vertrauen sorgen und eine Identität bilden, mit der sich Personen bestenfalls identifizieren können. Auch Preisspielräume sollen eröffnet werden und die Marke sollte sich von anderen Marken differenzieren (Schmidt 2007, S. 21ff.).

Employer-Branding und Employer Value Proposition

‚Employer-Branding‘ beschreibt den Aufbau und die Pflege einer Marke als Arbeitgeber und meint die Art, wie sich ein Unternehmen nach außen hin als Arbeitgeber präsentiert (Lies 2018).

Aufgrund des wachsenden Personal- und Fachkräftemangels sowie der Talentwettbewerbe in verschiedenen Branchen und Unternehmen ist eine Differenzierung als Arbeitgebermarke gegenüber anderen Unternehmen bedeutender denn je. Aufgabe und Ziel des Employer-Branding ist es daher zum einen, einen positiven Beitrag zur Mitarbeitergewinnung zu leisten, und zum anderen, für Mitarbeiterbindung des bereits vorhandenen Personals zu sorgen. Dabei ist es bedeutsam, sich als Arbeitgebermarke so zu positionieren, dass eine attraktive Wahrnehmung von Mitarbeitern und potenziellen Bewerbern entsteht. Das Zusammenspiel einer Innen- und Außenwahrnehmung ist hierbei wesentlich (Lies 2018).

Eine entsprechende Employer-Branding-Strategie stellt die Grundlage des Employer-Branding dar. Die Strategie soll langfristig festlegen, welche Zielgruppen für das Unternehmen schwerpunktmäßig Relevanz haben, welche Ziele als Arbeitgebermarke und im Bereich des Arbeitgeberimages zu erreichen sind und wie sich das Unternehmen als Arbeitgeber auf dem Markt positionieren soll (von Walter et al. 2016, S. 113ff.).

Innerhalb des Prozesses der Strategiebildung sollte eine Priorisierung der Zielgruppen erfolgen, für die es eine Zielsetzung zu definieren gilt. Aufgabe ist es, für sich als Unternehmen einzuordnen, wie die relevantesten Zielgruppen erreicht und vor allem davon überzeugt werden können, sich mit dem Arbeitgeber zu identifizieren. Die Hauptaufgabe des Strategieprozesses ist die Entwicklung der Arbeitgeberpositionierung. Das Unternehmen muss als Arbeitgebermarke (Employer-Brand) abwägen, ob eine Positionierung an den Wünschen der Zielgruppe erfolgen soll oder ob die Erwartungen des Unternehmens an seine Mitarbeiter im Vordergrund stehen sollen. Je nachdem, wie sich das Unternehmen einordnet, handelt es sich entweder um ein ‚klassisches Positionierungsprofil‘ oder um ein ‚selektionierendes Positionierungsprofil‘. Für diese Profile gilt es, Werte und Arbeitgebereigenschaften zu entwickeln, aus denen hervorgeht, wie das Unternehmen von seinen Mitarbeitern und Bewerbern wahrgenommen werden will. Im Fachjargon wird dieser Teil der Strategieentwicklung auch als ‚Employer Value Proposition‘, kurz EVP, bezeichnet. Die EVP stellt somit die Werte und Alleinstellungsmerkmale eines Arbeitgebers dar, die ihn einzigartig machen. Um welche konkreten Werte es sich dabei handelt, ist individuell und vor allem davon abhängig, wie sich das Unternehmen als Arbeitgeber positionieren möchte (von Walter et al. 2016, S. 113ff.). „Dabei ist neben einer Übereinstimmung mit übergeordneten Zielebenen auf eine hohe Glaubwürdigkeit und ausreichende Differenzierung von Branche und Wettbewerb zu achten. Für die Zielgruppen selbst wird die Positionierung erst erlebbar, wenn sie durch Kommunikation an den Kontaktpunkten des Arbeitgeberwahlprozesses umgesetzt wird." (von Walter et al. 2016, S. 114) Es sollten nur solche Werteversprechen an die Mitarbeiter abgegeben werden, die auch eingehalten werden können und signalisieren, wie relevant das Wohl aller Arbeitnehmer im Unternehmen ist. Von wesentlicher Bedeutung für die Arbeitgebermarke ist dabei, ihr Glaubwürdigkeit zu verschaffen und ihr ein gewisses Standing zu verleihen.

Im folgenden Prozess wird beispielhaft die Entwicklung einer EVP dargestellt:

Positionierung als Arbeitgeber und Planen der Veränderung.
Wie möchte ich mich als Arbeitgeber positionieren?
Welche Werte möchte ich vermitteln?

Analyse des Istzustands und Formulierung der Werte.
Welche Werte vermittle ich derzeit?
Wie ist der aktuelle Stand?

Werte etablieren und Kommunikation nach innen sowie außen.
Welche Maßnahmen müssen entwickelt werden,
damit ich mein Ziel erreiche?

Kontrolle der Maßnahmen.
Wie ist die Außen- und Innenwahrnehmung? Können sich die Mitarbeiter mit den Werten identifizieren?

Quelle: Eigene Darstellung

Es existieren bereits Modelle zur Prozessoptimierung (z. B. PDCA-Zyklus), die auch bei der Entwicklung einer EVP von Nutzen sein können. Im Kapitel ‚Arbeitgeberimage als Instrument auf der Marketingebene' werden zudem beispielhafte Werte genannt, die vor allem das Interesse jüngerer Generationen aufgreifen. Dazu zählen unter anderem Nachhaltigkeit und soziales Engagement des Arbeitgebers, Weiterbildungsmöglichkeiten und Aufstiegschancen, eine gute interne Kommunikation, ein positives Betriebsklima mit respektvollem Umgang, eine ausgeglichene Work-Life-Balance, ein ausgeprägtes betriebliches Gesundheitsmanagement sowie eine authentische Darstellung des Arbeitgebers.

Personalmarketing

Ab Mitte der 1990er Jahre gewann die Anwendung des Markenmanagements als Employer-Branding in der Literatur an Bedeutung und konnte sich im Zusammenhang mit den Unternehmen als Arbeitgeber etablieren. Gekennzeichnet wird dies bei Unternehmen durch das nachhaltige Einlösen von Leistungsversprechen für aktuelle Arbeitnehmer, vor allem aber für künftige Arbeitnehmer. Bei diesem Markenkonzept gilt es, zwischen Arbeitgebermarkenbildung (Employer-Branding) und Personalmarketing zu differenzieren (Lies 2018). „Wenn man Personalmarketing in Anlehnung an das Marketingverständnis als marktorientierte Unternehmensführung bezeichnet, so ist das Personalmarketing eine arbeitsmarktorientierte Managementdisziplin mit dem Ziel, Mitarbeiter für eine Organisation zu gewinnen." (Lies 2018)

In der Praxis finden oftmals Personalbindung und Personalmarketing zeitgleich statt. Eine klare Trennung zwischen Marketing und Rekrutierung ist daher nicht unbedingt gegeben. Somit kann Employer-Branding auch als Instrument des Personalmarketings verstanden werden, das durch das Arbeitgebermarkenversprechen auf die Umsetzung und Ausgestaltung des Personalmarketings Einfluss nimmt (Lies 2018).

Ganzheitlicher Marketingansatz bei der Personalgewinnung

Arbeitgeberimage als Instrument auf der Marketingebene

Auch in der Praxis als dual Studierender im Bereich Betriebswirtschaft mit Schwerpunkt Tourismus ist merkbar, dass mehr Menschen auf einen fairen Umgang der Unternehmen mit ihren Mitarbeitern achten. Hinzu kommt das Thema Nachhaltigkeit, das sowohl von Gästen als auch von Arbeitnehmern gefragt und gefordert wird.

Das Image der Arbeitgebermarke setzt sich dabei aus Außen- und Innenwahrnehmung zusammen. Das Zusammenkommen des internen Selbstbilds und des externen Fremdbilds erschafft die Wahrnehmung der Marke. Das Image macht die Marke entweder zu etwas Besonderem oder zu einer Marke von vielen, die sich nicht von anderen abheben kann. Es ist daher wesentlich, die Erwartungen beider Seiten zu erfüllen und das Markenversprechen einzuhalten (Runkel 2018, S. 22ff.).

Ein Indikator, der das Unternehmen als Marke besonders macht und ihr ein Image verleiht, ist zum Beispiel die Erfüllung einer Erwartungshaltung an die Produktqualität bzw. an die Qualität der Dienstleistung.

Weitere Indikatoren können die Entstehung eines Zugehörigkeitsgefühls zur Marke oder gesellschaftliches Prestige durch die Inanspruchnahme der Dienstleistung bzw. durch den Kauf des Produkts sein. Auch Authentizität ist ein maßgeblicher Faktor zur Imagebildung. Unverkennbare Charakteristiken und sogenannte Uniqe Selling Points sind dabei notwendig und werden meist von den Zielgruppen erwartet (Cloosterman 2019, S. 50ff.).

Bezogen auf das Unternehmen als Arbeitgeber spielen ähnliche Faktoren eine Rolle bei der Bildung des Arbeitgeberimages. Die Erwartungshaltungen an die Arbeitgeberqualitäten im Unternehmen (siehe Kapitel ‚Begriff Arbeitgebermarke'), zum Beispiel an das betriebliche Gesundheitsmanagement oder auch an die Höhe der Vergütung, müssen erfüllt werden. Auch ein Zugehörigkeitsgefühl der Mitarbeiter zum Arbeitgeber sowie eine authentische Darstellung sollten gegeben sein. Möglicherweise spielt sogar das Gefühl von Prestige bei der Arbeit in einem bestimmten Unternehmen eine Rolle (Runkel 2018, S. 24f.).

In der folgenden Tabelle werden am Beispiel der Hotellerie ausgewählte Eigenschaften und Erwartungshaltungen an Marke und Arbeitgebermarke miteinander verglichen und deren Nutzen wird gegenübergestellt:

	Marke	Arbeitgebermarke
Zielgruppe	Neu- & Stammkunden	Potenzielle & vorhandene Arbeitnehmer
Rolle des Images	Relevant vor allem für Neukundengewinnung (z. B. Image als Luxushotel oder als Studentenunterkunft), aber auch zur Kundenerhaltung	Relevant für potenzielle Arbeitnehmer
Rolle des Marktes	Tourismusmarkt; andere Hotels als Konkurrenz	Arbeitsmarkt der eigenen Branche; potenzielle Arbeitnehmer anderer (wechselnder) Branchen
Rolle von Nachhaltigkeit	Relevant für Image und Zielgruppen	Relevant für potenzielle & vorhandene Arbeitnehmer
Außenwahrnehmung	Geprägt durch Vermarktung	Geprägt durch Vermarktung
Innenwahrnehmung	Erfüllt das Produkt-/die Dienstleistung die Erwartung des Kunden?	Tatsächliche Arbeitsbedingungen; wird die reale Umsetzung dem Arbeitgeberversprechen gerecht?

Quelle: Eigene Darstellung

Bezogen auf diese Indikatoren gleicht die Arbeitgebermarke einer gewöhnlichen Marke und ist für die Bildung des Unternehmensimages verantwortlich. Die Relevanz eines Arbeitgeberimages ergibt sich durch das Erfüllen von Erwartungen – sowohl innerhalb als auch außerhalb des Unternehmens.

Ein positives Arbeitgeberimage kann zudem als Instrument auf der Marketingebene angewandt werden, beispielsweise, indem das Arbeitgeberimage in konventionelle bzw. herkömmliche Marketingaktivitäten einfließt, etwa in das einfache Bewerben eines Hotelprodukts oder einer Dienstleistung. Ein solcher ganzheitlicher Marketingansatz, der gezielt das Image eines Arbeitgebers in den Vordergrund stellt, kann für eine verbesserte Außenwahrnehmung sorgen und ein aufkommendes Interesse neuer Zielgruppen zur Folge haben. Auf ein großes Interesse unterschiedlicher Zielgruppen an dem Image bzw. der Marke eines Unternehmens könnte allgemein ein höheres Potenzial auf dem Arbeitsmarkt folgen, denn besonders jüngere Generationen legen immer häufiger Wert sowohl auf die Qualität eines Arbeitgebers als auch auf sein Image. Themen wie Arbeitsbedingungen, Entwicklungschancen im Unternehmen und Mitarbeiterbenefits spiegeln das Interesse dieser Generationen wider (Runkel 2018, S. 59f.).

Zudem spielt das Thema Nachhaltigkeit auch bei der Wahl des Arbeitgebers eine tragende Rolle. Zunehmend wird Nachhaltigkeit von Touristen und Gästen (Außenperspektive) sowie von Mitarbeitern (Innenperspektive) erwartet. Jene Erwartungshaltung kann besonders durch gezielte Marketingaktionen erfüllt werden. Die Entwicklung eines Images als nachhaltiger Arbeitgeber kann die Außen- und die Innenwahrnehmung positiv beeinflussen (Runkel 2018, S. 59f.). Dabei sollte allerdings stets beachtet werden, Nachhaltigkeit und andere Werte des Unternehmens nicht ausschließlich durch Marketing zu propagieren. Jene Versprechen und Eigendarstellungen sollten keine Verzerrung oder Beschönigung der Realität sein, sondern diese so abbilden, wie sie ist. Keinem Arbeitnehmer ist mit einer qualitativen und vielversprechenden Werbung geholfen, wenn die tatsächlichen Arbeitsbedingungen die Erwartungen an den Arbeitgeber nicht erfüllen.

Als abschließende Aussage kann festgehalten werden, dass es sowohl für die Entwicklung einer Arbeitgebermarke als auch für die Etablierung eines Images Zeit braucht. In beiden Fällen handelt es sich um einen langfristigen und strategischen Prozess, bei dem stets das Verhalten gegenüber den Mitarbeitern im Mittelpunkt stehen sollte. Die eigenen Mitarbeiter sowie potenzielle Nachwuchskräfte oder andere Bewerber erwarten stets einen Arbeitgeber, der mit ihren persönlichen Anforderungen an die Arbeitgebermarke umgehen kann. Wie dann der Arbeitgeber diese Anforderungen erfüllt, entscheidet über die Atmosphäre am Arbeitsplatz und über die Zufriedenheit im Beruf.

Obgleich es sich um einen langfristigen Vorgang handelt, sollte dies keinesfalls als Ausrede gelten, diesen Prozess in die Zukunft aufzuschieben. Stattdessen sollten sich Arbeitgeber im Tourismus überlegen, durch welche Maßnahmen sie ihre Ziele im Personalbereich erreichen.

Aus einer ‚Das-haben-wir-schon-immer-so-gemacht-Mentalität‘ eine Hands-on-Mentalität in Unternehmen entwickeln. Veränderung ist im Tourismus notwendig und erwünscht.

Handlungsempfehlungen aus Sicht eines dual Studierenden

Das Personalproblem im Tourismus und besonders in der Hotellerie ist längst bekannt. Es begründen unterschiedliche Faktoren jene Arbeitnehmernot, auf die oftmals kaum oder gar nicht reagiert wird. Auch ist die fehlende Arbeitgeberattraktivität Teil des Problems und spielt eine tragende Rolle beim Entgegenwirken des weitreichenden Personalproblems. Die Branche ist jetzt auf Innovation angewiesen.

Dazu gehört vor allem die Steigerung der Arbeitgeberattraktivität, um die jungen Generationen auf die Tourismusbranche aufmerksam zu machen – und vor allem, um sie von ihr längerfristig zu überzeugen. Eine ausgeprägte und anziehende Arbeitgebermarke kann dem Druck des Personalmangels entgegenwirken. Es führt daher kein Weg daran vorbei, die fehlende Arbeitgeberattraktivität ins Positive zu verändern und die jüngeren Generationen, die einen hohen Einfluss auf dem Arbeitsmarkt haben, abzuholen. Dies gilt sowohl für den Tourismus im Allgemeinen als auch für das Gastgewerbe im Speziellen.

Die Corona-Krise hat wiederholt gezeigt, wie unsicher diese Branche sein kann und warum es jetzt erst recht eine Veränderung braucht. Durch die Krise wurde jedoch auch deutlich, wie Innovationen und das Annehmen von Herausforderungen dazu führen, die Krise zu bewältigen und zu überstehen. Neben der Corona-Krise spielen auch Faktoren eine Rolle, die vorher schon Ursachen zur Minderung der Arbeitgeberattraktivität waren.

Darunter fallen eine unzureichende Vergütung, oftmals strenge Hierarchien und damit verbunden fehlende Aufstiegschancen, geringe Angebote und Benefits für Mitarbeiter, kein oder wenig betriebliches Gesundheitsmanagement, fehlende Weiterbildungsmöglichkeiten sowie unattraktive Arbeitszeiten oder Schichtsysteme. Auch wenn die genannten Probleme nicht in allen Betrieben vorkommen, spielen sie eine maßgebliche Rolle sowohl bei der Außen- als auch bei der Innenwahrnehmung dieser Branche. Zudem sind die genannten Faktoren den meisten Studierenden oder Auszubildenen der Tourismusbranche längst bekannt und schmälern beispielsweise den Gedanken an eine Unternehmensbindung. Diese oder ähnliche Probleme spiegeln sich auch in anderen Branchen wider. Es ist allerdings auch klar, dass das Wohlbefinden der Mitarbeiter einen großen Einfluss auf das Image eines Arbeitgebers hat.

Im Folgenden werden möglichst konkrete Handlungsempfehlungen ausgesprochen, die als Lösungsansätze dienen können und Anreiz zur Veränderung schaffen sollen.

Konkrete Handlungsempfehlungen:

- Als Weiterbildungsoptionen sollten sowohl interne als auch externe Bildungsmöglichkeiten gefördert werden. Beispielsweise könnten Mitarbeiter eigenständig Vorschläge für Fortbildungen etc. einreichen, für die sie sich persönlich interessieren. Arbeitgeber könnten diese dann zumindest finanziell unterstützen oder sogar komplett übernehmen. Auch Ansätze wie Bildungsurlaub für Auszubildende, in denen Mitarbeiter die betriebsinternen oder -externen Weiterbildungsmöglichkeiten in Anspruch nehmen können, ohne auf ihre Freizeit verzichten zu müssen, sollten in Betracht gezogen werden. Sich weiterzubilden, auf Kosten von Freizeit, hindert viele Mitarbeiter wahrscheinlich daran, die Angebote in Anspruch zu nehmen, die das Unternehmen bereits hat. Zusätzlich sollten bestehende Angebote allgemein umfangreicher kommuniziert und leichter zugänglich gemacht werden.

- Im Bereich des betrieblichen Gesundheitsmanagements sollten Arbeitgeber mehr Angebote schaffen. Einen Raum anzubieten, der für sportliche Aktivitäten, Yoga oder zum Dehnen genutzt werden kann, ist eine relativ problemlos umzusetzende Möglichkeit, die Gesundheit der Mitarbeiter zu unterstützen. Außerdem sollten Wünsche seitens der Mitarbeiter diesbezüglich ernst genommen werden. Der Arbeitgeber eines Hotels kann auf das hauseigene Fitnessstudio verweisen, allerdings macht er es sich damit einfach und bietet keinen wirklichen Mehrwert für seine Arbeitnehmer. Ein für Gäste zugängliches Fitnessstudio ersetzt nicht den geschützten und flexibel nutzbaren Raum für Personal.

- Besonders zum Thema Nachhaltigkeit gibt es zahlreiche Möglichkeiten, die ein Arbeitgeber umsetzen kann, beispielsweise hinsichtlich der Ernährung. Mitarbeiter sollten in ihrer Pause die Möglichkeit haben, sich so zu ernähren, wie es ihren Lebensgewohnheiten entspricht. Sowohl die vegetarischen als auch die veganen Angebote in den Kantinen sind ausbaufähig. Hier sind Innovation und Kreativität gefragt. Eine bewusste und gesunde Ernährung der Mitarbeiter verstärkt nicht nur den Nachhaltigkeitsaspekt, sondern stärkt auch das betriebliche Gesundheitsmanagement.

- Eine weitere Möglichkeit für Arbeitgeber, Nachhaltigkeit im Unternehmen zu etablieren, ist die Unterstützung von grünen Transportmitteln für den Arbeitsweg. Betriebe könnten zum Beispiel E-Bikes für ihre Mitarbeiter leasen oder eine BahnCard zur Verfügung stellen, sodass die Beschäftigten auf das Auto verzichten können. Von Bedeutung ist es, Anreize zu schaffen, nachhaltiger zu werden.

Jedes Unternehmen kann individuell für sich abschätzen, welche Möglichkeiten infrage kommen. Diese Ansätze sind nur einige von vielen Möglichkeiten, die ein Unternehmen hat, um sich als Arbeitgebermarke besser auf dem Arbeitsmarkt zu positionieren und sich von anderen Unternehmen abzuheben.

Obgleich nicht alle Unternehmen im Tourismus unzureichende Arbeitsbedingungen aufweisen, existieren ausreichend Negativbeispiele für folgende Aussage:

Anspruch eines Unternehmens im Tourismus und Anspruch der gesamten Branche sollte es sein, aus dem großen Personalproblem eine Herausforderung zu machen, die es zu bewältigen gilt.

Dass sich eine Veränderung als Chance erweisen kann, haben einige Unternehmer bereits erkannt. Neben kreativen Ideen zur Mitarbeiterbindung können auch ganz neue Arbeitnehmerzielgruppen erschlossen werden. Nur wenn es gelingt, das Interesse am Arbeiten in den Tourismusunternehmen maßgeblich zu steigern, ist die Branche zukunftsfähig. •

RESILIENTE
PERSONALSICHERUNG
IM GASTGEWERBE

Der Einfluss des Images auf die Wahl des Arbeitgebers

von Ruben Plachy

1 Einleitung

Das Image spiegelt alle Leistungen und Aktivitäten wider, die ein Unternehmen erbringt (Borchardt 2012). Dabei fließen nicht nur objektive Eigenschaften des Unternehmens bzw. der Produkte in das Image ein, sondern auch subjektive Meinungen, die mit dem Unternehmen bzw. den Produkten zusammentreffen (Schallehn 2011, S. 65). Dementsprechend ist es von Bedeutung, ein positives Image zu haben. Dies ist notwendig, um die Nachfrage und den Umsatz zu steigern (Zanger et al. 2009, S. 181). Damit ein positives Image entsteht, muss sich ein Unternehmen darum bemühen, dieses herzustellen. Es ist möglich, ein positives Image durch beispielsweise eine Imagekampagne zu erzeugen (Zanger et al. 2009, S. 181ff.). Auch andere Einflussgrößen, auf die ein Unternehmen nicht einwirken kann, können ein Image beeinflussen. Dementsprechend ist es notwendig, das eigene Bild so positiv wie möglich darzustellen. Ein Image hat Einfluss auf externe Zielgruppen. Wie groß dieser Einfluss ist, wird in diesem Beitrag erörtert. Außerdem wird dargelegt, wie bedeutend es ist, ein positives Image gegenüber Kunden, aber auch gegenüber potenziellen Arbeitnehmern zu besitzen. Darüber hinaus wird auf die Personalgewinnung und -sicherung eingegangen und es wird gezeigt, wie eine erfolgreiche Arbeitgeberkampagne gestaltet werden kann.

2 Marke und Image

Bevor erörtert wird, wie eine Imagekampagne gestaltet wird und welche Bestandteile das Image hat, wird der Begriff ‚Image' definiert. Ferner wird der Begriff ‚Marke' festgelegt, da Marken mit dem Image eng verbunden sind. Sowohl eine Marke als auch das Image dienen dazu, das Unternehmens- oder Produktbild widerzuspiegeln. Des Weiteren wird der Unterschied zwischen beiden Begrifflichkeiten dargestellt.

2.1 Definition Marke

Eine ‚Marke' beschreibt einen Namen und/oder ein Symbol (Bruhn 2004, S. 5). Dieser Ansatz spiegelt jedoch nur die grundlegende Eigenschaft einer Marke wider. Die Marke hat sich im Laufe der Zeit weiterentwickelt und besitzt eine Markenidentität, die von externen Zielgruppen wahrgenommen und zum Markenimage wird (Burmann 2021, S. 14). Dieser Name bzw. das Symbol soll zusammen mit der Markenidentität dem Unternehmen helfen, sich von Mitbewerbern, die grundlegend die gleichen Produkte anbieten, abzusetzen und erfolgreicher zu konkurrieren. Somit hilft die Marke dabei, Produkte, die die gleichen Basisbedürfnisse erfüllen, für relevante Zielgruppen unterscheidbar zu machen (Burmann 2021, S. 13). Die Marke bindet externe Zielgruppen an Unternehmen, was essenziell für den heutigen Markt und die damit zusammenhängende Globalisierung ist (Adjouri 2014, S. 30). Schätzen externe Zielgruppen eine Marke, werden sie an das Unternehmen gebunden. Es entsteht ein Fremdbild der Marke, das sich mit zeitlicher Verzögerung entwickelt. Dieses Fremdbild wird als ‚Markenimage' bezeichnet. Das Markenimage gilt als die subjektive Wahrnehmung externer Zielgruppen. Das Selbstbild der Marke (die Markenidentität) verändert sich jedoch, sobald ein Unternehmen an dieser etwas abwandelt. Die Markenidentität ist im Unternehmen verankert und formt sich zum Markenimage. Somit kann das Markenimage durch die Entwicklung der Markenidentität beeinflusst werden (Meffert et al. 2005, S. 8).

2.2 Definition Image

Der Begriff ‚Image' beschreibt ein Bild, das sich durch verschiedene Meinungsgegenstände bei externen Zielgruppen entwickelt. Diese Meinungsgegenstände können Marken, Firmen oder Personen darstellen (Brockhaus o.J.). Des Weiteren gehen diese Vorstellungsbilder über den Bereich des Visuellen hinaus. Dementsprechend fließt die subjektive Meinung von externen Zielgruppen in das Vorstellungsbild bzw. das Image ein und formt die Wahrnehmung (Schallehn 2011, S. 65). Die Wahrnehmung wird zudem von Gefühlen bestimmt, die das Image beeinflussen (Zanger et al. 2009, S. 182). Jedoch fließen nicht nur Meinungen über einen Meinungsgegenstand in das Image ein, sondern auch objektive Informationen. Diese fügen sich zusammen und bilden das Image, das sich mit der Zeit und weiteren Informationen, Gefühlen und Erfahrungen festigt (Zanger et al. 2009, S. 182). Ebenso kann sich ein Image über die Zeit wandeln. Dies kann passieren, wenn Unternehmen ihre Markenidentität verändern und diese nach außen tragen (Schallehn 2011, S. 60ff.). Weiterhin können Informationen, die nicht vom Unternehmen selbst stammen, das Image beeinflussen. Diese externen Informationen können durch Nachrichten oder Bekannte übertragen werden, die Erfahrungen mit der Marke gesammelt haben und davon berichten. Auch die Zielgruppen können sich verändern, weswegen sich das Unternehmen, die Marke und das Image konstant weiterentwickeln sollten. Diese Weiterentwicklung ist notwendig, um auf gesättigten Märkten relevant zu bleiben (Waller 2020, S. 1).

2.3 Unterschied Image und Marke

Der Unterschied zwischen einer Marke und einem Image ist heutzutage gering. Grundlegend stellt eine Marke ein Symbol bzw. einen Namen dar (Bruhn 2004, S. 5). Das Image hingegen spiegelt die subjektive Wahrnehmung externer Zielgruppen wider (Krey et al. 2009, S. 182). Jedes Unternehmen hat ein Image, unabhängig davon, ob es eine Marke besitzt. Eine Marke hingegen hat auch ein Image, das externe Zielgruppen dazu verleitet, die angebotenen Leistungen zu konsumieren oder abzulehnen. Die Marke ermöglicht es, externe Zielgruppen an das Unternehmen bzw. die angebotenen Leistungen zu binden. Voraussetzung hierfür ist, dass die Marke ein positives Image aufweist.

Abschließend ist festzuhalten, dass diese beiden Begriffe oft nicht separat behandelt werden können, da jede Marke ein Image hat und die Wörter somit zusammenhängen. Das Image umfasst alle Erfahrungen und Informationen hinsichtlich einer Marke, die Kunden gesammelt haben und die über den Kauf entscheiden. Schließlich bedeuten die beiden Begriffe etwas Unterschiedliches, können aber nur schwer voneinander getrennt betrachtet werden.

3 Gestaltung einer Imagekampagne

3

Damit die Gestaltung der Imagekampagne erfolgreich werden kann, ist es vorab notwendig, die einzelnen Bestandteile eines Images darzustellen. Es ist nicht möglich, alle Komponenten aufzuzeigen, da das Image die subjektive Wahrnehmung eines Unternehmens bzw. einer Marke durch jeden Marktteilnehmer beinhaltet.

3.1 Bestandteile des Images

Ein Image stellt die subjektive Wahrnehmung von externen Zielgruppen dar. Es entsteht durch alle Leistungen, Aktivitäten und Erfahrungen, die die Zielgruppen mit dem Unternehmen, dem Produkt oder der Marke erfährt. Dementsprechend besteht das Image aus vielen Faktoren, die die Meinung von Kunden beeinflussen können (Borchardt 2012). Hierzu zählen die nachfolgenden acht Bestandteile:

Imagebildung
- Nachrichten
- Produktqualität
- Servicequalität
- Zuverlässigkeit
- Design
- Externe Kommunikation

Quelle: Eigene Darstellung

Die aufgeführten Faktoren beeinflussen Kunden oft in ihrer Kaufentscheidung und sind zentral für das Meinungsbild des Unternehmens. Im Fokus stehen auch die Mitarbeiter, die engen Kontakt mit den Kunden haben und für die Entwicklung des Meinungsbilds über das Unternehmen mitverantwortlich sind (Kernstock/Brexendorf 2019, S. 288). Dieser Kontakt kann bei der Kundenberatung, der Reklamation oder der Dienstleistungsausführung entstehen. Weiterhin ist die externe Kommunikation des Unternehmens stark für die Wahrnehmungsbildung relevant. Kunden nehmen vielfältige Informationen auf und bilden sich dadurch eine Meinung. Diese Kommunikation spiegelt sich häufig durch Werbung wider. Nicht nur die eigene Kommunikation des Unternehmens, sondern auch die der Presse formt die Meinung. Besonders negative Nachrichten beeinflussen das Image des Unternehmens bzw. der Marke.

3.2 Gestaltung einer Imagekampagne

Eine Imagekampagne kann von einem Unternehmen selbst oder von einer externen Agentur durchgeführt werden. In der Zusammenarbeit mit einer Agentur ist eine vertrauensvolle Kommunikation essenziell. Imagekampagnen können je nach Unternehmen und Branche individuell gestaltet werden, jedoch sollten folgende Schritte beachtet werden, damit die Erfolgschancen maximiert werden.

Zu Beginn sollte das eigene Unternehmen hinsichtlich des Istzustands des Images analysiert werden. Durch diese Analyse können sowohl Schwachstellen als auch Stärken ermittelt werden, die beseitigt bzw. verstärkt werden können (Zanger et al. 2009, S. 182).

Nachdem der Istzustand herausgearbeitet wurde, erfolgt die Zielsetzung bzw. wird eine Soll- oder Idealpositionierung festgelegt (Zanger et al. 2009, S. 182). Dadurch hat die Imagekampagne ein konkretes Ziel, auf das hingearbeitet werden kann. Dieses Ziel muss verfolgt und umgesetzt werden. Anschließend kann mit einer Umstrukturierung innerhalb des Unternehmens begonnen werden. Diese ist nur dann erforderlich, wenn eine Zielanpassung notwendig ist. Sie erfordert zudem die Einbindung von Mitarbeitern, damit diese das neue Image auch nach außen vertreten können. Essenziell hierfür ist, dass das Image klar definiert wird und Umsetzungsvorschriften für die Mitarbeiter enthält (Kernstock/Brexendorf 2019, S. 288f.). Nachdem das Image intern verankert wurde, ist es notwendig, dieses nach außen zu tragen. Dies ist möglich, indem Zielgruppen festgelegt werden, die mit dem neuen Image angesprochen werden können (Schallehn 2011, S. 61). Durch die Auswahl der Zielgruppen kann herausgearbeitet werden, auf welchen Wegen diese angesprochen werden sollen. Eine gezielte Zielgruppenansprache sichert höhere Erfolgschancen im Marketing.

Es besteht ein zeitlicher Verzug bei der externen Kommunikation des Images und der neuen Imagebildung der Zielgruppen (Schallehn

2011, S. 71f.). Dementsprechend ist es von Bedeutung, dass das Image stets einheitlich und klar kommuniziert wird, sodass sich Meinungen entwickeln können. Nur so kann sich das Image festsetzen und mit dem Unternehmen in Verbindung gebracht werden. Mitarbeiter sollten nach dem neuen Image handeln und dieses am Arbeitsplatz und insbesondere im Umgang mit Kunden widerspiegeln (Kernstock/Brexendorf 2019, S. 286ff.). Auch Produkte müssen an das neue Image angepasst werden. Es reicht nicht, nur ein neues Image wie eine nachhaltige Unternehmensausrichtung zu kommunizieren, wenn das Unternehmen und die Produkte nicht nachhaltig gestaltet werden. Dies verursacht einen Widerspruch, der potenziell zu einem negativen Image führt.

4 Best Practices: Experteninterview mit Antje Sakreida von den Scandic Hotels Deutschland

Mit Fokus auf das Unternehmensimage und besonders auf das Arbeitgeberimage wurden die Scandic Hotels angesprochen und es ergab sich die Möglichkeit, mit Frau Sakreida, HR Managerin Scandic Hotels Deutschland, ein ausführliches Experteninterview zu führen. Dieses wurde im Nachhinein durch interne Unterlagen ergänzt. So entstand ein realitätsnahes Bild der Hotelgruppe in Deutschland und von ihrer Arbeitgeberkampagne.

Bei den Scandic Hotels mit 280 Hotels, davon 5 in Deutschland, steht das Thema der Nachhaltigkeit bereits seit 1993 oben auf der Agenda. Heute überzeugt die Hotelkette mit einem einzigartigen Nachhaltigkeitskonzept, das zum Benchmark der Branche geworden ist. Auch die soziale Säule der Nachhaltigkeit hat bei den Scandic Hotels einen festen Platz. Dies hilft Scandic, sich vom Arbeitgebermarkt abzugrenzen und die besten Talente zu gewinnen. Mit den beiden Attributen ‚Umwelt' und ‚Soziales' gewinnt, entwickelt und bindet Scandic die Mitarbeiter – auch und gerade beim aktuellen Fachkräftemangel in der Branche.

Worauf baut die Unternehmenskultur von Scandic auf?
„Die Unternehmenskultur baut auf vier Werten auf, die in der Scandic-Familie gelebt werden. Zu diesen zählen:

BE YOU: Wir sind wir selbst, indem wir die Potenziale der Anderen anerkennen und die Vorteile nutzen, die sich aus unserer

Vielfalt ergeben – so wie wir jeden Gast als ein Individuum in seiner Einzigartigkeit wertschätzen und behandeln.

BE CARING: Wir sind herzlich und einladend. Wir begrüßen jeden Gast mit offenen Armen und kümmern uns um die Menschen, die Erde und die Gesellschaft.

BE A PRO: Wir sind zuverlässig und liefern eine gute, kontinuierliche Qualität in allem, was wir machen. Und wir machen noch mehr, als von uns erwartet wird, weil wir wissen, dass die Aufmerksamkeit für jedes Detail der Schlüssel zum Erfolg ist.

BE BOLD: Wir beschreiten neue Wege, verlassen unsere Komfortzone und blicken lieber nach vorne als zurück – immer mit der Absicht, eine Inspiration für unsere Gäste, unsere Kollegen, unsere Eigner und für die Gesellschaft zu sein.

Der Leadership-Compass bildet die Grundlage für das gemeinsame Verständnis und die Leitlinien der Mitarbeiterführung bei Scandic. Der Kompass mit seinen vier Ausrichtungen unterstützt die Manager dabei, ihre Führungsaufgabe noch besser im Sinne der Unternehmenskultur wahrzunehmen und die besten Bedingungen für Mitarbeitende zu schaffen, damit sie unsere Werte leben können. Der Leadership-Compass unterstützt eine Kultur, wo Mitarbeitende bevollmächtigt sind, Entscheidungen zu treffen, transparent mit Fehlern und Feedback umzugehen und daraus zu lernen."

Welche Maßnahmen treffen Sie, um neue Mitarbeiter zu erreichen und diese für sich zu gewinnen?

„Zukünftige Mitarbeitende sollten sich als Teil der Kultur von Scandic sehen, die auf Werten basiert, und in einem internationalen, vielfältigen Umfeld arbeiten wollen. Unser Ziel und wichtigste Aufgabe ist es, diese besonderen Menschen zu finden und die besten an Board zu bringen. In Zusammenarbeit mit unserem Marketingteam haben wir für die Scandic Hotels in Deutschland ein Maßnahmenpaket entwickelt, welches uns auf verschiedenen Ebenen im Bereich Employer-Branding und Recruiting voranbringt. Aus unserer Sicht ist es wichtig, sich breit aufzustellen, zielgruppenspezifische Recruiting-Maßnahmen durchzuführen, Dinge auszuprobieren und out of the box zu denken, die Kraft der sozialen Netzwerke zu nutzen und immer wieder die Bewerberbrille aufzusetzen. Wir stellen uns die Fragen: Was macht mich als Arbeitgeber attraktiv und warum sollte jemand in das Unternehmen wechseln? Was sind meine Zielgruppen und wo finde ich diese? Diese Fragen helfen uns dabei, unsere Arbeitsplatzattraktivität und Benefits in den

Vordergrund zu stellen und kreativ zu werden. So können wir verschiedene Maßnahmen treffen, die uns als Arbeitgeber attraktiv darstellen." Ausgewählte Maßnahmen werden nachfolgend dargestellt:

- Zertifizierungen (Arbeitgebersiegel Great Place to Work, Hospitality HR Award)
- Aktive und transparente Arbeit auf den Arbeitgeber-Bewertungsportalen (Kununu, Glasdoor)
- Interne Recruiting-Maßnahmen (Mitarbeiterempfehlungsprogramm, interne Transfers und Promotionen)
- Zusammenarbeit mit Hochschulen und Universitäten
- Optimierung interner Recruitment-Prozesse durch Jobylon – Recruiting-System
- Erhöhung der Interviewqualität durch die Anwendung der Critical Incident Technique (CIT)
- Überprüfung und Aktualisierung der Mitarbeiterbenefits
- Active Sourcing – Direktansprache von passiven Interessenten

Wie gestalten Sie Kommunikationswege mit Mitarbeitern?

„Auch auf die Art und Weise, wie wir miteinander kommunizieren – nämlich nur auf Augenhöhe – legen wir immer einen großen Wert. Dabei stellen unsere Unternehmenswerte die Grundlage in unserer Organisation dar. Wir sind herausfordernd, hinterfragen, wie wir Dinge besser machen können. Wir denken an neue Wege und versuchen, alle unsere Mitarbeitenden bestmöglich zu erreichen und Informationen zugänglicher, flexibler und auf verschiedenen Plattformen, sei es digital oder analog, verfügbar zu machen. Wir leben eine Open-Door-Policy und sehen jedes Feedback als Geschenk, um sich und das Unternehmen weiterzuentwickeln. Dafür nutzen wir verschiedene Plattformen wie das Scandic Kommunikations- und E-Learning-Tool FUSE, One-to-One-Meetings, Feedbackgespräche, Austausch auf internen Trainings und Workshops und vielen weiteren.

Eine weitere Möglichkeit, Rückmeldung zu erhalten, ist die Arbeit mit Arbeitgeberbewertungsportalen. Bewertungen des Arbeitgebers im Internet werden immer wichtiger bei der Auswahl eines neuen Arbeitsplatzes. Umso wichtiger ist es, transparent zu sein und die Bewertungen als Chance für Feedback und Verbesserungsmöglichkeiten zu sehen. Ähnlich wie im Reputation Management bei Gästebewertungsportalen beantworten und kommentieren wir jede Bewertung. Aktuelle und ehemalige Mitarbeiter, Bewerber und

Auszubildende bewerten auf Kununu Unternehmen unter anderem in den Kategorien Arbeitsbedingungen, Karrierechancen und Gehalt. Gleichzeitig bietet es den Unternehmen eine Plattform, um sich als attraktiver Arbeitgeber zu präsentieren und ihre Stärken und Vorteile aktiv zu kommunizieren."

Welche Aus- und Weiterbildungsmaßnahmen bieten Sie Ihren Mitarbeitern?

„Für bereits vorhandene Mitarbeitende fokussieren wir uns auf die Schulung und Weiterentwicklung vor allem im Job. So nimmt das Entwickeln von Führungskräften einen wichtigen Stellenwert in unserer Personalarbeit ein. Insbesondere unter dem Aspekt der Expansion in Deutschland ist es erforderlich, dass wir qualifizierte Mitarbeitende haben, die Verantwortung als Abteilungsleiter oder als General Manager übernehmen und im Sinne von Scandic die Teams aufbauen und führen. Dabei kommt es schon lange nicht mehr nur auf die fachlichen Kompetenzen an, sondern [darauf], wie gut man ein Team aufbauen, motivieren und entwickeln kann. Neben unseren internationalen und nationalen Talente-Programmen bieten wir verschiedene Leadership Module für die ersten Schritte in Richtung Mitarbeiterführung. Unsere unkonventionelle Denkweise bei der Entwicklung von Führungskräften hat viel damit zu tun, dass man Mitarbeitenden vertraut, ihnen etwas zutraut und ihnen manchmal ein Jackett anzieht, was ein bisschen zu groß ist.

Unsere Mitarbeitenden haben die Möglichkeit, sich durch inspirierende Karrierewege zu entwickeln, sowohl im In- und Ausland. Wenn Mitarbeitende die richtige Einstellung haben und unsere Werte teilen, sind die Möglichkeiten praktisch grenzenlos bei Scandic. In Deutschland haben wir ca. 80 % unserer Abteilungsleiter aus den eigenen Reihen rekrutiert. Alle unserer General Manager sind aufgrund interner Weiterentwicklung in der heutigen Position. Wir folgen dem Grundsatz ‚intern vor extern'. Wir ziehen interne Bewerber bei gleicher Qualifikation und Eignung externen Bewerbern vor. Alle offenen Positionen sind im Scandic Intranet ausgeschrieben.

Neben der Entwicklung im Job arbeiten unsere Hotels mit einem internen Trainingskalender, der lokale und nationale Trainings und Aktivitäten für unsere Mitarbeitenden beinhaltet. Diese umfassen unter anderem Pflichttrainings wie die Orientierung für neue Mitarbeitende und Sicherheitstrainings sowie abteilungsspezifische Trainings, die von unseren Abteilungsleitern durchgeführt werden, und Scandiceigene Trainings, beispielsweise zum Thema Service, Feedback oder Nachhaltigkeit. Darüber hinaus nutzen wir gerne bedarfsgerecht das Trainingsangebot von externen Partnern und lokalen Anbietern. Auch online können sich die Mitarbeitenden weiterentwickeln mit der digitalen Lern- und Kommunikationsplattform FUSE. Bei FUSE geht es um ein mitarbeiterzentriertes Lernen, bei dem jeder Nutzer für sein eigenes Lernen verantwortlich ist. Verschiedene nationale und internationale Communitys und Lernpfade bilden die Grundlage für das Lernen, die Kommunikation miteinander, das Teilen von Wissen, Fähigkeiten und das Suchen nach bestimmten Lerninhalten.

Damit sich die Mitarbeitenden optimal weiterbilden können, muss ein offenes, respektvolles Arbeitsklima vorhanden sein. Die Grundlage dafür sind unsere Mitarbeitergespräche. Angefangen von kurzen, offenen Gesprächen und Diskussionen während unserer täglichen Arbeit bis hin zu geplanten und strukturierten Förderungs- und Beurteilungsgesprächen. Es ist uns wichtig, gegenseitige Rückmeldung in Bezug auf fachliche, soziale und individuelle Kompetenzen zu geben, um damit sicherzustellen, dass der richtige Mitarbeitende auf der richtigen Position ist, aber auch [um] herauszufinden, ob der Mitarbeitende zufrieden und motiviert jeden Tag zur Arbeit kommt. Es werden unter anderem offizielle Mitarbeitergespräche wie ein Probezeitgespräch, quartalsweise Check-in-Feedback-Gespräche und ein umfangreicheres Jahresendgespräch durchgeführt.

Auch die Auszubildenden und dual Studierenden spielen eine wichtige Rolle in unserem Unternehmen. Diese gilt es mit einem abwechslungsreichen Ausbildungsprogramm und individuellen Projekten zu fordern und zu fördern. Um unsere sehr gut ausgebildeten jungen Menschen im Unternehmen zu halten, wurde das Young-Professional-Programm erarbeitet, welches Studenten auf Fach- und Führungsaufgaben in der Hoteloperative vorbereitet und damit einen Einstieg in Management-Positionen ermöglicht. Das Entwicklungsprogramm kann im Schwerpunkt F&B oder Rooms Division durchgeführt werden und erstreckt sich über ein Jahr.

Um die Leistungen der Mitarbeitenden zu wertschätzen, haben die Abteilungsleiter in unseren Hotels und im Support-Office das Mandat, sehr gute Leistungen von Mitarbeitenden zu feiern und zu honorieren. Dies kann in Form von Gutscheinen, Bonuszahlungen oder sonstigen Benefits erfolgen. Eine besondere Art der Wertschätzung ist auch das Leuten unserer Erfolgsglocke, wenn Mitarbeitende besonders positiv bei Gästekommentaren erwähnt wurden, Mitarbeitende im Sales einen neuen Vertrag abgeschlossen haben oder Abteilungsziele erreicht werden. Auch bei der jährlichen Mitarbeiterparty werden Awards verteilt, wie dem ‚Fighter of the Xear' oder dem ‚Leader of the Year'. Jeder Award ist mit einem Weiterbildungsgutschein in Höhe von bis zu 500 Euro verbunden. Ferner gibt es auch Jubiläumsfeiern, bei denen bedeutende Milestones wie die 10- und 25-jährige Betriebszugehörigkeit, der 50. Geburtstag und der Eintritt in die Rente mit einer Prämie entsprechend honoriert und gefeiert werden. Die Auszubildenden erhalten ein Geschenk, dessen Wert sich an der Abschlussnote orientiert, außerdem wird den Auszubildenden noch eine Urkunde übergeben."

Welche Gesundheitsmaßnahmen bieten Sie Ihren Mitarbeitern?

„In den Scandic Hotels wird aber nicht nur gefeiert, sondern auch auf die Gesundheit geachtet. Es wird kontinuierlich daran gearbeitet, Unfälle und Verletzungen, die am Arbeitsplatz auftreten können, zu vermeiden. Wir führen regelmäßige dokumentierte Gesundheits- und Sicherheitstrainings durch und ergreifen Maßnahmen, um Risiken zu reduzieren, wenn solche Maßnahmen als notwendig identifiziert worden sind. So werden unter anderem Maßnahmen ergriffen wie die individuelle Kontrolle der Ergonomie sowie der Licht- und Platzverhältnisse am Arbeitsplatz, höhenverstellbare Schreibtische, zwei Desktops, Schallschutz in den Großraumbüros sowie Headsets mit zwei Kopfhörern, aber auch weitere Maßnahmen wie Geräuschmessung in den Büros des Frontoffice und der Reservierung sowie Angebote für psychosoziale Beratung. Für die Vorsorge von Verletzungen existieren Sicherheitstrainings und Schulungen für psychische und physische Belastungen sowie eine Kooperation mit Gympass, bei dem Mitarbeitende einen unbegrenzten Zugang zu einem Netzwerk von über 2000 Fitness- und Gesundheitseinrichtungen deutschlandweit haben und dies zu flexiblen, attraktiven Konditionen ohne Vertragsbindung buchen können."

Welche weiteren Benefits bieten die Scandic Hotels für Mitarbeiter?

„Natürlich darf beim Fokus auf die Mitarbeitenden das Gehalt nicht fehlen. Dementsprechend sind attraktive und faire Gehälter nach wie vor ein wichtiges Argument für unsere Bewerber und Mitarbeitenden, jedoch ist dies längst nicht mehr ausschlaggebend. Es kommt auf das Gesamtpaket an, mit dem wir als Arbeitgeber punkten. Es setzt sich zusammen aus einem fairen Gehalt, Zusatzleistungen, Boni und Faktoren wie Fairness und Verantwortung. Trotzdem achten wir darauf, dass unsere Gehälter den branchenüblichen Konditionen entsprechen, fair sind und gleiche Bedingungen für die beteiligten Mitarbeitenden darstellen. Als Rahmenwerk unserer Entlohnung dient der zwischen dem DEHOGA (Arbeitgeberverband) und der Gewerkschaft NGG ausgehandelte Entgelt- und Manteltarifvertrag in den jeweiligen Bundesländern. Die Scandic Hotels sind nicht tarifgebunden, jedoch lehnen wir uns an viele Inhalte des Manteltarifvertrages an, die wir als Mindeststandard verstehen. Neben den regulären Gehältern erhalten unsere Mitarbeitenden Leistungen wie ein jährliches Weihnachtsgeld, Urlaubsgeld, Nachtzuschläge, Einmalzahlungen für besonders herausragende Leistungen und Erholungshilfe je nach wirtschaftlicher Situation."

5 Fazit

Meine Sicht als dual Studierender ist, dass das Image eines Unternehmens ausschlaggebend für einen Arbeitnehmer ist. Das Image spiegelt alles wider, womit ein Arbeitnehmer bezüglich eines Unternehmens in Kontakt gekommen ist. So bildet dieser seine Meinung und entscheidet darüber, ob er sich bei einem Unternehmen bewerben möchte. Auch das Gehalt spielt eine wesentliche Rolle, verliert jedoch mittlerweile gegenüber dem Image, den Benefits und anderen Faktoren, die der Arbeitgeber dem Mitarbeiter bietet, an Relevanz. Deswegen kann gesagt werden, dass das Unternehmens- und Arbeitgeberimage bei der Arbeitgebersuche essenziell ist. Aus diesem Grund sollten sich Arbeitgeber darum bemühen, Mitarbeiter wertzuschätzen und zufriedenzustellen. •

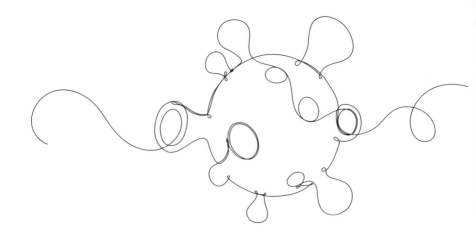

Mitarbeiterbindung – Entwicklungstendenzen und Herausforderungen durch die Corona-Pandemie

von Sophie Müller

Das Thema der Mitarbeiterbindung gelangt immer stärker in den Fokus des Personalmanagements (Loffing 2010, S. 4). Vor allem in schwierigen Zeiten, wie bei Krisen, Umbrüchen oder Veränderungen, sind Unternehmen auf die Loyalität und das Engagement ihrer Mitarbeiter angewiesen (Felfe 2020, S. 21f.).

Dabei stellt sich die Frage, was unter dem Begriff ‚Mitarbeiterbindung' zu verstehen ist. Eine einheitliche Definition für den Terminus gibt es in der wissenschaftlichen Literatur nicht – ebenso wie für den Begriff der ‚Mitarbeiterzufriedenheit' (Belsch 2016, S. 28). Werden Führungskräfte mit dem Begriff ‚Mitarbeiterbindung' konfrontiert, fallen oft Wörter wie‘ Wertschätzung', ‚Teamarbeit', ‚Zufriedenheit', ‚Chefsache/hohe Verantwortung', ‚Qualitätssicherung', ‚Fluktuationsrate', ‚Identifikation mit dem Arbeitgeber' sowie ‚Personal- und Karriereentwicklung'. Die Mitarbeiterbindung ist ein fortwährender und dauerhafter Prozess, bei dem es um ein dynamisches Zusammenspiel zwischen Unternehmen, Führungskräften und Mitarbeitern geht.

Für eine positive Bindung der Mitarbeiter sollte diese wechselseitig beeinflusste Beziehung stetig angepasst werden und flexibel bleiben. Das Ziel von Mitarbeiterbindung sollte eine individuelle Anpassung an die Bedürfnisse von Unternehmen und Mitarbeitern sein. Dabei können verschiedene Instrumente zur Erreichung dieses Ziels genutzt werden. Ebenfalls von Bedeutung ist es, dass sich der Mitarbeiter in diesem Prozess nicht eingeengt fühlt, denn dies könnte eine negative Auswirkung auf die Mitarbeiterbindung haben. Der Mitarbeiter sollte die Möglichkeit haben, sich frei zu entscheiden, dem Unternehmen treu zu bleiben oder nicht. (Loffing 2010, S. 4ff.)

Die Entscheidung der Mitarbeiter lässt sich mit Maßnahmen und Anreizen zur Mitarbeiterbindung positiv beeinflussen.

Positive Maßnahmen und Anreize

Laut einer Statista-Umfrage von 2020 unter 1046 Entscheidern sind die Top-3-Maßnahmen zur Mitarbeiterbindung ein gutes Betriebsklima (56 %), flexible Arbeitszeiten (50 %) und eine marktgerechte Entlohnung (44 %). Fast die Hälfte aller befragten Unternehmen gab an, ein gutes Betriebsklima und flexible Arbeitszeiten bereits als Maßnahme zur Mitarbeiterbindung einzusetzen. Nur ein Drittel aller befragten Unternehmen nutzt eine marktgerechte Entlohnung als Maßnahme zur Mitarbeiterbindung (Hays PCL 2021b).

Darüber hinaus sind zwei weitere relevante Vorgehensweisen zur Mitarbeiterbindung das Motivieren und die Sicherstellung der Zufriedenheit der Mitarbeiter. Mit diesen Maßnahmen kann das Ziel der Steigerung des Leistungsbeitrags einzelner Mitarbeiter erreicht werden, woraufhin auch der Leistungsbeitrag des gesamten Unternehmens erhöht wird. Bevor Anreize zur Motivation und Zufriedenheit für Mitarbeiter geschaffen werden, sollten das Können (die Fähigkeiten eines Mitarbeiters), das Wollen (die Leistungsbereitschaft des Mitarbeiters) und das Dürfen (die Handlungsmöglichkeiten eines Mitarbeiters) für jeden Mitarbeiter einzeln überprüft werden. Ebenfalls sollte die Bedürfnispyramide von Maslow in der Überprüfung vorab aktiv einbezogen werden (Loffing 2010, S. 10ff.). Vor allem die Mitarbeiterzufriedenheit steht in engem Zusammenhang mit der Mitarbeiterbindung. Neben der Suche nach Abwechslung und der Veränderung des Lebensumfelds ist Unzufriedenheit am Arbeitsplatz einer der häufigsten Kündigungsgründe. Dieser Grund sollte nicht unterschätzt werden, da unzufriedene Mitarbeiter, bevor sie kündigen, oft bereits nicht mehr mit voller Motivation bei der Arbeit sind. Eine Folge der fehlenden Motivation kann sein, dass diese Mitarbeiter dem Unternehmen ihre Fähigkeiten nicht mehr in vollem Umfang zur Verfügung stellen (Belsch 2016, S. 49).

Ob die Maßnahmen erfolgreich durchgeführt wurden, lässt sich am besten anhand von Kennzahlen oder Messungen feststellen. Die Motivation eines Mitarbeiters lässt sich schwer ermitteln und in Zahlen ausdrücken, wohingegen die Zufriedenheit der Mitarbeiter gemessen werden kann. Während sich Motivation und Zufriedenheit eines Mitarbeiters unter anderem mit subjektiven Instrumenten, wie Mitarbeiterbefragungen und -gesprächen, erahnen lassen, geben Kennzahlen, wie Fluktuation, Fehlzeiten und Beschwerden, genaue Aussagen über die Zufriedenheit der Mitarbeiter innerhalb des Unternehmens. Um Interesse und Wertschätzung Mitarbeitern und ihrer Arbeit gegenüber zu zeigen, bietet es sich an, Führungskräfte aktiv in Mitarbeitergespräche und Teamsitzungen einzubeziehen. Dies kann auch zu einer Steigerung der Motivation und Zufriedenheit eines Mitarbeiters führen (Loffing 2010, S. 23). Weitere relevante Maßnahmen zur Mitarbeiterbindung können zum Beispiel aus verschiedenen Gründen abgeleitet werden, die Mitarbeiter dazu bringen, dem Unternehmen treu zu bleiben. Diese Beweggründe sind unter anderem vielfältige und interessante Aufgaben, Weiterbildungsmöglichkeiten und Karrierechancen sowie ein positives Arbeitsklima, wobei hier die soziale Anbindung der Mitarbeiter eine hohe Bedeutung hat. Daraus abgeleitete Maßnahmen zur Mitarbeiterbindung könnten folgende sein: ausreichend Tätigkeits- und Entscheidungsspielraum, die Möglichkeit zur Weiterentwicklung oder -bildung durch zum Beispiel Seminare oder individuelle Coachings, offene Kommunikation interner Karrierechancen, die Möglichkeit und das Angebot, Arbeitszeiten flexibel einzuteilen, und ein Angebot von Work-Life-Programmen (Loffing 2010, S. 4ff.).

Negative Einflussfaktoren

Ebenso positive Anreize und Maßnahmen gibt es auch negative Einflussfaktoren auf die Mitarbeiterbindung. Solche Einflussfaktoren sind häufig aktuelle gesellschaftliche, politische und wirtschaftliche Entwicklungen, die die Entscheidung zur Kündigung oder zum Verbleib im Unternehmen beeinflussen können. Ziel ist es, mit den Maßnahmen und Instrumenten der Mitarbeiterbindung diesen Entwicklungen entgegenzuwirken (Felfe 2020, S. 12). Die aktuellen Entwicklungen, abgesehen von der Corona-Pandemie, sind folgende:

- Der demografische Wandel und der Fach- und Führungskräftemangel: Die Gewinnung neuer Mitarbeiter wird zunehmend schwieriger, wodurch ein Konkurrenzkampf um Fach- und Führungskräfte ausbricht. Die Bindung von bereits angestellten Mitarbeitern wird unter diesem Gesichtspunkt immer relevanter (Felfe 2020, S. 12).

- Auch zunehmende Herausforderungen und Veränderungsprozesse können Mitarbeiter beeinflussen. Zusammengefasst unter dem Akronym ‚VUKA‘ (Volatilität, Unsicherheit, Komplexität und Ambiguität) erhöhen diese Herausforderungen und Veränderungsprozesse die Anforderungen im Change-Management und in der Innovationsfähigkeit. Die Mitarbeiterbindung spielt hierbei eine essenzielle Rolle. Change-Management und Innovationsfähigkeit sind langfristige Prozesse, die eine aktive Mitarbeiterbeteiligung erfordern (Felfe 2020, S. 12).

- Neue Generationen, wie die Generation Y, die bereits auf dem Vormarsch ist, und die Generation Z, die in den Arbeitsmarkt eintritt: Die Personen dieser Generationen sind die neuen Arbeitnehmer und definieren in Zukunft den Arbeitnehmermarkt sowie dessen Anforderungen. So werden die Ansprüche an eine sinnerfüllte und gesunde Arbeit immer größer. Auch die Vereinbarkeit von Beruf und Familie, die ökologische Nachhaltigkeit und die gesamtwirtschaftliche Verantwortung sind für die neuen Generationen zunehmend relevant. Die Bedürfnisse eines Arbeitnehmers sind dementsprechend ein bedeutsamer Einflussfaktor für die Mitarbeiterbindung. Werden die Bedürfnisse eines Arbeitnehmers erkannt und befriedigt, erhöht dies die Chance, dass der Mitarbeiter dem Unternehmen erhalten bleibt (Felfe 2020, S. 12).

Ein Mensch verbringt durchschnittlich ein Drittel (werden acht Stunden Schlaf abgezogen sogar die Hälfte) seines Tages bei der Arbeit. Dieser hohe Anteil an Arbeit beeinflusst Personen auch in ihrem privaten Leben. Kommt der Mitarbeiter gern zur Arbeit und hat Spaß an seiner

Tätigkeit, begünstigt dies die Mitarbeiterbindung. Das wiederum setzt voraus, dass der Mitarbeiter im Unternehmen Wertschätzung erfährt. Sind diese Voraussetzungen gegeben, wirkt sich dies positiv auf das Berufsleben und auch das Privatleben eines Mitarbeiters aus. Ist ein Mensch mit seinem beruflichen und privaten Leben zufrieden, wird er seine Leistung im Unternehmen besser abrufen und womöglich auch steigern können.

Laut einer Studie unter 1020 Onlinenutzern beeinflussen Faktoren wie unausgeglichene Überstunden (67,7 %), ein schlechtes kollegiales Umfeld (64,8 %), Stress, Überlastung sowie enge Timings und Leistungsdruck (60,3 %) den Mitarbeiter negativ. Folglich kommt es zur Kündigung, weshalb negative Einflussfaktoren auf die Mitarbeiterbindung oft zugleich die Kündigungsgründe der Mitarbeiter sind (Nier 2018).

Was sich durch die Corona-Pandemie verändert hat

Die Corona-Pandemie hat neue Sichtweisen mit sich gebracht und somit auch neuen Raum für Veränderungen. Schon vor der Pandemie war der Fachkräftemangel existent, vor allem in der Tourismusbranche. Zwei Drittel aller Unternehmen leidet laut einer Untersuchung der Bertelsmann-Stiftung an Personalengpässen (Siems 2021). Die Corona-Pandemie hat die Unzufriedenheit mit Stellen und Arbeitgebern deutlich verstärkt. Das Jahr 2021 war demnach das stressigste Arbeitsjahr für Mitarbeiter. Dies bestätigten 70 % der Befragten bei der aktuellen Umfrage von Oracle und Workplace Intelligence. Die Gefahr von psychischen Erkrankungen steigt und psychische Probleme und Belastungen nehmen zu. Probleme und Unzufriedenheit bei der Arbeit führen oft dazu, dass ein Gefühl des Feststeckens und des Kontrollverlusts wahrgenommen wird und der Wunsch nach Veränderung immer größer wird. Dies kann sich auch negativ auf das Privatleben auswirken (Förster 2021).

Die Corona-Pandemie stellt Unternehmen vor neue Hindernisse und Herausforderungen, auch in Bezug auf die Mitarbeiterbindung. Es können durch die Pandemie aber auch neue Erwartungen der Mitarbeiter sowie neue Tendenzen in der Mitarbeiterbindung in der gesamten Branche wahrgenommen und berücksichtigt werden.

Eine Umfrage unter Touristikern, die während der Corona-Pandemie die Branche verlassen haben, zeigt ausschlaggebende Gründe für diese Entscheidung auf: Das Verhältnis zwischen hohem Abschlussdruck im Verkauf und der geringen Bezahlung für die erbrachte Leistung wird als unfair und teilweise auch unangemessen empfunden. Ebenfalls wirkt das Angebot einer niedrigeren statt einer vergleichbaren Position an einem anderen Arbeitsplatz im Unternehmen, da der derzeitige Arbeitsplatz aufgrund der Pandemie geschlossen wurde, unangemessen und abschreckend. Aber auch allgemeine und persönliche Hindernisse, wie die generell unsicheren Zukunftsperspektiven, die Belastung durch Kurzarbeit und der verloren gegangene Spaß an der Arbeit wurden häufig genannt. Die Tourismusbranche steht auch vor Hindernissen, die durch die Pandemie lediglich verstärkt wurden, aber grundsätzlich schon vorher bekannt waren. Dazu zählen vor allem die höhere Bezahlung sowie bessere Aufstiegschancen und Arbeitszeiten in anderen Branchen. Diese Hindernisse führen dazu, dass Mitarbeiter nicht nur kündigen, sondern auch die Branche wechseln (Wilkens 2021).

Im Hinblick auf die zuvor erwähnten Einflussfaktoren der Mitarbeiterbindung sind die sich ändernden Bedürfnisse der Beschäftigten durch den Einfluss von neuen Arbeitergenerationen, wie der Generationen Y und Z, eine der größten Herausforderungen. Diese Bedürfnisse müssen erkannt und berücksichtigt werden. Dabei werden die Branche und ihre Unternehmen in die Bewerberrolle gezwungen, in der sich sonst die Mitarbeiter befinden. Neue Mitarbeiter für die Branche zu gewinnen, wird immer schwieriger, wie der Präsident des Deutscher Reiseverband, Norbert Fiebig, sagt. Die Branche und ihre Unternehmen sollten sich die Frage stellen, wie diese Entwicklung zu stoppen ist oder wie ihr entgegengewirkt werden kann. Eine mögliche Antwort darauf wäre, die Attraktivität der Branche zu erhöhen. Aber auch das stellt eine Herausforderung dar, denn hinsichtlich der Bezahlung kann die Branche nicht mit anderen konkurrieren. Das Gehalt ist zwar ein relevanter, aber nicht der einzige Faktor, der über die Attraktivität einer Branche entscheidet. In der Corona-Pandemie sind vor allem die Organisation der Arbeit, Arbeitszeit- und Führungsmodelle sowie die Wertschätzung der Mitarbeiter immer bedeutsamer geworden. Aber auch das Image und die Zukunftsperspektiven entscheiden in hohem Maß über die Attraktivität der Branche (Hartung/Wilde 2021). Jedoch zeigt das Ergebnis des Global State of the Hospitality Industry Reports 2021, dass die deutschen Gastronomen zwei andere Herausforderungen noch vor den Personalmangel stellen: Mehr als ein Drittel der befragten Gastronomen sieht die gestiegenen Ansprüche der Gäste als derzeit größte Herausforderung an. Gleich danach mit 23 % folgen die steigenden Lebensmittel- und

Versorgungskosten. Erst an dritter Stelle mit 22 % stehen die Herausforderungen von Neueinstellungen und Mitarbeiterbindung (Roman 2021).

Die Corona-Pandemie hat zudem neue Tendenzen und Erwartungen unter Mitarbeitern, aber auch unter Führungskräften und Unternehmen in der Tourismusbranche hervorgebracht.

Erwartungen der Mitarbeiter äußern sich unter anderem in dem zunehmenden Wunsch nach regelmäßigen Mitarbeitergesprächen. Dabei wollen Mitarbeiter, dass auf sie zugegangen wird und nicht sie zu Gesprächen zwischen Mitarbeitern und Führungspositionen auffordern müssen. Aber auch die Möglichkeit zu fachlicher und persönlicher Weiterentwicklung ist eine immer stärker aufkommende Erwartung der Mitarbeiter. Durch die Pandemie wurde ebenfalls der Wunsch nach Vereinbarkeit von Beruf und Privatleben verstärkt, was sich zum Beispiel in Erwartungen wie die Möglichkeit zur Arbeit im Homeoffice und zu frei einteilbaren Arbeitszeiten widerspiegelt (Wilkens 2021).

Tendenzen von Führungskräften und Unternehmen, dem Fachkräftemangel entgegenzuwirken, gehen am häufigsten in die Richtung, Löhne und Zusatzleistungen zu erhöhen, um neue Mitarbeiter zu gewinnen und bereits bestehende im Unternehmen zu halten. Dies zeigen auch die Ergebnisse des Global State of the Hospitality Industry Reports 2021 mit 45 % der Befragten. Es gaben aber auch 40 % der Befragten an, Schwierigkeiten zu haben, ihre Mitarbeiter zu halten. Demnach sagte rund ein Drittel der befragten Unternehmen, dass sie zurzeit mit weniger Personal als erforderlich wäre auskommen müssten. Die Öffnungszeiten aufgrund der fehlenden Mitarbeiter zu reduzieren, kommt jedoch nur für knapp jeden Zehnten in Frage. Die Frage nach weiteren Möglichkeiten, das Personalproblem zu lösen, zeigt, dass die Staaten innerhalb der Europäischen Union auf das Sozialsystem setzen und somit auf staatliche Hilfe zur Erhöhung der Löhne und zur Stabilisierung des Betriebs hoffen. In Amerika wird hingegen eher pragmatisch gedacht und Technologie eingesetzt, um Prozesse zu optimieren und Mitarbeiter zu entlasten (Roman 2021). Dabei zeigt die Umfrage von Förster (2011), dass sich die Mehrheit der Arbeitnehmer eine technische Hilfe am Arbeitsplatz wünscht und glaubt, dass eine künstliche Intelligenz sie besser unterstützen könne als ein menschlicher Vorgesetzter. Vor allem für Ratschläge einer künstlichen Intelligenz zur persönlichen Weiterentwicklung sind viele offen und würden auf Grundlage dieser Empfehlungen auch Veränderungen in ihrem beruflichen und persönlichen Umfeld vornehmen (Förster 2021).

Werden diese Tendenzen und Erwartungen in Zukunft von Arbeitgebern und Unternehmen erkannt und berücksichtigt, können sie in neue Maßnahmen der Mitarbeiterbindung einfließen.

Fazit – Meine persönliche Sichtweise

Die Corona-Pandemie hat die Tourismusbranche sowie alle anderen Branchen vor Herausforderungen gestellt. Der bereits vorhandene Fachkräftemangel im Tourismus ist durch die Pandemie weiter verstärkt worden, da Schließungen und fehlende Einnahmen zu einer hohen Abwanderung von Mitarbeitern in andere Branchen geführt haben. Deshalb ist die Mitarbeiterbindung ein umso relevanteres Thema für Unternehmen und Führungskräfte geworden. Während der Pandemie sind bei Mitarbeitern neue Ansprüche und Erwartungen aufgekommen, die Unternehmen bei der Mitarbeiterbindung zukünftig berücksichtigen müssen. Dazu zählen vor allem flexible Arbeitszeiten und -orte, zum Beispiel das Homeoffice, aber auch die Vereinbarkeit von Privatleben und Beruf, Nachhaltigkeit und die gesamtwirtschaftliche Verantwortung. Auch beständige Ansprüche und Erwartungen wie eine gerechte Entlohnung, ein positives Betriebsklima und Chancen auf Weiterentwicklung oder -bildung sind noch immer von großer Bedeutung für die Mitarbeiterbindung.

Die Zufriedenheit der Mitarbeiter und die Mitarbeiterbindung sollten stets gemeinsam betrachtet werden, denn ist ein Mitarbeiter mit seinem Arbeitsplatz zufrieden, stehen die Chancen höher, dass dieser im Unternehmen bleibt. Fühlt sich ein Mitarbeiter an das Unternehmen gebunden, sollte auch sichergestellt sein, dass er sich an seinem Arbeitsplatz wohlfühlt.

Mein Impuls als dual Studierende an die Branche ist es, Mitarbeiter mehr wertzuschätzen, ihnen zuzuhören und auf ihre Bedürfnisse besser einzugehen. Vor allem jetzt, wo durch die Corona-Pandemie soziale Kontakte wegbrechen und sich viele Menschen einsam fühlen, ist es gut für einen Mitarbeiter, zu wissen, dass er gebraucht und wertgeschätzt wird. Dieses Gefühl kann der Mitarbeiter nur von seiner Führungskraft bekommen. Ich bin der Überzeugung, dass diese kleinen Änderungen vielen Mitarbeitern helfen können, die Einsamkeit zu besiegen und ihr Selbstwertgefühl aufrechtzuerhalten. •

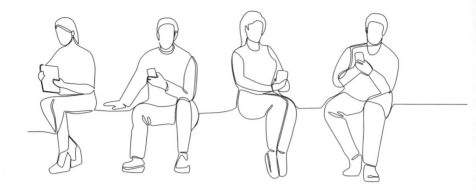

Neue Wege
der Personalgewinnung –
innovative Recruiting-Konzepte
zur Bewerberansprache

von Tim Bernhard

1 Einleitung

Bedeutung der richtigen Ansprache von potenziellen Bewerbern

Durch den akuten Fachkräftemangel sind insbesondere touristische Unternehmen gegenwärtig dazu gezwungen, neue Wege im Bereich des Recruitings einzuschlagen und von bewährten Strategien abzulassen. Als wesentlicher Grund lässt sich hierfür, neben voranschreitender Digitalisierung und einer damit verbundenen gestiegenen Mediennutzung, der Wandel vom Arbeitgeber- zum Arbeitnehmermarkt aufführen (Hansen/Hauff 2019, S. 36). Dieser ist im Besonderen auf die Verschiebung der Altersstruktur in der Gesellschaft zurückzuführen und hat zur Folge, dass einer abnehmenden Anzahl an qualifizierten Arbeitskräften eine Vielzahl von nachfragenden Arbeitgebern gegenübersteht. Unter anderem aufgrund dieser Situation stehen Tourismusunternehmen verstärkt vor der Herausforderung, sich intensiver in Form von Zeit, Energie und finanziellen Mitteln mit entsprechenden Strategien zu beschäftigen und sich somit im brancheninternen wie auch im branchenübergreifenden Konkurrenzkampf behaupten und durchsetzen zu können (Hansen/Hauff 2019, S. 36f.).

Es lässt sich daher allgemein formuliert sagen, dass der Arbeitsmarkt in erster Linie von Bewerbern prädominiert wird und sich Arbeitgeber den Bedürfnissen dieser Gruppe anzupassen haben. Paradoxerweise lässt sich trotz einer breiten Bekanntheit dieser Situation weiterhin eine Diskrepanz zwischen den Ansprüchen der Bewerber und tatsächlich realisierten Recruiting-Prozessen feststellen. So lässt sich hierfür beispielhaft aufführen, dass lediglich 4 % der Befragten einer Studie zum Thema Online-Recruiting bereit sind, 30 Minuten oder länger in eine Online-Bewerbung zu investieren, während hingegen Personalverantwortliche tendenziell der Aussage zustimmen, dass Bewerber an einer Stelle kein tiefgehendes Interesse haben, wenn diese nicht bis zu 40 Minuten ihrer Zeit investieren möchten (Verhoeven 2016, S. 18).

Diese Diskrepanzen führen dazu, dass viele Bewerbungsprozesse trotz vorhandenem Interesse der Kandidaten abgebrochen werden. Dies belegt eine Studie der Recruiting-Plattform Softgarden aus dem Jahr 2019: Hier geben 58 % der rund 6600 befragten Personen an, in der Vergangenheit bereits eine Bewerbung trotz Interesse an der Stelle nicht fortgesetzt zu haben. Als Hauptgründe wurden hierfür die Punkte ,umständliches Bewerbungsverfahren' und ,zu langsame Reaktion des Unternehmens' aufgeführt (Softgarden 2019, S. 8). Dies zeigt auf, wie relevant es ist, Recruiting-Konzepte auf die Anforderungen der Bewerber zuzuschneiden und eine passende Ansprache zu wählen.

Der vorliegende Beitrag soll daher diesbezüglich Hilfestellungen bieten und auf Möglichkeiten zur Ansprache und Gewinnung von Kandidaten hinweisen. Die Ausarbeitung ist in zwei Teile untergliedert: Im ersten Teil werden Konzepte vorgestellt, mit denen es gelingen kann, das Interesse von Zielgruppen zu steigern. Aufgrund der gestiegenen Mediennutzung und der voranschreitenden Digitalisierung im letzten Jahrzehnt wird im darauffolgenden zweiten Teil der Fokus auf das Online-Recruiting gerichtet und es wird aufgezeigt, welche Möglichkeiten sich dort zur Ansprache von Bewerbern bieten.

2 Maßnahmen zur Steigerung des Bewerberinteresses

2.1 Entwicklung einer Candidate-Persona

Zu Beginn des Recruiting-Prozesses ist es von Bedeutung, die Aufmerksamkeit auf das Verhalten und die Belange von Bewerbern zu richten und diese korrekt einschätzen zu können. ‚Wer versucht, jeden zu erreichen, erreicht am Ende niemanden', lautet eine der bedeutsamsten Grundregeln im Marketing. Sie gilt somit auch für das Personalmarketing (Kientzler 2019). Insbesondere in der Bewerberansprache ist es von hoher Bedeutung, eine Zielgruppe zu definieren, damit gezielte Kommunikation möglich ist und die Gruppe somit auf Basis ihrer Emotionen und Bedürfnisse erreicht werden kann. Als möglicher Ansatz zur Definition dieser Zielgruppe ist die sogenannte Candidate-Persona eine hilfreiche Methode (Scherhag 2020, S. 67f.). Hierzu werden für den Recruiting-Prozess fiktive Personen erstellt, die dann stellvertretend für eine bestimmte Bewerbergruppe stehen. Mithilfe dieser Personas ist es leichter möglich, die Personalmarketingmaßnahmen und die Kommunikation auszurichten und umzusetzen, da statt unscharf definierten Personengruppen spezifische Charaktere vor Augen geführt werden können (Wagner 2018).

Die Erstellung von Personas ist zeitintensiv, macht sich am Ende jedoch bezahlt, da Maßnahmen zielgerichteter, effektiver und effizienter umgesetzt werden können (Rupacher 2020, Abs. 2). Die Personalsuche wird hierdurch verbessert, da beispielsweise bekannt wird, welche Medien durch die potenziellen Bewerber genutzt werden und wie der Recruiting-Prozess entsprechend angepasst werden kann, um ihn für die Zielgruppe passgenau und somit attraktiver zu gestalten (Wagner 2018, Abs. 5). Neben den standardmäßig erfassten fachlichen Kompetenzen ist es hierbei zusätzlich nötig, persönliche Komponenten wie Interessensgebiete der Freizeit, Einstellungen und Bedürfnisse zu bestimmen. An dieser Stelle können auch die bevorzugten Kanäle der Persona herausgefunden werden und diese können für die Kommunikation von Stellenanzeigen genutzt werden (Rupacher 2020, Abs. 3). Als Grundlage für die Bestimmung einer Persona sind die Möglichkeiten vielfältig. Neben Befragungen und Interviews von aktuellen und ehemaligen Angestellten und Bewerbern können beispielsweise Analysen von Stellenausschreibungen der Konkurrenz sowie das Sichten von Studien und Marktanalysen weiterhelfen (Rupacher 2020, Abs. 4).

2.2 Beschleunigung von Bewerbungs- und Einstellungsprozessen
Der Faktor Geschwindigkeit spielt eine große Rolle in der Attraktivität des Recruitings. Dies gilt sowohl für den Bewerbungsprozess selbst als auch für das im besten Fall daran anschließende Einstellungsverfahren. Der größte Teil der Bewerber ist bei der Eingabe einer Online-Bewerbung

dazu bereit, eine Zeitdauer von bis zu maximal 20 Minuten zu investie-ren (Softgarden 2019, S. 11). Insbesondere in jüngeren Generationen ist dieses Empfinden ausgeprägter vorhanden und Bewerbungsprozesse werden abgebrochen, wenn diese als zu kompliziert und lang andau-ernd empfunden werden (Schlotter/Hubert 2020, S. 16). Es empfiehlt sich daher, Maßnahmen zu ergreifen, die den Bewerbungsprozess vereinfachen und somit verkürzen. Hierzu zählen unter anderem der Verzicht auf ein An- oder Motivationsschreiben, die Reduzierung von Pflichtangaben, ohne die das Abschicken der Bewerbung nicht möglich ist, und das Angebot, Bewerbungsunterlagen per E-Mail oder im bes-ten Fall per Oneclick-Bewerbung versenden zu können. Diese Form der Schnellbewerbung lässt sich insbesondere auf einigen Karriereportalen realisieren (Schlotter/Hubert 2020, S. 17).

Auch im Bereich des Einstellungsprozesses kommt der Verkür-zung von Abläufen eine hohe Bedeutung zu. So gaben Bewerber bei-spielsweise an, dass eine ihrer Ansicht nach geeignete Rückmeldezeit ca. 1 bis 2 Wochen zwischen Bewerbungseingang und einer Einladung zum Vorstellungsgespräch beträgt. In der tatsächlichen Umsetzung liegt die Zeit in den meisten Fällen jedoch mit mehr als 4 Wochen über diesem Wert (Softgarden 2019, S. 12). Sollte es hierbei nicht möglich sein, die von den Bewerbern bevorzugten Wartezeiten durch Änderun-gen in den internen Abläufen zu erreichen, ist es hilfreich, zumindest in einem ständigen Kontakt mit ihnen zu stehen. Dies beginnt in der Regel mit einer unverzüglichen (automatisierten) Eingangsbestätigung über den Erhalt der Bewerbungsunterlagen und sollte nach Möglichkeit mit einer persönlichen Nennung der bearbeitenden Person im Unterneh-men einhergehen (Schlotter/Hubert 2020, S. 19). Darüber hinaus ist es sinnvoll, den Bewerber auch über die zu erwartende Bearbeitungsdauer zu informieren, um den zeitlichen Rahmen des Prozesses transparent darzustellen. Insbesondere sollte an dieser Stelle davon ausgegangen werden, dass sich die Person auch bei anderen Unternehmen beworben hat. Durch eine schnelle Reaktion wird eine erfolgreiche Einstellung also wahrscheinlicher (Schlotter/Hubert 2020, S. 18f.).

2.3 Active Sourcing

Neben den genannten reaktiven Methoden sollten auch proaktive Mittel eingesetzt werden, um das Interesse der Bewerber zu steigern. Eine Möglichkeit ist das Active Sourcing. Weil im Tourismus die Nachfrage der Arbeitgeber das Angebot der Arbeitnehmer übersteigt, ist es hilfreich, als Unternehmen aktiv auf potenzielle Kandidaten zuzugehen. Active Sourcing wird häufig als Ergänzung zum Recruiting angesehen und hat ebenfalls einen bedeutenden Anteil an der Personalgewinnung. Während ‚Recruiting' alle Maßnahmen beschreibt, die dazu dienen, Interessierte darüber zu informieren, dass sie als potenzielle Mitarbeiter gesucht werden und sich bewerben sollen, wird beim ‚Active Sourcing' das Unternehmen selbst aktiv und sucht nach Kandidaten, die zum Stellenprofil passen (Weitzel et al. 2020a, S. 3). Grundsätzlich ist diese Möglichkeit der Personalgewinnung sowohl online als auch offline möglich. Insgesamt zeigt sich jedoch, dass der persönliche Kontakt und die Ansprache vor Ort zu einem höheren Erfolg bei der Einstellung führen. Insbesondere Karriere-Events und Personalmessen bieten hierbei die höchsten Einstellungsquoten im Bereich des Active Sourcing (Weitzel et al. 2020a, S. 10).

Der relevanteste Faktor dieser Methode ist, dass Personen erreicht werden können, die nicht aktiv nach einem Unternehmen oder einer Stelle suchen, jedoch bereit sind, eine Karriereveränderung oder eine neue Herausforderung anzunehmen. Daher erweitert sich der Kreis neuer Kandidaten um ein Vielfaches. Allgemein betrachtet lässt sich hinsichtlich der Wechselwilligkeit erkennen, dass ca. 21 % aller Beschäftigten aktiv auf der Suche nach neuen Herausforderungen sind, ca. 15 % über einen Wechsel nachdenken und dies im engeren Umfeld kommunizieren, ca. 44 % nicht aktiv auf der Suche, jedoch für Gespräche bereit sind, und ca. 20 % nicht an neuen Herausforderungen interessiert sind (Ullah/Witt 2018, S. 21). Daraus lässt sich ableiten, dass zusätzlich zu einer aktiven Bewerbung ein großes Potenzial darin besteht, weitere Kandidaten durch Active Sourcing für das Unternehmen zu gewinnen.

3 Recruiting und Digitalisierung: Instrumente des modernen Personalmarketings

3.1 Social Media Recruiting

Als auffallender Trend im digitalisierten Recruiting lässt sich im letzten Jahrzehnt an erster Stelle die Nutzung sozialer Netzwerke für die Personalgewinnung feststellen. Arbeitgebern wird hierbei die Möglichkeit gegeben, gezielt und unkompliziert mit potenziellen Kandidaten in Kontakt zu treten. Dies kann sowohl in der einseitigen Kommunikation von Unternehmen zu Kandidaten als auch in einem

Dialog zwischen den beiden Parteien geschehen. Besonders in jüngeren Generationen, die weitgehend mit Internetnutzung aufgewachsen sind, ist dieser Trend von hoher Bedeutung (Dannhäuser 2020, S. 2). Speziell im Bereich des Active Sourcing bietet Social Media Recruiting vielerlei Vorteile, da über diese Medien auf unkompliziertem Weg auch passive Kandidaten erreicht werden können (Dannhäuser 2020, S. 5). Es werden hierbei für die Stellensuche besonders die beruflichen Netzwerke Xing und LinkedIn durch die potenziellen Bewerber bevorzugt. Von den tendenziell privat orientierten Netzwerken wird lediglich Facebook in einem vergleichsweise hohen Maß zur aktiven Stellensuche verwendet (Weitzel et al. 2020b, S. 25).

Daher empfiehlt es sich, hinsichtlich des Active Sourcing und des Austauschs mit potenziellen Kandidaten auf berufliche Netzwerke zu setzen. Um dort Interessenten zu gewinnen und diese anzuschreiben, gilt es, einige Aspekte zu beachten. Neben einer sorgfältigen Prüfung des Profils dahingehend, ob Fähigkeiten und Ausbildung zum Stellenprofil passen, sollten in der Nachricht ein ansprechender Betreff und eine persönliche, individuelle Anrede gewählt werden, um zu vermeiden, dass der Eindruck einer Massen-E-Mail entsteht (Weitzel et al. 2020a, S. 20). Die Basis der Nachricht stellt dann die Frage nach Wechselwilligkeit und Karrierewünschen der Kandidaten sowie eine kurze und verständliche Stellenbeschreibung dar. Hilfreich ist es hierbei, das Stellenangebot aus Kandidatensicht zu betrachten und die Vorzüge des Angebots aus dieser Perspektive heraus darzulegen. Dabei sollten jedoch keine Versprechungen unterbreitet werden, die später nicht gehalten werden können. In den abschließenden Worten lässt sich die Antwortwahrscheinlichkeit der angeschriebenen Personen steigern, indem hier eine Handlungsaufforderung formuliert wird. Dies kann beispielsweise die Frage nach einem persönlichen Austausch zum Stellenangebot sein. Um den Kandidaten weitere Plattformen zur Antwort zu ermöglichen, ist es zudem ratsam, berufliche Kontaktdaten wie E-Mail-Adresse oder Telefonnummer zu übermitteln (Chikato/Dannhäuser 2020, S. 82ff.).

Doch auch tendenziell privat genutzte Netzwerke, zum Beispiel Instagram, TikTok und Facebook, bieten eine Möglichkeit zur Personalgewinnung. Da Nutzer dieser Plattformen jedoch nicht mit der Intention, nach Stellen zu suchen, angemeldet sind, sondern hiermit eher private Interaktionen verbinden, ist es sinnvoll, dort auf die Möglichkeit von Werbeanzeigen bzw. unterhaltenden und informierenden Inhalten bezüglich der Karrieremöglichkeiten im

Unternehmen zu setzen. Ein Vorteil der Verteilung von Inhalten über soziale Netzwerke ist, dass dort eine zielgruppenspezifische Eingrenzung möglich ist, sodass die Informationen speziell auf die gesuchten Kandidaten zugeschnitten werden können. Besonders zu beachten gilt es hierbei, eine authentische Kommunikation zu wählen und durch eine im Vorfeld entwickelte Strategie, Inhalte regelmäßig und gezielt zu veröffentlichen (Kochhan et al. 2021, S. 25ff.).

3.2 Unternehmenseigene Karriereseiten

Neben der Pflege von Social-Media-Kanälen sollte auch die Karriereseite der eigenen Homepage nicht vernachlässigt werden. Diese ist laut Personalmarketingstudie der Hochschule RheinMain die relevanteste Informationsquelle im Bewerbungsprozess. Rund 84 % der befragten Personen gaben an, sich über die Karriereseite von Unternehmen zu informieren (Petry 2018, S. 13). Dennoch finden potenzielle Bewerber dort häufig nicht die Informationen, die sie suchen, denn viele Unternehmen stellen hier ihr Produkt- und Dienstleistungsspektrum in den Mittelpunkt und nicht die Aspekte, die sie im Hinblick auf ein Beschäftigungsverhältnis auszeichnen (Knabenreich 2019, S. 6). Im Folgenden soll daher darauf eingegangen werden, welche Äußerlichkeiten und Inhalte den Erfolg der Karriereseite steigern können.

Entkopplung der Karrierewebsite von der Corporate Website

Ist die Karriereseite vom Rest der eigentlichen Homepage entkoppelt, werden verschiedene Störfaktoren beseitigt. Somit werden Bewerbern beispielsweise nicht parallel Hotel- und Restaurantangebote angezeigt, die für ihren Informationsprozess irrelevant sind, sondern sie können sich ausschließlich auf das Unternehmen als Arbeitgeber konzentrieren. Wechselseitig fokussiert sich dann auch das Unternehmen bei der Erstellung und Bearbeitung der Inhalte vermehrt auf die Rolle als Arbeitgeber. Ein Corporate Design sollte an dieser Stelle für den Wiedererkennungswert fortgeführt werden und Verlinkungen zum jeweilig anderen Onlineauftritt sollten auf beiden Webseiten vorhanden sein (Knabenreich 2019, S. 11).

Sicherstellung der Auffindbarkeit

Ebenfalls ein bedeutender Faktor ist die Auffindbarkeit der Karriereseite – im besten Fall auch dann, wenn nicht proaktiv danach gesucht wird. Damit verbunden ist eine prominente Platzierung des Zugangslinks, sodass dieser schnell gefunden werden kann. Daher ist die beste Möglichkeit innerhalb der Unternehmenswebsite eine Platzierung im Header oder in der Hauptnavigation. Hierdurch wird ein Anreiz für jeden Besucher der Homepage gesetzt und auch nicht nach Stellen suchende Personen bekommen die Möglichkeit, aus Interesse auf die Seite zu gelangen. Fühlt sich die Person nicht selbst angesprochen, besitzt sie dennoch das Potenzial, als Multiplikator zu fungieren, indem sie ihre Erfahrungen teilt (Knabenreich 2019, S. 19-23). Aufgrund der Situation, dass insbesondere Google eine beliebte Plattform zur Stellensuche darstellt, bietet es sich zudem an, die Seite für die Suchmaschinensuche zu optimieren und mit zielgruppenrelevanten Keywords zu versehen (Knabenreich 2019, S. 29).

Authentische Inhaltsgestaltung

Insbesondere die Inhalte der Karriereseite stellen oftmals eine Problematik dar, weil Bewerber hier nicht das erfahren, was sie über das Unternehmen und die Stelle interessiert. In erster Linie sollte daher bei der Gestaltung der Seite die Frage dominieren, warum sich ein Bewerber für dieses Unternehmen entscheiden sollte (Knabenreich 2019, S. 99). Zur Beantwortung dieser Frage ist es möglich, auf die anfänglich erwähnte Candidate-Persona zurückzugreifen und sich zusätzlich Unterstützung von (neuen) Kollegen, Auszubildenden und Bewerbern zu holen, sodass sich ein möglichst breites Bild ergibt und allgemeine Floskeln vermieden werden können (Knabenreich 2019, S. 99). Darüber hinaus sind insbesondere Entwicklungsmöglichkeiten, Zahlen zum Unternehmen, gelebte Unternehmenswerte, Vereinbarkeit von Privatleben und Beruf sowie Gehalt und Benefits von Interesse für die Seitenbesucher. Auch ist es von Bedeutung, dass die Inhalte keine Worthülsen darstellen, sondern im Unternehmen gelebt werden. Aus diesem Grund sollte beispielsweise bei der Gestaltung der Karriereseite auf die Verwendung von Bildern aus dem tatsächlichen Berufsalltag – und nicht auf Stockbilder – gesetzt werden (Knabenreich 2019, S. 92).

3.3 Mobile Recruiting

Auch die wachsende Zahl an mobilen Endgeräten, zu denen insbesondere Tablet und Smartphone gehören, hat einen starken Einfluss auf das Recruiting. Einer sinkenden Anzahl herkömmlicher Desktop-PCs und Laptops im privaten Gebrauch steht eine deutlich steigende Zahl dieser mobilen Geräte gegenüber (Weitzel et al. 2020a, S. 3). Mobile Recruiting lässt sich daher als Megatrend des gegenwärtigen und auch zukünftigen Recruitings definieren. Es zeichnet sich dadurch aus, dass die Kommunikation mit potenziellen Mitarbeitern über mobile Endgeräte erfolgt. Dabei lassen sich zwei Kernfunktionen feststellen: Zum einen hat das Mobile Recruiting den Zweck, die Zielgruppe mit mobiloptimierten Karriereseiten oder Apps zu informieren und anzusprechen, zum anderen sollen hierüber Bewerbungsprozesse vereinfacht abgewickelt werden können (Kochhan et al. 2021, S. 40f.).

Durch die schnellere und unkomplizierte Verfügbarkeit der Informationen und die Möglichkeit, zu jeder Zeit und von jedem Ort darauf zugreifen zu können, steigt das Interesse von potenziellen Bewerbern. Darüber hinaus wächst durch die Möglichkeit einer mobilen Bewerbung auch das Ansehen als attraktiver Arbeitgeber. Dies ist damit zu erklären, dass Unternehmen, die mobiloptimierte Inhalte anbieten, als professioneller und moderner wahrgenommen werden und somit im Rahmen des Employer-Branding Vorteile gegenüber der Konkurrenz erzielen können (Schiebeck 2019, S. 323ff.).

Es zeigt sich zudem, dass das Mobile Recruiting eine wesentliche Rolle in der Ansprache von Nichtakademikern einnimmt. Einer Studie zum Mobile Recruiting von 2021 zufolge gaben rund 59 % der Teilnehmer an, Smartphone und Tablet für die Stellensuche zu verwenden. Im Bereich der Bewerbung liegt dieser Wert bei rund 53 %. Bei Akademikern liegen die Werte mit rund 47 % bei der Stellensuche und rund 44 % bei der Bewerbung etwas niedriger. Es sollte daher davon ausgegangen werden, dass Vakanzen häufig mobil gesucht werden und sich dieser Trend in Zukunft verstärkt. Dass der Wert im Falle der Bewerbungen etwas unter dem Wert der Stellensuche liegt, hängt damit zusammen, dass sich ein Großteil der Bewerber zwar gern ebenfalls mit einem mobilen Endgerät bewerben würde, jedoch die technischen Voraussetzungen hierfür unzureichend sind (Jahn 2021, S. 6). Zum verbesserten Erreichen dieser Zielgruppen empfiehlt es sich daher, alle Informationen und Inhalte, die für Bewerber relevant sind, und den Bewerbungsprozess in mobiloptimierten Versionen anzubieten.

4 Fazit

Wie der vorliegende Beitrag gezeigt hat, befindet sich Recruiting in einem permanenten Wandel und muss sich aktuellen Herausforderungen und Trends anpassen. In besonderer Weise gilt es dabei zu beachten, dass der Arbeitsmarkt speziell in Branchen mit Fachkräftemangel, zu denen die Tourismusbranche gehört, zu einem Ort geworden ist, an dem sich Unternehmen bei ihren potenziellen Mitarbeitern bewerben müssen. Es ist daher von Bedeutung, dass sich Arbeitgeber dieser Rolle bewusst sind und sie auch annehmen. Im Bereich des Recruitings ergeben sich mit dieser Erkenntnis Möglichkeiten, die in den vorangegangenen Gliederungspunkten aufgezeigt wurden. Aufgrund der individuellen Anforderungen an die Personalgewinnung in verschiedenen Tourismusunternehmen sind diese Ausführungen als Denkanstöße zu verstehen und lassen sich in wenigen Fällen vollständig übernehmen. Der Fokus wurde in diesem Beitrag auf aktuelle und innovative Trends gelegt. Es stellten sich hierbei insgesamt einige Werte heraus, die für Kandidaten hinsichtlich des Recruitings besonders relevant sind und daher auch in Konzepten, die nicht ausgeführt wurden, beachtet werden sollten. Diese sind neben dem Eingehen auf die persönlichen Belange der Kandidaten, eine erhöhte Reaktionsgeschwindigkeit und Authentizität hinsichtlich der Inhalte des Recruitings. Darüber hinaus soll an dieser Stelle betont werden, dass gute Recruiting-Konzepte allein noch nicht ausreichen, um dem Fachkräftemangel entgegenzuwirken. Hierzu ist es wesentlich, das Unternehmen ganzheitlich zu einem Ort zu entwickeln, der die Bedürfnisse der Arbeitnehmer stärker befriedigt.

Mein Impuls als dual Studierender an die Branche: Es gibt hinsichtlich des Recruitings im Tourismus kein One-fits-All-Konzept – jedes Unternehmen muss seinen individuellen Weg finden und diesen gehen. Dabei sollte jedoch der Mut aufgebracht werden, einen als normal empfundenen Weg zu verlassen. Warum nicht vor einem Nachtclub oder vor einer angesagten Bar auf sich aufmerksam machen oder mit einem angebotenen Heißgetränk vor der Berufsschule oder dem Campus ins Gespräch kommen? In früheren Zeiten wurde von Bewerbern verlangt, dass sie ihre Besonderheiten darstellen und die Extrameile gehen. Nun liegt der Ball in der Spielhälfte der Unternehmen. ●

Konzepte für Mitarbeiterbindung als langfristiger Erfolgsfaktor für Unternehmen

von Lea Müller

1

1 Einleitung

Besonders die Hotellerie, die Gastronomie und der Tourismus im Ganzen sind stark vom Personal- und Fachkräftemangel betroffen. Grundsätzlich ist das Personal in der Branche die Basis jedes Unternehmens. Um sich als Betrieb langfristig auf den Märkten zu etablieren, reichen der Einsatz von modernen Technologien und die schnelle Einführung von Innovationen nicht mehr aus. Die Mitarbeiter führen durch individuelle Markenbildung das Unternehmen besonders in der Tourismusbranche zum Erfolg (Belsch 2016, S. 8). Effektive Maßnahmen der Mitarbeiterbindung sollen dazu dienen, Beschäftigte durch den zielgerichteten Einsatz von Instrumenten im Unternehmen zu halten. Aktuell entstehen einige neue Arbeitsformen, die der Mitarbeiterbindung dienen sollen. Bei den sogenannten flexiblen

Arbeitszeitmodellen soll sich die Arbeit immer flexibler in Bezug auf die Zeit und den Ort gestalten lassen. Dies kann viele Chancen eröffnen, aber auch einige Herausforderungen mit sich bringen (Bundesanstalt für Arbeitsschutz und Arbeitsmedizin (BAuA) 2019, S. 3). Diese Herausforderungen gilt es zu bewältigen und für die Branche sollten neue Möglichkeiten geschaffen werden. In einigen Unternehmen finden diese Modelle bereits Anwendung. Im Folgenden wird auf die Bedeutung der Mitarbeiterbindung und die Möglichkeiten der Mitarbeiterbindung in Unternehmen in Form von Förderungsmaßnahmen sowie auf flexible Arbeitszeitmodelle eingegangen.

2 Effektivität von Mitarbeiterbindung

2.1 Mitarbeiterbindung aus der Sicht des Unternehmens

Mitarbeiterbindung soll den Arbeitnehmer langfristig an ein Unternehmen binden. Der Arbeitgeber investiert in seine Mitarbeiter, um sie zu erhöhter Leistungsbereitschaft und Treue dem Unternehmen gegenüber zu animieren (Belsch 2016, S. 29). Nur wenn sich Arbeitnehmer am Arbeitsplatz wohlfühlen, können sie leistungsbereit und produktiv sein (BAuA 2019, S. 11ff.). Fehlendes Mitarbeiterengagement führt zu einer sinkenden Mitarbeitermotivation. Wenn Arbeitnehmer motiviert arbeiten, zeigen sie eine höhere Arbeitsleistung, sind innovativer, fehlen seltener am Arbeitsplatz, machen weniger Fehler, lernen schneller und binden sich schneller langfristig an das Unternehmen. Außerdem erhöhen motivierte Mitarbeiter die Produktivität und Rentabilität, das Wachstum sowie die Wettbewerbsfähigkeit eines Unternehmens und die Wertschöpfung wird gesteigert (Belsch 2016, S. 20). Aus diesem Grund sollte ein Unternehmen gewillt sein, die Mitarbeitermotivation stets hochzuhalten. Unternehmen sollten rechtzeitig in Maßnahmen der Personal- und Mitarbeiterbindung investieren, um qualifizierte Arbeitnehmer langfristig an sich zu binden. Auf diese Weise können Unternehmen auch ihren Wert steigern sowie Personalaufwand für Einarbeitungen und häufige Wechsel der Organisationsstrukturen vermeiden (Jäger 2007, S. 18; Bruhn/Stauss 2010, S. 237).

2.2 Mitarbeiterbindung aus Sicht der Arbeitnehmer

Eine langfristige Arbeitgeberbindung bietet dem Arbeitnehmer eine sichere und langfristige Lebensplanung. Gleichzeitig hilft sie jüngeren Menschen, eine Zukunft aufzubauen, denn ständige Arbeitgeberwechsel können Instabilität und Unsicherheit mit sich bringen. Eine langfristige Bindung baut Vertrauen zwischen Arbeitgeber und Arbeitnehmer auf. Dadurch kann die Wertschätzung des Arbeitnehmers gefördert werden. Dies ist grundlegend, damit er sich im Unternehmen weiterentwickelt (Sass 2019, S. 11ff.).

3 Maßnahmen zur Förderung der Mitarbeiterbindung

Ob ein Arbeitnehmer eine langfristige Bindung mit einem Unternehmen eingeht, hängt oftmals von den Anreizen und Maßnahmen ab, die der Arbeitgeber ihm entgegenbringt. Diese differenzieren sich in immaterielle und materielle Anreize.

3.1 Immaterielle Anreize

Die immateriellen Anreize repräsentieren die inneren Strukturen, die Arbeitsbedingungen und das Arbeitsleben im Unternehmen. Ein positives Betriebsklima wird am häufigsten verwendet, um Mitarbeiter zu binden. Das Betriebsklima erfordert eine Reihe von Maßnahmen, die dazu beitragen, dass sich die Mitarbeiter im Unternehmen wohlfühlen, und es beeinflusst das Arbeitsumfeld. Ein gutes Betriebsklima ist unter anderem von gegenseitigem Respekt, Anerkennung und Wertschätzung, starkem Teamgeist sowie geringer Mitarbeiterfluktuation geprägt. Hierbei spielt der Umgang miteinander eine zentrale Rolle. Zu den immateriellen Anreizen gehört auch die Unternehmenskultur, die die festgelegten Werte, Regeln und Konflikte in einem Unternehmen beschreibt. Außerdem spielen die interne Kommunikation, das Führungsverhalten, die Arbeitszeiten sowie die Entwicklungsmöglichkeiten für die Förderung der Mitarbeiterbindung eine zentrale Rolle (Nicolai 2019, S. 236ff.).

3.2 Materielle Anreize

Heutzutage ist das Gehalt nicht mehr der bedeutsamste Treiber für eine gute Mitarbeiterbindung, sondern auch nicht-monetäre

Leistungen wie Karriereentwicklung oder Nebenleistungen wie Führungsverhalten. Im Rahmen der Entlohnung durch Geld ist die Gerechtigkeit von wesentlicher Bedeutung. Eine faire Vergütung bringt dem Arbeitnehmer Wertschätzung entgegen. „Das Geld beseitigt zwar die Unzufriedenheit, wenn es leistungsbezogen gezahlt wird, aber ein Grundgehalt alleine reicht nicht aus, um Arbeitsmotivation zu generieren." (Bruhn/Stauss 2010, S. 44) Zusätzlich gibt es sogenannte Sonderprämien im Zusammenhang mit den materiellen Anreizen. Hierzu gehören besondere Zuschüsse und Förderungen vonseiten des Arbeitgebers, zum Beispiel Sonderzahlungen (13. Monatsgehalt, Weihnachtsgeld oder zusätzliche Urlaubsvergütungen). Aber auch Anreize im Bereich von Angeboten bezüglich Bewegung, Sport, Gesundheit sowie Erholung und Weiterbildung können zur Mitarbeiterbindung beitragen (Bruhn/ Stauss 2010, S. 44ff.).

4 Flexible Arbeitszeitmodelle für eine stärkere Mitarbeiterbindung

4.1 Begriffserklärung
4.1.1 Flexible Arbeitszeiten
Flexible Arbeitszeiten sind im letzten Jahrzehnt in Form von unterschiedlichen Arbeitszeitmodellen entstanden. Arbeitszeiten können somit flexibler gestaltet werden und die Modelle organisieren bzw. strukturieren die Arbeitszeiten der Arbeitnehmer. Jedoch ist Flexibilität in vollem Umfang in der Tourismusbranche schwer realisierbar, kann aber durch eine gute Organisation und Koordination des Arbeitsplatzes erreicht werden (Broich 2015, S. 37).

4.1.2 Arbeitszeitkonten
Für eine für den Arbeitnehmer sowie für das Unternehmen optimale Gestaltung der Arbeitszeiten bedarf es eines Arbeitszeitkontos. Auf diesem werden alle geleisteten Arbeitsstunden erfasst. Dadurch besteht die Möglichkeit, die Arbeitsstunden täglich variieren zu lassen. Zu wenig gearbeitete Stunden oder Überstunden können in einem bestimmten Zeitraum ausgeglichen werden. Sowohl Arbeitnehmer als auch die Unternehmen können davon gleichermaßen profitieren (BAuA 2019, S. 21).

4.2 Möglichkeiten einer Flexibilisierung der Arbeitszeit

Teilzeitarbeit

Teilzeitarbeit ist jedes Arbeitsverhältnis, bei dem die Arbeitszeit unter der im Betrieb vereinbarten Normalarbeitszeit liegt. Dieses Modell bietet die Möglichkeit, jeweils eine gleichbleibende Anzahl an Wochenstunden zu arbeiten oder die Stunden unterschiedlich flexibel auf das Jahr aufzuteilen. Teilzeitarbeit bildet die Basis für viele weitere Arbeitszeitmodelle. Besonders in der Tourismusbranche nimmt die Teilzeitarbeit immer mehr zu. Sie bietet einem Unternehmen viele Möglichkeiten. Arbeitnehmer in Teilzeit können besonders in Zeiten mit hohem Arbeits- und Personalaufwand eingesetzt werden. Gleichzeitig weisen solche Arbeitnehmer aufgrund von kürzeren Arbeitszeiten eine erhöhte Produktivität auf. Dies wirkt sich auch positiv auf die Kundenzufriedenheit aus. Ebenso können Aushilfskräfte durch Fachkräfte ersetzt werden (BAuA 2019, S. 26).

Gleitzeitarbeit

Bei der Gleitzeitarbeit können Arbeitnehmer innerhalb eines vereinbarten zeitlichen Rahmens die Lage und Dauer der Arbeitszeit selbst bestimmen. Innerhalb der Kernarbeitszeit herrscht eine Anwesenheitspflicht. Die Dauer der Arbeitszeit kann variieren und in einem bestimmten Zeitraum immer wieder ausgeglichen werden. Dafür ist ein Arbeitszeitkonto notwendig. Diese Art von Arbeitszeit bietet Arbeitnehmern die Möglichkeit, private Termine innerhalb der Gleitzeit wahrzunehmen. Dies führt wiederum zu einer stärkeren Zufriedenheit bei den Arbeitnehmern. In der Tourismusbranche erfordert dieses Modell einen erhöhten Koordinations- und Kommunikationsaufwand (Broich 2015, S. 36; BMWi 2013, S. 7).

Jobsharing

Dieses Modell beinhaltet, dass sich zwei oder mehr Arbeitnehmer eines Unternehmens einen Arbeitsplatz und die mit dem Arbeitgeber vereinbarte Arbeitszeit teilen. Somit können die Aufgaben untereinander selbstständig aufgeteilt werden. Jobsharing kann in Halbtags-, Wochen- oder Monatsrhythmen durchgeführt werden. Durch die dadurch entstehende Flexibilität der Arbeitnehmer können besonders größere Projekte auch von Teilzeitarbeitskräften durchgeführt werden. Das Modell kann Mitarbeiter an das Unternehmen binden, denn es bietet für viele Menschen in unterschiedlichen Lebenslagen eine Perspektive. Somit kann beim Jobsharing meist problemloser und flexibel auf Kindererziehungs- und Pflegezeiten reagiert werden und auch Führungskräften kann es die Tätigkeiten am Arbeitsplatz erleichtern. Ebenfalls gibt es die Möglichkeit, für einen abwesenden Arbeitnehmer schnell Ersatz durch den jeweiligen Jobsharer zu finden. Für das Jobsharing sind zusätzliche Arbeitszeitkonten erforderlich. Außerdem muss der Arbeitgeber darauf achten, dass die zusammenarbeitenden Beschäftigten eine ähnliche Qualifikation aufweisen und die Koordination untereinander funktioniert (BAuA 2019, S. 28f.).

Homeoffice

Beim Homeoffice arbeitet der Arbeitnehmer teilweise oder die gesamte Arbeitszeit von zu Hause aus. Dazu muss er vom Arbeitgeber die Erlaubnis haben. Die Gestaltung des Homeoffice ist individuell auf den Mitarbeiter im Unternehmen anpassbar und der Arbeitnehmer kann die Arbeitszeiten frei einteilen. Somit kann der Arbeitnehmer Familie und Beruf besser miteinander vereinen. Von Bedeutung ist es hierbei, die Kernarbeitszeit einzuhalten. Homeoffice ist zudem nicht in jeder Branche umsetzbar (Sass 2019, S. 11). In der Tourismusbranche ist dieses Modell nur für die operativen Aufgaben anwendbar. Beispielsweise kann dieses Modell in einem Hotel oder in der Gastronomie in einer abgewandelten Form – der Telearbeit –angewendet werden. Hierbei verlegt der Arbeitnehmer den Arbeitsplatz einmal in der Woche nach Hause. Dies ist hilfreich, um abseits des täglichen Geschäfts in der Gastronomie und Hotellerie organisatorische Arbeiten in Ruhe zu erledigen. Besonders für Führungskräfte ist dieses Arbeitszeitmodell geeignet (BMWi 2013, S. 9). Es bringt bei entsprechender Organisation für den Arbeitnehmer viele Vorteile, unter anderem eine bessere Work-Life-Balance, die seine Zufriedenheit erhöht und sich positiv auf seine Gesundheit auswirkt (Sass 2019, S. 13; Voigt 2017, S. 16f.).

Jahresarbeitszeit

Das Konzept der Jahresarbeitszeit ermöglicht es, die Arbeitszeit innerhalb eines Jahres zu gestalten. Entsprechend des Arbeitsaufkommens im Unternehmen wird dies bestimmt. In der Tourismusbranche eignet sich dieses Modell gut, um beispielsweise je nach Saison unterschiedliche Arbeitszeiten festzulegen. Im Laufe des Jahres sollten sich die Unterschiede ausgleichen, die durch Jahresarbeitszeitkonten dokumentiert werden (BAuA 2019, S. 43f.). Ein Ausgleich kann auch in arbeitsfreien Phasen genutzt werden, um Urlaub zu nehmen, an Fort-

und Weiterbildungen teilzunehmen oder ein Sabbatical einzulegen. [Sabbatical: „Das Sabbatical ist ein Arbeitszeitmodell, welches dem Arbeitnehmer die Möglichkeiten einräumt, für einen längeren Zeitraum, in der Regel 3–12 Monate aus dem Job auszusteigen und nach dieser Zeit an den Arbeitsplatz zurückzukehren. Dieser Langzeiturlaub wird durch die Ansparung von Urlaubsansprüchen ermöglicht." (Broich 2015, S. 38)]

4.3 Chancen und Nutzen flexibler Arbeitszeitgestaltung

Die vorherigen Teilkapitel haben gezeigt, welche Möglichkeiten es für Arbeitgeber gibt, Arbeitnehmer stärker an die Unternehmen zu binden, sodass Fachpersonal langfristig gehalten werden kann. Flexible Arbeitszeitmodelle können für Unternehmen Vorteile bringen. Qualifizierte Fachkräfte arbeiten und entscheiden selbstständig, was ihnen mehr Zeitsouveränität ermöglicht. Aus diesem Grund werden die Arbeitsplätze besonders für neue Arbeitnehmer dadurch attraktiver. Die Möglichkeit, flexibler zu arbeiten, ist für viele Menschen ein Pluspunkt. Dies gilt vor allem für die jüngeren Generationen. Für ein Unternehmen in der Branche ist der Nachwuchs ein Gewinn. Zudem zeigt das Unternehmen eine starke Innovationsfähigkeit durch die Möglichkeit der flexibleren Arbeitsgestaltung. Auch können neue Arbeitsstellen durch Arbeitszeitmodelle geschaffen werden. Außerdem können Fachkräfte mit flexiblen Arbeitszeiten besser an das Unternehmen gebunden werden, was im Zusammenhang mit dem starken Personalmangel in der Tourismusbranche einen deutlichen Wettbewerbsvorteil darstellt. Da die Arbeitnehmer an der Dauer und Verteilung der Arbeitszeit mitbestimmen können und größere Zeitspielräume haben, arbeiten sie motivierter und sind zufriedener. Durch eine stärkere Zufriedenheit der Arbeitnehmer erhöht sich die Produktivität im Unternehmen. Infolgedessen kommt es zu weniger Fehlzeiten und durch eine Steigerung der Personalanzahl können Überstunden der Beschäftigten vermieden werden. Zudem kann ein Unternehmen durch die stärkere Anwendung der Modelle in bestimmten Situationen schneller auf betriebliche und personelle Änderungen reagieren. Beispielsweise verbessert Flexibilität die Termintreue und kann sich positiv auf die Kundenzufriedenheit auswirken. Zusätzlich können Weiterbildungsmaßnahmen durch Flexibilisierung besser geplant werden, wenn Arbeitszeiten beispielsweise über Jahresarbeitszeitkonten gesteuert werden (BAuA 2019, S. 12ff.).

Für die Arbeitnehmer ergeben sich ebenfalls Vorteile durch die flexible Gestaltung der Arbeitszeiten. Flexible Arbeitszeiten ermöglichen es Arbeitnehmern, ihr Arbeitsleben besser mit ihrem Privatleben zu vereinbaren. Wenn Arbeit, Familie und Freizeit in einem ausgeglichenen Verhältnis zueinander stehen, bleiben Arbeitnehmer gesünder und fehlen weniger im Unternehmen aufgrund von Krankheit. Auch die Gefahr von Burn-outs oder Ähnlichem kann durch eine bessere Lebensqualität verringert werden. Dies führt wiederum zu einer höheren Motivation für die Arbeit und die anfallenden Aufgaben. Für die Arbeitnehmer kommt es zu einer stärkeren Arbeitsplatzsicherheit, da flexibler auf Auslastungsschwankungen reagiert werden kann. Es wird mehr Personal gebraucht, wenn die Auslastung im Tourismus besonders hoch ist (beispielsweise in der Hochsaison). Dahingegen können in der Nebensaison Überstunden ausgeglichen werden und bewahren die Arbeitnehmer vor möglichen Kündigungen bei weniger Personalaufwand. Somit kann das Personal langfristig im Unternehmen gehalten werden und eine Überkapazität an Personal lässt sich vermeiden (BMWi 2013, S. 3ff.; BAuA 2019, S. 12).

4.4 Bewältigung von Herausforderungen in der Zukunft

In der Zukunft werden sich in der Anwendung der flexiblen Arbeitszeitmodelle auch einige Schwierigkeiten ergeben. Diese Herausforderungen müssen bewältigt werden, damit die Bindung von Arbeitnehmern in der Tourismusbranche gelingt. Zum einen können flexible Arbeitszeiten für Arbeitnehmer mehr Zeitsouveränität bedeuten, die zu einer besseren Vereinbarkeit von Beruf und Privatleben beitragen kann. Zum anderen verschmelzen Arbeits- und Ruhezeiten immer häufiger zu einer entgrenzten Arbeit, da die Tendenz zu mehr Überstunden, Wochenendarbeit und Stress steigt. Das kann negative Konsequenzen für das Wohlbefinden, die Sicherheit und die Gesundheit haben. Deshalb ist es von Bedeutung, die Arbeitszeiten für alle Beteiligten sinnvoll zu gestalten, sowohl im Sinne der Wettbewerbsfähigkeit der Unternehmen als auch im Schutzinteresse der Arbeitnehmer. Ebenfalls ist eine starke Kommunikation untereinander im Unternehmen besonders in der Tourismusbranche unumgänglich, fällt durch die unterschiedlichen Arbeitszeiten aber schwerer. Daher sind zusätzliche Regeln und Vereinbarungen hinsichtlich Planung und Flexibilität notwendig. Zudem verlangt flexibles Arbeiten viel Eigenständigkeit und interne Absprachen mit den Mitarbeitern, die nicht jeder Arbeitnehmer umsetzen kann. Es besteht die Gefahr, dass Arbeitnehmer die flexiblen Arbeitszeitmodelle ausnutzen und private Angelegenheiten als bedeutsamer ansehen. Eine ausgeprägtere Selbstdisziplin und Selbstorganisation sind notwendig. Zusätzlich besteht hier aufgrund der Planung ein Mehraufwand für das Unternehmen. Es ist ein höherer Personaleinsatz in der Personalabteilung erforderlich und es erhöhen sich gegebenenfalls die Verwaltungs- oder Personalkosten. Durch eine erheblich größere Anzahl an Arbeitsübergaben kann es auch zu einem erhöhten Fehlerrisiko kommen (BMWi 2013, S. 3ff.).

5 Vorgehensweise für die Einführung von flexiblen Arbeitszeitmodellen

Veränderungen in einem Unternehmen sollten mit den Führungskräften wie auch mit den Mitarbeitern geplant werden. Die Einführung von neuen Arbeitszeitmodellen sollte nach einem Schema ablaufen. Hierbei werden sowohl Beschäftigte als auch Führungskräfte und Betriebsratsmitglieder einbezogen. Die Mitwirkung der einzelnen Beschäftigten ermöglicht nicht nur eine konstruktive Umsetzung, sondern fördert das Verständnis für die neuen Regelungen am Arbeitsplatz. Hat sich ein Unternehmen dazu entschieden, Maßnahmen in Form der Anwendung neuer Arbeitsmodelle einzuleiten, um die Bindung der Mitarbeiter zu stärken, sollte dieses wie folgt vorgehen: Zunächst sollte ein erstes Gespräch mit der Betriebsleitung, dem Betriebsrat und den betroffenen Mitarbeiten geführt werden. In diesem werden die betrieblichen Ziele der Unternehmen für die Zukunft diskutiert und es sollten die Vor- und Nachteile des jeweilig geeigneten flexiblen Arbeitszeitmodells gegenübergestellt werden, um das für die Positionen im Unternehmen geeignetste Modell zu identifizieren. Ist ein erster Austausch zustande gekommen, wird daraufhin ein Plan aufgestellt, aus dem die Vorgehensweise ersichtlich wird. Von Bedeutung ist es nun, sich genauer zu den einzelnen Arbeitszeitmodellen zu informieren und offene Fragen zu klären. Hierzu können die Unternehmen auch Fachleute befragen. Besonders der Austausch mit Best-Practice-Unternehmen kann dabei unterstützend wirken. Ebenfalls sollten sich Unternehmen beispielsweise mit den rechtlichen Bedingungen für Arbeitszeitmodelle auseinandersetzen, denn Arbeitszeitregelungen müssen nach dem Arbeitszeitgesetz und den jeweils geltenden Tarifverträgen abgesichert sein (BAuA 2019, S. 18). Unter Berücksichtigung der rechtlichen Rahmenbedingungen, der betrieblichen Belange sowie der Interessen der Mitarbeiter werden daraufhin mögliche Arbeitszeitregelungen erstellt. Im Folgenden werden genaue Anforderungen anhand der Modelle und mögliche Alternativen entwickelt. Diese werden dann gemeinsam mit den Mitarbeitern weiterentwickelt. Das Ziel sollte es sein, für die neuen Vorschläge Akzeptanz zu schaffen und die Mitarbeiter für einen fairen Kompromiss zu gewinnen. Das Arbeitszeitmodell wird in einer Testphase erprobt und im Anschluss durch beispielsweise Fragebögen evaluiert. Hierbei sollte ein ständiger Austausch im Unternehmen bestehen, sodass Verbesserungspotenziale ausgewertet werden können. Schlussendlich muss das Unternehmen entscheiden, ob das Arbeitszeitmodell endgültig übernommen wird (BAuA 2019, S. 19 ; BMWi 2013, S. 11ff.).

6 Eigene Empfehlungen an die Branche

Zusammenfassend kann ich sagen, dass die Notwendigkeit der Personalgewinnung in der Tourismusbranche schon länger bekannt ist. Besonders die Hotellerie und Gastronomie leiden immer mehr darunter. Das Personal ist am Limit, junge Menschen kehren der Gastronomie und der Hotellerie den Rücken und es ist keine Besserung in Sicht. Die Menschen, die ihrem Beruf in der Branche treu bleiben, leiden darunter, dass es keine neuen Fachkräfte mehr gibt. Aushilfskräfte werden meist nur jeweils drei Monate eingesetzt und ist die Einarbeitung einer Kraft gerade abgeschlossen, verlässt sie das Unternehmen schon wieder. Geringe Bezahlung, unregelmäßige Arbeitszeiten, Wochenendarbeit, Arbeiten an Feiertagen, viele Überstunden – das sind die meisten Gründe, warum es zu wenig Personal in der Branche gibt. Viele Menschen suchen Stellen, die es ihnen ermöglichen, Berufliches und Privates in einen gesunden Einklang zu bringen. Ich persönlich denke, dass auch ein großes Problem in der Kommunikation zwischen den Mitarbeitern und den Führungspositionen besteht und dass es auch um die Wertschätzung der Mitarbeiter im Unternehmen geht. Beispielsweise steigen die Zimmerpreise in den Hotels um das Dreifache und im Gegenzug bleiben die Gehälter der Mitarbeiter konstant. Die Gäste erwarten immer höhere Standards und die Personaldecke wird immer niedriger, doch den Mitarbeitern wird keine Stimme für all diese Veränderungen gegeben.

Meine Sichtweise als dual Studierende ist, dass Unternehmen in der Gastronomie und Hotellerie neue Wege einschlagen sollten. Die Berufe sind oftmals anspruchsvoll und körperlich anstrengend. Fachkräfte benötigen mehr Wertschätzung und Anerkennung für ihre Arbeit, die sie täglich leisten. Wie in den Kapiteln zuvor sichtbar geworden ist, gibt es viele Möglichkeiten, Mitarbeiter langfristig an ein Unternehmen zu binden. Durch das Angebot flexibler Arbeitszeiten sind Unternehmen besser aufgestellt, wenn es um die Suche nach qualifizierten Arbeitskräften geht. Auch kann eine variable Arbeitsgestaltung eine Flexibilität der Unternehmen mit sich bringen. Die Corona-Krise hat gezeigt, dass Unternehmen, die Erfahrung mit flexibler Arbeitsorganisation haben, besser auf Krisensituationen und deren Auswirkungen vorbereitet sind. Dafür ist eine langfristige Personaleinsatzplanung erforderlich, auch um den Mitarbeitern eine Planung außerhalb der Arbeitswelt zu ermöglichen. Eine flexible Arbeitszeitgestaltung erlaubt es Unternehmen zudem, eine Arbeitskraft dann einzufordern, wenn es die Auslastung verlangt, und im Gegenzug Freizeitausgleich zu ermöglichen, wenn weniger Arbeiten im Unternehmen zu erledigen sind. Unternehmen haben so einen größeren Spielraum beim Personaleinsatz und können konjunkturelle Schwankungen leichter abfedern. Das kann wiederum Arbeitsplätze sichern und die Wettbewerbsfähigkeit auch bei weniger Auslastung von Unternehmen in der Tourismusbranche steigern. Die Modelle können sowohl für den Arbeitnehmer als auch für den Arbeitgeber vorteilhaft sein, wenn die Herausforderungen gemeinsam bewältigt werden. Von Bedeutung ist es hierbei, auch die Mitarbeiter im Unternehmen in Entscheidungen und Entwicklungen einzubeziehen und mit einer offenen Unternehmenskultur die Mitarbeiter langfristig an das Unternehmen zu binden. •

**RESILIENTE
PERSONALSICHERUNG
IM GASTGEWERBE**

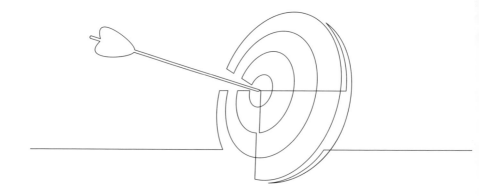

Mit attraktiven Themen qualifiziertes Personal gewinnen und halten

Attraktivitätsfaktoren für die Wahl eines Arbeits- und Ausbildungsplatzes

von Lina Tamara Emmerich

1 Einleitung

Der demografische Wandel der Bevölkerung führt zu einem generellen Mangel an Arbeitskräften auf dem Markt. Dadurch steigt zukünftig die Nachfrage nach motivierten und qualifizierten Fachkräften stetig an (Heesen/Meusburger 2021, S. 7). Hinzu kommt, dass während der Corona-Pandemie und des Lockdowns etwa 171 000 (Bundesagentur für Arbeit 2021b, S. 18) fest angestellte Mitarbeiter im Gastgewerbe verloren gingen. Aus diesen Gründen ist für die Branche jetzt Recruiting von Bedeutung, denn im Gastgewerbe stehen alle Zeichen auf Mitarbeitermarkt. Das bedeutet, ein Arbeitssuchender kann sich seinen zukünftigen Arbeitgeber selbst aussuchen, nicht umgekehrt. Betriebe, bei denen das in den letzten Jahren noch nicht angekommen ist, stehen jetzt vor dem Dilemma des Fachkräftemangels. In diesen Unternehmen ist jetzt ein Umdenken nötig. Sie sollten bereits bei der Personalsuche darstellen, welche Vorzüge sie bieten können, und an ihrer Imagebildung arbeiten (Gabler 2021, S. 17). Wer viel Arbeit für wenig Geld erwartet und dazu befristete Arbeitsverträge anbietet, sendet die falschen Signale aus. Die sogenannte Hire-and-Fire-Kultur führt zur Frustration bei Arbeitnehmern, wirkt sich negativ auf die Attraktivität als Arbeitgeber aus und schmälert zudem auf Dauer den Erfolg des Unternehmens (Sieben 2021, S. 347). Entscheidend ist, für Nachwuchskräfte wieder Attraktivität in die Branche reinzubringen. Bedürfnisse von Arbeitern wandeln sich und dem sollten sich Arbeitgeber anpassen (Hartung/Wilde 2021). Wer im Wettbewerb um Arbeitnehmer vorne liegen und Personal gewinnen möchte, benötigt neue Konzepte (Nebling 2019).

Neben harten Faktoren, die im Vertrag verschriftlicht werden können, gibt es zahlreiche weiche Faktoren. Diese sind mindestens genauso relevant, aber können vorab weder geprüft noch schriftlich festgehalten werden. Damit stellt sich die Frage, wie diese Attraktivitätsfaktoren vorab vermittelt werden, damit sich ein Arbeitssuchender überhaupt erst für die Stelle entscheidet. Im folgenden Abschnitt wird es darum gehen, welche Wege ein Unternehmen beschreiten kann, um an qualifiziertes Personal zu gelangen. Dabei wird dargelegt, welche Attraktivitätsfaktoren es für die Wahl eines Arbeits- bzw. Ausbildungsplatzes gibt, und es wird geklärt, ob betriebliches Gesundheitsmanagement (BGM) oder Nachhaltigkeit hierbei auch eine wesentliche Rolle einnehmen. Um Antworten zu finden, wurde neben einer Literaturrecherche ein qualitatives Interview mit dem Geschäftsführer der Gewerkschaft Nahrung-Genuss-Gaststätten (NGG), Sebastian Riesner, am 11. November 2021 geführt. Er konnte mit seiner langjährigen Berufserfahrung in der Arbeitnehmervertretung die Interessen von Arbeitssuchenden für einen attraktiven Arbeitsplatz im Gastgewerbe erläutern.

2 Situationsanalyse: relevante Themenfelder für Arbeitssuchende

2.1 Wie ein attraktives Gehalt aussieht

Rüdiger Brochonski, Leiter des Lizenzfachgeschäfts bei Gosch meint, Gehälter für gelernte Kräfte sollten deutlich über dem Mindestlohn liegen (Nebling 2019). Sebastian Riesner sieht es ähnlich. Bereits vor der Corona-Pandemie gab es eine Abwanderungsbewegung von Fachkräften aus dem Gastgewerbe. Doch im Zusammenhang mit

Corona, der Kurzarbeit und den Konsequenzen daraus ist die Situation schwerwiegender geworden. Arbeitnehmer im Gastgewerbe haben gemerkt, dass sie über Monate hinweg nur mit Kurzarbeitergeld nicht existieren können. Die dadurch entstandene Abwanderung gilt nicht nur für den Hilfs- und einfachen Fachkräftebereich, sondern ebenfalls für den Führungskräftebereich. Dies zeigt, dass selbst die Einkommen im Führungskräftebereich anscheinend nicht so attraktiv sind, dass Führungskräfte in dieser Branche verbleiben – insbesondere in krisenhaften Situationen. Riesner stellt bei der Bezifferung eines attraktiven Gehalts zunächst den Grundsatz auf, dass armutsfeste Löhne die Untergrenze darstellen sollten. Selbst das niedrigste Einkommen müsse dazu führen, dass mit der gesetzlichen Rente keiner in Altersarmut verfällt. Dies gelte für jede Arbeitsstelle, angefangen bei Hilfskräften, die nach Ende ihrer Beschäftigungszeit ebenfalls genug Rente erhalten müssten. Um das zu erreichen, werde der gesetzliche Mindestlohn, der einen Maßstab für die Mindestvergütung darstellt, nicht ausreichen. Im Hotel- und Gaststättengewerbe, insbesondere für Fach- und Führungskräfte, müsse ein Lohn bezahlt werden, der ein auskömmliches Einkommen beinhaltet. Dieses Thema sei bereits als Diskussionspunkt für die nächsten Tarifverhandlungen vorgesehen. Riesner beantwortete die Frage nach einer Mindestvergütung für eine Fachkraft mit 3000 Euro. Eine dreijährige Ausbildung im Gastgewerbe zu absolvieren, sei nicht weniger wert als eine in anderen Dienstleistungsbranchen und anderen Berufen. Aus diesem Grund sei eine Größenordnung von 3000 Euro wichtig. Zusätzlich seien Themen wie Urlaubsgeld und Jahressonderzahlungen zukünftig gefragt (Riesner 2021a).

Laut der bundesweiten Studie ‚Azubi-Recruiting Trends 2019' nutzen viele Ausbildungsbetriebe bislang unverständliche Begriffe wie ‚tarifliche Vergütung' oder verschweigen Geldfragen im Bewerbungsprozess. Die Wünsche von 69 % der umworbenen Zielgruppe sind allerdings eine hohe Ausbildungsvergütung und 85,5 % möchten langfristig gute Verdienstperspektiven. Bereits ab 150 Euro mehr pro Monat würden sich 42,3 % der Befragten für ein alternatives Ausbildungsangebot entscheiden. Daher sollten Ausbildungsbetriebe früh kommunizieren, wie hoch die Vergütung ausfallen wird (Glocke 2019).

Um einen Arbeitsplatz im Gastgewerbe attraktiv zu gestalten, bedarf es neben einer entsprechenden Entlohnung auch zusätzlicher Benefits, beispielsweise der Nutzung eines Dienstwagens, oder auch anderer Vergütungen. Dazu zählen Prämien oder die Upselling-Möglichkeit, wie sie im Kapitel ‚Arbeitsatmosphäre und Unternehmenskultur' erläutert wird (Heesen/Meusburger 2021, S. 5).

2.2 Aufstiegs- und Entwicklungschancen bieten

Bereits vor der Bewerbung interessiert es viele Arbeitssuchende, welche Weiterbildungs- und Aufstiegschancen sie im jeweiligen Unternehmen haben. Von Entwicklungsmöglichkeiten für die Mitarbeiter profitiert das Unternehmen ebenfalls, denn Prozesse unterliegen einem stetigen Wandel, wodurch sich Branchenwissen und Lösungsansätze immer wieder verbessern lassen. Geschulte Mitarbeiter, die immer auf dem aktuellen Stand sind, nützen dem Betriebserfolg und sind durch die ihnen zukommende Wertschätzung selbst zufriedener (Sieben 2021, S. 348). Arbeitgeber sollten zeigen, dass sie Fortbildungsmöglichkeiten anbieten, mit denen Arbeitnehmer ihre Aufstiegsmöglichkeiten erhöhen können, um mehr Geld zu verdienen. Unternehmen, die Arbeitssuchenden Perspektiven bieten und in ihre Mitarbeiter investieren, steigern ihr Image und damit ihre Chancen auf Personalfindung (Gabler 2021, S. 17).

Sebastian Riesner ist der Ansicht, solche Rahmenbedingungen, die in ein Arbeitsverhältnis einfließen, würden zukünftig ein entscheidender Faktor sein. Es gehe darum, was der Arbeitgeber neben einer monatlichen Vergütung noch bietet. Was Attraktivität schaffe und wofür das Gastgewerbe prädestiniert sei, sei es, den Arbeitnehmern zu ermöglichen, unter besonderen Konditionen in anderen Hotels und in anderen Destinationen ihren Urlaub zu verbringen. Wer in Kettenhotels unterwegs sei, könne außerdem in anderen Betrieben und in anderen Städten vorübergehend arbeiten und Erfahrungen sammeln. Diese Möglichkeit werde von einigen Betrieben bereits genutzt, könne aber vom Gastgewerbe noch viel stärker verwendet werden. Daraus könnten Beschäftigte einen Mehrwert ziehen, indem die Arbeitsplatzflexibilität vom Unternehmen honoriert wird. Der Arbeitnehmer habe dadurch bessere Chancen, beruflich voranzukommen. Nur das Gastgewerbe könne diese Art von Entwicklungsmaßnahme anbieten und das würde für eine Arbeitnehmermarke sprechen (Riesner 2021a).

2.3 Flexible Arbeitszeiten

Laut Brochonski von der Unternehmensgruppe Gosch sind attraktive Arbeitszeiten wichtig, um als Arbeitgeber überhaupt noch infrage zu kommen. Dazu gehört zum Beispiel die Einhaltung einer Fünftagewoche, was allerdings noch lange nicht umgesetzt wird. Ein Umdenken sollte jedoch bundesweit einsetzen, um wieder allgemein das Interesse an der Gastronomie zu fördern (Nebling 2019). Zur flexiblen Gestaltung der Arbeitszeiten gehört es, sich die Dienste bis zu einem gewissen Maße frei einzuteilen, wodurch nicht nur die Flexibilität, sondern auch die Zufriedenheit der Mitarbeiter steigt (Sieben 2021, S. 347).

Sebastian Riesner wies darauf hin, dass flexible Arbeitszeiten von zwei Seiten aus betrachtet werden könnten. Im Gastgewerbe könne dies im Sinne der Arbeitgeber bedeuten: Wenn die Arbeitskräfte gebraucht werden, müssen sie kurzfristig zur Verfügung stehen. Werden sie nicht mehr gebraucht, werden sie nach Hause geschickt. Das wäre eine einseitige Sichtweise. Es solle jedoch vielmehr bedeuten, dass der Arbeitnehmer auf diese flexiblen Arbeitszeiten zurückgreifen kann. Damit verbunden seien eine familienfreundliche Arbeitszeit und die Möglichkeit der Einflussnahme des Arbeitnehmers auf die Arbeitszeitgestaltung. Was mittlerweile seit 20 Jahren im Berliner Tarifvertrag stehe, doch bisher nie in Anspruch genommen worden sei, sei die Viertagewoche. Aktuell sei sie zunehmend ein Thema. Weiterhin werde thematisiert, wie rechtzeitig und planbar Arbeitszeiten sind. Riesner werde seit 30 Jahren von der Diskussion begleitet, wie langfristig Dienstpläne geschrieben werden können. Zwar werde weiterhin von Betrieben behauptet, es ginge überhaupt nicht, langfristig zu planen, weil das Geschäft zu kurzfristig sei. Aus Riesners Sicht sind dies jedoch rein vorgeschobene Gründe. Nach seiner Meinung steht nicht ausreichend Personal zur Verfügung, da nur so viel Personal eingestellt wird, dass das Geschäft gerade so gemanagt werden kann. Trete nur ein Störfaktor auf, führe das zu einem Zusammenbruch des aufgestellten Dienstplans und er werde neu geschrieben. Das bedeute, es sollten generell Personalreserven eingeplant werden. In der Personalwirtschaft gebe es Formeln und Berechnungsmethoden, die es erlauben, Urlaub, Krankheit und weitere Störfaktoren einzuplanen. Jedoch würden solche Planungstools in den Betrieben nicht angewandt, um über Personalreserven zu verfügen. Insofern wäre die langfristige Planung möglich, wenn sie gewollt ist und die Voraussetzungen dafür geschaffen werden. Nur mit anständiger Dienstplanung könnten Beruf, Familie und Freizeit miteinander vereinbart werden, was von der heutigen Generation verlangt werde. Der Schwerpunkt geregelter Arbeitszeiten für die Freizeit- und Familienplanung werde sich in den nächsten Jahren noch stärker darstellen und dafür sollte ein starker Umdenkungsprozess im Führungsmanagement stattfinden. Auf einigen Bewerberportalen sei bereits zu sehen, dass mit festen Arbeitszeiten, wie Sonntag und Montag als Ruhetag, geworben wird. Dies werde und müsse in den nächsten Jahren so weitergehen (Riesner 2021a).

Block House wurde mehrfach im Rahmen des Wettbewerbs ‚Hamburgs bester Arbeitgeber' ausgezeichnet. Andreas Kurtenbach, Geschäftsführer vom Block Head College, sagte, dass trotz der Konzernstrukturen ihre Restaurants inhabergeführte Unternehmen ohne Shareholder blieben. In den Dienstplänen würden private Interessen der Arbeitnehmer berücksichtigt, denn kurzfristige Dienstpläne sind auch seiner Meinung nach nicht mehr zeitgemäß und verhindern eine gute Work-Life-Balance, die heutigen Generationen wichtig ist. Auch Nebling (2019) findet, die gesamte Branche sollte eine bessere Gestaltung der Dienstpläne schaffen, damit Arbeitnehmer nicht durch Unplanbarkeit und Überstunden verheizt werden.

2.4 Arbeitsatmosphäre und Unternehmenskultur

Heute reicht es nicht mehr aus, kostenlosen Kaffee und frisches Obst bereitzustellen. Es sollten solche Arbeitsbedingungen geschaffen und kommuniziert werden, in denen sich jeder Mitarbeiter frei entfalten und sein Potenzial ausschöpfen kann (Sieben 2021, S. 347). Mitarbeitern sollte gezeigt werden, wie relevant sie für das Unternehmen sind. Dies kann durch kleine Zusatzleistungen geschehen. Es könnte zum Beispiel die Möglichkeit geboten werden, hoteleigene Leistungen in Anspruch zu nehmen, wie das E-Bike zu nutzen. Eine weitere Variante ist das Upselling, wenn der Mitarbeiter dadurch Punkte sammeln kann, indem er Gästen etwas Teures verkauft. Für die Punkte gibt es anschließend eine Belohnung, wie einen Kinogutschein. Junge Menschen suchen nach einer Arbeitsstelle, die eine Work-Life-Balance ermöglicht, und nach einer Tätigkeit, die abwechslungsreich gestaltet ist. Besonders die Gastronomie- und Hotelbranche bietet hier einige Optionen, wie vielfältige Einsatzbereiche und Standorte in verschiedenen Destinationen, die Austausch und Reisen ermöglichen. Weiterhin ist Arbeitnehmern eine gute Stimmung innerhalb des Teams wichtig (Gabler 2021, S. 17). Eine der relevantesten Voraussetzungen für ein gutes Betriebsklima ist die faire Verteilung des Trinkgelds. Personal im Gastgewerbe rechnet fest mit diesem Aufschlag und ein Großteil der Beschäftigten würde diese Arbeit ohne Trinkgeld nicht ausüben. Die Veedels-Gastronomien in Köln überlassen die Verteilung dem Service selbst. Unter den Mitarbeitern herrscht die Vereinbarung, das gesamte Trinkgeld nach Anzahl der geleisteten Stunden aufzuteilen, was auch für die studentischen Kräfte gilt. Diese sind oft aufmerksamer und agieren flexibler als die gelernten Kräfte, was letztlich höheres Trinkgeld bedeutet (Theile-Ochel 2019, S. 6f.).

Sebastian Riesner hält die sozialen Kompetenzen von Vorgesetzten für essenziell. In den letzten Jahren sei häufig ein Faktor für die Abwanderung von Arbeitnehmern aus der Branche gewesen, dass Führungskräfte teilweise keinerlei soziale Kompetenz besessen hätten und dementsprechend mit ihren Unterstellten umgegangen seien (Riesner 2021a). Hierarchische Unternehmensstrukturen, die auf Kontrolle ausgelegt sind, wirken nicht attraktiv. Wer jedoch auf Augenhöhe mit den Angestellten kommuniziert und sich um deren Bedürfnisse kümmert, erhält Personal, das sich mit dem Unternehmen identifizieren kann und Eigeninitiative zeigt. Durch flache Hierarchien können die Kompetenzen von jedem Mitarbeiter hervorgehoben werden (Sieben 2021, S. 347). Das bestätigte auch der Goslarer Gastronom Alexander Scharf. Seiner Auffassung nach spielen Führungskräfte eine bedeutende Rolle. Für ihn sei es selbstverständlich, in seinen Restaurants mitanzupacken, wenn Arbeit ansteht. Er sei für seine Mitarbeiter jederzeit ansprechbar und es herrsche ein humorvoller Umgangston. Das solle nicht bedeuten, ein Chef solle mit allen Mitarbeitern befreundet sein, jedoch sollte jedem Mitarbeiter täglich gesagt werden, wie wichtig seine Arbeit ist.

2.5 Die Relevanz von Employer-Branding und Reputation

Für den Begriff ‚Employer-Branding' gibt es zahlreiche Definitionen. Darunter kann eine Arbeitgebermarke verstanden werden, zu der sämtliche Anstrengungen und Aktivitäten gehören, die dazu führen, dass ein Unternehmen von aktuellen und potenziellen Mitarbeitern als attraktiver Arbeitgeber wahrgenommen wird. Erfolgreiches Employer-Branding resultiert zum einen darin, ein Arbeitgeber der Wahl zu werden. Zum anderen sollen sich Mitarbeiter dabei mit der Vision und den Werten ihres Arbeitgebers identifizieren können, was zu Loyalität,

Engagement und Leistung führt (Fournier et al. 2019, S. 21ff.). Junge Generationen erfordern neue Ansätze durch ihre modernen Sichtweisen, ihr Leistungsdenken sowie ihre Motivationsmechanismen, die sie neu mit in die Arbeitswelt bringen. Sie legen beispielsweise Wert auf einen professionellen Bewerbungsprozess. Das bedeutet, Struktur und Transparenz sind ebenso bedeutsam wie eine schnelle Reaktionszeit auf Bewerbungen, sodass vier Wochen nicht überschritten werden sollten. Während der Beschäftigungsphase sollte der Arbeitgeber auf die Bedürfnisse und die veränderten Lebenswelten der jungen Generationen eingehen (Mattmüller et al. 2019, S. 186f.). Sie legen Wert auf schnelle Erfolge, Vorankommen, interessante Aufgaben zu eigenen Arbeitsbedingungen und Feedback zu Erfolgen und Verbesserungsmöglichkeiten (Flüter-Hoffmann 2019, S. 12).

Die Arbeitgebermarke setzt sich sowohl aus den harten Faktoren wie Arbeitszeit, Gehalt und Urlaubsanspruch als auch aus Unternehmenskultur, Führungsverhalten oder gesellschaftlichem Engagement zusammen. Über Arbeitgeberbewertungsportale können sich Bewerber, Mitarbeiter und Ehemalige über ihre Erfahrungen austauschen (Mattmüller et al. 2019, S. 187f.). Employer-Branding basiert darauf, was tatsächlich im Unternehmen gelebt wird. Das heißt, nach außen getragene Unwahrheiten werden über diese Portale als Marketingmaßnahmen entlarvt (Krobath/Oberrauter-Zabransky 2020, S. 6). Während sich viele Bestandteile des Employer-Branding durch Marketingmaßnahmen schnell beeinflussen lassen, entsteht die Reputation eines Unternehmens durch einen langsameren Prozess. Hierin spiegeln sich Vertrauen und Wertschätzung von bereits eingestellten Fachkräften wider, was über die diversen Portale verbreitet wird (Peters 2021).

Für Sebastian Riesner spielt der Ruf eines Unternehmens eine bedeutende Rolle. Im Zuge von Digitalisierung und sozialen Medien werde die Seriosität eines Unternehmens leichter durchschaubar als es in der Vergangenheit der Fall gewesen sei. Über die verschiedenen Plattformen könne betrachtet werden, welche Bewertung bestimmte Unternehmen haben. Weiterhin sei die Branche des Gastgewerbes klein und es bestehe ein verflochtenes Netzwerk von Menschen, das sich gegenseitig informiert, sodass sich der Ruf eines Unternehmens schnell verbreite und durchsetze. Spätestens dann, wenn bei der Gewerkschaft NGG angefragt werde, ob sie bereits von dem Betrieb gehört habe, und es heißt, es gebe im Jahr etwa zwanzig Rechtsstreitigkeiten mit diesem Betrieb, solle dies ein Warnsignal sein. Es sei für ein Unternehmen von Bedeutung, mit ehrlichen Argumenten um Mitarbeiter zu werben.

Das setze eine selbstkritische Einschätzung voraus, was wiederum einer ehrlichen Reflexion im Unternehmen über die Stimmung der Beschäftigten bedürfe. Laut Riesner fehle es daran bei Führungskräften bis heute auf jeglicher Ebene. Eventuell müsse es als Standard, wie in anderen größeren Unternehmen, eine Revisionsabteilung geben. Diese diene als Regularium für die Sichtweise der eigenen Beschäftigten. Allerdings müsse dabei Ehrlichkeit an den Tag gelegt werden. Häufig würden die Mitarbeiter suggestiv befragt, sodass die Ergebnisse trotz unzufriedener Mitarbeiter positiv ausfallen. Da stimmten Anspruch und Realität nicht überein. Laut Riesner ist das Unternehmen PACE Paparazzi Catering & Event GmbH in Berlin ein engagierter Arbeitgeber. Dort würden sowohl im Management als auch in der Personalabteilung und im Betriebsrat Themen angegangen, die eine Arbeitgeberattraktivität ausmachen (Riesner 2021a). Laut eigener Angabe stehen bei PACE die Mitarbeiterbedürfnisse weit vorne und es werden regelmäßig Mitarbeiterbefragungen durchgeführt, um die Zufriedenheit zu verbessern (Tretzack/Giersch 2021).

2.6 Betriebliches Gesundheitsmanagement

Vor dem Hintergrund des demografischen Wandels und des Fachkräftemangels ist das BGM bereits in vielen Branchen präsent. Speziell das Gastgewerbe ist auf leistungsstarke, zufriedene und gesunde Mitarbeiter angewiesen, um Gästebedürfnisse zu befriedigen. Die Einführung kann zusätzlich als Teil des Employer-Branding die Gewinnung neuer Mitarbeiter begünstigen (Glocke 2018, S. 20).

Der Erfahrung von Sebastian Riesner nach wird der gesetzlich verankerte Grundsatz des BGM in den Betrieben häufig nicht umgesetzt. In den meisten Unternehmen beschränke es sich darauf, dass betriebliche Eingliederungsmanagement(BEM)-Gespräche geführt würden. Das heiße, wenn Mitarbeiter lange krank sind, wird nach einer bestimmten Anzahl von Wochen oder Monaten der Beschäftigte einbestellt und es wird mit ihm eine Unterhaltung geführt. Solche BEM-Gespräche sollten dazu dienen, dass der Betriebsrat reflektiert, ob die Gesundheit der im Betrieb tätigen Menschen durch betriebliche Rahmenbedingungen beeinträchtigt wird. Bei Bedarf sollten diese Bedingungen verändert werden, sodass die Mitarbeiter nicht krank werden oder wieder genesen können. Nur wenige Betriebe würden BGM tatsächlich so meinen, wie es eigentlich zu verstehen sein solle.

Einzelne Unternehmen, die systematisch ein BGM eingeführt haben, würden ein ganzes Paket an Angeboten für die Beschäftigten besitzen. Das bedeute: Wenn sich die Mitarbeiter gesundheitlich engagieren, entstehen finanzielle Vorteile für sie. Dazu gehörten Sportkurse außerhalb der Dienstzeit bis hin zu Aktivitäten, die im Betrieb während der Arbeitszeit stattfinden. Diese würden mit entsprechenden Bonuspunkten belohnt, wofür es ein Bonusheft gebe. Mit den Bonuspunkten erhielten die Beschäftigten irgendwann Zulagen. Ein solch systematisches BGM einzuführen, sei ein langwieriger Weg und sollte immer mit den Beschäftigten selbst erarbeitet werden. Letztlich führe die Umsetzung einer BGM-Strategie zur Zufriedenheit der Beschäftigten und damit zu einer geringeren Krankheitsquote und einer stärkeren Mitarbeiterverbundenheit (Riesner 2021a). Außerdem gibt es die Möglichkeit für Führungskräfte und Personaler, berufsbegleitende Weiterbildungen zu absolvieren. Dabei wird Fachwissen zum BEM, zur Beurteilung physischer und psychischer Gefährdungen am Arbeitsplatz, zur Gesundheitsförderung, zu Bewegungsgewohnheiten, zu Ernährung, Stressmanagement und Suchtmittelkonsum sowie zu rechtlichen und steuerlichen Hintergründen vermittelt (Glocke 2018, S. 20).

2.7 Nachhaltigkeitsrelevanz bei der Arbeitsplatzsuche

Nachhaltigkeit kann ein Argument sein, sich für ein Unternehmen zu entscheiden. Nachhaltiges Handeln gilt als zukunftsversprechend (Gabler 2021, S. 17). Sebastian Riesner ist der Ansicht, dass sich grundsätzlich jeder Arbeitnehmer, der sich eine neue Arbeitsstelle sucht, mit dem Betrieb identifizieren möchte, in dem er arbeitet. Insofern könne es ein Werbefaktor für ein Unternehmen sein, wenn dieses Nachhaltigkeit propagiert. Es stelle sich dabei nur die Frage, welche Nachhaltigkeit damit gemeint sei: Die umweltbewusste, klimafreundliche Nachhaltigkeit, die Fairtrade-Kaffee und die Verwendung von Bio-Nahrungsmitteln beinhaltet, möge ein guter Ansatz sein. Doch zu einer schonenden Ressourcen-Nutzung gehöre genauso, wie nachhaltig mit dem wichtigsten Gut, das es im Dienstleistungsbereich gibt, umgegangen werde: dem Personal. In diesem Bezug gehörten zu den Nachhaltigkeitsstrategien unter anderem die Arbeitnehmerentwicklung, die berufliche Entwicklung, Weiterbildungsangebote und die Möglichkeit, mit einer entsprechenden Qualifizierung innerbetrieblich neue Stellen zu bekommen. Als Werbeargument könne das sowohl für potenzielle Bewerber als auch für Kunden interessant sein (Riesner 2021a).

Das bereits im Kapitel ‚Die Relevanz von Employer-Branding und Reputation' genannte Unternehmen PACE Paparazzi Catering & Event GmbH nennt neben den klassischen Attraktivitätsfaktoren für ein Unternehmen eine sozial angenehme und kooperative Arbeitsumgebung. Auch Aspekte wie Sicherheit und Stabilität, Fairness, Work-Life-Balance oder Sozialleistungen spielen eine bedeutende Rolle (Tretzack/Giersch 2021).

2.8 Nicht zu unterschätzende Faktoren

Nicht zu unterschätzen ist, dass Hochschulabsolventen häufig Nichtfamilienunternehmen bevorzugen, da in Familienbetrieben die Familieninteressen anscheinend im Vordergrund stehen und eine Vetternwirtschaft vorherrscht, wodurch Entscheidungen oft nicht objektiv getroffen werden. Außerdem weisen Führungspositionen in Familienunternehmen häufiger einen autoritären Führungsstil auf. Hier kann ein Umdenken hilfreich sein, um weg vom Machtgedanken hin zu einem zielorientierten und erfolgreichen Führen zu gelangen. Mit neuen Strukturen können auch Akademiker angezogen und neues qualifiziertes Personal kann gefunden werden (Heesen/Meusburger 2021, S. 7f.).

Digitalisierung kann die Arbeit der Belegschaft an einigen Stellen erleichtern und damit attraktiver gestalten. Im Hotel können Check-in, Check-out und Rechnungen digitalisiert werden, sodass weniger Mitarbeiter am Frontoffice beschäftigt sind. Housekeeping und Haustechnik wären durch die Nutzung von Apps entlastet. Im Restaurant kann die Speisekarte mit einem QR-Code versehen werden oder die Tischreservierungen können als Onlinebuchung zur Prozessoptimierung genutzt werden (Gabler 2021, S. 17).

Fachkräftemangel kann darin begründet sein, dass das Unternehmen in teuren Gegenden liegt oder der Wohnraum generell knapp ist. Wenn zudem noch unzuverlässige Zugverbindungen zu dieser Gegend hin bestehen, wird auch das Pendeln erschwert. Auf der Insel Sylt herrscht ein großer Fachkräftemangel aus diesen Gründen. Das gastronomische Franchise-Unternehmen Gosch hat deshalb auf Sylt in Wohnraum investiert und kann seinen Angestellten Wohnraum mit Mietpreisen zwischen 100 und 350 Euro im Monat bieten (Nebling 2019).

Weiterhin ist das Thema betriebliche Altersvorsorge bei Arbeitnehmern zunehmend gefragt (Riesner 2021a).

Ein angemessenes Verhältnis zwischen Vertrauen und Kontrolle ist förderlich für eine positive Arbeitsatmosphäre, die dann über Onlineportale kommuniziert werden kann. Es gibt in Bezug auf Anwesenheit und Leistungserbringung eine sichtbare und umfassende Kontrolle bei patriarchalen Führungsstilen. Es existieren andererseits kooperative Führungsstile, die durch eine Kontrolle in Form von Monitoring des Outputs ein vertrauensvolles Arbeitsumfeld schaffen (Bergsleitner/Rückel 2021, S. 792).

3 Fazit

3

In dem vorliegenden Beitrag ging es um die Fragestellung, welche Attraktivitätsfaktoren für die Wahl eines Arbeits- bzw. Ausbildungsplatzes ausschlaggebend sind und wie diese an Arbeitssuchende vermittelt werden können, sodass sie sich für die Stelle entscheiden. Meine Sichtweise als dual Studierende ist, dass nicht ein Faktor allein maßgebend für die Arbeitsplatzwahl ist. Menschen legen Wert auf vielerlei Bedingungen und jeder hat andere Präferenzen. Damit kann der Fokus auf nur einen der hier vorgestellten Themenfelder nicht ausreichen, um anschließend das gewünschte Personal anzuwerben. Dennoch ist und bleibt das Gehalt ein vordergründiges Argument, sich für einen bestimmten Arbeitgeber zu entscheiden. Die Recherche hat ergeben, dass ein attraktives Gehalt generell so hoch sein sollte, dass nach Beendigung der Beschäftigungszeit niemand mit seiner Rente in die Altersarmut verfällt. Im Gastgewerbe sei für eine Fachkraft mindestens ein Gehalt in Höhe von 3000 Euro angemessen. Zu den finanziellen Aspekten gehören heute zusätzlich die betriebliche Altersvorsorge und Zusatzleistungen, die Vergünstigungen oder Zulagen für die Mitarbeiter bedeuten. Neben monetären Faktoren gibt es eine Reihe an Bereichen, die Kenntnisse darüber liefern, unter welchen Bedingungen der Mitarbeiter angestellt ist und wie er Wertschätzung für seine Tätigkeit erfährt. Beginnend bei den Arbeitszeiten, die in dieser Branche als eher unattraktiv gelten, kommt der Begriff der ‚Work-Life-Balance' erstmals ins Spiel. Dieser ist mit der modernen Denkweise junger Generationen gekoppelt, dass es noch ein Leben neben der Arbeit gibt. Diese Denkweise lässt sich nicht mit den veralteten Strukturen im Gastgewerbe vereinen, die durch kurzfristige Dienstpläne und unzuverlässige Absprachen keine Planbarkeit zulassen. Notwendig ist die Einhaltung einer höchstens Fünftagewoche mit festen Ruhetagen und der Möglichkeit, die Dienstpläne in einem gewissen Maß als Arbeitnehmer frei einzuteilen. Nachhaltigkeit spielt aktuell nur für die entsprechende Zielgruppe eine Rolle, die sich mit dem Thema identifiziert. Langfristig sollten Unternehmen jedoch generell mehr Wert auf nachhaltige Strategien legen, was die heranwachsende Generation ohnehin bereits macht. Nachhaltigkeit wird voraussichtlich zukünftig vermehrt ein Attraktivitätskriterium sein.

Mein Impuls als dual Studierende an die Branche ist: Führen Sie als Unternehmensführung ehrliche Befragungen ihrer Mitarbeiter durch, um zu erfahren, was diese ändern möchten. Hierzu würde ich auch die Einführung eines BGM-Angebots einbeziehen. Mittels der Befragung kann herausgefunden werden, welche speziellen Aktivitäten oder Veränderungen vom Personal erwünscht sind. Die sich ergebenden Themen können Sie zusammen mit Ihren Arbeitnehmern bearbeiten. Die hier vorgestellten Themenfelder verursachen Kosten und auf den ersten Blick scheinen sie den Gewinn zu schmälern. Aus strategischer Sicht jedoch wird die Investition in die relevanteste Ressource im Gastgewerbe, das Personal, in einer höheren Effektivität und damit einem gesteigerten Output resultieren. Gesunde, zufriedene und glückliche Mitarbeiter resultieren in glücklichen und zufriedenen Gästen, die gerne bereit sind, für hohe Servicequalität zu zahlen. •

RESILIENTE
PERSONALSICHERUNG
IM GASTGEWERBE

Gezieltes Finden und Binden von qualifizierten Mitarbeitern

von Nicole Pawletta

1 Einleitung

Für einen unternehmerischen Erfolg nehmen qualifizierte und engagierte Arbeitnehmer zunehmend eine tragende Rolle ein. Doch gerade die Gewinnung qualifizierter Arbeitnehmer stellt für viele Arbeitgeber eine Herausforderung dar – auch für das Gastgewerbe (Fischer/Nelke 2018, S. 9/15). Neben der Akquise von qualifizierten Mitarbeitern gestaltet sich auch das dauerhafte Binden für die Unternehmen zunehmend schwieriger. Folglich kommt es zu einer höheren Fluktuation bei ungebundenen Arbeitnehmern. Aufgrund des anwachsenden Personal- und Fachkräftemangels ist es umso relevanter für die Unternehmen, sich auf dem Wettbewerbsmarkt mit einer starken Arbeitgebermarke zu etablieren und zu positionieren (Fischer/Nelke 2018, S. 14; Brand Trust 2022). Das Employer-Branding gewinnt daher immer mehr an Bedeutung. Laut einer weltweiten Studie der LinkedIn Corporation aus dem Jahr 2012 empfanden 70 % der Personalverantwortlichen Employer-Branding als eine Top-Priorität für ihr Unternehmen (Fischer/Nelke 2018, S. 13ff.).

Im letzten Jahrzehnt fand ein Wandel der Kommunikationskanäle statt. Neben den klassischen Kanälen wie Presse und Internetanzeigen nehmen soziale Medien eine zunehmend bedeutendere Rolle ein. Daher ist es für die Unternehmen umso essenzieller, auch auf diesen Kanälen präsent zu sein und Mitarbeiter zu werben. Dies geschieht nicht nur anhand ansprechender Beiträge und Fotos, sondern auch durch den Einsatz von Mitarbeitern als Social Influencer.

In diesem Kapitel soll die Bedeutung von Employer-Branding für die Mitarbeiterakquise im Unternehmen aufgezeigt werden. Des Weiteren wird dargestellt, wie Unternehmer ihre Mitarbeiter gezielt in Arbeitsprozesse einbinden können, um so der Mitarbeiterfluktuation entgegenwirken zu können.

2 Mitarbeiter als Markenbotschafter

2.1 Definition Employer-Brand
Marken schaffen beim Adressaten ein Bewusstsein für das markierte Produkt bzw. in diesem Fall für den Arbeitgeber. Die Employer-Brand (Arbeitgebermarke) nimmt eine untergeordnete Rolle gegenüber der Corporate-Brand (Unternehmensmarke) ein. Sie konkretisiert die Kernwerte der Unternehmermarke in Bezug auf den Arbeitsmarkt. Aktuelle und potenzielle Angestellte sollen durch die Employer-Brand angezogen, motiviert und an den Arbeitgeber gebunden werden. Darüber hinaus werden den potenziellen Bewerbern die Einzigartigkeit sowie die Stellung des Unternehmens vermittelt. Doch gerade die Einzigartigkeit stellt eine Herausforderung für viele Unternehmen dar. Die Wirkung der Employer-Brand wird in der Regel durch das Image erfasst, das bei den Bewerberzielgruppen inszeniert wird. In erster Linie ist die Arbeitgebermarke auf den Bewerbermarkt ausgerichtet. Dennoch erhoffen sich die Unternehmen durch eine starke Marke eine gute Positionierung, wodurch weitere Märkte erschlossen werden können (Geißler 2007; Brand Trust 2022).

2.2 Definition Employer-Branding
Unter dem Begriff ‚Employer-Branding' (Arbeitgebermarkenbildung) ist ein ganzheitlicher und unternehmensstrategischer Ansatz zu verstehen. Er basiert insbesondere auf Konzepten der Markenbildung. Mithilfe des Employer-Branding möchte sich ein Unternehmen auf

dem Arbeitsmarkt gegenüber seinen Wettbewerbern als attraktiver Arbeitgeber positionieren. Eine Marke schafft Vertrauen und dient als Entscheidungshilfe. „Dies funktioniert nicht nur beim Kauf von Konsumgütern ebenso auch bei der Wahl eines Arbeitgebers." (Freizeit Verlag 2017)

Es existiert eine Vielzahl von Definitionen für den Begriff ‚Employer-Branding', die sich in den Feinausprägungen unterscheiden. Überschneidungen sind vor allem in der Zielgruppe festzustellen. Die Definition der Deutschen Employer Branding Akademie (DEBA) beinhaltet dabei eine deutliche Erklärung der Zielgruppe:

„Employer-Branding meint die identitätsbasierte, intern wie extern wirksame Positionierung eines Unternehmens als glaubwürdiger und attraktiver Arbeitgeber. Ziel eines jeden Employer-Branding-Prozesses ist die Entwicklung einer Arbeitgebermarke. Dabei handelt sich um keine ‚andere' Marke. Die Arbeitgebermarke ist eine besondere Ausprägung der Unternehmensmarke bzw. der Corporate Identity. Je nach Zielgruppe unterscheidet man zwischen internem Employer-Branding und externem Employer-Branding. Kern des Employer-Brandings ist immer eine Arbeitgebermarkenstrategie, die auf der Corporate Brand aufbaut. Eine gelebte Employer-Brand hat viele positive Effekte für Unternehmen. Sie vereinfacht die Mitarbeitergewinnung und stärkt die Mitarbeiterbindung. Außerdem verbessert sie die Unternehmenskultur und das Image des Unternehmens. Und weil erfolgreiche Employer-Brands bessere Geschäftsergebnisse erzielen, haben sie auch einen höheren Wert." (DEBA o.J.)

Dementsprechend handelt es sich speziell beim Employer-Branding sowohl um die externe (Fokus auf potenzielle Arbeitnehmer) als auch um die interne (Fokus auf bestehende Arbeitnehmer) Positionierung des Unternehmens als attraktiver und authentischer Arbeitgeber. Durch die angestrebte Optimierung der Personalbeschaffung und -bindung sowie die Verbesserung des Unternehmensimages im Allgemeinen und die Unternehmenskultur im Speziellen ist eine Steigerung des Geschäftsergebnisses und des Markenwerts zu erwarten.

Das externe Employer-Branding beschäftigt sich mit der Vermarktung des Arbeitgebers nach außen hin – auf dem Recruitingmarkt. Hierbei wendet sich das Unternehmen an die Zielgruppe der potenziellen Arbeitnehmer. Als Maßnahmen sind beispielhaft Bewerbermanagementprozesse sowie das Netzwerken mit potenziellen Arbeitnehmern zu nennen. Letzteres erfolgt insbesondere in

Form von Praktika oder Vorträgen, zum Beispiel an Hochschulen. Die zum internen Employer-Branding gehörigen Handlungsfelder umfassen unter anderem die Entwicklung von Personalmanagementprodukten und -prozessen, die Gestaltung der Arbeitswelt, die Führung sowie die interne Kommunikation im Unternehmen. Dabei kommt es zu einer Entwicklung der Arbeitgeberqualität (Immerschitt/Stumpf 2019, S. 39f.).

2.3 Nutzen einer Arbeitgebermarke für Arbeitgeber

Eine starke Arbeitgebermarke vereint diverse Vorteile in sich. Einerseits unterstützt sie die Präferenzbildung eines Unternehmens auf dem Arbeitsmarkt. Durch die Marke gelingt es dem Unternehmen, die Bewerber anzusprechen. Die meisten Bewerber besitzen eher ein geringes Wissen über die potenziellen Arbeitgeber. Dem wird durch eine starke und aussagekräftige Employer-Brand entgegengewirkt. Sie umfasst die Alleinstellungsmerkmale bzw. die Unique Applying Proposition (kurz: UAP), wodurch sich das Unternehmen als attraktiver Arbeitgeber auf dem Markt etablieren und positionieren kann. Gleichzeitig grenzt es sich so von der Konkurrenz ab (Buckesfeld 2012, S. 29f.).

Andererseits übt die Employer-Brand nicht nur einen Einfluss auf die Bewerber aus, sondern sie besitzt auch einen solchen auf die bestehende Belegschaft. Durch die unterstützende Funktion des internen Personalmarketings wird die Mitarbeiterbindung gestärkt. Es besteht die Möglichkeit, dass die Mitarbeiter dadurch ein Ehrgefühl erlangen, für ihr Unternehmen zu arbeiten. Folglich identifizieren sie sich mit der Marke und fungieren im besten Fall als Markenbotschafter für potenzielle Bewerber. Ferner erhöht sich die Motivation der Mitarbeiter, was sich qualitätssteigernd auf deren Leistung auswirkt. Fühlen sich die Mitarbeiter in einem Unternehmen wohl, steigt die Bindung, wodurch die Fluktuation abnimmt (Buckesfeld 2012, S. 29f.).

Branchenunspezifisch ermittelt die Gallup-Studie jährlich den Engagement-Index für Deutschland bzw. die emotionale Bindung der Mitarbeiter. Im Jahr 2020 wiesen 68 % (n = 1000 Arbeitnehmer) von je 100 Beschäftigen in einem durchschnittlichen Unternehmen eine geringe und 17 % eine hohe emotionale Bindung auf. Vor allem die Anzahl der Beschäftigten mit einer hohen emotionalen Bindung hat sich im Vergleich zum Vorjahr 2019 erhöht. Daraus lässt sich schlussfolgern, dass die Corona-Pandemie einen Einfluss auf die Erhöhung der

Bindung hat. Zudem ist anzumerken, dass die Corona-Pandemie nicht nur die emotionale Bindung zum Arbeitgeber erhöht, sondern auch zu einer gesteigerten Bereitschaft zum Stellenwechsel geführt hat. Im Jahr 2020 wollten nur noch sechs von zehn Arbeitnehmern (2019: sieben von zehn) bei ihrem aktuellen Unternehmen bleiben (Gallup 2021). Gerade in diesem Punkt wird ersichtlich, dass für die Arbeitgeber die Notwendigkeit besteht, trotz der andauernden Pandemie intern die Personalbindung zu stärken und so der Bereitschaft zum Stellenwechsel entgegenzusteuern.

3 Corporate Influencer im Gastgewerbe/Tourismus

3.1 Status quo Social-Influencer-Marketing

Influencer-Marketing gewinnt zunehmend an medialer Aufmerksamkeit und hat sich mittlerweile zu einem festen Bestandteil des Medienwandels entwickelt. Es besitzt eine hohe Reichweite und bietet den Unternehmen eine neue Möglichkeit, Online-Marketing zu betreiben (Jahnke 2021, S. 2). Social Media bieten sich dabei als geeigneter Kommunikationskanal an, um Gäste zu gewinnen, indem durch Instagram und Co. die Begeisterung für beispielsweise eine Destination geweckt wird. Mittlerweile nehmen diese Kanäle darüber hinaus eine tragende Rolle bei der Mitarbeiterakquise ein (Gebel 2020, S. 59).

Vor allem die jüngere Zielgruppe – die Generationen Y (Jahrgang 1980 bis 1996) und Z (Jahrgang 1997 bis 2012) – sind abseits von Social Media schwer zu erreichen. Für diese Zielgruppe rücken die klassischen Kommunikationswege wie Funk und Fernsehen in den Hintergrund. Diese Generationen sind vorwiegend dort anzusprechen, wo ihre Informationsquellen liegen – online mit Fokus auf Social Media (Jahnke 2021, S. 3). Nach der Onlinestudie 2020 der Forschungskommission von ARD und ZDF (n = 3003) benutzen 94 % der Bevölkerung das Internet (Zuwachs von 5 Prozentpunkten). Dabei verwenden 50 % der Befragten das Internet täglich für mediale Tätigkeiten – 89 % der 14- bis 29-Jährigen. Von dem Social-Media-Angebot wird in erster Linie WhatsApp (80 %) genutzt, gefolgt von Facebook (32 %), Instagram (24 bis 68 % der 14- bis 29-Jährigen) und Snapchat (11 bis 43 % der 14- bis 29-Jährigen). Die Studie zeigt, wie die digitale Transformation Einfluss auf das Kommunikationsverhalten nimmt und wie folglich Social Media weiter gestärkt werden (Allgemeinschaft öffentlich-rechtliche Rundfunkanstalten Deutschland (ARD)/Zweites Deutsches Fernsehen (ZDF) 2020).

Die Kommunikation mit den Bewerbern kann auf diversen Social-Media-Kanälen wie Instagram, Twitter oder LinkedIn stattfinden. Vor allem Instagram bietet sich für viele Unternehmen als geeigneter Kommunikationskanal an. Einerseits bietet sich einem Unternehmen hier durch eine direkte Möglichkeit, auf dem Markt nah am Kunden – auch an potenziellen Arbeitnehmern – Position zu beziehen. Auf diesem Wege wird das Image bzw. die Unternehmensmarke sowohl präsentiert als auch kommuniziert. Andererseits kann dieser Kommunikationskanal neben der Kundenakquise auch zum Recruiting von neuen Mitarbeitern genutzt werden, denn nicht immer wird durch eine Stellenanzeige über klassische Kanäle die entsprechende Zielgruppe angesprochen. Darüber hinaus wird ein Unternehmen in die Lage versetzt, die emotionale Bindung von Bewerbern, die dem Unternehmen bereits auf Social Media folgen, zu nutzen (Wingen 2020, S. 125f.).

3.2 Corporate Influencer

Die Einbindung von unternehmensinternen Markenbotschaftern kann unter dem Begriff ‚Corporate Influencer' zusammengefasst werden. Dabei handelt es sich um Mitarbeiter, die über digitale Kommunikationskanäle zum Beispiel unternehmensspezifische Themen teilen, um so die Erreichung von betrieblichen Zielen zu verfolgen bzw. zu unterstützen (Sturmer 2020, S. 3f.). Dementsprechend können nicht nur beispielsweise Blogger und Prominente als Markenbotschafter bzw. Social Influencer fungieren. Hier stellt sich die Frage, wie Mitarbeiter im Unternehmen gezielt als Botschafter gewonnen werden können. Grundsätzlich besitzt nicht jede Person ein Talent für Social Media. Den Mitarbeitern ist die Relevanz der Kommunikation über soziale Medien zu verdeutlichen – nicht nur in der Tourismusbranche. Nur wenn den Beschäftigten die persönliche Bedeutung bewusst ist, kann die intrinsische Motivation gesteigert werden, wodurch sich die Mitarbeiter unter anderem aktiv als Markenbotschafter einsetzen (Gebel 2020, S. 59). Potenzielle Arbeitnehmer weisen eine bestimmte Erwartungshaltung auf. Sie wünschen sich schon vorab einen umfangreichen und motivierenden Einblick in das Unternehmen. Ihre digitale Recherche auf Social Media kann durch entsprechende Beiträge wie Fotos, Videos oder Erfahrungsberichte beeinflusst werden. An diesem Punkt ist es sinnvoll, Corporate Influencer gezielt einzubinden. Als ‚Job-Botschafter' unterstützen sie das Unternehmen dabei, sich als Marke auf dem Arbeitsmarkt zu etablieren. Sie helfen dabei, ein positives Arbeitgeberimage aufzubauen, indem sie unter anderem über das Unternehmen im Allgemeinen und über ihren Arbeitsalltag im Speziellen berichten (Lüthy 2020, S. 379).

Nach dem Trendreport 2019 von news aktuell setzen bereits 49 % der Unternehmen auf Corporate Influencer (news aktuell 2019, S. 6). Ein Grund für die zunehmende Bedeutung von Markenbotschaftern aus dem eigenen Betrieb ist in der Glaubwürdigkeit zu sehen. Eine Vielzahl der deutschen Bevölkerung ist skeptisch gegenüber Empfehlungen von Social-Media-Stars. Sie assoziieren entsprechende Beiträge vermehrt mit Werbung, was durch eine Umfrage (n = 1000) aus dem Jahr 2018 der Mindline Media für Horizont dokumentiert wird. Demnach setzen 42 % der Befragten die Inhalte von Influencern mit Werbung gleich. Lediglich 7 % vertrauen ihnen (Hein 2018). In diesem Kontext gewinnen die eigenen Mitarbeiter immer mehr an Vertrauen. Entsprechend dem Edelman Trust Barometer 2019 (n > 33 000; 27 Länder) schätzt mehr als die Hälfte der Befragten (53 %) die werbetätigen Mitarbeiter bei Angaben über ihren Arbeitgeber als eine glaubwürdige Quelle ein (Edelman 2019, S. 32). Im Jahr 2021 schenkten 61 % der Befragten (n > 33 000; 28 Länder) den Informationen von Mitarbeitern automatisch bzw. nach ein- bis zweimaliger Wiederholung Glauben (Edelman 2021, S. 26).

4 Best-Practice-Beispiele

Die Deutsche Bahn (DB) versucht durch den Einsatz von Employer-Branding dem Fachkräftemangel entgegenzuwirken. Mit rund 323 000 Beschäftigten (-0,4 % zu 2019) (DB 2020) weltweit gehört der DB-Konzern zu den größten Arbeitgebern in Deutschland. Er bietet eine Vielzahl von Berufen an. Von Schülern bis hin zu Facharbeitern ist die DB auf der Suche nach Arbeitskräften. Daher ist es umso relevanter, die unterschiedlichen Zielgruppen individuell und nach ihren Bedürfnissen anzusprechen.

Neben den klassischen attraktiven Arbeitsbedingungen setzt die DB auf einen modernen Talent-Akquisition-Ansatz. Hierbei ist es ausschlaggebend, die potenziellen Bewerber frühzeitig anzusprechen und sie auf diesem Weg durch die Vermittlung notwendiger Kompetenzen für sich zu gewinnen. Die rechtzeitige Ansprache der Bewerber, die mit der Personalgewinnung einhergeht, ist der ausschlaggebende

Faktor für den ganzheitlichen Unternehmenserfolg und die Zukunftsfähigkeit. Ziel des 2015 veröffentlichten DB-Qualitätsprogramms
‚Zukunft Bahn' war es, die Zuverlässigkeit und Sympathie gegenüber
der DB als Arbeitgeber zu erhöhen.

Durch eine umfangreiche Arbeitgeberkampagne gelang es der
DB, sich als attraktiver Arbeitgeber auf dem Markt zu etablieren. Im
Jahr 2012 veröffentlichte die DB ihre erste Arbeitgeberkampagne ‚Kein
Job wie jeder andere' und hat damit neue Wege in der Personalgewinnung definiert. Mit dieser Aktion erlangte die DB einen erheblichen
Wiedererkennungswert. Im Übrigen führte sie zu einer Verbesserung
des Arbeitgeberimages. Mit der Kampagne präsentiert sich die DB als
ein im Aufschwung befindlicher Konzern. Es werden Mitarbeiter, die
ihren Beruf lieben, sowie alltägliche und für Mitarbeiter nicht gern ge-
sehene Berufssituationen realistisch dargestellt. Die Ehrlichkeit bietet
den Bewerbern, was sie sich erhoffen – Information darüber, was sie in
dem Unternehmen erwartet. In der Kampagne ‚Willkommen, Du passt
zu uns' werden die Bewerber eingeladen, die das Unternehmen auch
im Hinblick auf den Kunden verbessern wollen. Ziel ist es nicht nur,
neue Arbeitskräfte zu gewinnen, sondern auch anhand der Aktion eine
genaue Zielgruppe anzusprechen. Gesucht werden vor allem kompe-
tente Personen, die den Willen und die Bereitschaft für Veränderungen
aufbringen. Im Mittelpunkt dieser Kommunikationsstrategie stehen
die Mitarbeiter. Sie fungieren als Botschafter und gelten als sympathi-
sche Repräsentanten des DB-Konzerns. In diesem konkreten Fall gibt
es neben TV-Spots auch Videos über Mitarbeiter. In diesen werden die
Mitarbeiter begleitet; es wird ein Einblick in ihr Privatleben gewährt.
Die dargestellten Mitarbeiter erzählen von ihrem Arbeitsalltag bei
der DB und heben die positiven Aspekte heraus. Es werden aber auch
Probleme reflektiert und Verbesserungspotenziale benannt. Mithilfe
von Links (z. B. www.deutschebahn.com/cindy) auf Plakaten gelangen
Interessenten direkt auf die Seite der DB und können sich dort weiter
informieren. Die Kampagne wird nicht nur auf der Karriereseite der DB
veröffentlicht, sondern auch auf Social-Media-Kanälen wie Facebook
und Instagram publiziert.

Heutzutage sind die Bewerber, vor allem junge Leute, in erster
Linie online erreichbar. Dies ist ausschlaggebend für die Personalgewin-
nungsstrategie. Über Social Media gelingt es der DB, diese Zielgruppe
mithilfe von ansprechendem Content anzuwerben. Die Wahl des Kanals
sowie dessen Inhalt sind dabei von den Interessen und Bedürfnissen der
jeweiligen Zielgruppe abhängig. So hat die Personalgewinnung, zum

Beispiel über Facebook – einem der relevantesten Kanäle der DB – einen eigenen Auftritt und informiert über Berufe, Karrieremöglichkeiten etc. Für die Zielgruppe Schüler ist die DB darüber hinaus auf Kanälen wie Instagram und Snapchat präsent. Für Personen mit Berufserfahrung ist sie auf Xing und LinkedIn zu finden. Die DB ist auf vielen Social-Media-Kanälen vertreten und so besteht für das Unternehmen die Möglichkeit, individuell und durch zielgruppenorientierten Content die entsprechende Zielgruppe anzusprechen und im besten Fall für das Unternehmen anzuwerben.

Auch im Gastgewerbe findet Employer-Branding Gebrauch. Unter dem Motto ‚Come as you are' hat die Hotelgruppe 25hours eine Employer-Branding-Kampagne gestartet.

„Kurzfristig bekommt man mit gutem Marketing neue Leute – aber sie bleiben eben nicht, wenn man nicht hält, was man versprochen hat." (Gollubits 2019 zitiert nach Pütter 2019)

Mit der Aussage der HR-Direktorin vom 25hours, Kathrin Gollubits, wird verdeutlicht, wie bedeutsam es für Arbeitgeber ist, die Arbeitnehmer intern im Betrieb zu binden, indem unter anderem die kommunizierten Versprechen eingehalten werden, damit es nicht zu einer Fluktuation der Belegschaft kommt. Zu Beginn der Kampagnen-Entwicklung hat 25hours die Eindrücke des Personals evaluiert und basierend auf den Ergebnissen eine Strategie entwickelt. Mit ‚Come as you are' wurde ein Arbeitgeberversprechen geschaffen, mit dem sich die Mitarbeiter der Hotelkette identifizieren können. Eine Konkretisierung dieses Versprechens wurde in den vier Kernbotschaften, den sog. Essentials, festgehalten: „We like people. We are passionate. We search for the unconventional. We are in charge." (25hours People o.J.). (dt.: Wir mögen Menschen. Wir sind leidenschaftlich. Wir suchen das Unkonventionelle. Wir sind verantwortlich.). Die oberste Vision lautet dabei: „A 25hours Hotel in every cool city". Diese diente als Basis für die Mission: „Creating soulful spaces and memories" (dt.: Räume mit Seele und Erinnerungen schaffen). Vor allem die Verwendung des Begriffs ‚soulful' hat für das Unternehmen eine herausragende Bedeutung, „weil über die Menschen die Seele, Persönlichkeit mitgegeben wird." (25hours People o.J.) Mit dieser Kampagne können sich nach Kathrin Gollubits die Mitarbeiter am meisten identifizieren.

Es ist von Bedeutung, dass Rahmenbedingungen für alle Mitarbeiter transparent kommuniziert werden. Mithilfe der selbst kreierten Marke ‚25hours people' sollen die Mitarbeiter proaktiv angesprochen werden. Die Marke wird dabei über die eigenen Social-Media-Kanäle wie Instagram (http://www.instagram.com/25hourspeople/) und über die Website (http://www.25hours-people.com/) repräsentiert. Über diese Kommunikationswege werden die Arbeit und die Geschichte der Mitarbeiter vorgestellt. Das interne Employer-Branding überschneidet sich dabei mit dem externen. In erster Linie ist es bedeutsam, authentisch zu wirken und die Wahrheit widerzuspiegeln. Des Weiteren sollte sich das Unternehmen mit allen Mitarbeitern auseinandersetzen, unabhängig davon, wie lange sie bereits im Betrieb sind und welche Position sie im Unternehmen einnehmen. Es ist darauf zu achten, dass jeder einzelne Mitarbeiter die Werte des Unternehmens versteht und diese nach außen verkörpert. Für die Hotelkette ist eindeutig: erst internes und dann externes Employer-Branding (Pütter 2019; 25hours 2020).

Ein weiteres positives Beispiel, das als Best Practice geeignet ist, ist ein Beitrag von Caroline von Kretschmann, der Inhaberin des Grand Hotels Europäischer Hof in Heidelberg. Sie hat mit ihren Mitarbeitern an der im Jahr 2021 durch die sozialen Medien viral gegangenen ‚Forget-Me-Nots-Dance-Challenge' teilgenommen. Nach dem Motto ‚We love what we do! – Join in!' laden die Inhaberin des Europäischen Hofs und ihre Mitarbeiter mit ihrer Tanzeinlage Bewerber dazu ein, Teil des Teams zu werden. Das Video (http://www.instagram.com/europaeischerhof) erlebte eine hohe Reichweite. Allein auf LinkedIn wurde es über 100 000-mal angeschaut (Tageskarte 2021b). Durch die zusätzliche Angabe eines Links im Beitrag gelangen die Interessenten direkt und unkompliziert auf die Karriereseite des Betriebs.

5 Fazit

Meine Sichtweise als dual Studierende ist, dass für den Recruiting-Prozess die Mitarbeiter eine entscheidende Rolle einnehmen, vor allem in der heutigen Zeit, in der die Tourismusbranche durch eine hohe Fluktuationsrate gekennzeichnet ist – auch aufgrund der Corona-Pandemie. Daher ist es umso relevanter für die touristischen Unternehmen, auf die bereits vorhandene Belegschaft zurückzugreifen, sie in den Vordergrund zu stellen und sie langfristig an das Unternehmen zu binden.

Die Auswertung des Edelman Trust Barometers hat gezeigt, dass immer mehr Personen ihr Vertrauen in die Mitarbeiter als Sympathie- und Wahrheitsträger setzen. Die Zahl dieser Personen ist 2021 im Vergleich zu 2019 gestiegen (von 53 auf 61 %). Potenzielle Arbeitnehmer legen großen Wert darauf, bereits vorab einen umfangreichen Einblick in das Unternehmen zu erlangen. Für diese Aufgabe eignet sich der Einsatz ausgewählter Mitarbeiter als Corporate Influencer, die das Employer-Branding ergänzen, indem sie über ihren Arbeitsalltag berichten. Aufgrund des medialen Aufschwungs ist es zu empfehlen, auf Social Media als Kommunikationskanal zurückzugreifen. Vor allem Instagram hat sich hier als geeigneter Kanal auf dem Markt etabliert. Das Augenmerk ist darauf zu richten, dass sich die Mitarbeiter, wenn sie als Corporate Influencer auftreten, aus eigenem Willen aktiv am Recruiting-Prozess beteiligen, denn erst dadurch wird ein glaubhafter Auftritt gewährleistet. Die intrinsische Motivation zur Beteiligung kann sowohl durch eine starke Arbeitgebermarke als auch durch ein starkes Arbeitgeberimage gesteigert werden. Es wird die Möglichkeit geschaffen, nicht nur neue Mitarbeiter zu gewinnen, sondern auch bereits beschäftigte Personen langfristig an das Unternehmen zu binden. Das Employer-Branding vereint im Unternehmen Beschäftigte als interne und potenzielle zukünftige Arbeitnehmer als externe Zielgruppe des Unternehmens. Es ermöglicht es dem Unternehmen, sich auf dem Markt als attraktiver Arbeitgeber darzustellen und somit für sich zu werben.

Ein Blick auf die praktische Umsetzung hat gezeigt, dass Employer-Branding bereits in der Tourismusbranche umgesetzt wird und zukünftig eine zunehmend tragende Rolle einnehmen wird. Unternehmen wie das 25hours und der DB-Konzern stehen stellvertretend dafür, wie eine starke und effektive Arbeitgeberkampagne einen positiven Einfluss auf den Recruiting-Prozess nehmen kann. Auch der Europäische Hof in Heidelberg mit Inhaberin Caroline von Kretschmann hat aufgezeigt, wie stark der Einfluss im Speziellen von Social Media sein kann. Nach der Veröffentlichung des Videos ging dieses viral und erlangte so eine hohe Reichweite. Die Unternehmen erfuhren eine positive Resonanz auf ihre Umsetzung des Employer-Branding und sind aufgrund dessen als Best Practice in diesem Bereich anzusehen. ●

RESILIENTE
PERSONALSICHERUNG
IM GASTGEWERBE

Welcome back! Wie Sie abgewandertes Personal zurückgewinnen können

von Sendy Mangelmann

1 Einleitung

Der erste Corona-Lockdown im Jahr 2020 war ein Schock für die deutsche Wirtschaft. Schnell wurde Gastgewerbebetreibenden bewusst, dass sie vor einem großen Problem stehen. Schon zuvor litten viele Unternehmen unter einem massiven Fach- und Arbeitskräftemangel. Die Babyboomer-Generation geht jetzt und in den nächsten Jahren in Rente. Daher fehlt laut dem Institut für Arbeitsmarkt- und Berufsforschung jährlich ein Netto-zuwachs von 400 000 Arbeitskräften. Corona hat den Fachkräftemangel nochmals beschleunigt, besonders im Gastgewerbe. Der Arbeitsmarkt hat sich gewandelt. Viel Personal ist abgewandert (Bongen et al. 2021). Wie hoch diese Abwanderung tatsächlich ist und wie sie begründet ist, wird auf den folgenden Seiten dargestellt. Ebenso wird auf ihre Folgen und mögliche Maßnahmen zur Zurückgewinnung des Personals eingegangen.

2 Abwanderung des Fachpersonals

2.1 Personalentwicklung durch Corona

Bereits vor der Corona-Pandemie bestand ein Fachkräftemangel im Gastgewerbe. Laut der Deutschen Industrie- und Handelskammer haben 74 % der Unternehmen schon 2019 Bedenken gehabt, dass sich dieser Mangel auf ihre geschäftliche Entwicklung auswirken könnte. Des Weiteren sagten 48 % der Unternehmer aus, dass sie einen Personalbedarf hätten, ihn aber nicht decken könnten (Betterspace 2021).

Im ersten Quartal 2021 haben etwa 26 % aller Unternehmen Mitarbeiter entlassen oder befristete Verträge nicht verlängert. Das liegt vor allem daran, dass Minijobber und studentische Aushilfen ohne sozialversicherungspflichtige Arbeitsverhältnisse keinen Anspruch auf Kurzarbeitergeld haben. Daher sahen sich die Betriebe gezwungen, diese zu entlassen (Schwerdt 2021). Auch bei den sozialversicherungspflichtigen Arbeitnehmern verzeichneten die Unternehmen bis April 2021 einen Rückgang von 8 % (Schwerdt 2021). Somit sank die Beschäftigtenzahl im Gastgewerbe erstmals seit Februar 2017 unter die Millionengrenze (Tageskarte 2021c). Im Februar 2021 lag diese bei 946 200 (Neu 2021). Im April waren im Gastgewerbe insgesamt 15 115 Stellen offen. Im August waren es bereits 28 364 Stellen (DPA 2021b). Auch wenn die Beschäftigtenzahl im August 2021 wieder über die Millionengrenze gestiegen ist (DEHOGA 2021d), geht der Bundesverband des Deutschen Hotel- und Gaststättenverbands (DEHOGA) von ca. 100 000 abgewanderten Fachkräften bundesweit aus (Buchhorn 2021b). Die Branche ist demzufolge einer der größten Verlierer der Corona-Pandemie (Schwerdt 2021).

Insgesamt wanderten bisher 60,5 % aller Mitarbeiter in andere Wirtschaftszweige ab (Schwerdt 2021), vorrangig in die Logistik- und die Einzelhandelsbranche, da sich diese während der Pandemie als krisensicher und systemrelevant gezeigt haben (Schwerdt 2021).

Das gesamte Ausmaß der Krise ist aber noch nicht messbar (Neu 2021). Dadurch haben Mitarbeiter immer noch Bedenken, ihren Arbeitsplatz zu verlieren (Riesner 2021b).

2.2 Abwanderung ...

2.2.1 ... veranlasst durch das Unternehmen

Betriebsbedingte Kündigungen sind kein ausschlaggebender Grund für die Abwanderungen, da diese nicht flächendeckend stattfanden. Arbeitnehmer waren eher hinsichtlich der Perspektive ihres Arbeitsplatzes verunsichert (Riesner 2021b).

Ein Grund ist, dass Angestellte in der Tourismusbranche im Vergleich zu anderen Branchen oft geringer oder unterdurchschnittlich bezahlt werden. Die Unternehmen vergüten im Niedriglohn- oder Mindestlohnbereich, sodass Arbeitnehmer keine größeren Rücklagen besitzen und Gehälter eher wie ein durchlaufender Posten sind. Dieser verringerte sich durch Maßnahmen wie Kurzarbeitergeld noch weiter. Diese monatelange ökonomische Zwangssituation ließ Arbeitnehmern keinen anderen Ausweg (Riesner 2021b).

Ein weiterer Grund ist die mangelnde Wertschätzung durch den Arbeitgeber (Betterspace 2021). Diese ist meist auf den unterschiedlichen Führungsstil im Unternehmen zurückzuführen. Auch ein ständiger Wechsel auf der Managementebene und die daraus resultierenden Änderungen resultieren nicht, wie von Arbeitnehmern gewünscht, in Stabilität und Kontinuität in der Mitarbeiterführung (Buchhorn 2021b).

Es fehlte den Mitarbeitern zudem, abhängig vom Unternehmen, an ausreichender Unterstützung durch ihre Arbeitgeber. Das Management hat mitunter nur wenig Kontakt mit der operativen Ebene, da es seinen Fokus eher auf die strategische Ebene des Betriebs gerichtet hat. Diese Prioritäten haben sich verschoben, sodass viele Mitarbeiter wenig Unterstützung erhalten (Buchhorn 2021b).

Auch der Wert der geleisteten Arbeit wurde hinterfragt und neu gewertet. Viele Arbeitnehmer kamen zu der Erkenntnis, dass ihre Work-Life-Balance ausgeglichener ist, wenn der Schichtdienst wegfällt und sie an Wochenenden frei haben. Andere Branchen haben viele Arbeitnehmer eingestellt und das auch zu wesentlich besseren Konditionen (Riesner 2021b). Überstunden fielen weg und die Arbeitnehmer arbeiten nicht mehr zu unliebsamen Uhrzeiten (Betterspace 2021). Viele Beschäftigte arbeiten länger als acht Stunden am Tag, da sie kranke Kollegen ersetzen, für die es keine Personalreserven gibt (Riesner 2021b). Die Arbeitsbelastungen stiegen und steigen weiterhin. Mehrarbeit wurde zum Dauerzustand, ist aber mitarbeiterseitig dauerhaft nicht leistbar. Alle Aufgaben sollen in gleichbleibender Qualität und Zeit erledigt werden. So schleichen sich schneller Fehler ein. Der Ton wird bei steigendem Arbeitspensum rauer. Das verstärkt die Unzufriedenheit und das Bedürfnis, die Branche zu verlassen (Betterspace 2021).

Durch die abgewanderten oder gekündigten Angestellten steigt die Arbeitsbelastung für die Verbliebenen umso mehr. Das hat auch negative Auswirkungen auf das Betriebsklima (Betterspace 2021).

Die Hotellerie und Gastronomie ist größtenteils konservativ und traditionell geprägt. Die Hierarchieebenen sind starr. Junge Arbeitnehmer erwarten eher flache Hierarchien und einen partizipativen Führungsstil, bei dem sie selbstbestimmt und eigenverantwortlich arbeiten können (Döring 2016). Vor allem die Generationen Y und Z sind an Karrieremöglichkeiten interessiert. Diese sind im Gastgewerbe aber nur bedingt vorhanden, was die Attraktivität der Branche weiter senkt (Betterspace 2021).

Viele Arbeitnehmer erlebten eine zu hohe Arbeitsbelastung, da sich zu wenige Unternehmen mit den alltäglichen und operativen Arbeitsprozessen und Herausforderungen beschäftigt haben. Dazu zählen beispielhaft weniger Personal und weniger Fachpersonal. Die Prozesse müssen auch langfristig betrachtet an Umweltfaktoren, technische Möglichkeiten und die Arbeitsrealität angepasst werden (Buchhorn 2021b).

Die Rahmenbedingungen sollten klar kommuniziert werden. Viele Unternehmer haben die Erwartungshaltung ihres Personals durch Versprechungen zu hoch angesetzt. Diese Erwartungen wurden zum Teil nicht umgesetzt bzw. konnten teilweise nicht erfüllt werden und das Personal hat sich anderweitig umgesehen (Buchhorn 2021b).

2.2.2 ... veranlasst durch die Politik

Die staatlich angeordnete Zwangsschließung der Hotellerie und Gastronomie hat zu einer Perspektivlosigkeit unter den Mitarbeitern geführt (DEHOGA-MV 2021). Diese resultierte darin, dass sich Arbeitnehmer in Branchen umgesehen haben, in denen Mitarbeiter in der Pandemie arbeiten gehen durften (Riesner 2021b). Vor allem Saisonkräfte konnten aufgrund der Kurzarbeiterregelung nicht eingestellt werden, was zu einer nochmaligen Verschärfung der Personalsituation geführt hat (DEHOGA-MV 2021).

Touristiker gehören zu den Geringverdienern. Mit 60 % des Nettoverdienstes an Kurzarbeitergeld hatten die Menschen nicht ausreichend Geld zum Leben (Tageskarte 2021c). Das Kurzarbeitergeld wurde zwischenzeitlich auf 77 bis 87 % aufgestockt, was aber immer noch mindestens 20 % weniger Nettolohn im Vergleich zum Normalzustand bedeutete. Parallel fiel der relevante Verdienst an Trinkgeldern weg (Riesner 2021b). Es gab keine andere Perspektive für die Menschen, als ihre Stelle zu kündigen und sich in anderen Branchen besser bezahlte und sichere Arbeit zu suchen. Zudem warben Einzelhandelsunternehmen wie Lidl zum Beginn des zweiten Lockdowns gezielt Arbeitnehmer aus dem Tourismus ab (Neu 2021). Knapp eine Million geringfügig Beschäftigte erhielten keinerlei staatliche Unterstützung in Form von Kurzarbeitergeld. Sie sind durch das soziale Netz gefallen und hatten daher den zusätzlichen Zwang, sich in anderen Branchen eine neue Stelle zu suchen (Riesner 2021b).

Im Gastgewerbe nimmt die Bürokratisierung immer weiter zu. Anstatt mehr Zeit in die Gästebetreuung zu investieren, füllen Gäste oder Arbeitnehmer immer mehr Formulare aus. Der vorhergehende Personalengpass und die Zunahme der Bürokratie durch neue Regeln und Hygienebestimmungen haben den Beruf unattraktiver gemacht. Durch die Bürokratie entstehen zudem Mehrkosten für die Unternehmen und Mehrarbeit für die Angestellten (Betterspace 2021).

Die wechselnden Verordnungen der Politik führten zu Planungsunsicherheit für die Unternehmen und Angestellten. Es werden keine langfristigen Verordnungen erlassen, die für unterschiedliche Szenarien anwendbar sind. Stattdessen kommt das Gefühl auf, dass immer wieder neue Verordnungen gelten. Das führt zu Unglaubwürdigkeit. Eine nachhaltige Personalplanung ist dadurch kaum unmöglich (Buchhorn 2021b).

Auch Aussagen aus der Politik zur Vermeidung von Reisen haben Auswirkungen auf die Zielgruppen, da diese sich scheuen, Reisen anzutreten. Die Unternehmen waren daher kaum ausgelastet und die Mitarbeiter waren länger in Kurzarbeit (Buchhorn 2021b).

2.3 Folgen der Abwanderung

Es besteht bei 79,6 % aller touristischen Betriebe Personalmangel. Aus diesem Grund nahmen 56,1 % eine Reduktion der angebotenen Speisen auf der Speisekarte vor, 54,1 % haben ihre Preise angehoben und 51,9 % haben mehr Ruhetage integriert, damit sie an geöffneten Tagen das benötigte Personal verfügbar haben. Um das Personal auch zu halten, haben 37,8 % ihre Arbeitszeitmodelle geändert. Da qualifizierte Fachkräfte fehlen, stellten 43,7 % der Betriebe mehr ungelernte Arbeitnehmer ein; 34,1 % der Unternehmen haben ihre Organisationsstruktur komplett geändert (Tageskarte 2021d). Es konnten 30 % der Betriebe nach der Lockerung nicht mehr öffnen, da ihnen das Personal fehlte (Neu 2021). Teilweise lohnte es sich aufgrund der geringen Auslastung auch nicht, wieder zu öffnen. So hat sich allgemein die Anzahl der angebotenen Serviceleistungen verringert (Riesner 2021b).

Die Branche ist zurzeit nicht mehr krisensicher. Die Auslastung der Betriebe hat sich deutlich verringert, was auch Einfluss auf die Attraktivität der Arbeit hat (Buchhorn 2021b).

Aufgrund von fehlendem Personal können Unternehmen nur eingeschränkt agieren. Das bedeutet vor allem, dass der erwartete Umsatz nicht erzielt werden kann, da die Betriebe nicht voll ausgelastet sind. Nur mit einem reduzierten Angebot können sie die Folgen der Pandemie langfristig nicht bewältigen. Ohne steigende Umsätze drohen vielen Betrieben noch mehr wirtschaftliche Verluste, die durch die aufgenommenen Kredite im Lockdown verschärft werden. Laut der DEHOGA-MV Umfrage haben 30 % aller touristischen Unternehmen in Mecklenburg-Vorpommern Existenzängste; 22 % überlegen sogar, ob sie ihren Betrieb aufgeben sollen, obwohl gerade die Hauptsaison war (DEHOGA-MV 2021).

Teilweise ist es aufgrund der hohen Entlassungs- und Abwanderungsrate für Betriebe nicht möglich, zu öffnen, da ihnen das Personal dazu fehlt. Dauerhaft fehlen den Unternehmen 30 bis 40 % des Personals im Vergleich zum Vorkrisenzeitraum (Schwerdt 2021).

Dadurch werden bestimmte Leistungen jetzt anders erbracht. Unternehmen suchen aktuell vor allem multifunktionales Personal, aber auch das vorhandene Personal soll mehrere Abteilungen zugleich abdecken. Es kommt zu einer Arbeitsverdichtung, weil keine neuen Mitarbeiter mehr gefunden werden (Riesner 2021b).

In naher Zukunft werden sich Arbeitsprozesse deutlich verändern, wenn sich an der Situation nichts ändert. Es kommt zu einer Dynamisierung hinsichtlich technischer Erneuerung. Serviceleistungen können nicht mehr gewährt oder angeboten werden. Dazu könnte der Service des Pagen oder Portiers zählen. Serviceleistungen werden in einem kleineren Umfang angeboten, sodass zum Beispiel die Zimmerreinigung nicht mehr jeden Tag, sondern nur jeden zweiten oder dritten Tag erfolgt (Riesner 2021b). So leidet die Servicequalität und Gäste sind nicht mehr zufrieden (Betterspace 2021). Auch können Ausbildungsberufe wie der des Restaurantkaufmanns wegfallen, da Hilfskräfte das Fachpersonal ersetzen. In Familienbetrieben werden ausschließlich eigene Familienmitglieder rekrutiert und es wird kein neues Personal eingestellt (Riesner 2021b).

Gastronomische Angebote mit einem klassischen Service werden minimiert. Die Entwicklung zeigt deutlich auf, dass Selbstbedienung und Fast Food aktuelle Trends sind. Die Verwendung von Convenience-Produkten wird zunehmen, da kein Fachpersonal vorhanden ist, das Speisen frisch zubereitet (Riesner 2021b).

Hotels können sich nicht mehr auf ihr Image bei der Personalsuche berufen (Döring 2016). Der Arbeitgebermarkt hat sich zu einem Arbeitnehmermarkt gewandelt. Um neues Personal einzustellen, sollten Unternehmen auf Arbeitnehmer eingehen und nicht mehr andersrum. Das Konzept des Betriebs wird bei der Personalgewinnung entscheidend sein (Lindenberg 2021).

Viele Unternehmen, die ein Start-up im Gastgewerbe eröffnen, haben kaum Kenntnisse über Personalführung und betriebswirtschaftliche Grundlagen. Die Hälfte aller neu eröffneten Betriebe schließt innerhalb von zwei Jahren wieder. Fehlende Managementkenntnisse sowie die hohe Fluktuation bei den Unternehmen können negative Einflüsse auf das Image der Branche haben (Buchhorn 2021b).

An dieser Stelle konnten nicht alle aktuellen Ursachen der Pandemie beleuchtet werden. Aus den Pressemitteilungen und Interviews wurde Handlungsbedarf dahingehend deutlich, die Personalabwanderung zu mildern oder abzuwenden.

3 Maßnahmen zur Zurückgewinnung des Personals

3.1 Unternehmerische Maßnahmen

Laut dem Deutschen Wissenschaftlichen Institut für Fremdenverkehr ist es unwahrscheinlich, dass die Arbeitnehmer ohne Weiteres wieder in ihre alten Betriebe zurückkehren. Um den Tourismus wieder attraktiv zu machen, braucht es einen Imagewandel und konkrete Maßnahmen. Ansonsten wird sich der Tourismus auf dem Arbeitsmarkt nicht durchsetzen können und als Verlierer aus der Krise hervorgehen (Schwerdt 2021). Diese Ansicht unterstützt auch Geschäftsführer Sebastian Riesner von der NGG Berlin Brandenburg. „Wenn Personal zurückgekommen ist, dann handelt es sich um einen absoluten Ausnahmefall." (Riesner 2021b) Wer einmal auf den Geschmack von geregelten Arbeitszeiten und freien Wochenenden in anderen Branchen gekommen ist, wird wahrscheinlich nicht zurückkehren wollen (Betterspace 2021).

Die Betriebe sollten als Branche zusammenarbeiten sowie langfristig und branchenübergreifend denken. Die Arbeitsbedingungen sollten mit anderen Branchen verglichen werden, immer mit der Frage verbunden, wie sich das Gastgewerbe in Bezug auf Fachkräftesicherung gegenüber anderen Branchen behaupten kann (Buchhorn 2021b).

Rahmenbedingungen wie Gehaltsstrukturen sollten sich ändern und an den allgemeinen Arbeitsmarkt angepasst werden. Gewisse Dinge wie Wochenendarbeitszeiten sind nicht veränderbar, aber die Basisrahmenbedingungen sollten für jede Art von Gastgewerbe gleich sein (Buchhorn 2021b). Ein Paradigmenwechsel ist unablässig. Das bedeutet, dass eine radikale Veränderung der Arbeitsbedingungen und des Führungsstils erfolgen muss. Ein Umdenkungsprozess bei den Unternehmen ist notwendig, denn die aktuelle Behandlung der eigenen Angestellten führt nicht zu einer Verbesserung des Fachkräftemangels. ‚Bunte Bildchen malen' und (leere) Versprechen auf der unternehmenseigenen Homepage machen, reicht nicht mehr aus. Versprechen, zum Beispiel über eine pünktliche Lohnzahlung oder eine Arbeitszeiterfassung, sind nicht mehr aktuell, da diese Aspekte unabdingbare Voraussetzungen sind. Sämtliche Versprechen müssen eingehalten werden. Bereits jetzt hat der negative Ruf eines Unternehmens Auswirkungen auf die gesamte Branche, da er sich über Social Media schnell verbreiten kann (Riesner 2021b). Deswegen sollte jeder Unternehmer auf sein eigenes Image achten (Buchhorn 2021b).

Arbeitnehmer erwarten eine verlässliche Lohnentwicklung, die sich nach einem allgemeingültigen Tarifvertrag richtet. Dazu zählen die Anzahl der Urlaubstage, Zuschläge, feste Arbeitszeiten, Jahressonderzahlungen, eine geltende Altersvorsorge, Lohnerhöhungen und gegebenenfalls eine Trinkgeldverteilung. Diese Angaben sollten bereits transparent bei der Stellenausschreibung erfolgen, was in anderen Branchen Standard ist. Die Arbeitnehmer sollten nicht länger der Gnade der Personalabteilung unterliegen, die über die Vergütung einzelner Angestellter entscheidet. Die Bedingungen aus dem Tarifvertrag sollten erfüllt werden. Dazu zählt auch die Viertagewoche (Riesner 2021b).

Eine weitere Maßnahme wäre, dass Arbeitnehmer besser bezahlt werden (Schwerdt 2021). Der Durchschnittslohn im ersten Quartal 2021 lag mehr als 30 % unter den Werten des Vorjahresquartals. Zusätzlich zu den steigenden Verbraucherpreisen haben Angestellte nur noch durchschnittlich 61 % von ihrem früheren Reallohn, was erstmals eine Negativentwicklung seit dem Jahr 2013 ist. Die Nominallöhne sanken zudem 2020 um 12 % (Heming 2021). Deswegen sollten die Löhne erhöht werden, damit sie als angemessen und leistungsgerecht angesehen werden können. Der Tourismus soll nicht länger eine Branche sein, in der nur Mindestlöhne gezahlt werden. Eine höhere Entlohnung steigert zudem die Attraktivität und somit die Qualität der Bewerber (Riesner 2021b).

Ein weiterer Fokus sollte auf der Mitarbeiterbindung liegen. Dazu zählen auch Karrieremöglichkeiten innerhalb des eigenen Betriebs. Zudem wünschen sich Arbeitnehmer flexiblere Arbeitszeitmodelle (Schwerdt 2021). Ausgeglichene Work-Life-Balance und Familienfreundlichkeit werden Aspekte sein, die für eine Bewerbung entscheidend sein können. Das alles gehört zum Employer-Branding und sollte auch in einer Stellenausschreibung direkt kommuniziert werden (Lindenberg 2021).

Auch die Stärken der Branche wie schnelle Aufstiegsmöglichkeiten und die Eignung für Quereinsteiger durch eine kurze Einarbeitungszeit sollten hervorgehoben werden (Lindenberg 2021). Die Betonung der positiven Aspekte in der Öffentlichkeit ist jedoch wesentlich schwieriger als die von negativen Bedingungen (Buchhorn 2021b).

Siegel könnten vor allem helfen, die Qualität zu sichern. Durch die Teilnahmen am Zertifizierungsprozess und eine anschließende Auswertung der Daten wären Betriebe in der Lage, eventuell vorhandene Schwachstellen aufzudecken und bei Bedarf Prozesse und Arbeitgeberqualität zu optimieren. Das könnte das Image des Gastgewerbes wesentlich verbessern und zur Qualitätssicherung und -optimierung beitragen. Unternehmer sollten zudem ihre Beratungsresistenz ablegen und sich gegenüber Vorschlägen von zum Beispiel Verbänden, aber auch Arbeitnehmern oder eigenen Mitarbeitern offener zeigen. Es geht darum, gemeinsam das Beste für die Branche zu bewirken (Buchhorn 2021b).

3.2 Politische Maßnahmen

Die Politik sollte vor allem Maßnahmen ergreifen, wenn Unternehmen keinerlei Handlungsbereitschaft oder Perspektiven zeigen, was im letzten Jahrzehnt der Fall war.

Arbeitnehmer wünschen sich mehr Entwicklungschancen (Schwerdt 2021). Diese sind nur gegeben, wenn durch den Staat mehr Anbieter für Weiterbildungsmöglichkeiten gefördert werden. Auch sollte ein einheitliches Weiterbildungsprogramm zwischen den Anbietern vorhanden sein, das nur durch eine gemeinsame Verordnung oder einen branch	eninternen Zusammenschluss erzielt werden kann (Tageskarte 2021c).

Um jedem Arbeitnehmer ein zweitägiges Wochenende zu ermöglichen, sollte dieses im Arbeitszeitgesetz verankert werden. Es sollte Pflicht sein, jedem Arbeitnehmer zwei Tage am Stück freizugeben (Tageskarte 2021c).

„Teile der Politik haben gefühlt zwei Jahre lang geschlafen." (Buchhorn 2021b) Unternehmen brauchen Planungssicherheit durch die Politik, sodass sie Personal wieder einstellen, aber auch langfristig binden können. Maßnahmen gegen die Ausbreitung von Corona sollten langfristig erfolgen und nicht erst, wenn es dringend notwendig ist. Gäste sollten sich zudem mit den politischen Maßnahmen sicher fühlen, damit sie zu den Unternehmen reisen und Umsatz erwirtschaftet werden kann. Dabei helfen keine Aussagen, dass bald wieder alles geschlossen wird (Buchhorn 2021b).

Um die Branche für zukünftige Krisen zu wappnen, sollte das Kurzarbeitergeld auf 90 % und auf sogar 100 % bei Mindestlohnverdienern angehoben werden, damit die Existenzgrundlage gesichert ist (Tageskarte 2021c).

Wie im Wahlkampf versprochen, sollte der Mindestlohn jetzt unter der Regierung des neuen Bundeskanzlers Olaf Scholz auf 12 Euro innerhalb eines kurzen Zeitraums erhöht werden (Riesner 2021b). Diese diskutierte Steigerung des Mindestlohns wäre aber auch eine unternehmerische Belastung. Jeder zweite Unternehmer wird seine Personalkosten um mindestens 15 % erhöhen. Die Möglichkeiten der Personalfinanzierung für Unternehmen sind begrenzt. Entweder sollten die Preise erhöht werden, die Unternehmen müssten dann aber mit einem sinkenden Umsatz rechnen, oder sie entlassen dringend benötigtes Personal bei einem gleichbleibenden Preisniveau und erhöhen die Arbeitslast auf das verbleibende Personal (Tageskarte 2021d). Kunden dürfen nicht weiter erwarten, für eine angemessene Dienstleistung nur einen günstigen Preis zu zahlen. „Geiz ist geil hat in dieser Branche nichts zu suchen." (Riesner 2021b) Die einzige Alternative hierzu ist eine Umstrukturierung der gesamten Finanzierungsstruktur eines Betriebs (Riesner 2021b).

Um viele Unternehmen erreichen zu können und die Branche nachhaltig zu unterstützen, wäre ein einheitlicher staatlicher Campus für Aus- und Weiterbildung in Berlin eine Möglichkeit. So könnten beispielsweise Existenzgründer durch gezielte Schulungen auf das Unternehmertum vorbereitet werden. Das Personalmanagement und in der Folge das Image der Branche könnten verbessert werden (Buchhorn 2021b).

Auch bei der Berufsorientierung in der Schule sollte den Arbeitnehmern vermittelt werden, was sie in dem Berufsfeld des Gastgewerbes zu erwarten haben. Wenn die Rahmenbedingungen eindeutig kommuniziert werden, würde keine Enttäuschung entstehen und weniger Personal würde abwandern (Buchhorn 2021b).

4 Fazit

Die oben genannten Problemfelder und deren Behandlungsmöglichkeiten zeigen nur einen Ausschnitt der aktuellen Problematik. Mein Impuls als dual Studierende ist es, dass Unternehmen selbst erforschen, warum das Personal bei ihnen abgewandert oder unzufrieden ist. Dafür ist die Einsicht, dass die Probleme auch am Führungsstil liegen (können), essenziell.

Meine Sichtweise als dual Studierende ist, dass es keine ideale und einfache Lösung gibt. Gemeinsam könnten die Arbeitgeber, die Politik, Verbände, die Gewerkschaften und die verbliebenen Arbeitnehmer einen Weg finden, gemeinsame Lösungen umzusetzen. Problemlösungsmöglichkeiten sollten offen kommuniziert werden. Eine monopolistische Stellung oder Denkweise sollte vermieden werden, da alle Unternehmen fast gleichermaßen betroffen sind. Die Herausarbeitung von individuellen Stärken und Schwächen ist unabdingbar. Auch langfristige Projekte mögen in der Zukunft Gutes tun. Jedoch sind die Probleme aktuell und sollten daher mit kurz- und mittelfristigen Lösungsansätzen angegangen werden, die auf Dauer sinn- und wirkungsvoll sind. Deswegen empfehle ich als dual Studierende allen Arbeitgebern, Gutes zu tun, sich zukunftsgewandt aufzustellen und sich nicht auf andere zu verlassen. Ansonsten sind Sie am Ende verlassen. ●

RESILIENTE
PERSONALSICHERUNG
IM GASTGEWERBE

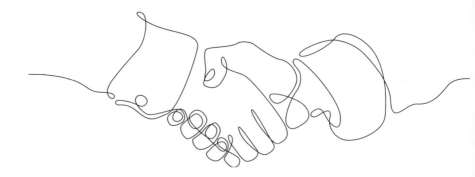

Wie können Quereinsteiger, ausländische Fachkräfte und Langzeitarbeitslose für das Gastgewerbe gewonnen werden?

von Anna Paula Baumann

1 Einleitung

1.1 Einführung in die Thematik und Zielstellung

In Deutschland herrscht in vielen Branchen ein Fachkräftemangel, so auch im Tourismus. Zu Teilen ist dieser durch die Konjunktur bedingt. Der Hauptgrund liegt jedoch beim demografischen Wandel. Die deutsche Bevölkerung altert und dadurch sinkt der Anteil der arbeitenden Altersgruppen. So gibt es weniger Bewerber und ein Fachkräftemangel entsteht. Soll Deutschland als starker Wirtschaftsstandort erhalten bleiben, müssen Maßnahmen umgesetzt werden, die für mehr qualifiziertes Personal sorgen. Hierbei wird es kaum die eine perfekte Lösung geben. Stattdessen sollten viele Möglichkeiten angegangen werden, Personal zu beschaffen (Knecht 2014, S. V). Wird der Aufbau des Fachkräftepools in Deutschland auf verschiedene Komponenten verteilt, sichert dies die Zukunft der deutschen Wirtschaft besser ab, als wenn lediglich einige wenige Personalbeschaffungsmaßnahmen eingesetzt werden. Eine dieser Maßnahmen wäre es, nach alternativen Quellen der Fachkräftebeschaffung zu suchen.

Quereinsteiger können gerade im Tourismus eine große Hilfe darstellen. Besonders die operativen Arbeitsbereiche der Hotellerie und Gastronomie verlangen wenig schulisch angeeignete Vorkenntnisse. Ein Rezeptionist oder ein Kellner müssen nicht zwingend eine dreijährige Ausbildung hinter sich gebracht haben. Manche der ursprünglich für die Branche ausgebildeten Fachkräfte arbeiten nun nicht mehr im Tourismus, weil sie seit längerer Zeit arbeitslos sind. Dies kann verschiedene Ursachen haben: gesundheitliche Einschränkungen, familiäre Entwicklungen oder Misserfolge bei Bewerbungen (Diakonie Deutschland 2021). Diese Personen wieder zu aktivieren und für die Branche zurückzugewinnen, würde eine weitere Quelle an Fachkräften bedeuten. Ausländische Fachkräfte anzuwerben, würde einen umfassenden Pool an Fachkräften bedeuten, wobei bürokratische und sprachliche Barrieren überwunden werden müssten, was aber möglich ist (Bundesamt für Migration und Flüchtlinge (BAMF) 2021). Zudem herrscht in manchen Ländern eine hohe Arbeitslosigkeit – beispielsweise in Spanien, wo die Jugendarbeitslosigkeit zeitweise bei fast 50 % liegt (Clemens 2019). Das Anwerben ausländischer Fachkräfte könnte also als eine Art Gleichgewicht auf dem internationalen Arbeitsmarkt verstanden werden. Wo in manchen Ländern Defizite sind, haben andere einen Überschuss und können mit Arbeitnehmern dienen (Knecht 2014, S. 42). Es stellt sich also die Frage, wie Quereinsteiger, ausländische Fachkräfte und Langzeitarbeitslose für das Gastgewerbe gewonnen werden können.

1.2 Methodische Vorgehensweise

Zur Beantwortung dieser Frage gilt es zunächst zu klären, was die verschiedenen Interessengruppen ausmacht. Eine klare Abgrenzung der jeweiligen Gruppe erfolgt durch die Darlegung von Zahlen, Daten und Fakten. Bei ausländischen Fachkräften wird zusätzlich auf das Einwanderungsgesetz eingegangen. Um zu erschließen, welche Grundvoraussetzungen für die Entwicklung von Angeboten für die Interessengruppen bestehen, werden deren Motivationen für die Berufswahl bzw. deren Anforderungen an einen Beruf aufgeführt. Anschließend wird die Situation auf dem Arbeitsmarkt in der deutschen Gastronomie analysiert. Basierend auf diesen Informationen werden Angebote in der Gastronomie entwickelt, die – zugeschnitten auf die jeweilige Interessengruppe – dazu dienen sollen, diese Gruppe für einen Branchen(wieder)einstieg zu gewinnen. Abschließend wird beschrieben, wie durch diese Maßnahmen der Fachkräftemangel in der deutschen Gastronomie bekämpft werden kann.

2 Anforderungsanalyse der Interessengruppen

2.1 Quereinsteiger
2.1.1 Begrifflichkeit und Abgrenzung

Unter einem ‚Quereinsteiger' wird eine Person verstanden, die einen neuen Karriereweg einschlägt, der nicht dem ursprünglich erlernten oder bisher ausgeführten Beruf entspricht (Knecht 2014, S. 5f.). Dies kann auch als eine horizontale berufliche Neuorientierung bezeichnet werden. Hier wird zwischen verschiedenen Berufsgruppen gewechselt – anders als bei der vertikalen beruflichen Neuorientierung, bei der lediglich hierarchische Positionen innerhalb eines Berufs geändert werden (Knecht 2014, S. 7f.). Des Weiteren wird zwischen einem graduellen und einem totalen Berufswechsel unterschieden. Ersterer meint die Erweiterung des Aufgabenfelds durch Weiterbildungen. Dem totalen Berufswechsel hingegen liegen grundlegend andere Aufgabenfelder zugrunde (Knecht 2014, S. 14).

Im Bewerbungsprozess überzeugt ein Quereinsteiger daher weniger mit einem entsprechenden Abschluss als vielmehr mit Lebenserfahrung sowie individuellen und beruflichen Fähigkeiten. Arbeitgeber, die eine solche Person einstellen, sind sich der Tatsache bewusst, dass die Kompetenz eines Arbeitnehmers nicht allein durch einen Abschluss bestimmt wird. Beispielsweise kann ein Finanzberater leidenschaftlicher Hobbygärtner sein und ein ausgeprägtes Wissen über Pflanzenpflege besitzen. Es stellt sich daher die Frage, wieso dieser nicht für eine Stelle als Instandhalter des städtischen Parks infrage kommen könnte (Knecht 2014, S. 5f.). Aufgrund des durch den demografischen Wandel bedingten zunehmenden Fachkräftemangels wird in Zukunft immer mehr auf speziell ausgebildetes Personal verzichtet werden müssen (Knecht 2014, S. V). Quereinsteiger werden also immer bessere Chancen haben, denn wenn es für eine zu besetzende Stelle unzureichende Bewerberzahlen gibt, wird diese häufig lieber durch einen Quereinsteiger besetzt als offengelassen (Knecht 2014, S. V).

Durch einen Quereinstieg geht ein Teil des sogenannten berufsspezifischen Humankapitals verloren. Nicht alles, was im vorherigen

Beruf oder der Ausbildung erlernt wurde, findet im neuen Beruf Anwendung. Deshalb verdienen Quereinsteiger oft weniger als Gelernte in derselben Position (Knecht 2014, S. 9). In England beispielsweise wird der Großteil des berufsspezifischen Humankapitals im Beruf anstatt während einer Ausbildung erlernt. Dies erleichtert einen Quereinstieg. Aus diesem Grund herrscht auf dem Arbeitsmarkt in England eine viel höhere Fluktuation als in Deutschland (Knecht 2014, S. 10). Es bestehen zwischen kaufmännischen und Dienstleistungsberufen weitaus weniger Wechselbarrieren als zwischen technisch-gewerblichen Berufen (Knecht 2014, S. 15). Außerdem führt eine fehlende Übernahme durch den Ausbildungsbetrieb nach Abschluss der Ausbildung viel häufiger zum Verlassen des Berufsfelds, in dem gelernt wurde. Hingegen bleiben Absolventen, die direkt nach der Ausbildung übernommen werden, häufiger im erlernten Berufsfeld (Knecht 2014, S. 14).

2.1.2 Motivation und Anforderungen

Die Gründe für einen Quereinstieg sind vielfach. Finanzielle, persönliche und familiäre Gründe sowie Veränderungen am Arbeitsmarkt und erzwungene berufliche Änderungen sind nur einige davon (Knecht 2014, S. 15). Dabei können Quereinsteiger in drei Kategorien eingeteilt werden: solche, die auf bessere Karrierechancen hoffen (Kategorie 1), solche, die aufgrund persönlicher Interessen den Beruf wechseln (Kategorie 2), und jene, die dazu gezwungen werden (Kategorie 3). Unter Kategorie 1 fallen Personen, die sich für ihren Beruf nicht ausreichend fähig fühlen oder mehr verdienen möchten. In Kategorie 2 ist ein Quereinstieg beispielsweise in der Familienplanung oder der Neugier nach anderen Tätigkeiten begründet. Der dritten Kategorie liegen oft wirtschaftliche Ursachen zugrunde, zum Beispiel die Auflösung des Unternehmens oder die Hinfälligkeit der eigenen Stelle durch technologischen Fortschritt (Knecht 2014, S. 12f.). Die generelle Motivation hinter jedem Berufseinstieg ist jedoch die Sicherung einer Existenzgrundlage (Knecht 2014, S. 7).

So lassen sich folgende Anforderungen an einen neuen Beruf formulieren: Überzeugend für Quereinsteiger der Kategorie 1 wären etwa Aufstiegschancen, ein interessantes Tätigkeitsfeld oder ein gutes Gehalt. Angehörige der Kategorie 2 würden einen neuen Beruf vermutlich eher wählen, wenn dieser beispielsweise ein flexibles Arbeitszeitmodell bietet, neue Mitarbeiter strukturiert anlernt und deren Interessen fördert. Da Personen aus der dritten Kategorie dazu gezwungen sind, einen Beruf in einem neuen Berufsfeld aufzunehmen, könnten hier sowohl die Soft als auch die Hard Facts überzeugend sein. Kann ein Betrieb seinen Mitarbeitern gute Corporate-Benefits bieten oder ist das betriebliche Gesundheitsmanagement gut organisiert, kann dies ebenso lockend sein wie ein gutes Gehalt oder die Bereitschaft des Betriebs, einen Quereinsteiger aufzunehmen.

Die Anforderungen von Quereinsteigern an einen Beruf können also divers sein. So, wie für manche ein höheres Gehalt eine Notwendigkeit darstellt, ist dies für andere lediglich eine Nebensache, da diese sich nach der Tätigkeit sehnen, die in dem entsprechenden Beruf ausgeführt wird. Grundsätzlich lässt sich jedoch festhalten, dass die meisten Quereinsteiger einen Betrieb nur dann wählen werden, wenn dieser als attraktiver Arbeitgeber zu verstehen ist. Für Arbeitgeber sollte es daher stets ein Ziel sein, für ihre Mitarbeiter ein gutes Arbeitsumfeld zur Verfügung zu stellen und dies auch nach außen zu kommunizieren (Knecht 2014, S. 12).

Da Quereinsteiger per definitionem keinen Beruf anfangen, den sie gelernt haben, sollten Anforderungsprofile in Stellenanzeigen spezifischer formuliert und auf die Aufgaben bezogen werden, die in dem entsprechenden Beruf auszuführen sind. Um den Fall des Instandhalters des städtischen Parks noch mal aufzugreifen: Anstelle der Beschreibung ‚Wir suchen einen gelernten Gärtner‘, sollte es eher lauten: ‚Wir suchen eine Person, die sich umfassend mit der Flora auskennt und gerne an der frischen Luft arbeitet‘ (Knecht 2014, S. 25). So haben Quereinsteiger bei der Bewerbung eine Chance.

2.2 Ausländische Fachkräfte
2.2.1 Begrifflichkeiten und Abgrenzung
Eine ‚Fachkraft‘ ist jemand, der entweder eine mindestens zweijährige nichtakademische Berufsausbildung oder ein (Fach-)Hochschulstudium in Deutschland absolviert hat (Neumüller Ingenieurbüro & Personalberatung 2021). Laut Fachkräfteeinwanderungsgesetz gelten auch Personen als Fachkräfte, die außerhalb von Deutschland eine vergleichbare Berufsqualifikation beliebiger Dauer oder einen vergleichbaren Hochschulabschluss erworben haben. In Deutschland darf eine ausländische Fachkraft mit einem der deutschen Berufsausbildung ähnlichen Abschluss dann auch Berufe ausführen, die dem Erlernten ähneln. Personen, die im Ausland ein (Fach-)Hochschulstudium absolviert haben, dürfen alle Berufe ausüben,

die mindestens eine abgeschlossene zweijährige Berufsausbildung und höchstens einen akademischen Abschluss voraussetzen. Davon ausgenommen sind ‚Helfer- und Anlernberufe' (Bundesministerium für Wirtschaft und Klimaschutz (BMWK) o.J). Ebenso ist ein Aufenthalt in Deutschland zur Arbeitsplatzsuche oder zum Erwerb der benötigten Qualifikationen zur Aufnahme eines bestimmten Berufs in Deutschland gestattet (BMWK o.J). Das 2020 in Kraft getretene Fachkräfteeinwanderungsgesetz sorgt im Allgemeinen dafür, dass auch ausländischen Fachkräften aus Drittstaaten die Einreise nach Deutschland zum Arbeiten erleichtert wird. Außerdem fällt die sogenannte Vorrangprüfung weg, mit der überprüft wurde, ob eine entsprechende Arbeitsstelle anstatt an die Fachkraft aus einem Drittland zuerst an eine Fachkraft aus Deutschland oder der EU vergeben werden könnte. Darüber hinaus werden bereits erworbene Qualifikationen nun schneller geprüft und anerkannt (Clemens 2019). Immer mehr ausländische Fachkräfte werden zur Bekämpfung des in Deutschland herrschenden Fachkräftemangels ins Inland geholt. Da Statistiken zufolge rund jeder vierte europäische junge Arbeitssuchende keine Arbeit findet, gibt es viele arbeitswillige Fachkräfte auf dem europäischen Personalmarkt. Wo in Deutschland ein Mangel herrscht, gibt es im europäischen Ausland einen Überfluss (Knecht 2014, S. 42ff.).

2.2.2 Motivation und Anforderungen

Viele ausländische Fachkräfte kommen nach Deutschland, weil sie im eigenen Land keine Arbeit finden können. Um ihren Lebensunterhalt zu sichern, sind sie bereit, in einem anderen Land zu arbeiten. Aus diesem Grund sind sie häufig lernwillig. Sollten also (weiterführende) Ausbildungen, Zertifikate oder andere Abschlüsse vom Arbeitgeber gefordert werden, sind sie meistens gewillt, diese zu erwerben. Deutsche Unternehmen machen es ausländischen Fachkräften allerdings oft schwierig: Zu hohe Anforderungen und große Skepsis ihnen gegenüber stellen Barrieren dar. Häufig haben sie mit Bewerbungen direkt beim Unternehmen kaum eine Chance. Erst Bewerbungen, die durch die Bundesagentur für Arbeit an Betriebe herangetragen werden, werden ernst genommen. Mit dieser Skepsis verbauen die Unternehmen nicht nur den Bewerbern, sondern auch sich selbst Chancen. Hintergrund ist, dass die Betriebe sicherstellen wollen, dass es sich lohnt, Zeit und Geld in die entsprechende Person zu investieren (Knecht 2014, S. 42ff.).

Personen, die aus dem Ausland nach Deutschland kommen, um hier zu arbeiten, sprechen die deutsche Sprache oft nicht umfassend. Sie müssen dann zunächst Sprachkurse belegen. Das Bundesamt für Migration und Förderung (BAMF) bietet einen Berufssprachkurs an, in dem zusätzlich zur deutschen Sprache „Grundkenntnisse der Geschichte, Rechtsordnung, Kultur und des gesellschaftlichen Zusammenlebens vermittel[t]" (BAMF 2021) werden. Des Weiteren benötigen die ausländischen Fachkräfte eine Unterkunft. Auch eine Krankenversicherung sollte abgeschlossen werden. Dabei unterstützt die Migrationsberatung für Erwachsene. Eventuell müssen darüber hinaus Zertifikate erworben oder Weiterbildungen abgeschlossen werden. Das Förderprogramm ‚Integration durch Qualifizierung' ist die Anlaufstelle dafür (BAMF 2021).

2.3 Langzeitarbeitslose
2.3.1 Begrifflichkeiten und Abgrenzung

Als ‚langzeitarbeitslos' gilt eine Person, wenn sie mindestens ein Jahr lang als arbeitslos gemeldet gewesen ist. Circa 746 000 Langzeitarbeitslose gab es im Jahr 2019 in Deutschland (Diakonie Deutschland 2021). Innerhalb dieser Gruppe herrscht zwar eine gewisse Fluktuation, doch die über die Jahre fast unveränderte Anzahl gibt Aufschluss darüber, dass der Arbeitsmarkt die mögliche Ursache hierfür ist. Es gibt zu hohe Qualifikationsansprüche seitens der Arbeitgeber und nicht genügend sogenannter Einfacharbeitsplätze, die Ungelernten eine Möglichkeit bieten. Die fortschreitende Digitalisierung und Industrialisierung führen zudem dazu, dass manche Tätigkeiten nicht mehr benötigt werden und so ganze Berufsgruppen für den Arbeitsmarkt nutzlos sind (Ramos Lobato 2017, S. 1f.). Zur Reintegration von Langzeitarbeitslosen ist im Jahr 2019 das Teilhabechancengesetz in Kraft getreten (Bundesministerium für Arbeit und Soziales (BMAS) o.J.). Dieses soll durch „intensive Betreuung, individuelle Beratung und wirksame Förderung" (Diakonie Deutschland 2021) dazu beitragen, den Wiedereinstieg in die Berufswelt zu erleichtern. Maßnahmen im Rahmen des Teilhabechancengesetzes sind unter anderem Lohnkostenzuschüsse in unterschiedlichen Höhen, abhängig von der Dauer der Arbeitslosigkeit, sowie Ansprüche auf Aus- und Weiterbildungen. Auch Beratungsangebote bezüglich der individuellen zeitlichen Organisation, Schwierigkeiten am Arbeitsplatz oder generellen Fragen bestehen, für die der Arbeitgeber eine Freistellung garantieren muss (BMAS o.J.).

2.3.2 Motivation und Anforderungen

Um Langzeitarbeitslose ins Berufsleben zu reintegrieren, wurden im Rahmen der sogenannten Aktivierungspolitik Maßnahmen entwickelt. Bei dieser Politik, aus der unter anderem die Grundsicherung (deren Vorgänger die Arbeitslosen- und die Sozialhilfe waren) entstanden ist, wird die Arbeitslosigkeit als ein selbst verschuldeter Zustand angesehen. Dadurch wird die subjektive Wahrnehmung der Arbeitslosen bezüglich Ausgrenzung und negativer Stereotypen begünstigt, denn besonders Langzeitarbeitslose sehen sich der Erwartung gegenübergestellt, möglichst bald eine Erwerbsarbeit aufzunehmen, um die Sozialleistungen nicht mehr in Anspruch nehmen zu müssen. Gerade dies wird aber den meisten von ihnen durch gesundheitliche Einschränkungen oder fehlende Bildung erschwert (Ramos Lobato 2017, S. 3f.).

Im Allgemeinen führt Arbeitslosigkeit häufig zu familiären und gesundheitlichen Schwierigkeiten, negativen Emotionen und dem Gefühl, nutzlos zu sein. Folglich sind auch psychische Probleme eine häufige Auswirkung der Langzeitarbeitslosigkeit. Die Betroffenen haben das Gefühl, vom gesellschaftlichen Alltagsgeschehen ausgegrenzt zu sein. Schließlich spielt sich ein großer Teil sozialer Interaktionen auf der Arbeit ab. All diese möglichen Folgen der Arbeitslosigkeit wirken gegen einen Wiedereintritt in die Arbeitswelt. Die entstandenen psychischen und physischen Probleme bereiten Schwierigkeiten in Situationen, die im Arbeitsalltag zu meistern sind (Diakonie Deutschland 2021).

3 Möglichkeiten in der deutschen Gastronomie

3.1 Ausgangssituation in der deutschen Gastronomie

Die Ausbildungszahlen im deutschen Gastgewerbe stiegen bis zum Jahr 2007 stark an. Allerdings gibt es 12 Jahre später fast nur noch die Hälfte der Ausbildungsplätze (Deutsche Industrie- und Handelskammer 2021). Die Branche ist zwar für das nahe Zusammenarbeiten mit Menschen und für den interkulturellen sowie sprachlichen Austausch bekannt, aber auch für niedrige Löhne und veraltete Strukturen (Losem o.J.). Auch aufgrund des demografischen Wandels wird der Fachkräftemangel in der Branche in Zukunft weiter ansteigen. Es gilt demnach, alternative Quellen der Fachkräftebeziehung zu finden. Der Deutsche Hotel- und Gaststättenverband (DEHOGA) ist sich bewusst, dass die Reaktivierung von Langzeitarbeitslosen und der Fachkräftebezug aus dem Ausland wertvolles Potenzial bereithalten. Allerdings werden entsprechende Anpassungen seitens der Politik gefordert: Es soll bessere und vor allem schnellere Anerkennungsverfahren der im Ausland erworbenen Qualifikationen geben. Das Gastgewerbe mit seinen Ausbildungsberufen soll auf die Liste der Mangelberufe gesetzt werden, damit ausländische Fachkräfte problemloser ins Inland geholt werden können. Auch soll es eine Ausbildungsförderung von ausländischen Jugendarbeitslosen und Geflüchteten sowie entsprechende Arbeitsanreize für Langzeitarbeitslose geben (DEHOGA 2021d). Da die Branche von menschlicher Interaktion lebt und genügend Personal somit unverzichtbar ist, sollten jedoch so viele Alternativen wie möglich in Betracht gezogen werden – so auch die Einarbeitung von Quereinsteigern. Diese sind zwar keine ausgebildeten Fachkräfte, doch vor allem in operativen Bereichen des Gastgewerbes lassen sich die nötigen Fähigkeiten problemlos erwerben.

3.2 Angebotsentwicklung

Quereinsteiger

Etwaige Einkommenseinbußen, die dadurch entstehen, dass ein Quereinsteiger fachlich meist nicht auf einem vergleichbaren Niveau mit gelernten Fachkräften ist, sollten vermieden werden. Sie können dazu führen, dass Quereinsteiger gar nicht erst in einen Beruf wechseln, in dem sie weniger verdienen. Dieses Argument trifft nicht immer zu. Wenn die Motivation beispielsweise im Interesse an einer neuen Tätigkeit liegt, würde ein geringeres Gehalt eher in Kauf genommen. Wird das Berufsfeld jedoch aus einer Not heraus gewechselt – zum Beispiel aufgrund einer Betriebsschließung oder wegen der Familienplanung – kann Niedriggehalt ein Ausschlusskriterium sein – vor allem, wenn es darum geht, einen Beruf zu finden, der den Lebensunterhalt weiterhin sichert und den Lebensstandard halten kann. Ein Vorschlag lautet deshalb, nach einer zeitlich realistischen (stellenabhängigen) Einarbeitungsphase das Gehalt dem von Fachkräften in der gleichen Position anzupassen. So kann ein Anreiz geboten werden, eine Qualifizierungsphase zu durchlaufen, die die Quereinsteiger angemessen auf den neuen Beruf vorbereitet. Diese sollte möglichst praxisnah gestaltet sein. Das benötigte theoretische Wissen lässt sich im Gastgewerbe gut in der Praxis erlernen. Relevant hierbei ist, dass die Einarbeitung strukturiert abläuft. Es ist von Bedeutung, dass einem Quereinsteiger das Gefühl vermittelt werden kann, dass dieser als gleichgestelltes Mitglied Teil der Arbeitsgemeinschaft des Betriebs werden soll und dort nicht seine Zeit damit verschwendet, Nebenarbeiten zu erledigen, denn jemand, der einen erfüllenden Beruf sucht, würde sich kaum mit einer solchen Tätigkeit zufriedengeben. Selbst der Quereinsteiger, der aus Zwang heraus den neuen Beruf gewählt hat, möchte sich gebraucht und nützlich fühlen. Sollen also branchenfremde Arbeiter für das Gastgewerbe gewonnen werden, sollten die Arbeitsplätze für sie dort so ansprechend wie möglich gestaltet sein. Um Quereinsteiger auf die Angebote im deutschen Gastgewerbe aufmerksam zu machen, sollten diese beispielsweise über Onlinestellenbörsen oder Berufsberatungen kommuniziert werden.

Ausländische Fachkräfte

Ausländischen Fachkräften werden viele Beratungsangebote durch Institutionen wie das BAMF zur Verfügung gestellt (BAMF 2021). Doch diese zu navigieren, mag für Personen, die die Sprache nicht sprechen oder die Anlaufstellen nicht kennen, kompliziert erscheinen. Würde ein Betrieb bei Personal im Ausland damit werben, dass er bei diesen Prozessen unterstützt, würde das für viele ausländische Bewerber eine Hürde weniger darstellen. Durch den DEHOGA könnte dieser Gedanke branchenweit an die Betriebe getragen und dessen Umsetzung könnte durch Fördermittel finanziert werden. Ein weiterer Anreiz für den aktiven Einsatz der Betriebe bei der Personalbeziehung aus dem Ausland wäre die Einführung von Auszeichnungen und Prämien, die die Betriebe erwerben können. Gemessen daran, wie gut die ausländischen Fachkräfte im Unternehmen angelernt werden, wie aktiv sie bei Antragsstellungen für Zusatzqualifikationen, Bewerbungen für Visa oder Sprachkursen und arbeitsferneren Themen wie der Wohnungssuche unterstützt werden und daran, wie gut sich eine ausländische Fachkraft subjektiv betrachtet im Unternehmen aufgenommen fühlt (Ausgrenzungserfahrungen, Ausländerfeindlichkeit), könnten den Betrieben beispielsweise ein, zwei oder drei Sterne verliehen und passende Prämien vergeben werden. So könnte erreicht werden, dass die gesamte Branche für ihre Willkommenskultur bekannt ist und mehr ausländische Fachkräfte anzieht. Arbeitssuchende aus dem Ausland würden das deutsche Gastgewerbe den anderen Ländern dann möglicherweise vorziehen. Zusätzlich zu den vorgeschlagenen Unterstützungen könnte es einen telefonischen Ansprechpartner geben, den die Fachkraft bei kleineren Fragen kontaktieren kann.

So wird ein Vertrauensverhältnis aufgebaut und ein weiterer Grund, das Unternehmen (damit verbunden auch die Branche) als positiv wahrzunehmen, entsteht. Um die Integration der neuen Fachkräfte sinnhaft und strukturiert zu gestalten, könnten von dem DEHOGA in Zusammenarbeit mit dem BAMF Integrationsprogramme entwickelt werden. Diese könnten die Rahmenbedingungen für die Aufnahme ausländischer Fachkräfte festlegen. Auf diese Weise wären relevante Aspekte einheitlich gestaltet und die Betriebe könnten darüber hinaus die restlichen Maßnahmen individuell anpassen. Die Skepsis der Betriebe gegenüber ausländischen Fachkräften scheint jedoch tiefsitzend zu sein. Informationsprogramme, die die Unternehmen darüber aufklären, wo die Potenziale hierbei liegen und was beachtet werden muss, wenn ausländische Fachkräfte im Unternehmen aufgenommen werden, könnten gegen diese Skepsis wirken. Die Furcht vor dem Unbekannten lässt sich am besten durch Wissen bekämpfen. Beworben werden sollten Angebote für ausländische Fachkräfte zum Beispiel bei den entsprechenden Anlaufstellen im In- und Ausland, auf Onlinestellenbörsen und in anderen Internetforen.

Langzeitarbeitslose
Entgegen der häufigen Vermutung, Langzeitarbeitslose gingen aus Faulheit schon seit Längerem keiner Erwerbsarbeit mehr nach, liegt dieser Umstand zumeist an der Tatsache, dass entweder Qualifikationen fehlen oder gesundheitliche Einschränkungen das Arbeiten erschweren. Um Langzeitarbeitslose wieder in das Berufsleben zu integrieren, müssen entsprechende Maßnahmen demnach auf die tatsächlichen Ursachen abgestimmt sein. Der fehlenden Bildung könnte mit Lernprogrammen entgegengewirkt werden. Je nach dem aktuellen Stand der Qualifikation einer Person könnten Aus- oder Weiterbildungen angeboten werden. Durch staatliche Gelder gefördert können so fehlende Qualifikationen aufgeholt werden. Im Fall einer Ausbildung beispielsweise hätte die Person danach stets eine Grundlage für Bewerbungen und somit die Möglichkeit, ihren Lebensunterhalt zu verdienen. Es könnten spezielle Ausbildungsplätze für Langzeitarbeitslose geschaffen werden, die zum Beispiel ab einer bestimmten Abschlussnote der Ausbildung eine Übernahme in eine Festanstellung im Ausbildungsbetrieb garantieren.

Genauso relevant ist das Finden oder Erschaffen von Stellen für gesundheitlich eingeschränkte Personen, um auch ihnen die Möglichkeit zu geben, wieder einer Erwerbsarbeit nachzugehen und sich so als

Teil des gesellschaftlichen Geschehens zu fühlen. Die verschiedensten Beeinträchtigungen können Auslöser für die Arbeitslosigkeit sein. So kann es beispielsweise körperliche Einschränkungen geben. Sitzt eine Person zum Beispiel im Rollstuhl, kann sie nur schwer die Arbeiten eines Kellners verrichten, wäre aber für eine Stelle in der Reservierungsabteilung eines Hotels geeignet. Jemand mit Konzentrationsschwierigkeiten bräuchte die Möglichkeit, nur eine gewisse Anzahl an Wochenstunden zu arbeiten. Dasselbe gilt für Personen, die eventuell aufgrund einer Krankheit häufig nicht zur Arbeit kommen können. In diesem Fall sollte der Arbeitgeber flexibel sein und die entsprechende Stelle nicht als volle Stelle in den Dienstplan integrieren. Hier könnte beispielsweise eine ehemals arbeitslose Person der Ansprechpartner für ausländische Fachkräfte hinsichtlich Antragstellungen und Ähnlichem werden. Auch wäre es sinnvoll, Einfacharbeiten, die in einem Unternehmen anfallen, in einer Stelle zusammenzufassen. Langzeitarbeitslose können durch Informationen bei der Bundesagentur für Arbeit, in entsprechenden Foren oder auf Stellenbörsen im Internet auf für sie relevante Angebote in der Gastronomie und Hotellerie aufmerksam gemacht werden.

4 Bekämpfung des Fachkräftemangels

Die Branche braucht Fachkräfte. Ob diese aus dem Ausland kommen, ehemals in der Branche gelernt haben und reaktiviert werden müssen oder noch angelernt werden müssen, ist dabei zweitrangig. Ohne ausreichend Personal kann die Branche langfristig nicht überleben. Wäre das deutsche Gastgewerbe dafür bekannt, dass es ausländische Fachkräfte besonders dabei unterstützt, etwaige Qualifikationsprozesse, Antragstellungen oder zum Beispiel Telefonate mit Beratungsstellen zu durchlaufen, wäre es bei ausländischen Fachkräften sicher eine beliebte Anlaufstelle. Durch ein positives, nach außen transportiertes Bild der Branche könnten größere Zuströme an einwandernden Fachkräften gesichert werden. Diese würden wiederum dafür sorgen, dass der Fachkräftemangel bekämpft würde. Dasselbe gilt bei der aktiven Einarbeitung von Quereinsteigern: Wird kommuniziert, dass sie in der Branche willkommen sind, werden sich solche auf der Suche nach einer neuen Arbeit im deutschen Gastgewerbe gut aufgehoben fühlen. Strukturierte Einarbeitungsabläufe, erwerbbare Zusatzqualifikationen und ein möglichst angeglichenes Gehalt könnten zum guten Ruf der Branche beitragen. Sind Quereinsteiger erst angelernt, sind sie in den operativen Bereichen des Gastgewerbes auf einem vergleichbaren Qualifikationsniveau mit ausgebildeten Fachkräften. Langzeitarbeitslose, die ursprünglich einmal in der Branche gelernt haben, bieten eine weitere Möglichkeit zur Bekämpfung des Fachkräftemangels. Um diese langfristig für die Branche zurückzugewinnen, sollten gegebenenfalls fehlende Qualifikationen staatlich gefördert aufgeholt werden. Integrative Arbeitsplätze, die auch gesundheitlich eingeschränkten Menschen die Möglichkeit auf eine Erwerbsarbeit geben, sind dabei ebenso bedeutsam.

Meine Sichtweise als dual Studierende ist, dass die Branche den Fachkräftemangel nur dann langfristig überwinden kann, wenn alle zusammenarbeiten. Es ist die Aufgabe jedes einzelnen Betriebs, dafür zu sorgen, dass seine Arbeitnehmer zufrieden sind. Nur so kann erreicht werden, dass das deutsche Gastgewerbe auch von außen als positiv wahrgenommen wird und Arbeitssuchende jeder Art sich dort willkommen fühlen. ●

**RESILIENTE
PERSONALSICHERUNG
IM GASTGEWERBE**

Der Faktor Nachhaltigkeit als innovativer Ansatz der Mitarbeiterbindung

von Carla Schinzel

Innovationen und auch Innovationstätigkeiten sind in gesättigten Märkten wie der Tourismusbranche notwendig, um das Überleben des Unternehmens zu sichern und die Wettbewerbsfähigkeit zu steigern. Aufgrund der sich ausweitenden Konkurrenz in dieser Branche ist es von Bedeutung, innovativ zu handeln und sich auf dem Markt zu differenzieren. Dies stellt die Wandlungsfähigkeit eines jeden Unternehmens unter Beweis. Ein Unternehmen, das sich Veränderungen annimmt und Qualität sowie Spontaneität hinsichtlich Modernisierung vereint, nimmt zugleich die Chance ernst, zu einem nachhaltigen Unternehmenswachstum beizutragen. Im Sinne des gesellschaftlichen und sozialen Wandels, der infolge der Klima- und Umweltveränderungen eingetreten ist, zu handeln, sollte als Verantwortung eines Unternehmens verstanden werden. Hierbei ist es relevant, den Wandel in der Umwelt und Gesellschaft wahrzunehmen und mit der Suche nach neuen Lösungen darauf zu reagieren. Die Globalisierung intensiviert den Druck nach Innovationen. Durch die sozialen Medien, und damit eine digitalisierte und stark vernetzte Gesellschaft wie nie zuvor, heben sich die Ansprüche und Bedürfnisse der Touristen kontinuierlich. Das Teilen von Reise-erfahrungen wird seit einigen Jahren vom gesellschaftlichen Wertewandel bestimmt. Insbesondere das Thema der Nachhaltigkeit gewinnt an Bedeutung. Die Nachfrage nach sozial- und umweltverträglichen touristischen Produkten sowie Dienstleistungen steigt (Innerhofer 2012, S. 1ff.).

Das Wort ‚Innovation' stammt von dem lateinischen Wort ‚innovatio' ab und bedeutet ‚Erneuerung' oder ‚sich Neuem hingeben'. Die Übersetzung unterstreicht, dass eine Innovation nicht einer großen Wende gleichgesetzt sein muss. Vielmehr sollte die Optimierung des bereits Bestehenden oder die partielle Erneuerung eines Produkts oder einer Dienstleistung fokussiert werden. In der Literatur wird der Begriff unterschiedlich definiert. Laut Corsten (1989, S. 2) sind Innovationen Neuerungen auf technischer, sozialer oder ökonomischer Ebene in Form von Produkten oder Verfahren. Hausschild (1998, S. 178) hingegen definiert ‚Innovation' als eine neuartige Verknüpfung von Zwecken/Anwendungen mit Mitteln/Technologien. Bratzel und Tellermann (2005, S. IV) betrachten die Erklärung des Begriffs aus einer anderen Sichtweise. Für sie findet eine Innovation erst statt, wenn die Bedürfnisse des Marktes und der Kunden besser oder auf eine neue Art befriedigt werden, indem neue Fähigkeiten und Eigenschaften kombiniert werden. Volo (2004, S. 373) bestätigt dies; Innovationen, die keinen Effekt auf das Kundenerlebnis haben, gelten nicht als Innovation. Ein Kriterium, das alle Definitionen gemeinsam haben, ist die Neuartigkeit, und diese sollte eine Innovation grundlegend ausmachen (Innerhofer 2012, S. 35f.).

Aufgrund dieses Merkmals bringen Innovationen Veränderungen der innerbetrieblichen Abläufe mit sich und somit auch eine bestimmte Unsicherheit und ein Risiko. Im Laufe des Prozesses einer Innovation nimmt jedoch der Grad der Unsicherheit und des Risikos ab. Unsicher hingegen bleiben der Zeitaufwand, die Kosten und die Wirtschaftlichkeit, da auf vorhandenes Wissen, Routineaufgaben oder Erfahrungswerte nur begrenzt zurückgegriffen werden kann.

Ein weiteres Merkmal ist die Komplexität. Diese ist durch die unklaren Problemstrukturen gekennzeichnet. Innovationen betreffen verschiedene Geschäftsbereiche und das Umfeld des Unternehmens. Es gilt, die Angst vor der Komplexität zu überwinden, denn aufgrund der hohen Unsicherheit kommt es zu einem erhöhten Konfliktpotenzial. Das Implementieren von Innovationen heißt gleichzeitig das Aufgeben bekannter Abläufe und Strukturen, was von einigen Mitarbeitern als Bedrohung angesehen wird. Um all diese Herausforderungen zu meistern, ist es nötig, die komplexen und unsicheren Strukturen sowie Prozesse zu organisieren und zu managen (Innerhofer 2012, S. 47ff.).

Die Tourismusbranche ist Teil des Dienstleistungssektors und das touristische Produkt besteht aus materiellen sowie immateriellen Komponenten. Aufgrund dessen spielen nicht nur Sachgüterinnovationen, sondern vor allem Dienstleistungsinnovationen eine Rolle. Ein weiterer Unterschied und zugleich eine weitere Unsicherheit stellt die erschwerte Schutzmöglichkeit von Dienstleistungsinnovationen dar, denn diese sind nicht patentierbar. Der etwaige Nutzen hält sich in Relation zu den Investitionskosten in der Anfangsphase in Grenzen.

Die Imitation der Innovation nimmt eine bedeutende Rolle ein und die möglichen Wettbewerbsvorteile sind nur kurzfristig. Dies kann in Unternehmen zu einer Innovationsträgheit führen. Aufgrund von Imitationen entstehen ähnliche Dienstleistungsprodukte und -angebote. Im Tourismus sind daher symbolische Produkteigenschaften und eine positive Kundenbindung von Bedeutung, um sich von Wettbewerbern zu differenzieren. Es können durch diesen Prozess und der Übernahme neuer Ideen Lernprozesse verursacht werden, die wiederum durch eine eventuelle Weiterentwicklung neue Produkte oder Dienstleistungen entstehen lassen (Innerhofer 2012, S. 52ff.).

Im Tourismus sind inkrementelle Innovationen von Bedeutung. Unter ‚inkrementellen Innovationen' versteht sich die Bündelung, Präsentation und Inszenierung traditioneller Dienstleistungen auf eine neue und innovative Weise. Daraus entstehen Produkterweiterungen, -verbesserungen und -differenzierungen. Des Weiteren entstehen inkrementelle Innovationen auch durch die Neuanschaffung materieller Güter und durch Investitionen in die touristische Infrastruktur.

Neben den inkrementellen Innovationen entstehen Innovationen zudem durch Innovationsimporte aus anderen Branchen. Technologische Innovationen führten beispielsweise zu Neuerungen in der touristischen Dienstleistungserstellung. Des Weiteren werden Innovationen von Anbietern am Markt eingekauft und im Unternehmen implementiert (Innerhofer 2012, S. 3f.).

Die Adaption und Übernahme erfolgreicher Ideen von Wettbewerbern ist in der Dienstleistungsbranche und vor allem in der Hotellerie weit verbreitet. In einer Studie aus dem Futurehotelprojekt – Hoteliersbefragung sagte über die Hälfte der befragten Hoteliers aus, sie sei „auf dem neusten Stand der Technik", ca. 22 % beschrieben sich als „Trendsetter" und 20 % als „Imitator" (Borkmann et al. 2011, S. 22). Aufgrund der hohen Komplexität ist die Entwicklung von Dienstleistungsinnovationen meist noch ein unstrukturierter Prozess. Hinzu kommt, dass die Branche durch eine Vielzahl von kleinen und mittelständischen Unternehmen gekennzeichnet ist, die meist über keine Entwicklungsabteilung und kein eigenständiges Innovationsmanagement verfügen (Innerhofer 2012, S. 5). Als Basis für Innovationen werden laut der Studie häufig Gäste befragt oder andere Wettbewerber beobachtet, es wird auf Trends geachtet oder Mitarbeitergespräche werden geführt. Bei nur ca. 15 % der Häuser ist ein kontinuierliches Innovationsmanagement bereits eingeführt (Borkmann et al. 2011, S. 117).

Ebenfalls zu bedenken ist, dass Dienstleistungsinnovationen in der Hotellerie durch die besonderen Charakteristika einer touristischen bzw. hotelspezifischen Dienstleistung erschwert werden. Sie kennzeichnen sich durch Individualität, Subjektivität, Komplexität und Immaterialität.

Individualität: Zu berücksichtigen gilt, dass die Dienstleistung individuell und personengebunden ist. Jeder Reisende hat individuelle Ansprüche und Bedürfnisse an die Dienstleistung. Der Gast beeinflusst die Leistungserstellung in ihrer Qualität, ihrem Umfang und ihrer Ausführung. Es herrscht eine Abhängigkeit in der Interaktion zwischen Kunden und Mitarbeitern.

Subjektivität: Es handelt sich bei einer Hotelleistung um eine hochemotionale Leistung, da diese zum Gesamterfolg der Reise beiträgt und der Kunde sich für einen gewissen Zeitraum in die Obhut anderer Personen begibt. Zudem kann der Gast die Dienstleistung vorher nicht testen, wodurch eine noch höhere Subjektivität bei der Bewertung der Innovation entsteht.

Komplexität: Die Hoteldienstleistung ist als ein Leistungsbündel aus verschiedenen touristischen Leistungen unter anderem Unterkunft und Verpflegungsleistung definiert. Die Komplexität definiert sich durch einen hohen Informations- und Erklärungsbedarf, da es nicht nur der Anbieterseite bedarf, sondern die Nachfragerseite ebenfalls einen großen Teil zur Leistungserstellung beiträgt.

Immaterialität: Ein weiteres Merkmal ist, dass die Dienstleistung nicht lagerbar und standortgebunden ist. Sie ist an ein Sachgut gebunden, jedoch ist die tatsächliche Leistungserstellung am Kunden nicht materiell. Demzufolge ist die entsprechende Hotelinnovation nur theoretisch und führt somit bei den Gästen zu unterschiedlichen Erwartungshaltungen und Erfahrungsberichten.

Für ein erfolgreiches Innovationsmanagement ist es von Bedeutung, dass das Unternehmen Innovationen fördert und nicht erschwert. Dafür gelten drei Voraussetzungen:

[1] Die Innovationskultur eines Unternehmens sowie dessen Werte und Visionen sind die Basis. Es bedarf separater und nachhaltiger Innovationsprozesse, um in der Zukunft Innovationen zu entwickeln. Die Orientierung an Innovationen sollte sich nicht nach Trends richten, sondern eher an den langfristigen Werten und Normen. Zudem ist es von Bedeutung, dass sich das Unternehmen rasch an Veränderungen anpassen kann, um gegebenenfalls einen Wettbewerbsvorteil gegenüber anderen Unternehmen zu erlangen. Es ist ebenfalls zu empfehlen, eine flachere Hierarchie im jeweiligen Hotelunternehmen einzuführen, denn die Führungspositionen sollten für neue Ideen direkt ansprechbar sein. Als Vision ist es relevant, dass diese innovativen Weiterentwicklungen, Prioritäten und Wachstumspotenziale als Leitmotiv verstanden werden. Des Weiteren ist es von Bedeutung für die Erstellung von Dienstleistungsinnovationen, dass Mitarbeiter aller Abteilungen dazu angehalten werden, aktiv mitzuwirken, und dass von Anfang an transparent über Vorgehensweisen berichtet wird. Zudem zählen ein intensiver Ideen- und Wissensaustausch mit externen Akteuren sowie die interne Kundenorientierung dazu. Es ist essenziell, ein Innovationsnetzwerk zu gründen und somit eine branchenübergreifende Innovationskultur entstehen zu lassen.

[2] Es ist ebenfalls von Bedeutung, eine Innovationsstrategie und -struktur zu erstellen. Eine strukturierte Ideengenerierung findet in der Hotellerie kaum statt, daher gilt es, durch angemessene Ideenfindungstechniken einen strukturierten Prozess einzuführen. Als Kriterium zur Entscheidungsfindung dahingehend, welche Ideen

weiterentwickelt werden sollen, stehen die zukünftigen Wachstumschancen und Wettbewerbsvorteile im Vordergrund. Die Kosten sind noch gering, weshalb es den Hotelunternehmen möglich ist, Innovationsansätze zu testen. Erst mit dem Markteintritt und mit dem damit verbundenen verstärkten Marketing steigen die Kosten. Nicht nur die Kundengewinnung und -überzeugung spielt bei der Strategie eine Rolle, auch das Werben von innovativen Mitarbeitern ist essenziell. Die Marketing- und Vertriebsabteilungen haben die Aufgabe, für eine erfolgreiche Umsetzung ihre Zielgruppen zu definieren und dabei die Bedürfnisse des Nichtkunden zu betrachten.

[3] Des Weiteren sind das Innovationscontrolling sowie die Umsetzung und Diffusion der Innovationen relevant. Der geeignete Zeitpunkt der Markteinführung ist für einen Innovationserfolg bedeutend. Die frühen Adoptoren sind entscheidend für eine rechtzeitige Diffusion der Innovation und beeinflussen wiederum die frühe Mehrheit, die eher in der Gesellschaft verankert ist und dadurch maßgebend für den Erfolg sein kann. In der Hotellerie werden Innovationspotenziale häufig zu spät entdeckt. Zudem gilt es, durch strategische Maßnahmen einen langfristigen Wettbewerbsvorteil zu schaffen – und nicht durch kurzfristige Vertriebs- und Marketingmaßnahmen. Um ein erfolgreiches und innovatives Unternehmen zu sein, ist es essenziell, ein ganzheitliches Innovationscontrolling im Betrieb zu integrieren, das Planung, Realisierung, Koordination und Kontrolle beinhaltet. Des Weiteren ist es eine wesentliche Aufgabe, die Innovation vor Imitation zu schützen. Dienstleistungsinnovationen können nicht durch Patente geschützt werden. Hier ist es bedeutend, durch die Zusammenarbeit mit Leistungsträgern, auch aus anderen Branchen, eine schwer imitierbare Dienstleistung zu erstellen und somit eine starke Reputation und Kundenbindung hervorzurufen.

Für eine optimale Entwicklung und einen erfolgreichen Aufbau von Dienstleistungsinnovationen wurde der EMP-Innovationsmanagementansatz für die Hotellerie entwickelt. Dieser basiert auf drei Basiselementen: (1) Emotionen und Begeisterung, (2) Mehrwert und Möglichkeiten sowie (3) Personalisierung.

[1] Um eine dauerhafte Kundenbindung zu erreichen, ist für eine Begeisterung der Kunden zu sorgen, ausgelöst durch Emotionen. Die Kundenzufriedenheit reicht meist nicht aus, um einen Kunden

an das Produkt zu binden, daher spielt das emotionale Marketing eine essenzielle Rolle in der Hotellerie. Nach dem Kano-Modell der Kundenzufriedenheit wird zwischen Basis-, Leistungs- und Begeisterungsanforderungen differenziert. Letztere sind die Leistungen, die vom Kunden nicht erwartet wurden und somit einen Überraschungseffekt erzeugen und die Kundenzufriedenheit steigern. Begeisterung steht an oberster Stelle und demnach ist es erforderlich, bewusste Auslöser für Emotionen im Marketing- und Vertriebsprozess zu integrieren. Nicht nur die Qualität der Dienstleistung ist relevant, auch der Mitarbeiter hat eine wesentliche Rolle im Dienstleistungsprozess. Die Verhaltensweisen der Mitarbeiter und die Mitarbeiterzufriedenheit wirken sich auf die Kundenzufriedenheit aus. Es ist von Bedeutung, begeisterte Mitarbeiter zu haben, die ihre Begeisterung mit den Kunden teilen und sie auf diese übertragen. Ein weiterer wesentlicher Aspekt ist das Empowerment der Mitarbeiter. Hier ist es von Bedeutung, Eigenverantwortung zu übermitteln sowie die Mitarbeiter in ihren Qualifikationen zu bestärken, damit sie diese einsetzen und entfalten können. Dies fördert nicht nur die Kundenzufriedenheit, sondern auch die innovativen Kompetenzen. Für die Hotellerie heißt dies, dass bei der Wahl der Mitarbeiter nicht nur auf die fachlichen Kompetenzen Wert gelegt werden sollte, sondern auch auf die Persönlichkeit, wie Kreativität und Offenheit. Abschließend lässt sich sagen, dass Hotelketten immer nach etwas Überraschendem und Einzigartigem suchen sollten, um im Wettbewerb konkurrieren und neue Ideen implementieren zu können.

[2] Mehrwerte zu generieren, gilt als bedeutender Teil der Marketing- und Vertriebsprozesse, da hierdurch eine Differenzierung vom Wettbewerb stattfindet. Aufgrund der Digitalisierung ist eine große Preis- und Markttransparenz gegeben, wodurch der Großteil der Kaufentscheidung durch den Kunden schon im Vorhinein getroffen wird. Letztendlich gilt es nur noch, den Preis mit dem Verkäufer abzustimmen. Bei diesem Prozess ist es von Bedeutung, dem Kunden Geschäftsmöglichkeiten aufzuzeigen, derer er sich nicht bewusst war. Hierbei schaffen beispielsweise Innovationen Wettbewerbsvorteile und begeistern den Kunden. In Zukunft ist der Vertriebsprozess der Hotelketten von einem lösungsorientierten auf einen möglichkeitsorientierten Ansatz umzustellen. Wesentliches Merkmal des möglichkeitsorientierten Ansatzes ist

ein langfristiger Wettbewerbsvorteil durch die Differenzierung von Mitbewerbern. Die gebildeten Netzwerke mit Kooperationspartnern sind eine weitere Quelle für Innovationen und werden in Zukunft in Vertriebs- und Marketingprozesse integriert. Zusätzlich zur Integration trägt der Mehrwert zur Differenzierung bei, da die Imitationsbarrieren erhöht werden. Es ist auch relevant, den passenden Kooperationspartner zu finden. Dabei sollte die Wahl auf solche Partner fallen, die engagiert sind und mit denen ein langfristiger Wettbewerbsvorteil erreicht werden kann. Die Suche sollte nicht nur innerhalb der eigenen Branche stattfinden, auch branchen- und firmenübergreifende Netzwerke sind von Vorteil. Des Weiteren können Universitäten oder Forschungsinstitute in Betracht gezogen werden. Diese Strategie, sich nach außen zu öffnen, wird auch als ‚Open-Innovation-Ansatz' bezeichnet. Es lässt sich festhalten, dass es in der heutigen Zeit essenziell ist, sich vom Wettbewerb klar abzugrenzen und seine Hoteldienstleistung zu positionieren.

[3] Die Kunden mit in den Dienstleistungsprozess zu integrieren, ist notwendig, um eine dauerhafte Kundenbindung herzustellen. Der Grad der Einbindung kann variieren. Die Kunden bringen auch ihre eigenen Ressourcen, wie Wissen und Zeit, mit in den Wertschöpfungsprozess. Dabei ist es wesentlich, dass die Integration nicht durch technische Innovationen automatisiert wird, sondern dass die Service-Experience weiterhin von Bedeutung ist. Der klassische Servicegedanke sollte in Zukunft umgedacht werden, denn der Mensch sollte mehr in den Prozess involviert werden, sodass der Service personalisiert wird und dadurch mehr Wissen über den Gast erlangt und gespeichert wird (Freyer/Schreyer 2018, S. 209ff.).

Das Relais & Châteaux Gut Steinbach in den Chiemgauer Alpen, Mitglied der Relais & Châteaux Hotelvereinigung seit 2019, setzt bei seinem Handeln auf Innovationen, ohne Traditionen zu vernachlässigen. Es hat schon mehrere Auszeichnungen, beispielsweise vom FEINSCHMECKER ‚Hotel des Jahres 2019', erhalten. Vor allem beim Thema Nachhaltigkeit ist das Hotel führend und wurde auch von der Busche Verlagsgesellschaft mit dem ‚Nachhaltigkeitskonzept des Jahres 2021' ausgezeichnet. Zudem war es eines von drei Hotels unter den Nominierten des Nachhaltigkeitspreises der ‚101 besten Hotels' in Deutschland. Der Küchenchef Achim Hack wurde ebenfalls mehrfach ausgezeichnet, unter anderem mit dem Preis ‚Farm to table Koch 2020' des Großen Guide.

Erstmalig erhielt die Küche von Gut Steinbach im Jahr 2021 den Grünen Stern des Guide Michelin, ein Stern für eine ausgezeichnete Küche gepaart mit dem nachhaltigen Handeln im Sinne der Verarbeitung von regionalen und saisonalen Produkten sowie gelebter Kooperation und Partnerschaft innerhalb der Region.

Seit Anbeginn, also seit 2010, ist die Familie Graf von Moltke Eigentümer des Relais & Châteaux Gut Steinbach. Ihr Heimatrefugium besteht aus einem Forsthaus, dem Stammhaus, dem Suitenhof und dem Chaletdorf. Die Anlage erstreckt sich über 51 Hektar mit biolandzertifizierter Land- und Forstwirtschaft. Es gibt eine Vielzahl an Tieren, wie Rotwild, Yaks, Hühner, Ziegen, und ein Insektenhotel. Die Grundlage für die generationsübergreifende Philosophie der Nachhaltigkeit bildet der Gedanke, Traditionen und Werte, Baustil, kulinarische Geschmackserlebnisse und Erlebnisse innerhalb der Region an die nächsten Generationen weiterzugeben. Dazu gehören auch der verantwortungsbewusste Umgang mit der Forstwirtschaft und die Entwicklung der Landwirtschaft. Das Thema Nachhaltigkeit wird jeden Tag von den Eigentümern und den Mitarbeitern gelebt und von den Gästen nachgefragt und geliebt.

Die Eigentümerin, Susanne Gräfin von Moltke, beschreibt ihre Unternehmenswerte als nachhaltig, im Sinne der Ökonomie, Ökologie und der sozialen Verantwortung gegenüber ihren Mitarbeitern, Partnern, aber auch dem Umfeld, der Region. Die Werte sind auf einem stabilen Fundament von Tradition und Heimat aufgebaut.

Die Philosophie des Guts Steinbach ist: ‚Erlebbare Werte: HEIMAT. RUHE. BODEN., ganz nach dem Motto Unser Heimatrefugium. Natur erleben, schmecken und fühlen‘.

Das Thema Nachhaltigkeit ist für das Gut Steinbach ein essenzieller, aber auch selbstverständlicher Bestandteil von der ersten Planungsphase an. Es wird der Strategie der gelebten Nachhaltigkeit streng nachgegangen, die immer innovative Maßnahmen beinhaltet, mit dem Ziel, nach Exzellenz und Wahrhaftigkeit zu streben. Der Baustil, die Materialen, die regionalen Handwerker und regionale Produkte in der Küche gehören zum Alltag eines nachhaltigen innovativen Hotelkonzepts. Die Küchenphilosophie des Sternekochs Achim Hack und seines Teams lebt und zelebriert das 80/80-Prinzip, das heißt, dass 80 % der Lebensmittel aus einem Radius von 80 km kommen.

Gräfin von Moltke erklärte, dass es bei der Implementierung von Innovationen bedeutsam sei, dass zum einen die stringente und konsequente Fortsetzung des Prinzips der gelebten Nachhaltigkeit immer im Fokus steht, aber ebenso der Zeitgeist Berücksichtigung findet; beispielsweise traditioneller Baustil gepaart mit modernster Technik.

Hinsichtlich der Messung der Umsetzung der Innovationen beschrieb Gräfin von Moltke, dass der Dialog zwischen Mitarbeitern und Gästen eine bedeutende Rolle einnehme. Es sei ihr wichtig, mit den Gästen vor Ort im Dialog zu stehen. Ein Beispiel war dazu im Jahr 2019 eine Befragung im Rahmen der Studienarbeit eines dualen Studierenden zum Thema ‚Frühstück: Buffet vs. Eingedeckte Etagere'. Dabei wurden die Gäste explizit in den Prozess eingebunden und die Erkenntnisse wurden bei der Lösungsfindung berücksichtigt.

In der Vergangenheit wurden bereits viele innovative und vor allem nachhaltige Maßnahmen implementiert.

Die gesamte Anlange ist beispielsweise an das Biomasseheizwerk Naturwärme Reit im Winkl angeschlossen. Dadurch werden nicht nur alle Gebäude und Einrichtungen mit Biomasse-Wärme versorgt, sondern es werden auch 3 Millionen Liter Heizöl für den gesamten Ort eingespart. Damit hat sich zudem die Luftqualität verbessert und es gibt 100 % regenerative Wärme auf dem ganzen Gut.

Beim Bau und Ausbau des Hotels Gut Steinbach wurden nur natürliche Rohstoffe und das Holz aus dem eigenen Forst oder der unmittelbaren Umgebung verwendet. Die Handwerker kamen ebenfalls aus der Region, sodass das traditionelle Handwerk und der typischen Chiemgauer Baustil wertgeschätzt wurden und die regionale Wirtschaft aktiv gefördert wurde.

Im Außenbereich wurde zum Beispiel beim Naturweiher inmitten des Chaletdorfs keine Teichfolie, sondern es wurden natürliche Ton- und Lehmschichten mit einer Granitschüttung genutzt und nur regional typische Pflanzen angelegt.

Das Thema E-Mobilität wurde in der Vergangenheit ebenfalls bereits ausgebaut. Es gibt drei E-Tankstellen für eine Kapazität von zwei bis sechs Fahrzeugen sowie hybride Dienstwagen oder einen E-Shuttle-Service auf dem Gelände.

Auf die Biodiversität wurde ebenfalls geachtet, beispielsweise durch den Bau eines Insektenhotels, das eine Vielzahl von Vorteilen für die Umwelt mit sich bringt, etwa die Förderung der Artenvielfalt der heimischen Insekten und Vögel.

Die Themen digitale Kommunikation und Digitalisierung spielen ebenfalls eine große Rolle beim Thema Nachhaltigkeit. So hat das Hotel digitalisierte Dienstpläne und vermeidet unnötigen Papiermüll.

Digitale Kommunikationsmöglichkeiten zwischen den Abteilungen und die Informationsvermittlung finden mithilfe von QR-Codes statt.

Auf Recycling wird in einem Hotel dieser Art ebenfalls Wert gelegt. Dabei ist es dem Hotel Gut Steinbach wichtig, den Müll gewissenhaft zu trennen und auch die Mitarbeiter für dieses Thema zu sensibilisieren. Im Restaurant beim Frühstücksbuffet, bei den Strohhalmen oder bei den verpackten Wanderbrotzeiten wird auf nachhaltige Alternativen gesetzt, wie kein Plastik und keine abgepackten Portionsgrößen. Der Biomüll wird soweit möglich in der eigenen Landschaft wiederverwendet. Auch bietet das Gut Steinbach seinen Gästen auf Wunsch die Zimmerreinigung nur an jedem zweiten Tag an. Das spart Personal(-kosten) sowie Putzmittel und schont somit Umweltressourcen. Zudem kann der entstehende Preisvorteil an die Gäste weitergegeben werden.

Das Personal ist in jedem Haus neben dem Hotelprodukt einer der relevantesten Faktoren für eine auch zukünftige Gästebindung. Glückliche und zufriedene Mitarbeiter resultieren oft in glücklichen und wiederkehrenden Gästen. Daher legt das Hotel Gut Steinbach Wert auf faire Bezahlung, eine Fünftage- oder neuerdings auch eine Viertagewoche mit Arbeitszeitkonto, unbefristete Arbeitsverträge, Personalverpflegung, Preisvorteile und Corporate-Benefits. Zudem bietet es einen kostenlosen Skiverleih im Winter sowie den Verleih von (E-)Bikes im Sommer, betriebliche Altersvorsorge, Förderung der Auszubildenden sowie interne Schulungen zum Thema Nachhaltigkeit. Das Personal hat zudem die Möglichkeit, im neu erbauten Personalhaus in einem der voll ausgestatteten Appartements mit Größen ab 30 qm zu wohnen. Ihre Dienstkleidung bleibt ganz dem Motto treu: traditionell, echt, authentisch und trotzdem zeitgeistig; vom regionalen Hersteller aus dem Chiemgau.

Im Jahr 2021 wurde die Küche unter dem Aspekt der Wärmerückgewinnung und modernster energetischer Energie komplett renoviert. Diese Technologie wurde auch in der Bar sowie im neuen ‚Heimat & Natur SPA' integriert.

Im Dezember 2021 wurde das Heimat & Natur SPA, die neue Wellnesslandschaft – eine Oase der Ruhe – mit Panoramasaunen, modernem Fitnessraum und Ruheoasen inklusive einer Wellnessbibliothek eröffnet.

Des Weiteren möchte das Hotel Gut Steinbach mit seiner ausgezeichneten, nachhaltigen Küche sowie mit Erlebnissen, die Tradition und Nachhaltigkeit schmeckbar und erlebbar machen, überzeugen.

Zudem wurde die Arbeitsgruppe ‚Zero Waste' gegründet – mit dem Ziel, pro Monat eine Nachhaltigkeitsidee konkret und auf Dauer umzusetzen. Beispiele für Ideen wären der Verzicht auf Joghurt in Plastikbechern am Buffet und der Fokus auf Mehrwegprodukte, etwa bei Milchprodukten oder durch Adelholzener Wasser statt Pellegrino.

Um weiterhin in Zukunft innovativ und nachhaltig handeln zu können, sei es von Bedeutung, betonte Gräfin von Moltke, dass alle Mitarbeiter die Philosophie nicht als Pflicht, sondern als Aufforderung sehen, diese eigenständig zu leben, aber auch eigene Ideen zu formulieren. Dabei spiele die nachfolgende Generation, wie Auszubildende oder Studierende, eine essenzielle Rolle, die auch die Motivation besitze, aktiv dabei zu bleiben – „Nur gemeinsam kann man das schaffen!" (Gräfin von Moltke, persönliche Kommunikation, 1. November 2021)

Abschließend ist mein Impuls als dual Studierende an die Branche, dass es von Relevanz ist, bereit und offen für neue Ideen und Innovationen zu sein. Des Weiteren bin ich der Meinung, dass es relevant ist,- wie auch in der Theorie bestätigt und von Frau von Moltke als Best-Practice-Beispiel vorgelebt – die Mitarbeiter aktiv in diesen Innovationsprozess einzubeziehen. Ein innovatives Nachhaltigkeitskonzept stellt ein Differenzierungsmerkmal unter Unternehmen dieser Branche dar und ist somit eine attraktive Möglichkeit, Fachkräfte zu finden, aber auch Mitarbeiter zu binden. Nachhaltigkeit ist das Thema in der heutigen Gesellschaft und mir persönlich sind solche Arbeitgeberwerte für die Zukunft sehr wichtig. Die Kundenbindung spielt eine bedeutende Rolle in der Hotellerie. Nicht nur durch motivierte Mitarbeiter, auch durch innovative Maßnahmen können und müssen Anreize geschaffen werden, die die Kunden neugierig machen, einen nachhaltigen Eindruck hinterlassen und sie schließlich immer wiederkehren lassen. Glückliche Mitarbeiter resultieren in zufriedenen Gästen, daher ist es von Bedeutung, die Werte der heutigen Gesellschaft mit in die Werte eines jeden Arbeitgebers einfließen zu lassen, um langfristig Fachkräfte für die Hotellerie und Gastronomie zu gewinnen. ●

Wie sehen innovative Lösungsansätze im Bereich der Aus- und Weiterbildung aus?

von Alexander Apitzsch

1 Einleitung

„An investment in knowledge pays the best interest. When it comes to investing, nothing will pay off more than educating yourself." (Sreechinth 2016)

Dieses Zitat deutet an, dass das Modell des langfristigen Strebens nach Bildung und somit Wissen als wertvolle und strategisch-rationale Investition hohe Relevanz zu haben scheint. Benjamin Franklin betrachtet hierbei das Element Wissen im ökonomischen Kontext und setzt Kapitalertrag ins unmittelbare Verhältnis zur erworbenen Kompetenz. Da das angestrebte Resultat eines Unternehmens unter anderem das Erwirtschaften von langfristig nachhaltigen Gewinnen ist, lässt sich die These einer Kohärenz zwischen wirtschaftlichem Erfolg und akkumulierter Kompetenz aufstellen.

Diese Korrelation zu nutzen, könnte insbesondere im Zusammenhang mit dem aktuellen Umfeld ein relevanter Faktor für den langfristigen Erfolg eines Unternehmens sein. Der akute Fachkräftemangel innerhalb der Tourismusbranche verlangt es, neue Konzepte und Lösungsansätze zu evaluieren, um eine flexible und resiliente Struktur schaffen zu können. Zusätzliche externe Einflüsse wie der voranschreitende demografische Wandel innerhalb der Industrienationen führen zu potenziell weiteren schwerwiegenden Problemen und verschärfen den Arbeitskräftemangel beträchtlich (Deutsche Stiftung Weltbevölkerung 2021). Ausgelöst durch die sich verschiebende Altersstruktur und die dementsprechende Abnahme der Leistungsträger innerhalb der Wirtschaft werden Aufgaben wie Ausbildung und kontinuierliche Weiterentwicklung qualifizierter Fachkräfte immer essenzieller für den Erfolg der Unternehmen.

Weitere prägende Trends wie die Digitalisierung werden den Kontext der Aus- und Weiterbildung ebenso verändern. Es werden neue Arbeitsbereiche aufkommen wie auch andere obsolet. Die durch technologischen Fortschritt entstehende Redundanz führt zunächst zu einer Reduktion der menschlichen Arbeitskraft innerhalb bestimmter Teilbereiche und schafft somit Unsicherheit. Die Corona-Pandemie offenbarte erneut die Notwendigkeit zur Implementierung antifragiler und nachhaltiger Systeme.

Die Zielsetzung dieses Textes ist es daher, lösungsorientierte und innovative Ansätze im Bereich Aus- und Weiterbildung zur Bewältigung des Fachkräftemangels darzulegen. Es ist dabei von zentraler Bedeutung, flexible und resiliente Lösungsansätze zu erörtern, die an die Umstände angepasst werden können und somit potenziell langfristigen ökonomischen Erfolg ermöglichen.

Um eine Grundlage hierfür zu schaffen, geht es in dem nächsten Abschnitt zunächst um die Fundierung einer theoretischen Basis. Hierbei wird der kausale Ausgangspunkt für die Relevanz bestimmter Methoden und Modelle begründet und ein Fundament für weitere Argumentationen wird gelegt. Im darauffolgenden Abschnitt werden Grundzüge der Thematik innovative Lösungsansätze im Bereich der Aus- und Weiterbildung dargelegt und erklärt. Ziel ist es dabei, möglichst prägnant ein Portfolio von Ideen und Ansätzen zur potenziellen Lösung des Fachkräftemangels im Bereich der Aus- und Weiterbildung zu präsentieren. Es ist zu beachten, dass keine fertig konzeptionierten Lösungsmodelle, sondern lediglich Ansätze und Anregungen zur weiteren Ausarbeitung gegeben werden.

2 Theoretisches Fundament

2.1 Prägnante Analyse des Kernproblems

Um der Fragestellung nach innovativen Lösungsansätzen gerecht werden zu können, ist es zunächst fundamental, das eigentliche

Kernproblem und somit den Grund für die Notwendigkeit des Erörterns von Lösungsansätzen zu identifizieren. Jenes evidente Problem ist der akute Fachkräftemangel innerhalb der touristischen Branche (Deutscher Hotel- und Gaststättenverband 2021e, S. 13). Diese komplexe Problematik ist multikausal bedingt und lässt sich somit nur schwer evaluieren. Um dennoch stringente Lösungsansätze erstellen zu können, gilt es, singuläre Kausalzusammenhänge zu identifizieren und in die Analyse einfließen zu lassen. Nur so lassen sich nachvollziehbare und potenziell nachhaltige Konzepte entwickeln und erklären.

Eine dabei zu beachtende Entwicklung ist der demografische Wandel. Durch diesen verschiebt sich die Altersstruktur innerhalb der Gesellschaft (Statistisches Bundesamt 2021b). Der Arbeitsmarkt verändert sich von einer Umgebung der reinen Arbeitssuche hin zu einem Umfeld der Arbeitersuche. Dies bedeutet, dass neue Möglichkeiten erschlossen werden müssen, um nicht nur neue Arbeitskräfte zu akquirieren, sondern ebenso Mitarbeiter mit Kompetenz und Wissen im eigenen Unternehmen zu halten. Folglich sind langfristige Modelle zur Weiterbildung gefordert, die Bestandteil eines potenziellen Maßnahmenpakets zur Bewältigung des angedeuteten Problems sein können.

Insbesondere die Tourismusindustrie ist als Dienstleistungsbranche stark von diesem Problem betroffen (Kolbeck/Rauscher 2020, S. 14f.). Da viele der Arbeitsprozesse bisher von Menschen ausgeführt werden und die Qualität eines Hotelprodukts zu einem Teil von der Qualität der Dienstleistung abhängt, ist der Fachkräftemangel besonders im Tourismus schwerwiegend. Die durch den Fachkräftemangel potenziell geminderte Qualität eines bestimmten Produkts führt zu einer geringeren Kundenzufriedenheit und somit zu sinkenden Auslastungszahlen und Umsätzen. Durch den direkten Kontakt zum Kunden und den ausgeprägten Servicecharakter bilden die Mitarbeiter das Fundament des touristischen Unternehmens (Gardini/Brysch 2014, S. 5). Somit ist der Effekt des Mangels an Arbeitskraft auf den ökonomischen Erfolg eines Unternehmens besonders innerhalb der touristischen Branche präsent.

Im Zusammenhang mit dieser prägnanten Analyse gilt es des Weiteren, den Punkt einer sich wandelnden Wissensgesellschaft hervorzuheben. Diese inkludiert unter anderem die steigende Bedeutung des Wissens als immaterielle Ressource und somit ebenso der damit verbundenen Ressource des Mitarbeiters (Kreitel 2008, S. 17). Ebenso lassen sich eine stärkere Fragmentierung und Diversifizierung der erworbenen Kompetenzen erkennen. Durch sich ändernde

Bedingungen entstehen immer weiterführende Spezialisierungen in neuen Fachbereichen. In gleichem Maße ist auffallend, dass sich die Aktualität des Wissens und dementsprechend die temporäre Relevanz der gespeicherten Informationen immer weiter verringert. Wissen, das gegenwärtig als wertvoll und aktuell gilt, ist durch die sich zunehmend beschleunigende Entwicklung der Gesellschaft und damit verbunden die Entwicklung neuer Technologien und Erkenntnisse schneller veraltet (Lecturio 2019).

2.2 Definitionen und Prämissen

In dem vorliegenden Abschnitt werden zunächst Kernbegriffe der Thematik definiert und Bedingungen, die zum weiteren Verständnis der Lösungsansätze notwendig sind, werden vorgestellt.

Ein für die im Folgenden dargelegten Konzepte relevanter Punkt ist die Annahme, dass Diversität und Heterogenität von Arbeitsgruppen einen wirtschaftlichen Vorteil mit sich bringt. Diese entsteht unter anderem dadurch, dass ein heterogenes Team eine größere Vielfalt verschiedener Lösungsansätze und Ideen integrieren kann, was in einem höheren Innovationspotenzial und einer höheren Wandlungsfähigkeit resultiert (Mayer 2008, S. 53). Um eine dementsprechende Diversität und somit ebenso eine Breite an Kompetenz und Wissen zu erzielen, müssen die Elemente Aus- und Weiterbildung in das strategische Konzept des Unternehmens integriert werden. Bereits während dieser Prozesse kann eine Polymorphie innerhalb der Gruppe gefördert werden. Insbesondere in Zusammenhang mit der vorher beschriebenen Umgebung der Veränderung scheint eine heterogene, flexibel agierende Mitarbeiterschaft und somit eine wandlungsfähigere Firma eine für dieses Umfeld prädestinierte Struktur darzustellen. Flexibilität und Diversität lassen sich folglich als kritische Ressourcen des aktuellen Wirtschaftsumfelds bezeichnen.

Um fundierte Lösungsansätze darlegen zu können, ist es des Weiteren von Bedeutung, den Terminus ‚innovativ' im Kontext zu definieren. In diesem Zusammenhang lässt sich ‚Innovation' als die Kreation von etwas Neuem zum Zweck der Verbesserung beschreiben, wobei eine Differenzierung in Ideenfindung und Ideenumsetzung erfolgen kann. Die Ideenumsetzung lässt sich insbesondere im wirtschaftlichen Kontext als die zentrale Herausforderung identifizieren (Pikkemaat et al. 2006, S. 3). Erst der Transfer eines theoretischen Konzepts und somit einer Idee in einen realen ökonomischen Zusammenhang und folglich die erfolgreiche Implementation im Unternehmen lässt die Idee zu einer Innovation werden (Pikkemaat et al. 2006, S. 3).

Zusammenfassend lässt sich sagen, dass die folgenden Lösungsansätze im Bereich der Aus- und Weiterbildung auf den eben beschriebenen theoretischen Grundlagen basieren. Die sich ändernden exogenen Faktoren erfordern einen sich weiter wandelnden Arbeitsmarkt sowie neue Methoden und Modelle, mit denen die neuen Herausforderungen angegangen werden können. Ziel ist es dementsprechend, praktisch anwendbare und adäquate Lösungsansätze zu konzeptionieren und diese in gesammelter Form prägnant darzustellen.

3 Innovative Lösungsansätze im Bereich der Aus- und Weiterbildung

3.1 Integration touristischer Simulationsspiele

Dieser Ansatz folgt dem eingangs beschriebenen Trend der Digitalisierung und kombiniert Elemente des technologischen Fortschritts mit einer Form der Aus- und Weiterbildung. Das Konzept ist es, virtuell simulierte Szenarien zu erschaffen, in denen Lernende in realitätsnahen Situationen gefordert und verschiedene Kernkompetenzen gefördert werden. Es handelt sich hierbei also um Simulationen realwirtschaftlicher touristischer Szenarien. Je nach spezifischer und thematischer Ausrichtung der Simulation können gezielt verschiedene Kompetenzen erlernt werden. Innerhalb des Tourismus gibt es zahlreiche Anwendungsmöglichkeiten, die sowohl Kernleistungen als auch Nebenleistungen der gesamten Branche abdecken. Somit könnten bereits existente Planspiele zur Thematik Management exemplarisch auf weitere Bereiche wie wirtschaftliches Arbeiten im Bereich Food and Beverage, an der Rezeption oder im Destinationsmanagement adaptiert werden. In der Simulation müssen sich die Auszubildenden den jeweiligen praxisbezogenen Herausforderungen stellen und ihrem Unternehmen, ihrer Abteilung oder ihrem Team zum Erfolg verhelfen. Hierbei könnten ebenso digitale Elemente wie Virtual- oder Augmented Reality integriert werden. Durch die Möglichkeit zur spezifischen Kalibrierung der einzelnen Parameter lassen sich immer neue Szenarien und somit Lerneffekte erzielen.

Exemplarisch könnte hierbei der Betriebsablauf eines Restaurants als Simulation gestaltet werden. Die Lernenden könnten sich in Gruppen zusammenfinden und jeweils ein eigenes virtuelles Restaurant bewirten. Ziel dabei ist es, Prozesse nachzuvollziehen und umfangreiche Erfahrungen innerhalb der Thematik zu sammeln. So müssten sich die Teilnehmer beispielsweise um den Einkauf kümmern, passende Lieferanten finden, die Produkte nach Preis und Qualität auswählen und viele weitere Entscheidungen treffen. Dazu gehörten unter anderem die Budgetplanung oder das Erstellen von Dienstplänen.

Die Vorteile hierbei ergeben sich aus der Flexibilität und somit der Antifragilität des Konzepts. Die Simulation lässt sich vergleichsweise simpel an unterschiedliche Gegebenheiten anpassen, wodurch eine Umorientierung der Lehrinhalte an sich extern ändernde wirtschaftsrelevante Anforderungen möglich wird. Je nach Ausrichtung der einzelnen Simulationsmodule können sowohl verschiedene fachliche Kompetenzen als auch weiterführende Fähigkeiten, wie Teamfähigkeit, selbstständiges Handeln und Denken oder Problemlösungskompetenz, vermittelt werden. Solche Simulationen sollten sorgfältig und zielgerichtet konzipiert werden, um so zu einem effizienten Hilfstool zur Aus-, aber auch Weiterbildung zu werden. Ebenso kann das angeregte wirtschaftliche Denken und damit verbunden das abteilungsübergreifende Verstehen von Prozessschritten weitere positive Effekte innerhalb des eigenen Unternehmens erzielen.

Ein weiterer Vorteil eines derartigen Modells ist die Möglichkeit zur Evaluierung der Teilnehmer aus Arbeitgeberperspektive. Der Spielleiter kann innerhalb der Szenarien unterschiedliche Stärken und Schwächen identifizieren sowie Potenziale erkennen und weiterentwickeln. Dementsprechend können die einzelnen Kandidaten somit besser gefördert werden.

Die größte Herausforderung ist es hierbei, ein Konstrukt zu schaffen, dass die Ernsthaftigkeit der Teilnahme an den Simulationen gewährleistet. Dies bedeutet konkret das Schaffen von Anreizen zur realitätsnahen Bearbeitung des Planspiels, denn nur durch ein möglichst realitätsnahes Erlebnis ließe sich der optimale Umfang an Wissen und Erkenntnissen transportieren.

3.2 Flexible Projektgestaltung statt Ausbildungsplan

Die Konzeption der flexiblen Projektgestaltung soll neue kreative und interaktive Möglichkeiten der Lehrplangestaltung von Auszubildenden bieten. Bisher gibt es einen vordefinierten, standardisierten Ausbildungsplan, der unabhängig von persönlichen Stärken, Schwächen oder Präferenzen einen bestimmten Wissensstand transportiert. Da der Grad an Diversität innerhalb eines Teams kohärent zur geleisteten Effizienz ist, ist es kausal folgend auch im ökonomischen Kontext sinnvoll, jene Diversität zu fördern (Albrecht 2018, S. 34). Um dies zu schaffen, gilt es, vielfältige Kompetenzbereiche rund um die Kernwertschöpfung des Unternehmens zu fördern. Hierzu ist es essenziell, bereits im Rahmen der Ausbildung eine Struktur zu schaffen, die ebendiese Individualität zulässt und begünstigt.

Eine Möglichkeit wäre es hierbei, den Ausbildungsplan weiter zu individualisieren und ihn darüber hinaus mit den Auszubildenden abzustimmen. So könnten beispielsweise praxisrelevante Projekte ausgestellt werden, die von den Auszubildenden je nach persönlicher Präferenz in Teams bearbeitet werden. Somit können die Auszubildenden ihre berufliche Laufbahn nach eigenem Interesse mitgestalten, werden zu unternehmerischem Denken angeregt und gleichzeitig stärker motiviert.

Die Idee ist es also, ein internes Forum für Projekte zu implementieren. Dies ist vor allem unter dem Aspekt der abteilungsübergreifenden Ausbildung förderlich, da verschiedene Interessen gezielt weiterentwickelt werden können. Hierbei können innerhalb des Unternehmens Aufgaben in Projekte strukturiert und innerhalb des Forums ausgeschrieben werden. Die Auszubildenden können sich daraufhin eigenverantwortlich in Arbeitsgruppen zusammenfinden, die auf spezielle Projekte ausgerichtet sind, und diese lösungsorientiert bearbeiten.

Somit lernen die Auszubildenden unter anderem den sozialen Umgang in Teamstrukturen und können ihren persönlichen Stärken nachgehen. Zeitgleich können und sollten die Projekte wirtschaftlichen Nutzen und praktische Relevanz für das Unternehmen haben. Dies fördert die Eigenverantwortung und stärkt den Anreiz für die Auszubildenden, die Projekte erfolgreich abzuschließen.

3.3 Lernstrategien und Methodentraining
Das bisherige Konzept der Ausbildung ist auf eine reine Vermittlung von sachbezogenen Informationen ausgelegt und transferiert auf den Beruf thematisch zentriertes Wissen, unabhängig vom individuellen

Habitus. Es ließe sich daher auch als starr charakterisieren. Ein anderer Ansatz hingegen wäre die Auflockerung dieser Strukturen und die Flexibilisierung der Aus- und Weiterbildungspläne. Dies bedeutet die Ausrichtung der Lernstrategien auf das sich ständig ändernde Umfeld. Der ständige Zugang zu riesigen Informations- und Wissensressourcen lässt einen standardisierten Wissensfundus einzelner Personen obsolet werden. Dies wird vor allem durch den technologischen Fortschritt und die Digitalisierung begründet. Relevanter wird daher die Fähigkeit, eigenverantwortlich Fachwissen innerhalb der eigenen Interessengebiete effizient zu akkumulieren. Um dies umsetzen zu können, sollte ein flexibler Ausbildungsplan Lernstrategien und Lehrinhalte thematisieren, die die persönliche Akquirierung von Wissen vereinfachen und so effizient wie möglich gestalten. Durch diese Spezialisierung der einzelnen Wissensgebiete und der damit verbundenen Gewinnung von Fachwissen entsteht eine qualitativ hochwertige Kompetenz, die zu ökonomischen Vorteilen führen kann. Konkretes Ziel ist es also, ein allgemeines Konzept zur individualisierten Förderung der persönlichen Interessen und somit ein hohes Maß an Diversität zu schaffen. Ansatzpunkt ist hierbei das sogenannte lebenslange Lernen. Dabei sollten den Arbeitnehmern Strategien und Methoden vermittelt werden, mit denen diese ihr favorisiertes Wissen selbstständig akkumulieren können.

3.4 Kooperationen mit externen Partnern

Um die in der theoretischen Fundierung beschriebene Diversität innerhalb der eigenen Strukturen zu etablieren, ließen sich ebenso verschiedene Ansätze zur Förderung der Diversität implementieren. Für eine möglichst große Diversität ist es zunächst notwendig, den Lernenden viele unterschiedliche Erfahrungen zu ermöglichen, sodass diversifizierte Sichtweisen gefördert werden. Dabei spielen auch der kulturelle Austausch und die damit verbundene Zusammenarbeit mit externen Partnern eine große Rolle. Solch ein kultureller Austausch muss nicht zwingend über einen geografischen Wechsel stattfinden, sondern lässt sich mithilfe digitaler Mittel auch zu geringeren Kosten arrangieren. Neue Erfahrungen können nur innerhalb neuer Situationen entstehen, weshalb es das Ziel sein sollte, jene Situationen zu fördern. Größere Unternehmen haben hierbei den Vorteil, über interne Austäusche neue Erfahrungen zu kreieren. Eine große Hotelkette könnte beispielsweise den temporären Transfer der Auszubildenden oder Mitarbeiter unter verschiedenen Häusern arrangieren. Dies fordert die Teilnehmer unter neuen Voraussetzungen und fördert somit unterschiedliche Sichtweisen. Solche Austauschprogramme können ebenso mit externen Anbietern vollzogen und in unterschiedlichem Umfang ausgelegt werden. Unter den notwendigen Voraussetzungen besteht ebenso die Möglichkeit zur Positionierung eines Weiter- bzw. Ausbildungsnetzwerks. Hierbei geht es um das Etablieren von Netzwerken mit höchstmöglicher Diversität in Form verschiedener Partnerunternehmen aus unterschiedlichen Kulturen und Ländern mit unter anderem verschiedenen Kundenstämmen und Geschäftsausrichtungen. Dies sichert den Lernenden die höchstmögliche Diversifikation an Erfahrung und dem Unternehmen somit im großen Stil die höchstmögliche Diversität der Mitarbeiter. Eine derartige dezentralisierte Netzwerkstruktur zu etablieren, ist unter Umständen zeitaufwendig und kostenintensiv, birgt insbesondere langfristig aber zahlreiche Vorteile.

Derartig internationale Netzwerkstrukturen könnten auch zur Lösung weiterer Problematiken beitragen. Da Trends wie der demografische Wandel und hiermit verbundene Effekte wie der Fachkräftemangel vordergründig innerhalb der Industrienationen auftreten, ist es erforderlich, die Akquirierung neuer Arbeitskräfte unter hierfür besser geeigneten Bedingungen zu fördern. Die Voraussetzung zahlreicher Arbeitssuchender ist vor allem in Entwicklungsländern vorzufinden. In diesen existiert meist eine hohe und wachsende Bevölkerungszahl und somit potenzielle Arbeitskraft, aber dafür eine noch geringe Wirtschaftskraft. Jene potenzielle Arbeitskraft lässt sich aufgrund des relativ gesehen geringen Wirtschaftsfaktors nicht nutzen. Es gibt zu viele Arbeiter und zu wenige Arbeitsplätze. Da innerhalb der meisten Industrieländer die Kohärenz dieser beiden Faktoren genau antagonistisch verläuft, ist es logisch, die hier fehlende Arbeitskraft durch die überschüssige Arbeitskraft innerhalb der Entwicklungsländer auszugleichen. Hierbei wäre eine Zusammenarbeit mit der Politik oder spezifischer mit den bilateralen Handelskammern förderlich. Diese könnten als Schnittstelle zwischen ausländischen Arbeitskräften und hiesiger Wirtschaft fungieren. Somit entstünden globale Netzwerke zur Rekrutierung von Arbeitskraft im Ausland. Zeitgleich könnten jene internationalen Netzwerke genutzt werden, um internem Personal die Möglichkeit eines interkulturellen Austauschs zu bieten. Die potenziell entstandenen Strukturen können ohne weitere

Mehrkosten zum interkulturellen Informationsaustausch genutzt werden und somit neue Perspektiven schaffen, um eine höhere Diversität im Unternehmen zu kreieren. Die Zusammenarbeit mit den Außenhandelskammern mit der damit verbundenen Erschaffung einer globalen Infrastruktur zur Aus- und Weiterbildung ist bei dieser Idee der zentrale Aspekt. Nur dies ermöglicht einen effizienten Ablauf und sichert die Nachhaltigkeit dieser Projektidee.

Ein hierauf potenziell aufbauender, ebenso relevanter Ansatz ist die Integration politischer Kooperationsmodelle zur finanziellen Unterstützung der innerbetrieblichen Aus- und Weiterbildungsplanung. Hierbei könnten Arbeitgeberverbände zu politisch begleiteten Fördermaßnahmen, exemplarisch in Form von weiterführenden Finanzierungen, anregen. Insbesondere durch die krisenbedingte starke Einschränkung an Liquidität innerhalb der Industrie könnten derartige Unterstützungsangebote einen großen Anschub für die Branche darstellen.

3.5 Implementierung eines Anreizsystems

Dieser Lösungsansatz ist historisch inspiriert. Eine daher zwar weniger neuartige, aber bewährte und dennoch wenig etablierte Konzeption ist die Implementierung eines Anreizsystems. Unter einem ‚Anreizsystem‘ wird in diesem Zusammenhang ein Instrument verstanden, mit dem versucht wird, das Verhalten der individuellen Mitarbeiter am Gesamtkonzept des Unternehmens und somit an den Unternehmenszielen auszurichten (Lingnau/Willenbacher 2013, S. 23ff.). Im Kontext der Aus- und Weiterbildung ist das Unternehmensziel das Ansammeln von möglichst viel Wissen als kritischer Ressource. Das Anreizsystem wird so gesetzt, dass die Mitarbeiter zur Akkumulation jenes Wissens animiert werden.

Die Errichtung eines solchen Systems sichert den Mitarbeitern eines Unternehmens weitere materielle oder in diesem Fall immaterielle Beweggründe und somit Motivatoren, sich weiterbilden und entwickeln zu wollen. Solch ein System könnte in seiner simpelsten Form als eine Art hierarchisch gegliedertes Stufensystem strukturiert sein, das zwischen unterschiedlichen Aus- und Weiterbildungsstufen differenziert. Die einzelnen Niveaus können folglich ebenso als Leistungs- oder Qualitätsniveaus definiert werden. Je nach erbrachter Leistung im Kontext der Aus- und Weiterbildung bzw. je nach Anzahl der abgeschlossenen Weiterbildungen können sich Mitarbeiter innerhalb eines fiktiven Aus- und Weiterbildungsindex untereinander vergleichen. Der Anreiz wird in diesem Fall durch das Erreichen höherer Stufen in Form besserer Qualifikationen geschaffen. Wie bei einer Sterneklassifizierung können somit weniger gut ausgebildete Ein-Sterne-Mitarbeiter oder auch hochqualifizierte Fünf-Sterne-Mitarbeiter für entsprechende Aufgaben eingestellt werden. Könnte hierbei ein von der Politik unterstütztes zentrales System innerhalb Deutschlands etabliert werden, würde dies noch weitergehende Anreize setzen. Es ließen sich die qualifiziertesten Arbeitnehmer Deutschlands finden. Dies bietet Vorteile für sowohl Arbeitnehmer als auch Arbeitgeber. Für den Arbeitnehmer werden Stimulanzen zur Aus- und Weiterbildung geschaffen. Für den Mitarbeiter ist es ein Erfolgserlebnis, Weiterbildungsstufen zu erklimmen und dementsprechend für das eingesetzte Engagement zusätzlich belohnt zu werden. Jene offizielle Anerkennung der Leistung schafft zusätzliches Konkurrenzdenken innerhalb der Arbeitnehmerschaft und setzt folglich positive Anreize innerhalb des Arbeitsmarktes. Sollte ein solches System fest innerhalb Deutschlands etabliert werden können, könnte dies ebenso eine globale Wertigkeit schaffen. Bereits jetzt genießt das deutsche duale Ausbildungssystem eine hohe Reputation im Ausland (Deutscher Fachverlag 2013, S. 16). Ein deutscher Weiterbildungsindex könnte diese Reputation weiter verbessern und dem deutschen Arbeitsmarkt bzw. dem deutschen Arbeitsmarktsystem global weitere Attraktivität zuschreiben.

4 Fazit

„65 % of today's school kids will end up doing jobs that haven't even been invented yet." (Davidson 2011, S. 20) Dieses Zitat von Cathy N. Davidson spiegelt den schnellen Wandel und den aktuellen Zeitpunkt des Umbruchs wider. Durch die sich verändernden Rahmenbedingungen werden neue exogene Ausgangssituationen geschaffen, an die sich sowohl die Wirtschaft als auch die Politik anpassen muss. Im Kontext der Bildung besteht die kausale Notwendigkeit zur Schaffung flexibler, agiler und somit antifragiler Strukturen, um sich vor der Unsicherheit der Zukunft schützen bzw. diese sogar nutzen zu können.

Im Mittelpunkt steht hierbei nicht die Entwicklung eines einzelnen, innovativen Lösungsmodells, sondern ein Portfolio aus diversifizierten Ansätzen, die ihren jeweiligen Anteil zur Bewältigung beitragen können. Von Bedeutung ist es hierbei, die Zusammenarbeit zwischen den einzelnen Instanzen zu stärken und sowohl Wirtschaft als auch Gesellschaft und Politik miteinander zu einen, um allgemein wertvolle Lösungskonzeptionen zu erarbeiten. Meine Sichtweise als dual Studierender ist, dass sich die aktuelle Krise nur im Zusammenspiel dieser drei Elemente in einer effizienten Art bestreiten lässt. „It has been more profitable for us to bind together in the wrong direction than to be alone in the right one." (Taleb 2010, S. 192) ●

Konzept zur Personalentwicklung

Dargestellt für die Dr. Lohbeck Privathotels

von Hennes Cleven, Tim Conradi, Sarah Derdula, Josefa Ehrke, Emely Linda Fischer, Anika Hüttemann, Ann-Kathrin Jägle, Maximilian Koydl, Nathalie Lubina, Chiara Lisa-Marie Mahlmeister, Michaela Rabe, Lilly Marie Radensleben, Vanessa Röhl, Sonja Rüdinger, Tristan Schulte-Limbeck, Jonathan Specht, Emily Luise Steiert

1 Einleitung

„Es ist eine riesen Herausforderung für die Betriebe, geeignete Mitarbeiter zu finden." (TopHotel 2021). Das Zitat des Präsidenten des DEHOGA Bundesverbandes, Guido Zöllick, unterstreicht die Problematik des Fachkräfte- und Auszubildendenmangels.

Um diesem Negativtrend entgegenzuwirken, wurde ein praxisnaher Leitfaden des Kurses ‚touristische Projektleitung' des dritten Semesters der Hochschule für Wirtschaft und Recht Berlin in Zusammenarbeit mit den Dr. Lohbeck Privathotels entwickelt.

Im Jahr 1978 gegründet, stehen die Dr. Lohbeck Privathotels für First-Class-Erholung in ausgewählten Destinationen. Dabei stehen Individualität und Authentizität im Vordergrund. Bereits Oscar Wilde betonte „Das Durchschnittliche gibt der Welt ihren Bestand, das Außergewöhnliche ihren Wert." Diese Unternehmensphilosophie wird in allen Dr. Lohbeck Privathotels gelebt. Das Familienunternehmen bietet seine touristischen Leistungen auch außerhalb Deutschlands an, unter anderem in Österreich und der Schweiz.

Das Ziel der vorliegenden Arbeit ist die Entwicklung einer zielführenden Strategie zum Aufbau einer attraktiven Arbeitgebermarke, genannt ‚Employer-Branding‘, für die Dr. Lohbeck Privathotels. Hierfür wurden fünf Expertengruppen gebildet. Im Folgenden werden theoretische Grundlagen der Themengebiete Employer Value Proposition (EVP), Unique Selling Points, Fortbildungsmöglichkeiten, externe und interne Kommunikationsansätze sowie Social Media Recruiting zusammengetragen und jeweils praxisnah auf Dr. Lohbeck Privathotels angewendet.

2 Leitfaden

2.1 Employer Value Proposition – das Nutzenversprechen für Arbeitnehmer

Mit der Entwicklung einer EVP setzen sich Unternehmen bewusst mit der Strategie zur Gewinnung von Mitarbeitern auseinander. Erfasst werden mögliche Vorteile, Werte und der Nutzen für potenzielle Angestellte. Die Erstellung der EVP dient der Unterstützung und Stärkung der eigenen Arbeitgebermarke. Die Nutzenversprechen sind dabei authentisch und realistisch zu wählen und sollten sich möglichst von denen anderer Unternehmen abheben. In der EVP werden fünf Hauptkomponenten erfasst: Vergütungen, Zusatzleistungen, Karriereperspektiven, das Arbeitsumfeld und die Unternehmenskultur.

Neben der Gestaltung des Arbeitsumfelds, beispielsweise durch flache Hierarchien und Weiterbildungsmöglichkeiten, sind Vergünstigungen, wie Verpflegung am Arbeitsplatz oder vom Unternehmen gestellte Fahrkarten für öffentliche Verkehrsmittel, potenzielle Attraktivitätsfaktoren. Bei der Entwicklung von Nutzenversprechen ist es bedeutsam, die Wünsche der Zielgruppe zu erfassen, zu verstehen und zu definieren. Dabei ist die Entwicklung von Personas, die die unterschiedlichen Gruppen von potenziellen Arbeitnehmern repräsentieren, hilfreich. Eine Persona ist eine fiktive, vom Unternehmen angelegte Person, die eine Zielgruppe repräsentiert und auf deren Basis die Arbeitgebermarketing-Maßnahmen aufgebaut werden.

2.1.1 Welche Attraktivitätsfaktoren von den Dr. Lohbeck Privathotels bereits umgesetzt werden und was noch verbessert werden kann

In der folgenden Grafik ist die EVP für die Dr. Lohbeck Privathotels dargestellt. Aus den veröffentlichten Stellenanzeigen des Unternehmens wurden die kommunizierten Nutzenversprechen zusammengetragen. In weißer Schrift sind die aktuell angebotenen Nutzenversprechen des Betriebs dargestellt, in Grün sind weitere Vorschläge hinzugefügt worden. Wie zu erkennen ist, wird bereits eine Reihe an Attraktivitäten für die Beschäftigten angeboten. Dazu gehören Verpflegung, Schulungen und Weihnachtsfeiern.

Um die Arbeitgebermarke noch weiter zu stärken, können weitere Zusatzleistungen, wie Sonderurlaube, Austauschprogramme zwischen den Häusern sowie Fahrkarten für den öffentlichen Nahverkehr, angeboten werden.

Compensation	Benefits	Career	Work Environment	Culture
• Vergütung • Zuschläge • Gewinnausschüttung • Vermittlungsprämie • Prämienprogramm • Fahrkarte	• Urlaub • Family & Friends Rate • Personights • Mitarbeiterfahrzeug • Verpflegung • Park- & Stellplätze • Spa-Nutzung • Dienstkleidung • Sonderurlaub	• Schulung • Fort- & Weiterbildung • Aufstiegschancen • Sicherer Arbeitsplatz • Austauschprogramm	• Eigenständigkeit • Gesundheitsprävention • Anerkennungsbonus • Work-Life-Balance • 5-Tage-Woche • Flache Hierarchien • Bewegte Pause • Homeoffice • Feedbackgespräche • Up-Down-Methode	• Mitarbeiterfeiern • Mitarbeiterevents • Gutes Kollegium • Weihnachtsfeier • Mentoring Program • Teambuilding Program

Eigene Darstellung in Anlehnung an www.talentlyft.com

2.1.2 Die Bedeutung von Arbeitgeberattraktivität

Da die Arbeitgeberattraktivität einen bedeutsamen Einfluss auf den unternehmerischen Erfolg hat, wird es für Unternehmen immer essenzieller, entsprechende Strategien und Maßnahmen zur Steigerung der Attraktivität zu entwickeln und umzusetzen. Ein attraktiver Arbeitgeber sorgt für zufriedene Mitarbeiter, die sich mit der Unternehmensphilosophie identifizieren. Die daraus resultierende Leistungssteigerung sorgt für entscheidende Wettbewerbsvorteile.

Die Zufriedenheit der Mitarbeiter wird nach außen getragen, wodurch die Beschäftigten zu positiven Markenbotschaftern werden und neue potenzielle Mitarbeiter anwerben. Dabei ist zu beachten, dass durch die steigende Popularität von Bewertungsplattformen

Negativberichte von Arbeitgebern veröffentlicht werden können, die dem Image des Unternehmens schaden (Bruch et al. 2021, S. 6).

Neben der Entwicklung von Strategien und der Schaffung von Attraktivitätsfaktoren für Beschäftigte ist für eine erfolgreiche Akquise von Fachkräften, Auszubildenden und dual Studierenden die gezielte externe Kommunikation der Arbeitgeberattraktivität ausschlaggebend. Bereits im Jahr 2017 nutzten ca. 81 % der Arbeitssuchenden des Gastgewerbes und Tourismus ihr Smartphone zur Recherche nach geeigneten Stellenangeboten (meinestadt.de 2017, S. 12). Da eine weiterhin steigende Tendenz hinsichtlich der Nutzung digitaler Medien zu erwarten ist, gewinnen ein ansprechender Internetauftritt des Unternehmens sowie die Präsenz auf Social-Media-Kanälen zunehmend an Bedeutung.

2.1.3 Die Wünsche der Arbeitnehmer, Auszubildenden und dual Studierenden

Die Zufriedenheit der Mitarbeiter ist heutzutage primär von der Erfüllung ihrer sozialen Bedürfnisse abhängig. Die Faktoren Zusammenarbeit, Vernetzung und Wertschätzung sind inzwischen für die Arbeitgeberattraktivität ausschlaggebend, während der Faktor Gehalt eine untergeordnete Rolle einnimmt. Die Mitarbeiter wünschen sich flexible Arbeitsstrukturen, die Chance zur persönlichen Weiterentwicklung und ein angenehmes Arbeitsklima, basierend auf Vertrauen und gegenseitiger Anerkennung. Für 85 % der jüngeren Arbeitnehmer zählt Spaß an der Arbeit zu den relevantesten Berufskriterien. Eine gesunde Work-Life-Balance beeinflusst darüber hinaus die Zufriedenheit der Beschäftigten. Daher ist es bedeutsam, ihnen einen Ausgleich zwischen Überstunden und Freizeit zu ermöglichen (Schleer 2014, S. 1f.).

Beschäftigte wünschen sich zunehmend flexible Strukturen und Eigenverantwortung sowie eine inspirierende und visionäre Führung, basierend auf gegenseitigem Respekt und Vertrauen (Bruch et al. 2021, S. 20). Ein Lösungsansatz ist folglich die Abkehr von dem autoritären Führungsstil, bei dem die Bedürfnisse der Mitarbeiter weitgehend unbeachtet bleiben. Selbstreflexion, Vertrauen und der Abbau von Hierarchien dienen der Steigerung der Zufriedenheit der Arbeitnehmer.

2.2 Unique Selling Points

Um als attraktive Arbeitgebermarke aufzutreten, die sowohl potenzielle Arbeitnehmer anspricht als auch die eigenen Mitarbeiter langfristig bindet, ist es von Bedeutung, entsprechende Anreize zu schaffen. Dabei ist kontinuierlich zu prüfen, ob die Bedürfnisse der (potenziellen) Arbeitnehmer angesprochen werden. Werden die Anreize entsprechend gestaltet und kommuniziert, stellen sie gleichzeitig Motivationsfaktoren für die Mitarbeiter dar (Sass 2019, S. 1ff.).

‚Unique Selling Propositioning' bedeutet, sich mit Alleinstellungsmerkmalen, Unique Selling Points, von Mitbewerbern auf dem Hotellerie-Markt abzuheben (Großklaus 2015, S. 124). Sie stellen den Arbeitgeber mitsamt seinen Leistungsversprechungen dar und erzeugen dabei eine Erwartungshaltung bei der Zielgruppe zukünftiger Arbeitnehmer, wobei auf Prägnanz, Authentizität und Glaubwürdigkeit zu achten ist (Großklaus 2015, S. 2f.).

Ein Beispiel ist die gleiche Bezahlung von Männern und Frauen, die auch heutzutage in Deutschland noch nicht selbstverständlich ist. Aus dieser Ungleichbehandlung können Unzufriedenheit und fehlende Motivation von Mitarbeitern resultieren. Daraus ergibt sich eine verringerte Produktivität, die sich negativ auf das Unternehmen und dessen Wettbewerbsfähigkeit sowie dessen Wirtschaftlichkeit auswirkt (Koll 2021, S. 645f.).

Das Dr. Lohbeck Privathotel, das Landhaus Zu den Rothen Forellen, zeichnet sich durch gleiche, geschlechtsunabhängige Bezahlung aus (Privathotels Dr. Lohbeck o.J.a). Damit setzt das Hotel ein aktives Zeichen für Gleichberechtigung.

Im ambassador hotel & spa St. Peter-Ording stellen die Dr. Lohbeck Privathotels ihren Auszubildenden eine Fahrkarte für den öffentlichen Nahverkehr zur Verfügung (StepStone Deutschland 2021). Das Hotel fördert damit, parallel zur Mitarbeiterzufriedenheit, die Nachhaltigkeit (Sass 2019, S. 46).

Der kostenlose Fahrradverleih für Personal im Cliff Hotel Rügen Resort & Spa begünstigt ebenso wie Zuschüsse zu ÖPNV-Tickets das nachhaltige Engagement und motiviert die Mitarbeiter zur Bewegung (Privathotels Dr. Lohbeck o.J.b).

Diese Angebote einzelner Häuser der Dr. Lohbeck Privathotels stellen die Werte des Unternehmens dar, grenzen die Arbeitgebermarke von der Konkurrenz ab und steigern die Attraktivität für (potenzielle) Arbeitnehmer. Um eine einheitliche EVP zu formen, ist es sinnvoll, diese Angebote auszubauen und in der gesamten Kette anzubieten.

Im Folgenden werden weitere Unique Selling Points in Bezug auf die entsprechenden Zielgruppen vorgestellt. Die Arbeit im Homeoffice hat während der Corona-Pandemie stark an Bedeutung gewonnen

(Hans-Böckler-Stiftung 2021). Auf die Hotellerie ist dieses Arbeitsmodell nur auf begrenzte Aufgaben bestimmter administrativer Bereiche übertragbar.

Das Arbeiten von zu Hause bietet mehr Flexibilität sowie eine Zeitersparnis. Zudem wird die Vereinbarkeit von Arbeit und Privatleben, insbesondere mit Kindern, erleichtert (Sass 2019, S. 65). Dieses Angebot unterstreicht die Familienfreundlichkeit der Dr. Lohbeck Privathotels. Eine Vielzahl von Arbeitnehmern gibt zudem an, im Homeoffice produktiver zu arbeiten (Deutsche Angestellten Krankenkasse (DAK) 2021).

Jedoch sind für eine erfolgreiche Umsetzung bestimmte Voraussetzungen notwendig. Das Vorhandensein von Teamkultur und Zugehörigkeitsgefühl ist essenziell und auch während der Arbeit auf Distanz kontinuierlich zu fördern. Dies begünstigt die Motivation und beugt der Isolation Einzelner vor. Für maximale Effizienz und einen möglichst geringen Koordinationsaufwand sind eine transparente Planung und die Vermeidung der Vermischung von Berufs- und Privatleben unabdingbar (Sass 2019, S. 70f.).

Sind diese Voraussetzungen erfüllt, stellt anteiliges Arbeiten aus dem Homeoffice in den dafür geeigneten Abteilungen eine Alternative zu dem klassischen Büroarbeitsplatz dar. Auf diese Weise werden die Flexibilität und Dynamik des Hotels sowie die Attraktivität der Arbeitgebermarke der Dr. Lohbeck Privathotels gestärkt. Grund dafür ist, dass das Angebot von Homeoffice ein relevantes Auswahlkriterium für den zukünftigen Arbeitgeber geworden ist (Softgarden 2021).

Es gaben 47 % der Beschäftigten in Deutschland an, regelmäßig unter Müdigkeit, Zerschlagenheit und Konzentrationsschwierigkeiten zu leiden; 34 % werden von Rücken-, Kreuz-, Nacken- und Schulterschmerzen geplagt (Treier/Uhle 2016, S. 5). Eine bewegte Pause ist ein Lösungsansatz, um solchen Beschwerden vorzubeugen (Treier/Uhle 2016, S. 31). Des Weiteren kann das betriebliche Gesundheitsmanagement (BGM) der Dr. Lohbeck Privathotels dadurch ausgebaut werden (Privathotels Dr. Lohbeck o.J.a).

Hierfür wurden verschiedene Angebote in Pausenräumen entwickelt. Beispielhafte Sportangebote sind Kicker, Dart und Billard. Auch Yoga- und Pilateskurse, Rückenübungen sowie Massagen können Maßnahmen innerhalb des BGM darstellen. Diese werden wöchentlich von externen Therapeuten durchgeführt. Auch Kooperationen mit Therapiezentren und Fitnessstudios sind denkbar. Erwähnte Kurse fördern den Ausgleich von arbeitsbedingten Dysbalancen und die Steigerung des Wohlbefindens der Mitarbeiter am Arbeitsplatz. Zusätzlich werden die Haltung und die Beweglichkeit verbessert (Kogel et al. 2014, S. 12). Positive Effekte der gemeinsam verbrachten bewegten Pause sind außerdem Teambuildingmaßnahmen, die auch der Stärkung des kollegialen Zusammenhalts dienen (Sass 2019, S. 44f.).

Ein weiterer Benefit für Arbeitnehmer ist eine Regelung zur Freistellung für ehrenamtliches soziales bzw. ökologisches Engagement. Laut einer Erhebung der IfD Allensbach übten 2021 etwa 16 % aller Deutschen ein Ehrenamt aus. Durchschnittlich 27 % aller befragten Arbeitnehmer gaben an, neben ihrer hauptberuflichen Tätigkeit einer ehrenamtlichen Tätigkeit nachzugehen (Randstad 2010).

Es wird empfohlen, Mitarbeitern, die sich in ihrer Freizeit für ein Ehrenamt engagieren, zusätzliche Urlaubstage gutzuschreiben. Jede diesbezüglich nachgewiesene Tätigkeit, die sich über drei Monate erstreckt (ausgehend von etwa zehn Arbeitsstunden pro Woche), wird mit drei zusätzlichen Urlaubstagen vergütet.

Die Einführung dieser Corporate Social Responsibility erweckt bei externen Bewerbern den Eindruck, dass sich das Unternehmen dem Arbeitnehmer gegenüber ebenso verantwortlich verhält wie der Gesellschaft. Sie wirkt sich daher positiv auf die Unternehmensidentität, die Identifikation der (potenziellen) Mitarbeiter mit dem Unternehmen und die langfristige Bindung der Arbeitnehmer aus (Bustamante/Pelzeter 2018, S. 17ff.). Außerdem wird auf diese Weise das nebenberufliche Engagement der Mitarbeiter in besonderem Maße gewürdigt und einer eventuellen Überbelastung wird entgegengewirkt.

Ein weiteres Mitarbeiterangebot ist ein Austauschprogramm, bei dem die Mitarbeiter für einen individuell vereinbarten und befristeten Zeitraum zwischen einem und drei Monaten in einem anderen Hotel der Kette arbeiten können. Während dieses Zeitraums wird dem Mitarbeiter ein Hotelzimmer oder eine Personalwohnung zur Verfügung gestellt. Alle anfallenden Unkosten werden übernommen. Der Austausch bietet Vorteile für alle Beteiligten. Durch das Kennenlernen anderer Arbeitsstrukturen, Prozesse und Aufgaben werden Kompetenzen weiterentwickelt (Orange YC o.J., Abs. 3). Für die Arbeit im eigenen Hotel entstehen Inspirationen und neuer Input. Durch die unterschiedlichen Standorte der Dr. Lohbeck Privathotels unterliegt die Nachfrage zeitlichen Schwankungen. Aufgrund dessen dient das Austauschprogramm einerseits als vorübergehende Personalfreisetzungsmaßnahme, andererseits als Personalbeschaffungsmaßnahme. Der Vorteil gegenüber der klassischen Personalakquise ist eine Kosten- und Zeitsparnis (Orange YC o.J., Abs. 13f.). Zudem kann die Einarbeitung schneller erfolgen, da Unternehmenswerte und kettenübergreifend genutzte Systeme bereits bekannt sind (Orange YC o.J., Abs. 8).

Die Implementierung des Austausches für Mitarbeiter in den Dr. Lohbeck Privathotels ist nicht nur aus den genannten personal-strategischen Gründen lohnenswert. Der Austausch spiegelt zudem die Unternehmenswerte Offenheit, Individualität und Vielfalt wider. Überdies stellt er bei der Wahl des Arbeitgebers ein Auswahlkriterium dar (Statista 2017).

Die Einführung eines unternehmensweiten Prämienwettbewerbs ist ein weiterer Unique Selling Point. Dabei wird die Servicequalität der Häuser gemessen und miteinander verglichen. Als Vergleichsgrundlage können einerseits die Net Promotor Scores (NPS) der jeweiligen Häuser dienen, andererseits die Bewertungsdurchschnitte der einzelnen Häuser. Die Hotels mit den höchsten NPS bzw. Bewertungsdurchschnitten werden mit einer an die Mitarbeiter gerichteten Prämie entlohnt.

In einer von der Aktion Mensch durchgeführten und 2018 auf Statista veröffentlichten Umfrage gaben 66 % der Befragten an, dass Geschenke des Arbeitgebers bei den Mitarbeitern eine Motivations-steigerung hervorrufen würden (Handelsblatt 2017). Forschungsdaten zeigen zudem, dass sich eine gesteigerte Motivation der Mitarbeiter positiv auf die Arbeitsleistung sowie die Gesundheit der Mitarbeiter auswirkt. Des Weiteren werden Fehlzeiten, Arbeitsunfälle und die Fluktuationsrate der Mitarbeiter nachweislich gesenkt (Becker 2019, S. 1f.). Die Einführung von langfristigen Zielen wie dem Erreichen eines bestimmten Bewertungsdurchschnitts für die gesamte Belegschaft eines Hotels mit damit verbundener Belohnung gibt den Mitarbeitern einen Leitfaden, steigert deren Motivation sowie die Ausdauer und bietet zudem im Nachhinein eine Grundlage zur Analyse des Verbesse-rungspotenzials (Becker 2019, S. 118).

Um die Individualität und Verhältnismäßigkeit der Prämien zu wahren, obliegen die genaue Gestaltung sowie die Budgetierung dem zuständigen General Manager. Im Rahmen des Projekts wurden drei Prämien erarbeitet.

- Der erste Platz gewinnt eine Personalfeier, inklusive einer Spei-sen- und Getränkepauschale für alle Mitarbeiter.
- Beim zweiten Platz erhält jeder Mitarbeiter eine personalisierte Karte inklusive Wertgutschein.
- Den Mitarbeitern auf dem dritten Platz wird eine Torte oder ein Snackkorb bereitgestellt.

Bei einer Umfrage unter 1000 Vollzeitbeschäftigten in Deutschland mit der Frage ‚Wie wichtig war Ihnen die Möglichkeit zur Weiterbildung bei Ihrer Entscheidung für Ihren aktuellen Arbeitsplatz?' gaben 74 % der Befragten an, dass ihnen Angebote zur Weiterbildung wichtig oder sehr wichtig gewesen seien (Statista 2017).

Im Folgenden wird die Idee einer eigenen Konzeptentwicklung für die Dr. Lohbeck Akademie dargestellt.

Es werden berufliche und persönliche Fort- und Weiterbildungen angeboten – durchgeführt von Mitarbeitern und Trainern – wie auch betriebsfremde Seminare, die von externen Experten durchgeführt werden. Am Ende der jeweiligen Fort- oder Weiterbildung erhalten die Teilnehmer ein Abschlusszertifikat.

Um die Wahl der Weiterbildungsstandorte zu vereinfachen, ist deren Rotation innerhalb der Dr. Lohbeck Privathotels sinnvoll. Ein entsprechender Übersichtsplan zukünftiger Veranstaltungen erscheint halbjährlich.

Die Teilnahme ist für Mitarbeiter des Unternehmens unter folgenden Gesichtspunkten verpflichtend:

- Studierende und Auszubildende nehmen halbjährlich verpflichtend an Fort- und Weiterbildungen teil, die im jeweiligen Ausbildungsrahmenplan festgesetzt sind.
- Für Festangestellte und Führungskräfte ist die Teilnahme freiwillig.
- Die Mitarbeiter melden sich selbstständig für geeignete Fort- und Weiterbildungen an. Dies kann auf Grundlage eigener Interessen, nach Absprache in der Abteilung und anhand einer vorangegangenen Analyse in einem Feedbackgespräch geschehen.

Im Gegensatz zu externen Fort- und Weiterbildungsmaßnahmen bietet die Dr. Lohbeck Akademie folgende Vorteile:

- Die eigenen Werte und Ziele des Unternehmens werden berücksichtigt.
- Das individuelle Potenzial der Arbeitnehmer wird gefördert.
- Die Qualität der Leistung steigt (Sass 2019, S. 24/41).
- Teilnehmer lernen die verschiedenen Standorte und Mitarbeiter kennen.
- Es ergeben sich neue berufliche Wege und Aufstiegsmöglichkeiten für Mitarbeiter (Sass 2019, S. 44).

2.3 Entwicklung von konkreten Fortbildungsangeboten

Personalentwicklung beinhaltet alle Maßnahmen der Bildung, Förderung und Organisationsentwicklung, die von einer Organisationseinheit zielorientiert geplant, realisiert und evaluiert werden (Berthel/Becker 2021, S. 486ff.). Sie dient der individuellen beruflichen Entwicklung der Mitarbeiter, indem Qualifikationen für jetzige und künftige Aufgaben vermittelt werden (Mentzel 1983, S. 15). Ein Instrument ist die zielgerichtete Fortbildung von Führungskräften und Mitarbeitern.

Fortbildungsmaßnahmen sind in Förderprogramme zur Laufbahn- und Karriereplanung oder zur vorbereitenden Nachfolgeplanung integriert. Hierzu plant, realisiert und evaluiert eine betriebliche Unternehmenseinheit, in der Regel die Personalentwicklung, alle Maßnahmen zur systematischen Qualifizierung von Mitarbeitern.

Der Fortbildung obliegt, anders als der Weiterbildung, die Vertiefung und Erweiterung von Wissen und Können auf gleichbleibender beruflicher Ebene.

Im Folgenden werden Fortbildungsmöglichkeiten für die Dr. Lohbeck Privathotels vorgestellt.

2.3.1 Fortbildungsangebot: betriebliches Gesundheitsmanagement

„Die Gesundheit ist zwar nicht alles, aber ohne Gesundheit ist alles nichts". Aus der Aussage von Arthur Schopenhauer leitet sich die Relevanz der Förderung des BGM ab.

Das BGM vereint die Elemente Gesundheit, Betrieb und Management und hat aufgrund des steigenden Gesundheitsbewusstseins zunehmend an Bedeutung gewonnen (Armutat/Birner et al. 2014; Baumann 2009). Im weiteren Verlauf wird ein Fortbildungskonzept für die Dr. Lohbeck Privathotels dargelegt. Die konzipierte Fortbildung trägt zur Entwicklung einer gesundheitsorientierten Führung, Health-oriented Leadership, bei.

Dieses Führungskonzept stellt die Gesundheit der Mitarbeiter und Führungskräfte in den Fokus. Ziel ist, dass die Führungskraft die Relevanz der Gesundheit erkennt und die Bereitschaft aufbringt, sich mit dem Thema zu befassen. Anschließend hat sie eine Vorbildfunktion innerhalb des Unternehmens (Franke/Felfe 2011).

Die folgende Tabelle umfasst die Inhalte der Fortbildung ‚Betriebliches Gesundheitsmanagement'.

Modulbezeichnung	Betriebliches Gesundheitsmanagement
Zielgruppe	Fortbildung speziell für Führungskräfte: - Abteilungsleiter - Manager - Direktoren
Dauer der Fortbildung	9 Monate
Häufigkeit des Angebots	Start immer zum 01. März
Zugangsvoraussetzung	Führungskraft
Modulinhalte	**Lehrskripte:** - Einführung in das betriebliche Gesundheitsmanagement - Rahmenbedingungen des Gesundheitsmarktes - Recht im Gesundheitswesen - Gesundheit und Prävention - Gesundheitsmarkt im Wandel - Fitness- und Sportmanagement - Angewandte Gesundheitspsychologie - Gesundheitsökonomie - Medizin für Nichtmediziner **Präsenzseminare:** - Ergonomie am Arbeitsplatz I+II - Gesunde und ausgewogene Ernährung - Sportmentaltrainer I+II - Fitness-Lizenz I+II - Stress- und Burnout-Coaching I+II
Lernziele	Stärkung des allgemeinen Verständnisses der Bedeutung von Gesundheit Erlernen von gesundheitsorientierten Führungskompetenzen
Kompetenzen	Führungs- und Gesundheitskompetenzen
Individuelle/ Gruppenqualifizierung	Gruppenqualifizierung (Führungsgruppe)

▶

Sprache	Deutsch
Fortbildungsort und Methodik	Die Fortbildung findet parallel zur Arbeit statt. Die Inhalte werden durch umfangreiche Online-Lehrskripte inkl. Lehrvideos vermittelt. Jeden Monat findet ein Präsenzseminar in der Akademie statt. Dieses ist für die Teilnehmer verpflichtend.
Lehrveranstalter	Ausgebildeter Fortbildungs-/Seminarleiter
Prüfungsart	Keine Prüfung
Abschluss	Teilnahmebestätigung und Zertifikat
Anreiz/ Vergütung	Bezahlte Mitgliedschaft im Fitnessstudio

Chancen für das Unternehmen	- Stärkung der Führungskräfte
	- Führungskräfte nehmen Vorbildfunktion ein
	- Gesundheitsbewusstsein und -verhalten wird gefördert
	  Reduktion von Mitarbeiterfluktuation und Krankenquote
	  sowie Steigerung der Leistungsfähigkeit und Leistungsbereitschaft
	- Employer-Branding ▶ attraktiver Arbeitgeber
	- Mitarbeiterzufriedenheit wird langfristig verbessert

2.3.2 Fortbildungsangebot: Erweiterung digitaler Kompetenzen

Durch die fortschreitende Digitalisierung und die sich dadurch verändernden Arbeitsmethoden in der Hotellerie ist ein gewisses technisches Verständnis Voraussetzung. Abhängig von Alter, Berufstätigkeit und Bildung ist Wissen diesbezüglich in unterschiedlicher Höhe vorhanden (ITM Beratungsgesellschaft & Initiative D21 2021, S. 7ff.). Aus diesem Grund ist es unverzichtbar, die digitalen Kompetenzen der Arbeitgeber sowie Arbeitnehmer zu erweitern.

Für eine erfolgreiche Implementierung der im nachfolgenden Kapitel 'Interne Kommunikation' vorgestellten Mitarbeiter-App in den einzelnen Häusern der Dr. Lohbeck Privathotels ist ein einheitliches technologisches Verständnis der Arbeitnehmer notwendig. Damit dieses erreicht wird, ist es vorteilhaft, wenn die einzelnen Arbeitnehmer von dem Wissensstand und den digitalen Kompetenzen anderer lernen. Das entwickelte Konzept einer interaktiven Fortbildung trägt dazu bei, die Hemmungen gegenüber der fortschreitenden Digitalisierung und ihrer Nutzung zu reduzieren sowie Teamgeist und Motivation zu fördern (Zöller 2019, S. 32ff.).

Die folgende Tabelle umfasst die Inhalte der Fortbildung ‚Erweiterung digitaler Kompetenzen'.

Modulbezeichnung	Digitale Kompetenzen
Zielgruppe	Generelles Hotelpersonal (unabhängig von Altersklasse und Aufgabenbereich)
Dauer der Fortbildung	20-90 Minuten
Häufigkeit des Angebots	Bei Bedarf (ca. alle 6-9 Monate)
Zugangsvoraussetzung	Keine Zugangsvoraussetzungen
Modulinhalte	Variieren
Lernziele	**Aufklärung:** - Hemmung vor fortschreitender Digitalisierung nehmen - Notwendigkeit erkennbar machen - Nutzen für Mitarbeiter aufzeigen - Neue Technologien für alle Mitarbeiter verständlich und greifbar machen **Beispiel: Interne Kommunikationsapp** - Neuerungen und Funktionen der unternehmensinternen App zur internen Kommunikation darlegen und vorstellen (praxisorientiert mit direkten Anwendungsaufgaben)
Kompetenzen	-
Individuelle/ Gruppenqualifizierung	Gruppenqualifizierung
Sprache	Deutsch/Englisch (je nach Programmsprache)
Fortbildungsort und Methodik	Im Hotel Learning by doing
Lehrveranstalter	**Externer Lehrer** ▶ Die Fortbildung lebt jedoch von der Interaktivität der Mitarbeiter. Ziel ist es, dass sich die Mitarbeiter untereinander weiterhelfen. Mitarbeiter mit den entsprechenden Kompetenzen erklären Inhalte den anderen. Geübt wird an direkten Anwendungsaufgaben.
Prüfungsart	-
Abschluss	-
Anreiz/Vergütung	15 Euro Zuschuss für einen gewünschten Streamingdienst (Netflix, Amazon etc.)

▶

Chancen für das Unternehmen	- Mitarbeiter können vorhandene Technologien besser verstehen und nutzen ▸ Effizienz- und Qualifikationssteigerung - Mitarbeiter können durch gesteigerte Kompetenzen vielseitiger eingesetzt werden - Mitarbeiter profitieren von dem Wissen und den Fähigkeiten anderer ▸ Kooperationsfähigkeit steigt und Teambuilding ergibt sich

2.3.3 Fortbildungsangebot: Sprachfortbildung

„Durch Sprache lässt sich die Vielschichtigkeit unseres Bewusstseins, unserer Beziehungen zueinander und zu den Dingen, die uns umgeben, darstellen." (von Kopp 2015, S. 9). In der Hotellerie ergeben sich vermehrt sprachliche Missverständnisse durch fehlende Förderungen. Aus der vermehrten Kommunikation zwischen Gästen und Mitarbeitern lässt sich die Relevanz von Sprachfortbildungen ableiten.

Die Sprachfortbildung richtet sich an das gesamte Hotelpersonal der Dr. Lohbeck Privathotels. Das Fortbildungsangebot der Sprachförderung ist aufgrund der Unterteilung in Theorie und Praxis vielfältig. Folgende Themenbereiche sind relevant:

- Kommunikationsprozesse in der Hotellerie und im Gastgewerbe
- Aufgaben und Ziele sprachlicher Kompetenzen
- Grammatik und Vokabeln der englischen Sprache

Die durchschnittliche Dauer der Fortbildung beträgt ein halbes Jahr. Es besteht die Möglichkeit, im Anschluss an den Sprachkurs einen Auslandsaufenthalt zu absolvieren. Für eine erfolgreiche Bewerbung müssen Kriterien wie eine erreichte Mindestpunktzahl im Sprachkurs erfüllt werden. Ein zentraler Lernerfolg ist das Schaffen eines Reflexionsprozesses durch das eigene sprachförderliche Handeln und Sprechen (Kämpfe 2020, S. 924).

Die folgende Tabelle umfasst die Inhalte der Fortbildung ‚Sprachfortbildung'.

Modulbezeichnung	Sprachfortbildung
Zielgruppe	Generelles Hotelpersonal (besonders attraktiv für Auszubildende und Studierende)
Dauer der Fortbildung	6 oder 12 Monate

▶

Modulbezeichnung	Sprachfortbildung
Häufigkeit des Angebots	Start immer zum 01. März und zum 01. Oktober
Zugangsvoraussetzung	Allgemeine Hochschulreife/Fachhochschulreife; mittlerer Realschulabschluss
Modulinhalte	**Theorie:** 1. Einführung in das Kommunikationsmanagement in der Hotellerie und Gastronomie 2. Aufgaben und Ziele sprachlicher Kompetenzen 3. Grammatik und Vokabeln **Praxis:** Anwendungsaufgaben: - Check-in und Check-out - Gespräch mit einer Führungskraft - Aufnahme einer Bestellung - Mitarbeitergespräche - Gastbeschwerde/Beschwerdegespräch
Lernziele	Durch vielfältige Gelegenheiten zum Sprechen, Schreiben, Lesen und Hören sowie einen bewussten Umgang mit Sprachen wird der Erwerb der Alltags- und Fachsprache gefördert
Kompetenzen	Grundkenntnisse in Deutsch und Englisch
Individuelle/ Gruppenqualifizierung	Individuelle Qualifizierung
Sprache	Deutsch und Englisch
Fortbildungsort und Methodik	Die Fortbildung findet parallel zur Arbeit in der Akademie statt.
Lehrveranstalter	Sprachlehrer (interner oder externer Dienstleister)
Prüfungsart	Schriftliche und mündliche Prüfung
Abschluss	(Englisch-)Sprachzertifikat (B1; B2; C1; C2)
Anreiz/Vergütung	Nach erfolgreicher Teilnahme an der Fortbildung können die Absolventen an einem Austauschprogramm teilnehmen, um ihr neu erlangtes Wissen direkt anzuwenden und noch weiter zu vertiefen. **Beispiel:** Englischsprachkurs ▶ Arbeit im Comfort Inn oder Candlewood in Florida
Chancen für das Unternehmen	- Stärkung der sprachlichen Kompetenzen - Verbesserung des Images sowohl nach innen als auch nach außen - Mitarbeiterzufriedenheit steigt - Sprachbarrieren wird vorgebeugt

2.4 Interne und externe Kommunikation

2.4.1 Interne Kommunikation

„Interne Kommunikation ist ein Feld im Wandel." (Huck-Sandhu 2015, S. 1) Bestätigt wird diese Aussage durch eine Umfrage, die in den 500 umsatzstärksten Unternehmen Deutschlands durchgeführt wurde. Die wachsende Relevanz lässt sich auf die Wirtschaftskrise aus dem Jahr 2008 zurückführen, durch die sich Mitarbeiter transparentere Kommunikation und verständlichere Informationen wünschen (Huck-Sandhu 2015, S. 1).

Ziele interner Kommunikation	Informationssteigerung Motivationssteigerung Identifikatons- und Integrationssteigerung Mitarbeitern Orientierung bieten Vertrauen zur Unternehmensleitung stärken

Quelle: Eigene Abbildung in Anlehnung an Huck-Sandhu 2015, S. 3; 7

Aufgaben interner Kommunikation	Botschaften der Unternehmensleitung zu Mitarbeitern transportieren Meinungsbildung fördern Dialoge zwischen Mitarbeitern und Management fördern Interne Interessendurchsetzung unterstützen Plattform für Wissensaustausch fördern Meinungen von Mitarbeitern sammeln

Quelle: Eigene Abbildung in Anlehnung an Huck-Sandhu 2015, S. 7f.

Um die interne Kommunikation in den Dr. Lohbeck Privathotels effektiver und dynamischer zu gestalten, wird im folgenden Kapitel der Einsatz des Social Intranets als Kommunikationskanal untersucht.

Sowohl Digitalisierung als auch soziale Netzwerke sind in der Gegenwart präsenter denn je, weswegen sich dieser Megatrend auch auf Unternehmen auswirkt. Durch ständige Veränderungen der Umwelt und zunehmende Konkurrenz müssen sich Unternehmen anpassen. Der Schwerpunkt liegt auf der Erweiterung oder dem Ersetzen von bestehenden, traditionellen Unternehmen und disruptiven Geschäftsmodellen durch innovative Erneuerungen (Bieller et al. 2017, S. 10ff.). Digitalisierung muss zwangsläufig als strategische Ausrichtung in die Unternehmensziele implementiert werden (Bieller et al. 2017, S. 21). Dazu werden allen Mitarbeitern die sichtbaren Vorteile aufgezeigt, sodass sie Veränderungen offen gegenüberstehen (Bieller et al. 2017, S. 12). Aufgrund der strukturellen Wandlungen bedarf es einer Plattform, mit der flexibler auf Bedürfnisse der Mitarbeiter reagiert werden kann. Interne soziale Medien vereinfachen den Datenaustausch, die Zusammenarbeit und die Vernetzung der Mitarbeiter (Bieller et al. 2017, S. 6). Neben diesen positiven Effekten wird ein allumfassendes Umdenken von den Arbeitnehmern gefordert, da Hierarchien aufgebrochen und Kommunikationswege verändert werden. Durch das Aufbrechen von Hierarchien sowie durch die Tatsache, dass externe Kommunikation mit interner verbunden wird, wird Transparenz geschaffen (Bieller et al. 2017, S. 14).

Die digitale Mitarbeiterkommunikation beschreibt, mit welchen Mitteln ein Unternehmen seine Ziele erreicht, und bietet Orientierung sowie Handlungsanweisungen für die Arbeitnehmer. Es empfiehlt sich, diese Digitalstrategie aktiv an die gesamte Kommunikationsstrategie anzupassen (Bieller et al. 2017, S. 20).

Für die Dr. Lohbeck Privathotels ist die Strategie der internen Kommunikation geeignet, da dadurch Prozesse zwischen den Standorten dynamischer werden. Außerdem können ganzheitliche Projekte gleichzeitig von Mitarbeitern an verschiedenen Standorten eingesehen und bearbeitet werden. Dies trägt dazu bei, dass die Arbeit sowohl schneller und effizienter als auch komprimierter und interaktiver wird. Den Mitarbeitern wird durch den Einsatz einer solchen Plattform die Zusammenarbeit und Arbeitsteilung der Aufgaben erleichtert. Zusätzlich wird durch vereinfachtes Abrufen von Informationen Doppelarbeit vermieden. Social Intranet kann zu Synergie-Effekten beitragen. Dies bedeutet, dass Know-how übertragen und effektiv genutzt wird. Durch abteilungs- und ortsübergreifende Kommunikation werden verschiedene Denkweisen und Kompetenzen optimal auf Arbeitsprozesse übertragen (Bieller et al. 2017, S. 37ff.).

Den größten Nutzen werden die Dr. Lohbeck Privathotels aufgrund der gesteigerten Mitarbeiterzufriedenheit generieren. Durch verbesserte Partizipation der Mitarbeiter werden diese unabhängig von ihrer Position innerhalb der Hierarchie gehört, was in erhöhter Motivation und Zufriedenheit resultiert. Folglich berichten sie in ihrem Bekanntenkreis positiv von ihrem Arbeitgeber und werden somit aktiv zu Markenbotschaftern (Bieller et al. 2017, S. 43).

Ein Tool zur Erreichung der aufgezeigten Ziele ist eine interne Mitarbeiter-App. Die Verbesserung der digitalen Medien vom

Vorteile durch die Nutzung einer internen Kommunikations-App	Verbesserter Wissensaustausch Offenere Kommunikation Verbesserte Projektkommunikation Verbesserte Teamkommunikation Distanzverringerung zwischen Unternehmensleitung und Mitarbeitern

Quelle: Eigene Abbildung in Anlehnung an Huck-Sandhu 2015, S. 10

letzten auf den ersten Rang der Kommunikationskanäle bestätigt den immer relevanter werdenden Einsatz interner Kommunikation (Huck-Sandhu 2015, S. 8).

Die Einführung dieser digitalen Strategie wird zunächst idealerweise mit einem Pilotprojekt gestartet, daher nur mit einem Teil der Mitarbeiter oder mit einzelnen Abteilungen. Dabei ist es relevant, dass die Erwartungen und Befürchtungen der Mitarbeiter erfragt und berücksichtigt werden. Es ist von Bedeutung, dass sich die Beschäftigten respektiert und gehört fühlen, da sie aktiv am Social Intranet teilnehmen müssen, damit die Umstellung zu einer Digitalstrategie garantiert wird. Deren ganzheitliche Einführung ist ein Change-Projekt, bei dem Wissen geteilt wird, anstatt zur Macht-Definierung beizutragen. Dies bedeutet, dass die Mitarbeiter nicht aufgrund ihres unterschiedlichen Know-hows in Konkurrenz-kämpfe geraten, sondern es stattdessen für die Zusammenarbeit nutzen. Die Integration der Mitarbeiter empfiehlt sich außerdem im Gestaltungsprozess des Social Intranets. So wird ihnen das Gefühl vermittelt, dass ihnen die Plattform hilft. Ebenso essenziell ist das Community-Management, das aktiv zu betreiben ist, um den Beginn von Diskussionen anzuregen und Mitarbeiter zu motivieren (Bieller et al. 2017, S. 40).

Interne Kommunikation ist für die Mitarbeiterbindung essenziell. Parallel ist eine zielführende externe Kommunikations-strategie notwendig. Auf diese Weise wird neben der erfolgreichen Mitarbeiterbindung auch die Mitarbeiterakquise zielführend gestaltet.

2.4.2 Externe Kommunikation

„Unternehmenskommunikation legt in ihrer Gesamtheit den Grundstein für den wirtschaftlichen Erfolg eines Unternehmens. Denn durch sie erhält ein Unternehmen überhaupt erst eine Iden-tität. Die Unternehmenskommunikation artikuliert und zeigt nicht nur, dass es das Unternehmen bzw. eine bestimmte Marke gibt, sondern auch, was es macht und wofür es steht." (Wick 2021) Wie dem Zitat zu entnehmen ist, stellt die Identifikation der angesprochenen Zielgruppe mit dem Unternehmen das Hauptziel der Unternehmenskommunikation dar (Wick 2021).

Konkret bedeutet dies für die Marke der Dr. Lohbeck Privathotels, dass verschiedene Zielgruppen durch externe Kommunikation auf das Unternehmen als potenziellen neuen Arbeitgeber aufmerksam werden. Zunächst müssen sich die potenziellen neuen Mitarbeiter mit der Marke identifizieren.

Dies geschieht mittels zielgerichteter externer Unternehmenskommunikation. Sie besteht prinzipiell aus drei Hauptbestandteilen:

- Corporated Design, wozu die Verwendung eines einheitlichen Logos, Farbschemas und der Bildsprache zählt
- Corporated Communication, in der festgehalten wird, welche Faktoren das Unternehmen als attraktiven Arbeitgeber auszeichnet
- Corporated Behavior, bei dem aktuelle und ehemalige Mitarbeiter als Markenbotschafter dienen und eine positive Beziehung zwischen Mitarbeitern und Unternehmen herstellen. Durch Mund-zu-Mund-Propaganda entsteht ein positives Markenimage.

Der bedeutendste Hauptbestandteil der externen Kommunikation ist die direkte sowie indirekte Kundenansprache innerhalb der Corporated Communication (Wick 2021). Im Fall der Personalfindung für die Dr. Lohbeck Privathotels werden die Zielgruppen der potenziellen neuen Auszubildenden, dual Studierenden, Fachkräfte, Young Professionals und Quereinsteiger angesprochen. Dabei besteht eine Vielzahl von Berührungspunkten zwischen Unternehmen und anvisierten Zielgruppen. Es handelt sich um klassische Werbung durch Printmedien, den Onlineauftritt des Unternehmens auf der eigenen Website sowie Live-Kommunikationsevents wie Fachmessen. Aufgrund der unterschiedlichen Ansprache der Zielgruppen ist die Nutzung verschiedener Kommunikationskanäle essenziell. Dabei ist darauf zu achten, dass stets ein einheitliches Unternehmensbild vermittelt wird (Wick 2021).

Beispielhaft wird nun das Live-Kommunikationsmittel ‚Messe' betrachtet. „Wer an einer Messe teilnimmt, der wird wahrgenommen und über den wird geredet. Wer dort nicht auftaucht, dem widerfährt Schlimmes. Über ihn wird möglicherweise gar nicht geredet." (Kirsches/Schmoll 2010, S. 5) Das Zitat Ludwig Ehrhards zeigt auf, dass die Messe – obwohl sie einer der ressourcenaufwendigsten Kommunikationskanäle ist – ein effektives Marketinginstrument zur Personalgewinnung ist. Es bewerten 84 % der deutschen Unternehmen die Messe als wichtiges oder sehr wichtiges Marketingmittel. Damit belegt sie hinter der unternehmenseigenen Website den zweiten Platz (DHBW Duale Hochschule Baden-Württemberg Mannheim 2018, S. 15). Bei Messeteilnahmen werden die unternehmerischen Ziele der Bekanntheitssteigerung sowie Imageverbesserung verfolgt. Der entscheidende Vorteil einer Messebeteiligung besteht darin, dass ausschließlich interessierte Zielgruppen angesprochen werden. Die Messe dient als Business-to-Employer-Plattform, da sowohl aktuelle Mitarbeiter durch eine Miteinbeziehung in die Messevorbereitungen an das Unternehmen gebunden als auch potenzielle Mitarbeiter direkt vor Ort angesprochen werden (Kirsches/Schmoll 2010, S. 10).

Es ist für die Dr. Lohbeck Privathotels empfehlenswert, sich bei einem Messeauftritt als Familienunternehmen zu präsentieren, das seine Mitarbeiter wertschätzt, stets unterstützend bei Weiterbildungsangeboten wirkt sowie die bestmögliche Ausbildung für Auszubildende und dual Studierende bietet. In diesem Zusammenhang werden die Unique Selling Points anschaulich dargestellt.

Die Festlegung auf eine oder mehrere Messen ist für die Planung eines erfolgreichen Messeauftritts unabdingbar. Entscheidungskriterien sind neben dem Veranstaltungsort die Besucheranzahl bzw. Besuchergruppen, der Preis für den Messestand sowie die Anzahl und Art der Konkurrenz vor Ort (Eckert/ Widrat 2016). Beispielhaft wurde die Weiterbildungsmesse ‚Job Messe' in Hannover ausgewählt. Bei dieser Messe werden neben potenziellen Auszubildenden auch andere Zielgruppen wie Young Professionals, Fachkräfte oder Branchenwechsler angesprochen.

Ist die Auswahl bezüglich der Messe erfolgt, wird im Anschluss ein detaillierter Zeitplan aufgestellt. Problematisch ist vielfach die Unterschätzung des Planungsaufwands. Daher wird empfohlen, den Auftritt des Unternehmens bereits zwölf Monate vor Messebeginn zu planen.

Im Anschluss werden die allgemeinen Schritte tabellarisch aufgezeigt (Lorenz 2012).

Zeit	Arbeitsschritt
6–12 Monate vor Messeauftritt	**Festlegung der Zielgruppe & die Frage:** „Was soll vermittelt werden?" Festlegung des Rahmenbudgets Analyse der Wettbewerber
4–5 Monate vor Messeauftritt	Ausarbeitung des Messekonzepts
2–4 Monate vor Messeauftritt	**Personal:** „Wer wird benötigt?" „Welche Aufgaben gibt es vor Ort?" „Wie kommt das Personal zum jeweiligen Veranstaltungsort?" „Wie wird der Messeauftritt beworben?"
2–4 Wochen vor Messeauftritt	Training mit Standpersonal Logistik: Transport benötigter Utensilien
1–2 Wochen–1 Tag vor Messeauftritt	Standaufbau
Am Tag des Messeauftritt	Probedurchlauf Anweisung an das Standpersonal

Des Weiteren ist neben der Erstellung und Einhaltung des Zeitplans die Gestaltung des Messestands essenziell, da dieser als „visuelles Erscheinungsbild" bei der Vermittlung des Unternehmensimages dient (Kirsches/Schmoll 2010, S. 14ff.).

Nicht nur die Messe ist ein bedeutendes Marketinginstrument, um Mitarbeiter zu gewinnen, auch die Bewerberansprache auf Online-Stellenbörsen ist essenziell. Im nachfolgenden Abschnitt wird diese dargestellt.

Das primäre Ziel des Recruitingprozesses ist die Besetzung einer Position mit dem nach seinen Qualifikationen und Kompetenzen am besten geeigneten Bewerber. Der Fokus liegt dabei auf strategischen Zielen, wie der Sicherung der Wettbewerbsfähigkeit des Unternehmens, und operativen Zielen, wie der Sicherung des täglichen Geschäftsablaufs (Schnitzler 2019, S. 8).

Karrierewebseiten gelten als gängiges Instrument, mit dem Arbeitgeber in den Austausch mit potenziellen Bewerbern treten können. Interessenten erwarten detaillierte Informationen über das Unternehmen sowie eine genaue Tätigkeitsbeschreibung (Kochhan et al. 2021, S. 131). Stellenportale wie Indeed, Monster oder StepStone sowie Karrierewebseiten und Recruitingsysteme haben den Vorteil, dass Sender und Empfänger eindeutig identifiziert und die Kommunikationsabfolge bereits determiniert ist. Orts- und Zeitunabhängigkeit sowie die Möglichkeit der Massenkommunikation resultieren in einer umfangreicheren Auswahl von Arbeitskräften (Schnitzler 2019, S. 10).

Aufgrund des Entwicklungstrends ‚War for Talents' ist es für Unternehmen unverzichtbar, die Initiative zu ergreifen, um qualifiziertes Personal für sich zu gewinnen. Vielversprechende Bewerber sollten demnach nicht tatenlos anderen Wettbewerbern überlassen werden. Eine genaue Kenntnis über Wünsche und Bedürfnisse potenzieller Kandidaten ist daher ausschlaggebend.

Das Leben der zukünftigen Generation an Arbeitskräften ist hauptsächlich durch die fortschreitende Digitalisierung geprägt. Folglich machen im ersten Schritt der Bewerbungsphase Online-Informationsquellen den entscheidenden Unterschied für das Interesse an einem Unternehmen aus. Arbeitgeber mit Kenntnis und Nutzung der entsprechenden Plattformen haben gegenüber den Unternehmen, die lediglich Akquirierungsmethoden wie Messen oder Anzeigen in Printmedien nutzen, einen Vorteil. Dieser ist eine größere Auswahl an Kandidaten sowie eine gezielte Filterung von benötigten Fähigkeiten (Kochhan et al. 2021, S. 125).

Die Auswahl der korrekten Plattform ist ein entscheidender Faktor im Online-Recruitingprozess. Stellenportale sind in generalistische und spezielle zu differenzieren. Erstere sind allumfassende Anbieter, letztere legen den Fokus auf ausgewählte Nischen des Arbeitsmarkts.

Die nachfolgende Tabelle zeigt die Unterschiede der beiden Arten an Stellenportalen anhand der Kriterien Reichweite, Erreichbarkeit der Zielgruppe, Qualität der Bewerbung, Möglichkeiten zur Bewerbung auf die Stellen, Ausbildungen etc. und Benutzerqualität auf.

	Generalisten	Spezialisten
Reichweite	Große Reichweite und Markenbekanntheit über Zielgruppen hinaus	Kaum Streuverluste (d. h. Anzeigen für die falsche Zielgruppe), da Angebote für die Zielgruppe relevant sind
Erreichbarkeit der Zielgruppe	Sinnvoll in Nischen, wenn es keine Spezialstellenbörse gibt	Spezialisten sind bekannt in der Zielgruppe
Qualität der Bewerbung	Auch unqualifizierte Bewerber werden angesprochen (falsche Zielgruppe)	Höhere Bewerberqualität durch Zielgruppenansprache

▶

	Generalisten	Spezialisten
Möglichkeiten zur Bewerbung auf die Stellen, Ausbildungen etc.	Teilweise möglich	Möglich durch unternehmensspezifische Inhalte
Benutzerqualität	Teilweise größere Anzahl an Stellenanzeigen	Benutzerfreundlicher, da höhere Relevanz für die Zielgruppe

Quelle: www.absolventa.de/business/hr-blog/jobboersen-vergleich-uebersicht-alle-jobboersen abgerufen am 23.11.2021

2.5 Social Media Recruiting

Das Internet, insbesondere das Web 2.0, hat die Kommunikation zwischen den Bewerbern und Unternehmen verändert. Social Media Recruiting ist eine dadurch entstandene neuere Form der Personalgewinnung. Hierbei werden Daten aus sozialen Netzwerken genutzt, um gezielt Werbebotschaften der Arbeitgeber an die Zielgruppen zu adressieren (Chikato/Dannhäuser 2020, S. 38). Bei den potenziellen Mitarbeitern ist das Unternehmen über die sozialen Netzwerke stets präsent und kann sich mit einer zielführenden Kommunikationsstrategie als attraktiver Arbeitgeber präsentieren (Schneider 2012, S. 25f.). In den sozialen Medien wird den aktuellen sowie potenziellen Mitarbeitern ein Versprechen geboten, das als ‚Employer Value Proposition' bezeichnet wird. Dieses hebt die Stärken und Werte des Unternehmens hervor. Es bezieht sich auf die Zukunft und betont, in welchen Faktoren sich das Unternehmen von anderen Arbeitgebern unterscheidet (Baran 2018, S. 48f.).

Alle nachfolgend beschriebenen Methoden zum Einsatz sozialer Medien zur Personalgewinnung können auf die Dr. Lohbeck Privathotels und ihre bereits vorhandenen Plattformen LinkedIn, Xing, Instagram und Facebook angewendet werden.

2.5.1 Social Recruiting mit XING und LinkedIn

„Social Media Recruiting mit XING funktioniert – das ist Fakt: mit oder ohne Ihr Unternehmen!" (Chikato/Dannhäuser 2020, S. 37) XING verbucht als größtes Business-Netzwerk im deutschsprachigen Raum stetig wachsende Nutzerzahlen (Chikato/Dannhäuser 2020, S. 37f.). Bedingungen und Funktionen der Plattformen XING und LinkedIn ähneln sich stark. Der wesentliche Unterschied liegt in der Herkunft der Nutzer. Im deutschsprachigen Raum verzeichnet XING eine größere Anzahl an Nutzern, LinkedIn hingegen ist internationaler Marktführer (Ullah/Witt 2018, S. 286).

Die Nutzer auf den Plattformen sind nicht ausschließlich aufgrund beruflicher Aufstiegschancen oder der Suche nach einem neuen Arbeitgeber registriert. Laut Fachliteratur bieten die Business-Netzwerke den Vorteil gegenüber klassischen Online-Stellenbörsen, dass Zielgruppen angesprochen werden, die üblicherweise nicht erreichbar sind. Dies ist aufgrund des Fach- und Nachwuchskräftemangels von Bedeutung (Chikato/Dannhäuser 2020, S. 37ff.).

In der Fachliteratur werden Empfehlungen für ein erfolgreiches Recruitment auf den Plattformen gegeben: Um Professionalität zu wahren, wird der für die Kontaktaufnahme zu den Bewerbern zuständigen Person empfohlen, auf der jeweiligen Plattform auch ein gepflegtes Profil zu besitzen (Ullah/Witt 2018, S. 286). Aktives Anschreiben der Zielgruppe erhöht die Chance auf Bewerbungen. Laut einer Studie aus dem Jahr 2019 entschieden sich 36,4 % der Arbeitnehmer für Unternehmen, bei denen sie sich ohne aktive Kommunikation nicht beworben hätten.

In der Praxis hat sich gezeigt, dass das Unternehmensprofil ein essenzieller Bestandteil des Employer-Branding ist (Chikato/Dannhäuser 2020, S. 42). Das Publizieren von interessanten Unternehmensfaktoren ist Erfolg versprechender, als das Profil lediglich mit Stellenanzeigen zu füllen (Ullah/Witt 2018, S. 286). Es empfiehlt sich, das Unternehmensprofil von Fachpersonal erstellen und kontinuierlich optimieren zu lassen (Chikato/Dannhäuser 2020, S. 100).

Die Kommunikation in den Business-Netzwerken unterscheidet sich von der in anderen sozialen Netzwerken, da keine privaten Inhalte geteilt werden. Des Weiteren ist die Sprache förmlich und diskret. Der Fokus liegt auf dem Herausstellen positiver Eigenschaften und der Attraktivität des eigenen Unternehmens (Arnold 2015, S. 85).

„Eine Empfehlung wirkt achtmal stärker als Werbung." (Chikato/Dannhäuser 2020, S. 125) Empfehlungsmarketing wirkt vertrauenerweckender als klassische Werbung, da Faktoren wie das Arbeitsklima vermittelt werden. Intrinsische Motivation und Sachprämien beeinflussen den Einsatz von Mitarbeitern als Markenbotschafter positiv. Mitarbeiter können neue Stellenanzeigen direkt an ihre Kontakte weiterleiten (Chikato/Dannhäuser 2020, S. 125f.).

2.5.2 Social Recruiting mit Instagram

Das soziale Netzwerk Instagram ist eine der drei erfolgreichsten Apps unter den 13- bis 19-jährigen. Die größte Nutzergruppe stellen Personen zwischen 18 und 34 Jahren dar. Deutschlandweit sind über 15 Millionen Nutzer aktiv (Marquardt/Kaspers 2020, S. 315ff.).

Im Nachfolgenden wird erläutert, inwiefern die Plattform bei der Personalbeschaffung erfolgreich eingesetzt werden kann.

Auch auf Instagram hat der Einsatz der eigenen Mitarbeiter als Corporate Influencer hohes Potenzial. Um die Verbreitung der unternehmerischen Inhalte zu gewährleisten, können Anreize in Form von Prämien für jede Aktivität auf Instagram weitergegeben werden. Auch ein zusätzlicher Urlaubstag ist eine Möglichkeit, die Motivation der Mitarbeiter dafür zu erhöhen. Social-Media-Marketing kann in speziellen Workshops thematisiert werden. Dabei wird der Handlungsspielraum der Mitarbeiter festgelegt und Grenzen werden aufgezeigt. Ein einheitliches Verständnis der Mitarbeiter für die Social-Media-Strategie des Arbeitgebers ist wesentlich für den Erfolg. Es empfiehlt sich, den Redaktionsplan monatlich zu versenden (Gebel 2020, S. 59ff./66).

Glaubwürdigkeit ist essenziell dafür, dass ein Unternehmen auf die Bewerber attraktiv wirkt. Auf den Zuschauer werden Emotionen, Begeisterung und Engagement der Darsteller übertragen, sodass er von dem Arbeitgeber überzeugt wird.

Mitarbeiter können im Arbeitsalltag oder in Situationen, in denen sie mit anderen interagieren, gezeigt werden. Des Weiteren ist es möglich, einzelne Personen des Unternehmens vorzustellen und über sie und ihre Tätigkeit zu berichten. Zuvor gestellte Fragen können beantwortet, Berufe sowie Projekte können betrachtet werden. Auch Zitate der Angestellten können auf der eigenen Plattform integriert werden (Knabenreich 2019, S. 125ff.).

Social Media Manager bewerten die zeitliche Spanne, in der die Aufmerksamkeit des Nutzers für den Post erreicht werden kann, auf 1,7 Sekunden (Marquardt/Kaspers 2020, S. 327). Es ist möglich, mehrere Fotos in einem Post zu komprimieren. Hashtags in den Texten unter den Bildern kategorisieren diese und locken neue Besucher zu den Beiträgen. Nach Hashtags kann aktiv gesucht werden. Ein Mix aus allgemeineren Hashtags, zum Beispiel #Karriere, und spezifischen Hashtags wie #Ausbildunghotelfach wird empfohlen. Mithilfe einer Konkurrenzanalyse lässt sich herausfinden, welche Hashtags überdurchschnittlich viele Likes und Kommentare nach sich ziehen.

Laut dem Tool-Anbieter Hootsuite, der regelmäßig Posts auf Social Media analysiert, besteht der ideale Text aus 125 bis 150 Zeichen und neun Hashtags.

Im Newsfeed werden die Postings der abonnierten Profile angezeigt. Die Interaktion in Form von Likes, Kommentaren und dem Teilen der Inhalte mit anderen Nutzern ist vorteilhaft (Marquardt/Kaspers 2020, S. 322ff.).

Ein einheitliches Layout der Bilder im Feed spielt auf Instagram, besonders für User, die das Profil erstmals besuchen, eine entscheidende Rolle. Künstlerische Elemente wie zusammenhängende Bilder aus mehreren Beiträgen sind ebenfalls eine Möglichkeit, den Feed attraktiv zu gestalten (Gebel 2020, S. 136f.).

Inhalte können darüber hinaus durch ein Takeover geschaffen werden. Dabei übernimmt ein Mitarbeiter den Kanal für eine begrenzte Zeit. Dieses Takeover kann mithilfe der Instagram-Story erfolgen, die sich nach 24 Stunden automatisch löscht. Die Instagram-Story wird weltweit täglich von 500 Millionen Menschen genutzt (Marquardt/Kaspers 2020, S. 322ff.).

In die Story können Umfragen, Bewertungen und Fragen integriert werden, die ein direktes Feedback generieren. Ist die Story von besonderer Bedeutung, kann sie in einem Highlight abgespeichert werden, um zeitlich unbegrenzt zum Abruf verfügbar zu sein. Potenzielle Mitarbeiter erhalten einen Eindruck über Hotels und Destinationen (Gebel 2020, S. 139f.). Überdies eignet sich die Story bei Erklärungen des Bewerbungs- und Auswahlverfahrens sowie für Tipps zu schriftlichen Bewerbungen (Marquardt/Kaspers 2020, S. 328)

Die Informationen einer Stellenanzeige werden in einer Grafik untergebracht. Vorteilhaft ist hierbei, dass bei diesem eher privaten Netzwerk die User stärker mit Stellenanzeigen-Posts interagieren (Brickwedde 2020, S. 704f.).

Es ist von Bedeutung, den Kanal regelmäßig zu bespielen. Entsprechend wird empfohlen, drei bis vier Posts und mindestens zwei Storys pro Woche zu veröffentlichen. In der Praxis hat sich gezeigt, dass die Aktivität der Nutzer von dem Zeitpunkt des Postings beeinflusst wird (Gebel 2020, S. 136f.).

2.5.3 Social Recruiting mit Facebook

Trotz einer Vielzahl an Konkurrenzplattformen ist Facebook noch immer beliebt und verzeichnete im ersten Quartal des Jahres 2020 weltweit 2,6 Milliarden Nutzer (Gebel 2020, S. 99). Daher ist Facebook als Plattform für Employer-Branding und Recruiting zwar elementar, jedoch nicht ausschließlich zu nutzen (Ullah/Witt 2018, S. 128).

Das kontinuierliche Pflegen einer Facebook-Page ist zeitintensiv. Die Wahl des Namens, des Profilbilds sowie der Info- und Bildergalerie muss wohlüberlegt getroffen werden, da auf diese Weise der erste und bleibende Eindruck vermittelt wird (Knabenreich 2012 S. 117ff.).

Die Definition der Zielgruppe erfolgt vor dem Erstellen der Facebook-Page. Davon abhängig kann ein Zusatz zum Namen der Seite gewählt werden. Bei Schülern, Auszubildenden und dual Studierenden empfiehlt sich der Zusatz ‚Ausbildung, Ausbildung bei...'. Bei Absolventen, Young Professionals und Professionals eignet sich der Zusatz ‚Karriere, Karriere bei...'.

Die Ansprache per Du oder Sie ist dabei von der Zielgruppe und der Unternehmenskultur abhängig und einheitlich zu nutzen (Ullah/Witt 2018, S. 148ff.).

Das alleinige Erstellen einer Facebook-Page generiert keine Erfolge. Es ist erforderlich, weitere Maßnahmen zu ergreifen. Facebook basiert nicht auf einseitiger Kommunikation, sondern bietet eine Plattform für Dialog und Diskussion. Unternehmen können durch Statusmeldungen, Fotos und Videos, Umfragen oder Facebook-Ads auf der Plattform mit der Zielgruppe interagieren.

Die Content-Strategie bedingt den Erfolg der Facebook-Page. Sie ist davon abhängig, welche Inhalte durch wen vermittelt werden. Die potenziellen Inhalte können kategorisiert und in regelmäßigen Abständen gepostet werden. Hierfür ist das monatliche oder wöchentliche Erstellen von Redaktionsplänen erforderlich.

Bezüglich der Gestaltung des Inhalts gibt es verschiedene Möglichkeiten. Mitarbeitergeschichten, Stellenausschreibungen, Neuigkeiten aus dem Unternehmen, besondere Auszeichnungen oder Erfahrungsberichte von aktuellen oder ehemaligen Mitarbeitern sind beispielhaft zu nennen.

Es ist zu überlegen, ob Videos und/oder Fotos bei der Veröffentlichung der Inhalte genutzt werden (Gebel 2020, S. 102f.). Mithilfe dieser Inhalte werden die Zuschauer in den Unternehmensalltag einbezogen.

Der Einsatz von Stellenausschreibungen ist essenziell. Es wird empfohlen, sie passend zu den anderen kreierten Inhalten zu gestalten. Einstiegslevel, Branche, Arbeitsbereich und Standort sollten aufgelistet werden. Ergänzend wird der Link zu der Karrierewebsite des Unternehmens eingefügt (Ullah/Witt 2018, S. 149ff.).

Der Fachkräftemangel und die veränderten Bedürfnisse von Arbeitnehmern fordern von den Arbeitgebern ein Umdenken. Das passive Ausschreiben von Stellen genügt nicht mehr, um die geringe Anzahl an Fachkräften von dem eigenen Unternehmen zu überzeugen. Durch den richtigen Einsatz der aufgeführten sozialen Medien können die Dr. Lohbeck Privathotels langfristig eine starke Arbeitgebermarke aufbauen, die dem Unternehmen einen entscheidenden Vorteil auf dem Arbeitsmarkt verschafft.

3 Fazit

3

Der erste Schritt bei dem Aufbau einer erfolgreichen Arbeitgebermarke umfasst die Analyse der Zielgruppen zur Erstellung der EVP. Die EVP, die das Nutzenversprechen des Unternehmens für die Arbeitgeber darstellt, besitzt fünf Hauptkriterien: Vergütung, Zusatzleistungen, Karriereperspektiven, Arbeitsumfeld sowie Unternehmenskultur. Das Unternehmen definiert sich über Unique Selling Points, also seine Alleinstellungsmerkmale. Ein herausstechender Unique Selling Point ist die Dr. Lohbeck Akademie. Sie kommt dem Wunsch von Mitarbeitern nach, Weiterbildungsmaßnahmen am Arbeitsplatz zu erhalten. Die Kurse werden sowohl von externen als auch von internen Trainern durchgeführt. Diese Form von Weiterbildung wird durch Fortbildungsangebote ergänzt. Sie dienen der individuellen persönlichen und beruflichen Entwicklung der Mitarbeiter und bewirken eine Vertiefung von Wissen und Können auf gleichbleibender beruflicher Ebene. Eine zielführende interne Unternehmenskommunikation ist unumgänglich. Eine Mitarbeiter-App wirkt dabei unterstützend. Sie dient als Plattform für Wissensaustausch und regt den Dialog zwischen den Mitarbeitern an. Im Gegensatz dazu dient die externe Kommunikation primär der Personalakquise. Mittels geeigneter Kommunikationskanäle wie Messeauftritten und Karrierewebseiten werden neue potenzielle Arbeitnehmer angesprochen. Ein Teilgebiet der externen Kommunikation stellt das Social Media Recruiting dar. Um die Chancen der Gewinnung neuer Arbeitskräfte zu erhöhen, empfiehlt es sich, die eigenen Arbeitnehmer in den Rekrutierungsprozess einzubeziehen.

„Auch in Zukunft wollen wir sowohl national als auch international weiter wachsen und in jedem Hotel unser Bestes geben, damit Sie sich in Ihrem ‚Zuhause auf Zeit' rundherum wohlfühlen." (Privathotels Dr. Lohbeck 2018) Um dieses Vorhaben Dr. Lohbecks erfolgreich umzusetzen und den Gästen die bestmögliche Servicequalität zu bieten, bedarf es motivierter und engagierter Mitarbeiter. Der entwickelte Leitfaden dient dem Aufbau des Employer-Branding und beschreibt den erfolgreichen Einsatz externer Kommunikation zur Personalgewinnung. ●

Attraktivitätsfaktoren für Nachwuchskräfte im Gastgewerbe

Wie können junge Menschen für eine duale Ausbildung und ein duales Studium (wieder) begeistert werden

von Zeynep Dönmezer

1 Einleitung

Das Gastgewerbe gilt als abwechslungsreiche Dienstleistungsbranche mit der Beherbergung und Gastronomie, dem dazugehörigen Catering als Hauptgeschäftszweig, gefolgt von vielen Teilbranchen mit verschiedenen Betriebsarten (Bosch et al. 2019, S. 237ff.). Zu dem Beherbergungsgewerbe gehören Hotels, Gasthöfe, Pensionen, Ferienunterkünfte, Campingplätze und sonstige Beherbergungsstätten. Zur Gastronomie zählen Restaurants, Gaststätten, Imbissstuben, Cafés, Eissalons, Caterer, Diskotheken, Bars und ähnliche speisen- oder getränkeorientierte Gastronomiebetriebe und Erbringer sonstiger Verpflegungsdienstleistungen. Dementsprechend wäre es passend, das Gastgewerbe so zu definieren, dass es alle Betriebe umfasst, „die eine gewerbsmäßige Beherbergung und/oder Verpflegung in dafür geeigneten Betrieben anbieten" (Schlote-Sautter et al. 2018).

Für junge Menschen existieren demnach zahlreiche Möglichkeiten, eine Karriere im Gastgewerbe zu beginnen. Zwei solcher Möglichkeiten werden in diesem Beitrag analysiert: die duale Berufsausbildung und das duale Studium. Die Ausbildung im dualen System ist im Gastgewerbe in Deutschland stark präsent und diese Auszubildenden bilden einen großen Teil der Belegschaft im Betrieb. Jedoch ist in den vergangenen Jahren, auch aufgrund der Corona-Pandemie, eine Abnahme an Ausbildungen in dieser Branche wahrzunehmen (Goedicke/Beerheide 2018, S. 33). Während es noch 1999 ca. 86 000 Ausbildungsverhältnisse insgesamt gab und 2009 knapp 96 000, waren es 2019 nur noch ungefähr 51 000. Mit dem Eintreten der Pandemie fiel die Zahl 2020 weiter auf ca. 45 500 Ausbildungsverhältnisse, Tendenz weiterhin fallend (DIHK 2021).

An dieser Stelle ist es jedoch bedeutsam anzumerken, dass der Rückgang auf dem Ausbildungsmarkt in der ganzen Tourismusbranche, dementsprechend auch im Gastgewerbe, nicht allein auf die Pandemie zurückzuführen ist. Dieser Rückgang war vorher schon bemerkbar (Bundesministerium für Bildung und Forschung (BMBF) 2021a, S. 18). Einer der Gründe ist, dass in Deutschland eine große Auswahl an Ausbildungsberufen existiert, die bessere Arbeitsbedingungen bieten. Des Weiteren ist ein Trend zu höheren Bildungsabschlüssen bzw. zu einer längeren Schulzeit bemerkbar (Schlote-Sautter et al. 2018, S. 70).

Der Deutsche Hotel- und Gaststättenverband (DEHOGA) versucht mit mehreren Initiativen, gastgewerbliche Betriebe zu unterstützen, indem dieser beispielsweise Ausbilderseminare anbietet. Solch ein Seminar dient als Instrument, um die Abbruch- und Abwanderungsquote von Auszubildenden zu verringern. Zusätzlich wird daran gearbeitet, die Ausbildungsberufe weiterhin zu modernisieren und Wahlqualifikationen sowie Fachrichtungen in den Ausbildungsrahmenplan zu integrieren, um letztendlich die Qualität der Ausbildungen zu steigern und die Einsatzmöglichkeiten insgesamt zu verbessern. Es wird jedoch vom DEHOGA angemerkt, dass alle einen Beitrag leisten müssen, um die Ausbildung im Gastgewerbe wieder attraktiver zu gestalten – neben den Schulen, Berufsschulen und Betrieben sogar die Eltern der heranwachsenden Generationen (DEHOGA 2016, S. 1f.).

Deshalb wird im Nachfolgenden analysiert, wie der momentane Zustand einer dualen Berufsausbildung und eines dualen Studiums im Gastgewerbe ist, weshalb Auszubildende und Studierende das Gastgewerbe als Arbeitswelt fasziniert, was sie motiviert, weiterhin im Gastgewerbe zu bleiben, und welche möglichen Erneuerungsansätze nötig sind, um diese Branche attraktiver zu gestalten.

2 Ausbildungsgrundlagen im Gastgewerbe

2

Es gibt zahlreiche Ausbildungsmöglichkeiten im Gastgewerbe, die sich meist über zwei bis drei Jahre erstrecken. Die Auszubildenden sind dabei bei einem gastgewerblichen Betrieb angestellt, der für die Praxisausbildung zuständig ist, und besuchen zusätzlich die Berufsschule, um sich theoretisches Fachwissen anzueignen (Herrmann/Wetzel 2018, S. 106). Deshalb nennt sich diese Form der Ausbildung ‚duale Berufsausbildung' oder auch ‚betriebliche Berufsausbildung', im Gegensatz zu der schulischen, in der die Auszubildenden nur einen Lernort, die Berufsschule, haben und dort Vollzeitunterricht genießen (Schrammel 2019, S. 194).

Zur Auswahl stehen: Köchin/Koch, Restaurantfachfrau/-mann, Hotelfachfrau/-mann, Hotelkauffrau/-mann, Fachfrau/-mann für Systemgastronomie, Fachkraft im Gastgewerbe und Fachkraft für Speiseeis (Sekretariat der Ständigen Konferenz der Kultusminister der Länder in der Bundesrepublik Deutschland o.J.). Der Ausbildungsplan regelt die zu vermittelnden Inhalte, die gesetzliche Ausbildungsverordnung den Ablauf dieser Ausbildungsberufe (Schrammel 2019, S. 195). Letztere sieht vor, dass der Rahmenlehrplan in vielen Punkten für die genannten Ausbildungsberufe (außer für den der Köchin/des Kochs) gleich ist, da sie im Kern die gleichen Fertigkeiten und Kenntnisse vermitteln sollen:

- Berufsbildung, Arbeits- und Tarifrecht
- Aufbau und Organisation des Ausbildungsbetriebs
- Sicherheit und Gesundheitsschutz bei der Arbeit
- Umgang mit Gästen, Beratung und Verkauf
- Einsetzen von Geräten, Maschinen und Gebrauchsgütern, Arbeitsplanung
- Umweltschutz
- Hygiene
- Küchenbereich
- Servicebereich
- Büroorganisation und -kommunikation
- Warenwirtschaft
- Werbung und Verkaufsförderung
- Wirtschaftsdienst

Außerdem sind in dem Lehrplan das Ausbildungsjahr, in dem das Berufsbild vermittelt werden soll, und die Dauer des zu Vermittelnden vermerkt (Bundesministerium der Justiz (BMJ) 1998). Im ersten Jahr ist für alle gastgewerblichen Berufe einschließlich der Köchin/des Kochs bestimmt, dass die Auszubildenden die meiste Zeit in der Küche und im Service arbeiten, wo Aufgaben wie das Vor- und Zubereiten und die Präsentation von Speisen, der Getränkeausschank sowie der Umgang mit Gästen anfallen. Einen kleinen Teil nimmt die Arbeit im Magazin ein. Inhalte dort sind unter anderem Wareneingang, -lagerung und -ausgabe (Sekretariat der Ständigen Konferenz der Kultusminister der Länder in der Bundesrepublik Deutschland o.J.).

Nachdem den Auszubildenden zunächst Grundlagen vermittelt wurden, folgen im zweiten Lehrjahr komplexere Tätigkeiten (exklusive Köchin/Koch): Die Lernfelder beinhalten Beratung und Verkauf im Restaurant, Marketing, Wirtschaftsdienst und Warenwirtschaft. Hier arbeiten die Auszubildenden selbstständiger und können ihre Fähigkeiten unter Beweis stellen. Das dritte Lehrjahr zeichnet sich durch die besondere berufliche Fachbildung aus, die mit den berufsspezifischen Inhalten für die einzelnen Ausbildungsberufe einhergeht (Sekretariat der Ständigen Konferenz der Kultusminister der Länder in der Bundesrepublik Deutschland o.J.).

Kontrolliert wird die Ausbildung von der Industrie- und Handelskammer (IHK), die für die Einhaltung der Berufsbildungsgesetze zuständig ist, aber auch als Ansprechpartner für die Ausbilder und Auszubildenden bei Fragen um die Ausbildung dient (Schrammel 2019, S. 198).

Es bestehen sowohl für Betriebe als auch für Arbeitnehmer Vorteile dabei, Auszubildende einzustellen bzw. sich für diesen Berufsweg zu entscheiden: Ein Betrieb profitiert davon, den Nachwuchs nach eigenen Erwartungen ausbilden und formen zu können, sodass dieser in die eigenen betriebsinternen Abläufe und Prozesse passt. Des Weiteren sorgen die Ausbildungsbetriebe für die Sicherung qualifizierter Nachwuchskräfte und allgemein für das langfristige Überleben des Berufs in Zeiten des Fachkräftemangels (Schrammel 2019, S. 198).

Auf der Seite der Auszubildenden ist ein klarer Vorteil das regelmäßige Gehalt bzw. die Vergütung, die für finanzielle Eigenbestimmung und Unabhängigkeit sorgt. Außerdem wird ein direkter Start in das Berufsleben mit viel Praxisbezug ermöglicht, was am Ende der Ausbildung dafür sorgen kann, übernommen zu werden, da die Auszubildenden schon die benötigten Fähigkeiten besitzen. Vor allem in der Branche des Gastgewerbes haben Interessierte auch Weiterbildungsmöglichkeiten (Schrammel 2019, S. 198): von der Köchin/dem Koch zum Küchenmeister, von der/dem Hotelfachfrau/-mann zum Hotelmeister oder bei fast allen zuvor genannten Ausbildungsberufen die Weiterbildungsmöglichkeit zur/ zum Betriebswirtin/Betriebswirt oder zur/zum Fachwirtin/Fachwirt im

Gastgewerbe. Weitere Fachkurse spezifisch für den ausgewählten Bereich können ebenfalls wahrgenommen werden, um das Wissen zu vertiefen und die Fertigkeiten zu stärken.

3 Duale Studieninhalte im Gastgewerbe

Ein duales Studium kombiniert ein herkömmliches Studium an einer Fachholschule, Universität oder Berufsakademie mit einer Anstellung in einem selbst gewählten Betrieb. Hierbei ist zwischen einem ausbildungsintegrierten und einem praxisorientierten dualen Studium zu unterscheiden. Ersteres erfolgt ähnlich wie eine duale Berufsausbildung, die im vorhergehenden Kapitel besprochen wurde, sodass die Studierenden zusätzlich zum Bachelor noch eine Berufsausbildung laut IHK erreichen. Das praxisorientierte duale Studium läuft ohne Berufsausbildung ab, stattdessen aber mit zahlreichen Praxisphasen im jeweiligen Betrieb. Diese Form des Studiums hatte seinen Anfang in Baden-Württemberg in den 1970er Jahren. Damit sollte der beruflichen Ausbildung mehr Qualifikation und dem Studium mehr Praxisbezug gegeben werden. Sie ist seitdem dynamisch gewachsen, ist nun in allen Bundesländern der Bundesrepublik Deutschland vertreten und erfreut sich wachsender Beliebtheit (Schrammel 2019, S. 223ff.).

Die am häufigsten angebotenen Studiengänge der allgemeinen Tourismusbranche, die auch meist Berührungspunkte zum Gastgewerbe haben, sind unter anderem folgende: Tourismusmanagement, International Tourism Management, Eventmanagement, Internationales Business Management, Hotelmanagement/Hospitality Management, Internationales Hotelmanagement sowie Gesundheits- und Tourismusmanagement. All diese Studiengänge haben betriebswirtschaftliche Grundlagen und können bei der Wahl des dualen Studiengangs bei einem gastgewerblichen Betrieb wahrgenommen werden (Herrmann/Wetzel 2018, S. 108).

Entweder wird das duale Studium im Blockmodell, in dem die Lernorte blockweise in größeren zeitlichen Abständen wechseln, oder im Rotationsmodell, mit wöchentlichem Lernortwechsel, angeboten. Seltener kommen die vorgeschaltete Ausbildung, bei der die Studierenden mindestens ihr erstes Jahr in einer Vollzeitausbildung verbringen, und das Fernlernen (wie bei einem Fernstudium) vor. Gewöhnlich ist für ein duales Studium, dass es praxisorientiert mit jeweils 12 Wochen Studium und 12 Wochen Praxisphase im Betrieb stattfindet. Die Vorlesungen werden meist in kleineren Gruppen abgehalten, was zu einer guten Betreuung jedes Einzelnen führt, anders als beim ausbildungsorientierten Studium mit gewöhnlichen Studienphasen wie bei anderen Studierenden (Schrammel 2019, S. 224ff.).

Als Beispiel kann hier die Hochschule für Wirtschaft und Recht Berlin angeführt werden. Als größter Anbieter für duale Studiengänge in Berlin bietet sie über 2000 duale Studienplätze in 18 Bereichen und kooperiert mit rund 700 Unternehmen (Hochschule für Wirtschaft und Recht Berlin (HWR Berlin) 2021a). Einer der Studiengänge nennt sich ,Betriebswirtschaftslehre/Tourismus' und kann mit Praxisphasen in verschiedenen Unternehmen der Tourismusbranche verbunden werden. Hier werden die betriebswirtschaftlichen Grundlagen mit tourismusspezifischem Wissen verbunden und im fünften und sechsten Semester weiter mit beispielsweise Hotelmanagement vertieft, falls der eigene Betrieb ein Teil der Beherbergungsbranche ist. Neben Modulen wie allgemeiner Betriebswirtschaftslehre, Finanzbuchführung, Marketing, Personal und Organisation, Volkswirtschaft, Recht, Mathematik und Statistik ist vor allem der tourismusspezifische Fokus zu erwähnen (HWR Berlin 2021b):

- Grundlagen des Tourismus
- Qualitätsmanagement
- Nachhaltiger Tourismus
- Digitalisierung
- Barrierefreier Tourismus
- Gesundheitstourismus
- Recht in der Tourismuswirtschaft

Die Inhalte des nationalen und internationalen Hotelmanagements sind folgende:

- Management des Beherbergungs- und Freizeitbereichs
- Food-and-Beverage-Management
- Marketingmanagement
- Personalmanagement
- Hotelrechnungswesen
- Yield-Management
- Hotelprojektierung
- Machbarkeitsstudien

Die Vorteile eines dualen Studiums sind ähnlich denen einer Ausbildung mit zusätzlichen Faktoren: Das Studium erlaubt einen tieferen theoretischen Einblick und erweitert das Wissen dadurch. Kombiniert mit der Ausbildung bzw. den Praxiseinsätzen erhalten die Studierenden einen umfassenderen Einblick in die Berufsfelder. Auch bei dem dualen Studium sind das geregelte, monatliche Einkommen und die Übernahmechancen von Vorteil. Dem dualen Studium wird außerdem nachgesagt, häufig gute Aufstiegsmöglichkeiten nach sich zu ziehen (Schrammel 2019, S. 227).

Durch den hohen Praxisanteil dieser Studienform haben die meisten Studierenden zwar mehr Berufserfahrungen, jedoch weniger Freizeit und eine Doppelbelastung. Wer nicht ein angemessenes Maß an Selbstdisziplin aufbringt und nicht beabsichtigt, in der Regelstudienzeit zu studieren, kann sich immer noch für ein normales Studium in der gastgewerblichen Branche entscheiden und die Praxiserfahrungen später sammeln (Schrammel 2019, S. 229). Grundsätzlich sind die Studieninhalte vergleichbar, auch wenn diese von den Fachhochschulen, Universitäten oder Berufsakademien abhängig sind und keinem Rahmenlehrplan wie bei der Berufsausbildung unterliegen.

4 Attraktivitätsfaktoren

Einer der Gründe dafür, dass das Gastgewerbe jahrelang als attraktiv galt, waren die wenigen Einstiegsbarrieren und Restriktionen (Bosch et al. 2019). Jedoch verschieben sich auch hier die Anforderungen der Arbeitgeber zu fachbezogenem Wissen, Fremdsprachenkenntnissen und Allgemeinbildung (Herrmann/Wetzel 2018, S. 105f.). Mit einer entsprechenden Ausbildung haben junge Menschen jedoch die Möglichkeit, ein entsprechend höheres Gehalt aufgrund ihrer Qualifikation zu erzielen (Bosch et al. 2019, S. 270).

Den Auszubildenden und Studierenden scheinen die positiven Rückmeldungen der Kunden, die Zusammenarbeit im Team sowie die Möglichkeiten, kreativ zu sein und vielleicht auch ins Ausland zu gehen, am meisten Spaß zu machen, weshalb sie sich für diese Branche entschieden haben (Elsässer et al. 2018). Da der gesamte Tourismus mit dem Gastgewerbe als Zukunftsbranche gesehen wird, ergeben sich immer mehr Möglichkeiten, in jungen Jahren bereits eine Führungsposition zu erlangen. Selbst wenn dies nicht das Ziel der Auszubildenden oder Studierenden sein sollte, bietet der Tourismus vielseitige Einsatzmöglichkeiten mit einem weiten Spektrum an Berufen (Herrmann/

Wetzel 2018, S. 105ff.). Des Weiteren ist ein Schritt in Richtung Modernisierung bemerkbar, sowohl im System als auch in der Gesellschaft.

[1] Der DEHOGA will zusammen mit der Gewerkschaft Nahrung-Genuss-Gaststätten die Ausbildungsordnung aus dem Jahr 1998 modernisieren. Zusätzliche, modernere Aufgabenbereiche und tiefere Einblicke sollen es möglich machen, auch in administrativen Bereichen Aufgaben zu übernehmen, statt vermehrt operativen, wie es momentan der Fall ist (Kwidzinski 2019). Jedoch ist laut dem DEHOGA die praktische Umsetzung in den Betrieben das eigentliche Problem (Leibfried 2017).

[2] ,Lehrjahre sind keine Herrenjahre' – dieser Spruch ist allseits bekannt. Jedoch wird jüngst von Führungskräften anerkannt, dass Erniedrigung kein adäquates Mittel ist, Auszubildenden etwas beizubringen und diese letztendlich für den Beruf, oder die ganze Branche, zu faszinieren (Simmeth 2020).

Wer sich für das Gastgewerbe entscheidet, dem sollte bewusst sein, dass Wochenendarbeit, Feiertagsarbeit und Schichtarbeit geläufig sind, was als negativer Faktor betrachtet wird. Jedoch bedeutet dies auch, dass Arbeitnehmer im Gastgewerbe nicht nur im Berufsleben flexibel sind, sondern auch im Privaten. So können sie ihre Zeit frei gestalten, Arzttermine problemlos werktags wahrnehmen und auch Freizeitaktivitäten mitten in die Woche legen, statt diesen an vollen Wochenenden nachzugehen (Leibfried 2017).

Trotzdem ist das Thema Fachkräftemangel nicht zu umgehen und wird weiter durch die negative Präsenz der Branche in den Medien bestärkt. Die unattraktiven Arbeitszeiten, ein stressiges Arbeitsumfeld, der vermeintlich raue Umgangston mit Auszubildenden sowie die geringere Bezahlung im Vergleich zu anderen Branchen werden als Hauptfaktoren genannt, wenn es um die Probleme dieser Branche geht. Deshalb ist die Abbruchquote von Auszubildenden hier auch hoch, da diese woanders bessere Arbeitsbedingungen, eine höhere Vergütung und geregeltere Arbeitszeiten finden (Bosch et al. 2019, S. 258ff.).

Die Betriebe sind sich dieser Probleme bewusst und sind mit den Ergebnissen unzufrieden. Sie klagen über die geringe Anzahl an Bewerbungen und deren geringe Qualität. Sie sind sich darüber hinaus im Klaren, dass das Image aufgebessert werden sollte, damit mehr qualifizierte Schüler für das Gastgewerbe begeistert werden können.

Wenn jedoch die Erhöhung der Ausbildungsvergütung Gesprächs-
thema ist, um das Berufsbildungsangebot für die heranwachsenden
Auszubildenden oder dual Studierenden lukrativer zu gestalten,
ziehen sich die meisten Betriebe zurück. Als genauso wenig umsetzbar werden die Wünsche nach weniger Arbeitsbelastung und mehr
Kommunikation angesehen (Küblböck/Standar 2016, S. 307). Durch
den demografischen Wandel stehen aber weniger junge Menschen
für eine Ausbildung oder ein duales Studium zur Verfügung. Diese
heranwachsenden Generationen sind sich dem Image der beruflichen
Ausbildungen bewusst, sodass diese einen geringeren Wert im
Vergleich zu einem normalen Studiums besitzen, was die Betriebe zu
Änderungen drängt (Westermann 2019).

5 Mögliche Erneuerungsansätze

Wie der DEHOGA bemerkt hat, ist nicht nur der Ausbildungsrahmenplan aus dem Jahr 1998 veraltet und bedarf einer Modernisierung. Es
sollte zuerst in Betracht gezogen werden, dass mit jeder neuen Generation auch neue Ansprüche entstehen, denen das Gastgewerbe
gerecht werden sollte, um die Branche wieder attraktiv zu machen.
Die neuen Generationen ersetzen nicht die alten Werte, erweitern
diese aber: Es wird nicht nur der Wunsch nach Sicherheit im Beruf
und in der Familie ausgesprochen, sondern zusätzlich die Möglichkeit, genug Freizeit zu haben, um sich selbst zu verwirklichen. Klassische Hierarchien, wie es die Generation der Ausbilder gewohnt ist,
werden eher infrage gestellt. Die globalen Trends der Digitalisierung
und Globalisierung werden stärker berücksichtigt. Allgemein sehen
sich die zukünftigen Hotelfachkräfte, Köche, Systemgastronomen
und Restaurantfachmänner nach Spaß an der Arbeit, einer gleichbe-
rechtigten Kommunikation, Rückmeldung zur eigenen Leistung und
einer zunehmenden Beteiligung an der Ausgestaltung der Arbeit
(Elsässer et al. 2018, S. 148).

Da die globalen Trends bei diesen Generationen im Fokus
stehen, ist auch das Bedürfnis nach der digitalen Transformation
in der Ausbildung bemerkbar. Diese Generationen sind mit Internet,
Smartphones und Social Media aufgewachsen, dementsprechend
sollten diese Themen auch stärker in die Berufsausbildung bzw. das
Studium integriert werden (Dietl/Hennecke 2021, S. 342). Zusätzlich

ist mit dem Wandel der Generationen ersichtlich, dass heutzutage Menschen mit einem stärkeren Umweltbewusstsein aufwachsen und sich mehr Nachhaltigkeit wünschen. Diese Erkenntnis können gastgewerbliche Betriebe nutzen und ihr Geschäftsmodell nachhaltiger gestalten, um so attraktiver zu wirken und mehr Personal anzuwerben (Goh et al. 2017, S. 9).

Zusammengefasst lässt sich das Bedarfsprofil dieser Generation mit drei Worten erklären: Wertekonstrukt, Umweltfaktoren und Sinnhaftigkeit. Auf den ersten Begriff wurde im vorherigen Absatz schon eingegangen: Das veränderte Wertekonstrukt führt dazu, dass sich die Generation geregelte Arbeitszeiten und Freizeit, klare Privatsphäre und Perspektiven, klar definierte Aufgabenstellungen, mehr Selbstbestimmung, Ordnung und Struktur sowie eine auf einem hohen Austauschverhältnis und auf Kleinteiligkeit basierende Führung vom Gastgewerbe wünscht. Des Weiteren prägt sich das Streben nach einem höheren Bildungsstand und besserer Vergütung bzw. besseren Vergütungsperspektiven aus, sodass die Umweltfaktoren, auch Kollegialität und Respekt, einen höheren Wert erhalten. Falls dann noch die Sinnhaftigkeit im Beruf heraussticht, ist das Gastgewerbe den Wünschen der neuen Generationen gerecht geworden: Die Auszubildenden erwarten, dass ein direkter Nutzen für sie erkennbar ist und ihr Wertekonstrukt mit dem des Arbeitgebers mindestens in den Grundzügen übereinstimmt (Dietl/Hennecke 2021, S. 625ff.).

Um diesen Effekt zu verstärken, können die Ausbilder darauf achten, die Arbeit lebensphasengerecht zu gestalten, da unterschiedliche Lebens- und Berufsphasen unterschiedliche Bedürfnisse und Belastungen aufweisen. Somit sollte ihre Strategie den demografischen, technisch-ökonomischen und gesellschaftlichen Entwicklungen gerecht werden (Guhlemann et al. 2016, S. 313). Darüber hinaus kann das Flow-Modell, entwickelt von Csíkszentmihályi, dabei helfen, das richtige Maß an Anforderung passend zu den Fähigkeiten zu finden. Je nachdem, wie stark oder schwach sich Faktoren äußern, könnten diese entweder zu Langeweile durch Unterforderung oder zu Stress durch Überforderung führen. Die Mitte, auch als ,Flow' bezeichnet, regelt das Gleichgewicht dieser Faktoren (Dietl/Hennecke 2021, S. 422). Dieses Ergebnis des Geichgewichts kann dazu beitragen, dass die Ausbildungsqualität als höher angesehen und dadurch die Fluktuation im Gastgewerbe verringert wird (Küblböck/Standar 2016, S. 311).

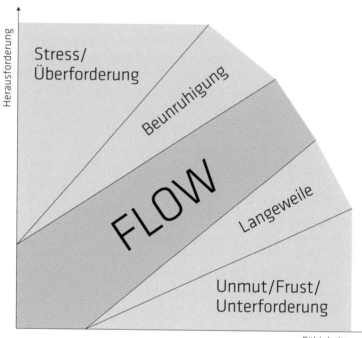

Das Flow-Modell
Quelle: In Anlehnung an Dietl/Hennecke 2021

Weiterhin sollten Praktika angeboten werden, um den potenziellen Ausbildungskräften des Gastgewerbes einen frühen Einblick in die Berufswelt zu geben. Dabei ist bedeutsam anzumerken, dass sie nicht als billige Arbeitskräfte angesehen werden sollten, weil dies das Image des Gastgewerbes nur bestätigt (von Bonin 2020). Stattdessen sollten Offenheit und Miteinander sowie die sich ändernde innerbetriebliche Kultur, die langsam immer mehr mit der Zeit geht und bei der Piercings, Bärte und Tattoos teilweise zugelassen werden, hervorgehoben werden (Bildungsmarkt 2014).

Ein weiterer Ansatz, diese Branche attraktiver zu gestalten, könnte darin liegen, mit ,Azubi-Events' mehr Aufmerksamkeit zu gewinnen und mit amüsanten Wettbewerben und Aktionen innerhalb der Ausbildung Hemmschwellen abzubauen und den Spaß nach außen zu tragen (von Bonin 2020). Hier liegt auch die Überlegung nahe, etwas wie den ,Tag des Gastgewerbes' zu etablieren, der eine ähnliche Funktion wie ein herkömmlicher ,Tag der offenen Tür' hätte, an dem Außenstehende Einblicke in ein bestimmtes Etablissement erhalten. Bei dem Tag des Gastgewerbes würde es dann allein um einen gastgewerblichen Betrieb gehen, sodass unter anderem schulpflichtige Kinder im Rahmen ihres Stundenplans oder auch andere Interessierte dem Betrieb einen Besuch abstatten und sich so die Möglichkeiten der Berufswahl im Gastgewerbe anschauen können. Eine Kooperation zwischen Betrieben und Schulen wäre erforderlich. Zusätzlich könnte solch ein Tag beispielsweise ein Projekt für die Auszubildenden und dual Studierenden sein, sodass ihnen die Verantwortung zur Planung und Durchführung gegeben wird, was sich wiederum positiv auf die Mitarbeitermotivation auswirken könnte.

6 Fazit

Nach der ausgiebigen Literaturrecherche und den möglichen Lösungsansätzen gibt dieser Beitrag einen tieferen Einblick in die derzeitige Situation der dualen Ausbildung und des dualen Studiums im Gastgewerbe. Das Hauptaugenmerk liegt auf den Auszubildenden und Studierenden, und hier insbesondere darauf, welche Erwartungen diese an ihre Betriebe haben. Betriebe sollten nicht nur anerkennen, dass die neue Generation an Auszubildenden und Studierenden neue Werte vertritt, sie sollten deren Bedürfnissen auch in der Praxis entsprechen.

Der DEHOGA scheint Pläne zu haben, das Image des Gastgewerbes und die Qualität der Ausbildung zu verbessern, jedoch ist bis heute nicht viel geschehen. Auch sind sich die Betriebe der Probleme bewusst, unternehmen jedoch aktiv wenig. Es sollten weitere (Marketing-)Strategien umgesetzt werden, mit denen das Gastgewerbe nach außen hin positiver präsentiert wird. Jedoch scheinen auch innerhalb der Betriebe Modernisierungen nötig zu sein, um die Zufriedenheit der aktuellen Auszubildenden und Studierenden zu erhalten oder sogar zu steigern, bevor diese die Branche wechseln oder zu dem negativen Image dieser Branche beitragen.

Ein neuer Ansatz ist die vermehrte Integration von Nachhaltigkeit und Digitalisierung, speziell von Social Media, da diese die Interessenbereiche der heutigen Generationen zu sein scheinen. Des Weiteren könnten innovative Projekte, die die Auszubildenden und Studierenden mitplanen, wie der vorgeschlagene Tag des Gastgewerbes, helfen, die Branche beliebter zu machen. •

Erhebung von Attraktivitätsfaktoren der Nachwuchsgeneration im Berliner Gastgewerbe

von Sandra Rochnowski und Stefan Krüger

1 Einleitung

Die COVID-19-Pandemie, auch umgangssprachlich als ‚Corona-Pandemie‘ bezeichnet, hat seit ihrem ersten offiziellen Ausbruch im Dezember 2019 in Wuhan (China) deutliche Folgen für die gesamte Tourismusbranche. Durch die globale Verbreitung der Viruserkrankung mussten zeitweise in ganz Deutschland touristische Unternehmen ganz oder teilweise ihre Angebote für Reisende einstellen. Die Folgen dieser Pandemie sind aber nicht allein ursächlich für die Rückgänge bei den Auszubildenden und dem daraus später resultierenden Fachkräftemangel im Gastgewerbe. Die Probleme von deutlichen Abnahmen bei den Auszubildendenzahlen haben schon vor dem Dezember 2019 bestanden. Die Corona-Pandemie hat die Rückgänge, zum Beispiel bei den Auszubildenden zum Hotelfachmann/zur Hotelfachfrau, offenbar nur noch verstärkt. Die weiteren Folgen und die noch immer unklare Dauer der Corona-Pandemie führen dazu, dass die tatsächlichen Folgen und das Ausmaß für das Gastgewerbe erst in vielen Jahren festgestellt werden können.

Für gastgewerbliche Unternehmen wird es zunehmend schwieriger, geeignete Fachkräfte zu finden. Laut des Branchenberichts des

Deutschen Hotel- und Gaststättenverbands (DEHOGA Bundesverband 2019, S. 7) zählt die Mitarbeitergewinnung mit 66,5 % zum Hauptproblemfeld der Hotellerie – gefolgt von steigenden Betriebskosten (43,1 %), Personalkosten (41,5 %), behördlichen Auflagen (31,4 %) und Energiekosten (29,4 %). Die Ergebnisse sind der deutschlandweiten Befragung mit 2000 Hoteliers zu deren Geschäftslage von April bis September 2019 wie auch zu ihrer Geschäftserwartung für die folgenden sechs Monate bis März 2020 entnommen (DEHOGA Bundesverband 2019, S. 1).

Während sich 46 354 jungen Menschen im Jahr 2007 für einen Ausbildungsplatz im Gastgewerbe entschieden haben, waren es 2020 nur noch 17 079 (DIHK 2021). Wesentliche Faktoren sind die Arbeitsbedingungen (unter anderem Arbeiten im Schichtsystem, geringe Verdienstmöglichkeiten). Der durchschnittliche Bruttomonatsverdienst lag im vierten Quartal 2020 bei 1893 Euro und damit liegt das Gastgewerbe auf dem letzten Rang von insgesamt 21 betrachteten Branchen in Deutschland (Rudnicka 2021d). Neben den Arbeitsbedingungen sind auch überschätzte Einstiegsmöglichkeiten von Absolventen touristischer Studiengänge ein weiterer Grund für das Verlassen der Hotelbranche und verschärfen den Mangel an Fachkräften.

Die Entwicklung der Ausbildungszahlen im Berliner Gastgewerbe hat sich in den letzten Jahrzehnten gegensätzlich zu der Entwicklung der Tourismusbranche verhalten. Die Gäste- und Übernachtungszahlen sind in den letzten beiden Jahrzehnten, bis zur Corona-Pandemie, deutlich angestiegen. Zur Klärung eines Bedarfs an Fortbildungen hat die Senatsverwaltung für Bildung, Jugend und Familie die ‚Studie zur Identifizierung von Maßnahmen zur Optimierung der Aus- und Weiterbildung zur Fachkräftegewinnung im Berliner Hotel- und Gastgewerbe' ausgeschrieben und vergeben. Die Auftragnehmer waren die Studio2b GmbH, Frau Prof. Dr. Rochnowski, Hochschule für Wirtschaft und Recht Berlin, sowie das Institut für Tourismus Berlin e. V. mit Herrn Prof. Dr. Dr. habil. Jörg Soller, Herrn Ralf Wudtke und Herrn Stefan Krüger, LL.M.

Ein Fokus der Studie war eine Bestandsaufnahme vorhandener Kapazitäten und der bisherigen Entwicklung im Berliner Ausbildungsmarkt mit dem Schwerpunkt des Gastgewerbes. Hierzu wurden die relevanten Ausbildungsberufe herausgearbeitet. Dabei haben sich die folgenden Ausbildungsberufe ergeben:

- Fachkraft im Gastgewerbe
- Fachmann/-frau für Systemgastronomie
- Fachpraktiker/-in im Gastgewerbe
- Fachpraktiker/-in Küche (Beikoch)

- Hotelfachmann/-frau
- Hotelkaufmann/-frau
- Koch/Köchin
- Restaurantfachmann/-frau

In den Handlungsempfehlungen der Studie wurde später eine Eingrenzung auf drei Ausbildungsberufe vorgenommen, bei denen Anpassungen zu einer Steigerung der Attraktivität führen können. Hierbei handelte es sich um die Ausbildungsberufe zum Hotelfachmann/zur Hotelfachfrau, zum Hotelkaufmann/zur Hotelkauffrau und zum Koch/zur Köchin. Für die Untersuchung der Entwicklung der Auszubildendenzahlen wurden unter anderem die Zahlen des Bundesinstituts für Berufsbildung (BIBB), der Industrie- und Handelskammer zu Berlin (IHK Berlin), des Hotel- und Gaststättenverbands Berlin e. V. (DEHOGA Berlin) sowie der Senatsverwaltung für Bildung, Jugend und Familie verwendet.

2 Die Entwicklung der ausgewählten Ausbildungsberufe

2.1 Ausbildung zum Hotelfachmann/zur Hotelfachfrau

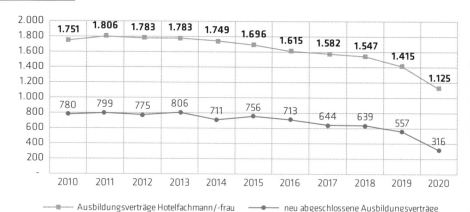

Abb. 1: Entwicklung der Ausbildungsverträge zum **Hotelfachmann/**zur **Hotelfachfrau** in den Jahren 2010 bis 2020 / Quelle: Eigene Darstellung in Anlehnung an IHK Berlin und DEHOGA Berlin, 2021.

Die Zahl der Auszubildenden zum Hotelfachmann/zur Hotelfachfrau in Berlin ist im Untersuchungszeitraum von 2010 bis 2020 von 1751 auf 1125 zurückgegangen. Im Jahr 2010 wurden außerdem 780 neue Ausbildungsverträge geschlossen. Im Jahr 2011 war die Zahl der Auszubildenden auf 1806 angestiegen. Es war das einzige Jahr, in dem die Gesamtzahl der Auszubildenden gestiegen ist, in den restlichen Jahren des Untersuchungszeitraums ist die Zahl regelmäßig gesunken. Auch bei den neu abgeschlossenen Ausbildungsverträgen konnte im Jahr 2011 ein Zuwachs um 19 auf 799 verzeichnet werden. Nach der deutlichen Zunahme im Jahr 2011 ist es im Jahr 2012 zu einem starken Rückgang bei der Gesamtzahl der Auszubildenden gekommen. Im Jahr 2012 hatte die IHK Berlin 1783 Auszubildende zum Hotelfachmann bzw. zur Hotelfachfrau registriert. Mit dem Rückgang bei der Gesamtzahl der Auszubildenden ist ebenfalls eine Abnahme bei den neu abgeschlossenen Ausbildungsverträgen zu verzeichnen gewesen. In diesem Jahr (2013) wurde mit 1783 die gleiche Auszubildendenzahl erreicht wie im Vorjahr. Außerdem wurden insgesamt 806 neue Ausbildungsverträge verzeichnet. Im Jahr 2014 waren noch 1749 Auszubildende für eine Ausbildung zum Hotelfachmann bzw. zur Hotelfachfrau in Berlin registriert. Ein Grund für den Rückgang liegt in der Tatsache, dass in diesem Jahr 95 neue Ausbildungsverträge weniger als im Vorjahr geschlossen wurden. Es wurden in diesem Jahr (2014) nur noch 711 neue Ausbildungsverträge abgeschlossen. Die Entwicklung der Ausbildungszahlen in Berlin im Jahr 2015 verlief unterschiedlich: Waren bei den neu abgeschlossenen Ausbildungsverträgen Zuwächse zu verzeichnen, ist es bei der Gesamtzahl der Auszubildenden zu Rückgängen gekommen. Insgesamt waren im Berliner Gastgewerbe mit dem Ausbildungsberuf Hotelfachmann bzw. Hotelfachfrau 1696 Auszubildende beschäftigt. Im Jahr 2015 wurden 756 neue Ausbildungsverträge abgeschlossen und somit 45 mehr als im Vorjahr (2014: 711). Im Vergleich zum Vorjahr war die Gesamtzahl der Auszubildenden um 81 zurückgegangen. Im Jahr 2016 waren noch 1615 Auszubildende im Berliner Gastgewerbe mit der Ausbildung zum Hotelfachmann bzw. zur Hotelfachfrau beschäftigt. Ebenfalls einen deutlichen Rückgang hatte es bei den neu abgeschlossenen Ausbildungsverträgen (713) gegeben. Der im Vorjahr verzeichnete Anstieg hatte sich fast komplett umgekehrt und mit 711 nahezu den Wert des Jahres 2014 erreicht. Der negative Trend bei der Anzahl der Auszubildenden hat sich auch im Jahr 2017 weiter fortgesetzt. Es waren in diesem Jahr nur noch 1582 Auszubildende beschäftigt. Ebenfalls fiel das Ergebnis bei den neu abgeschlossenen Ausbildungsverträgen im Vergleich zum Vorjahr negativ aus. Es wurden im Jahr 2017 nur noch 644 neue Ausbildungsverträge abgeschlossen. Das Jahr 2018 ist geprägt von einem Rückgang der Gesamtanzahl der Auszubildenden (-35) sowie der neu abgeschlossenen Ausbildungsverträge (-5). Im vorletzten Jahr (2019) des Untersuchungszeitraums ist die Gesamtzahl der Auszubildenden weiter abgesunken und erreichte 1415. Dies war im Vergleich zum Jahr 2018 ein Rückgang um 132 Auszubildende. Eine deutliche Abnahme war ebenfalls bei den neu abgeschlossenen Ausbildungsverträgen zu verzeichnen, deren Zahl 557 betrug. Im letzten Jahr des Untersuchungszeitraums, im Jahr 2020, hat die IHK Berlin nur noch 1125 Auszubildende im Ausbildungsberuf Hotelfachmann bzw. Hotelfachfrau gezählt. Bei einem Vergleich dieses Werts mit der im Jahr 2016 ermittelten Anzahl an Auszubildenden in Höhe von 1751 ergibt sich ein Rückgang von 626 Auszubildenden. Diese deutliche Abnahme konnte auch durch die nur 316 neu abgeschlossenen Ausbildungsverträge im Jahr 2020 nicht aufgefangen werden. Im Jahr 2010 hatte die Zahl noch 780 betragen.

2.2 Ausbildung zum Hotelkaufmann/zur Hotelkauffrau

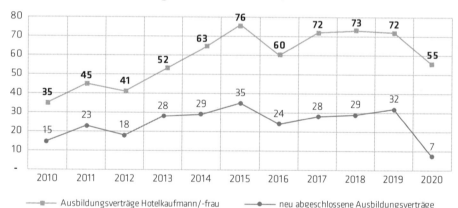

Abb. 2: Entwicklung der Ausbildungsverträge zum **Hotelkaufmann**/zur **Hotelkauffrau** in den Jahren 2010 bis 2020 / Quelle: Eigene Darstellung in Anlehnung an IHK Berlin und DEHOGA Berlin, 2021.

Im Untersuchungszeitraum hat die Zahl der Auszubildenden zum Hotelkaufmann/zur Hotelkauffrau seit 2010 mit wenigen kleinen Rückschlägen kontinuierlich zugenommen. Im Jahr 2010 hatte die IHK Berlin 35 Auszubildende sowie 15 neu abgeschlossene Ausbildungsverträge registriert. Die Zahl der Auszubildenden im Jahr 2011 war auf

45 angestiegen, es war somit ein Zuwachs um 10 Auszubildende im Vergleich zum Jahr 2010 zu verzeichnen. Ebenfalls war eine deutliche Zunahme bei den neu abgeschlossenen Ausbildungsverträgen festzustellen – nach 15 im Jahr 2010 waren es im Jahr 2011 bereits 23. Die im Jahr 2010 gestartete positive Entwicklung hat im Jahr 2012 einen Rückschlag erlitten, die Gesamtzahl der Auszubildenden ist auf 41 zurückgegangen. Mit nur 18 neuen Ausbildungsverträgen war in diesem Jahr eine deutliche Abnahme zu verzeichnen. Im Jahr 2013 gab es wieder einen Anstieg bei der Anzahl der Auszubildenden auf 52 (2012: 41). Die Zahl der neu abgeschlossenen Verträge hatte ebenfalls zugenommen, so wurden in dem Jahr 28 neue Ausbildungsverträge geschlossen. Die positive Entwicklung des Jahres 2013 hat sich auch im Jahr 2014 fortgesetzt. In diesem Jahr ist ein Anstieg um 11 Auszubildende auf 63 zu verzeichnen gewesen. Im Jahr 2015 wurde sowohl bei der Zahl der Auszubildenden (76) als auch bei der Anzahl der neuen Ausbildungsverträge (35) der höchste Wert im Untersuchungszeitraum erreicht. Nach dem Rekordwert im Jahr 2015 waren die Zahlen der Auszubildenden zum Hotelkaufmann bzw. zur Hotelkauffrau im Jahr 2016 wieder rückläufig. Die Gesamtzahl der Auszubildenden ist auf 60 (Vorjahr: 76) Personen zurückgegangen. Diese Abnahme war unter anderem auf die Rückgänge bei den neu abgeschlossenen Ausbildungsverträgen zurückzuführen, denn von diesen wurden im Jahr 2016 nur noch 24 (Vorjahr: 35) abgeschlossen. Das Jahr 2017 entwickelte sich wieder positiver in Bezug auf die Gesamtzahl der Auszubildenden sowie hinsichtlich der neu abgeschlossenen Ausbildungsverträge. Bei der Gesamtzahl gab es einen 20%igen Anstieg im Vergleich zum Vorjahr, es wurden im Jahr 2017 insgesamt 72 Auszubildende registriert. Die neu abgeschlossenen Verträge sind auf 28 angestiegen. Mit 73 Auszubildenden im Jahr 2018 konnte die Zahl der Auszubildenden im Berufsbild Hotelkaufmann bzw. Hotelkauffrau um eine Person im Vergleich zum Vorjahr gesteigert werden. Einen Zuwachs um eine Person gab es ebenfalls bei den neu abgeschlossenen Ausbildungsverträgen, die in diesem Jahr 29 erreichten. Im Jahr 2019 ist die Gesamtzahl der Auszubildenden nur geringfügig auf 72 Auszubildende zurückgegangen. Die Zahl der neu abgeschlossenen Ausbildungsverträge ist auf 32 (Vorjahr: 29) angestiegen. Die Entwicklung der Auszubildendenzahlen des Jahres 2020 ist von einem starken Rückgang geprägt. Die Gesamtzahl der Auszubildenden ist nach Angaben der IHK Berlin auf 55 zurückgegangen. Dies ist auch eine Folge der deutlichen Abnahme bei den neu abgeschlossenen Ausbildungsverträgen. Im Jahr 2020 wurden nur noch 7 neue Verträge geschlossen.

2.3 Ausbildung zum Koch/zur Köchin

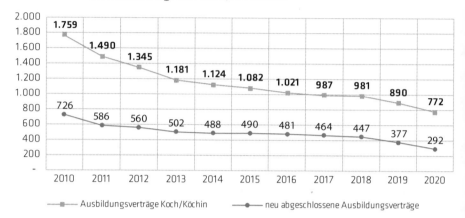

Abb. 3: Entwicklung der Ausbildungsverträge zum **Koch**/zur **Köchin** in den Jahren 2010 bis 2020 / Quelle: Eigene Darstellung in Anlehnung an IHK Berlin und DEHOGA Berlin, 2021.

Im Jahr 2010 hat die IHK Berlin 1759 Auszubildende zum Koch/zur Köchin in ihrem Ausbildungsregister geführt. Im gleichen Jahr wurden 726 neu abgeschlossene Ausbildungsverträge verzeichnet. Im Folgejahr 2011 ist die Zahl der Auszubildenden dann aber auf 1490 abgesunken. Ebenfalls war ein deutlicher Rückgang bei der Anzahl der neu abgeschlossenen Ausbildungsverträge mit nur noch 586 zu verzeichnen.

Im Jahr 2012 hat sich die Abnahme bei der Anzahl der Auszubildenden weiter fortgesetzt. In diesem Jahr waren noch 1345 Auszubildende in Berlin mit der Ausbildung zum Koch/zur Köchin verzeichnet, die 560 neu abgeschlossene Ausbildungsverträge konnten den Rückgang bei der Gesamtzahl der Auszubildenden nicht verhindern. Die deutlichen Abnahmen der Vorjahre bei der Anzahl der Auszubildenden setzten sich auch im Jahr 2013 fort. Die IHK Berlin zählte in diesem Jahr insgesamt 1181 Auszubildende. Mit nur noch 502 neuen Ausbildungsverträgen setzte sich der negative Trend der letzten Jahre fort. Im Jahr 2014 war die Zahl der Auszubildenden auf 1124 und die Zahl der neu abgeschlossenen Verträge auf 488 zurückgegangen. Im Folgejahr 2015 hat sich der in den letzten Jahren stattgefundene Rückgang ungebremst fortgesetzt. Insgesamt waren 1082 Auszubildende zum Koch/zur Köchin bei der IHK registriert. Ausschließlich die Zahl der neu abgeschlossenen Ausbildungsverträge ist minimal auf 490 angestiegen. Auch im Jahr 2016 ist die Zahl der Auszubildenden weiter zurückgegangen und erreichte nur noch einen Wert von 1021. Der im vorherigen Jahr begonnene Trend, dass die Zahl der neuen Ausbildungsverträge leicht angestiegen ist, konnte in diesem Jahr nicht fortgesetzt werden. Stattdessen ist die Zahl der neuen Ausbildungsverträge auf 481 abgesunken. Im Jahr 2017 zählte die IHK Berlin noch 987 Auszubildende zum Koch/zur Köchin. Neben der Abnahme bei der Gesamtzahl der Auszubildenden verzeichnete die IHK auch einen Rückgang bei den neu abgeschlossenen Ausbildungsverträgen (464). Der konstante Rückgang der letzten Jahre ist im Jahr 2018 erstmalig fast zum Stillstand gekommen. Mit 981 Auszubildenden waren es im Vergleich zum Vorjahr 2017 nur 6 Auszubildende weniger, jedoch ist der Rückgang bei den Neuverträgen mit 447 im Vergleich zum Vorjahr deutlicher ausgefallen. Im Jahr 2019 konnte der Trend des Jahres 2018 nicht fortgesetzt werden. Die Zahl der Auszubildenden zum Koch/zur Köchin ist auf 890 zurückgegangen. Die Entwicklung bei den neu abgeschlossenen Verträgen verlief ebenfalls weiter rückläufig, es wurden nur noch 377 Verträge abgeschlossen. Im letzten Jahr des Untersuchungszeitraums (2020) hat die IHK Berlin insgesamt nur noch 772 Ausbildungsverhältnisse und 292 neue Ausbildungsverhältnisse zum Koch/zur Köchin in Berlin registriert. Abschließend bleibt festzuhalten, dass von den anfänglich 1759 Auszubildenden im Jahr 2010 im Jahr 2020 nur noch 772 durch die IHK gezählt wurden. Im Untersuchungszeitraum ist die Zahl der Auszubildenden somit um 56,11 % zurückgegangen.

3 Arbeitgeberattraktivitätsfaktoren der Nachwuchs-generation im Gastgewerbe

Im Rahmen der Studie für das Berliner Gastgewerbe zur Fachkräftesicherung durch Aus- und Weiterbildungsmaßnahmen sind die Bedürfnisse von Arbeitnehmern im Gastgewerbe in sechs Workshops erfasst worden. Die Zielgruppe umfasste: Auszubildende Koch/Köchin (11 Teilnehmer), Auszubildende Hotelfach (14 Teilnehmer), dual Studierende der Hochschule für Wirtschaft und Recht Berlin, Bachelor of Arts BWL/Tourismus (16 Teilnehmer), in Teilzeit-Studierende an der Hotelfachschule Berlin, Bachelor Professional/Staatlich geprüfter Betriebswirt (44 Teilnehmer) sowie Mitarbeiter aus dem Gastgewerbe (44 Teilnehmer). Insgesamt wurden 139 Menschen im Rahmen der Workshops befragt. Die Workshops wurden teils vor Ort in den Institutionen und teils digital durchgeführt. Die Teilnehmer dokumentierten ihre Antworten auf Moderationskarten. Ziel der Workshops war es zum einen, herauszufinden, welche Faktoren dazu beigetragen haben, dass sich junge Menschen für das Gastgewerbe entschieden haben (Attraktivitätsfaktoren). Auch sollte erfragt werden, was einen attraktiven Ausbildungsbetrieb/Arbeitgeber ausmacht. Zum anderen galt es zu erfahren, ob und welche Aus- und Weiterbildungsangebote dazu beitragen könnten, die Qualität der Ausbildung langfristig zu verbessern und darüber hinaus junge Menschen für das Gastgewerbe zu motivieren und damit zu binden.

Es sei darauf hingewiesen, dass an dieser Stelle lediglich ein Auszug aus den Studienergebnissen präsentiert wird. Die vollständige Studie ist über den Herausgeber, die Senatsverwaltung für Bildung, Jugend und Familie in Berlin, im Frühjahr 2022 zu beziehen.

Es sollte ermittelt werden, wie Arbeitgeber für Nachwuchsgenerationen attraktiv werden. Der relevanteste Aspekt ist das Betriebsklima (94 Nennungen). Konkret geht es um Zusammenhalt, Dankbarkeit, Wertschätzung und Respekt. An zweiter Stelle folgt der Führungsstil (82 Nennungen). Die Nachwuchsgeneration wünscht sich flache Hierarchien und eine offene Kommunikation. Mit 80 Nennungen und damit an dritter Stelle folgt die Bezahlung im Gastgewerbe. Es zielten 59 der 80 Angaben auf eine bessere Bezahlung. Auch eine faire Trinkgeldverteilung sowie Sonderzahlungen wie Urlaubs- und/oder Weihnachtsgeld sind bedeutsame Faktoren. Gleichauf mit ebenfalls 80 Nennungen ist die Kategorie der Nachwuchsförderung/Personalentwicklung mit den Themen, mehr Fortbildungsmöglichkeiten anzubieten sowie Auszubildende betrieblich besser zu fördern (unter anderem Unterweisungen, Hilfe bei der Prüfungsvorbereitung). Weitere Aspekte eines attraktiven Arbeitgebers sind geregelte Arbeitszeiten (zum Beispiel eine Viertagewoche) sowie rechtzeitige Kommunikation über Wechsel von Schichten und Arbeitszeiten im Betrieb (insgesamt 54 Nennungen). Auch das Image eines Arbeitgebers spielt für die Nachwuchsgeneration mit 28 Beiträgen eine Rolle. Hier wurden am häufigsten die Aspekte Bekanntheit/Prestige und Offenheit für neue Trends/Modernität genannt. Zu den begehrten Mitarbeiterbenefits (27 Beiträge) zählen Personalrabatte, gesundheitsfördernde Maßnahmen und die Übernahme der Kosten für den öffentlichen Verkehr. Zusammenfassend kann festgehalten werden, dass insbesondere die harten Faktoren wie Arbeitszeit und faire Bezahlung vorrangig für die Attraktivität eines Arbeitgebers im Gastgewerbe stehen, nachgelagert sind die weichen Faktoren wie Arbeitskultur, Führungsstil und Betriebsklima für die Wahl eines Arbeitgebers.

3.1 Stimmungsbilder der Nachwuchsgeneration zur Transformation des Gastgewerbes

Beim Studienangebot mit dem Schwerpunkt Tourismus und Gastgewerbe gab es ebenso wie bei den Ausbildungen in diesem Bereich deutliche Veränderungen. Im Land Berlin bietet einzig die staatliche Hochschule für Wirtschaft und Recht Berlin (HWR Berlin) einen touristischen Studiengang. Dementsprechend wurden die dual Studierenden der HWR Berlin in die qualitative Interviewstudie einbezogen.

Nachfolgend werden ausgewählte Statements der Nachwuchsgeneration zum Gastgewerbe aufgezeigt, um deren Sichtweise darzulegen. Da viele Zitate anonymisiert genannt wurden, kann nicht zu jedem der folgenden ein Auszubildender/Studierender benannt werden. Hierzu wurde in den einzelnen Workshops die Frage gestellt:

‚Was möchten Sie dem Gastgewerbe bzw. den Arbeitgebern sagen? Soll sich was verändern, wenn ja was konkret?'

„Die Hotellerie fühlt sich alt an, es ist höchste Zeit, dass die neue Generation an den Zug kommt und man anfängt, uns zuzuhören. Wir haben viele Ideen – Sie müssen uns nur zuhören." (Nathalie Lubina, dual Studierende)

„Im Gastgewerbe zu arbeiten, gibt einem die Möglichkeit, hautnah die besonders schönen Dinge des Lebens bei der Arbeit zu erleben. Auch wenn es unberechenbar und anstrengend ist, macht einen die Freude der Gäste auch selbst glücklich." (Lilly Radensleben, dual Studierende)

„Ich fände es sehr innovativ, wenn bestimmte Berufsgruppen (auf verschiedenen Ebenen), beispielsweise amtliche Mitarbeiter und touristische Leistungsanbieter, für einen Tag ihre Position tauschen würden, um die verschiedenen Seiten mit Aufgaben, Problemen und Lösungen besser verstehen zu können. Vor allem in Sachen Finanzierung, Innovation, Projektsteuerung usw."

„Die Bezahlung der Mitarbeiter sollten dem Stresslevel angepasst werden. In kaum einer anderen Branche bekommt man für so viel Arbeit so wenig Gehalt. Das Gehalt muss steigen und der Arbeitsaufwand sinken. Des Weiteren sollten die Mitarbeiter wertgeschätzt werden und ihnen

eine Perspektive mit schnellen Aufstiegschancen gegeben werden. Es fehlt das Gefühl, dass die ‚großen‘ Arbeitgeber hinter ihren Arbeitnehmern stehen."

„Der Hauptgrund für die fehlende Mitarbeiterbindung, Fluktuation etc. ist das geringe Vertrauen, welches vom Arbeitgeber herrscht. Wenn man das Gefühl hat, dass das eigene Wohlbefinden für den Arbeitgeber Priorität hat, fühlt man sich als Mensch anerkannt. Dies kann jedoch nur durch genügend Wertschätzung und faire Bedingungen geschafft werden. Dafür muss sich die Mentalität ändern. Tolle Benefits werden nämlich auch am schlechten Betriebsklima nichts ändern."

„Jetzt ist die Zeit, das Gastgewerbe bzw. die Hotellerie langfristig zu verändern. Es entscheidet sich nun, inwieweit neue Strategien bzgl. Nachhaltigkeit, Innovation und Digitalisierung entwickelt und implementiert werden können. Dies gelingt nur, wenn generationsübergreifend und interkulturell zusammengearbeitet wird. Auf diese Weise können neue Perspektiven auf verschiedene Themenfelder geschaffen werden."

„Eine Attraktivität eines Berufs kommt nicht nur durch seine Aufgabenbereiche, sondern auch durch die Entlohnung dessen."

„Mitarbeiter müssen einbezogen werden und mitgestalten können. Sie wissen am besten, wo die Probleme und Chancen in ihren Bereichen liegen."

„Das Gastgewerbe ist eine der wenigen Branchen, die alles daransetzt, Menschen glücklich zu machen (theoretisch)."

„Im Gastgewerbe sind wir Glücklichmacher – wir arbeiten dafür, anderen Menschen eine tolle Erfahrung mitzugeben. Doch das schaffen wir nur, wenn wir daran arbeiten, dass die Arbeitnehmer glücklich sind. Glück ist eine Spirale und wir sollten darauf achtgeben, dass es eine Aufwärtsspirale wird." (Nathalie Lubina)

„Arbeit soll mehr wertgeschätzt werden, die ‚Das-ist-halt-so-im-Gastgewerbe-Haltung‘ ist veraltet und sollte freundlicher für die Arbeitnehmer gestaltet werden (bzgl. Überstunden, unregelmäßiger Arbeitszeiten und teilweise unbezahlter Überstunden). Arbeitszeiten müssen berechenbarer werden."

„Mitarbeiter als Mensch statt als ersetzbare Ressource betrachten."

„Die Anerkennung der Servicekräfte muss steigen."

„Es darf nicht normal sein, dass Schichten länger als 8 Stunden dauern."

„Es müssen faire, konkurrenzfähige Arbeitsbedingungen geschaffen werden."

„Es sollten mehr innovative Ideen auch von jüngeren Menschen ange-nommen und umgesetzt werden."

„Die Einführung eines Betriebsrats in jedem Betrieb. Überstunden sollten nicht als normal angesehen werden, sondern zeitnah abgebaut oder anders anerkannt werden."

„Tarifverträge müssen für die gesamte Branche bindend sein."

Die Ergebnisse zeigen Handlungsbedarf insbesondere bei den Arbeits-bedingungen, einer fairen Bezahlung im Gastgewerbe und bezüglich mehr Wertschätzung gegenüber der Nachwuchsgeneration und ihrer Arbeitsleistung. Sie zeigen ferner auf, dass die Nachwuchsgeneration gern am Transformationsprozess teilhaben und diesen mitgestalten will.

3.2 Pain Points und Möglichkeitsfelder für das Gastgewerbe

Als Fazit der Studie zur Fachkräftesicherung im Gastgewerbe haben sich nachfolgende Erkenntnisse ergeben: Die Auswertungen der durch-geführten Workshops nach Zielgruppen und einzelnen Themenpunk-ten, insbesondere zu den Attraktivitätsfaktoren von Arbeitgebern, zeigen keine großen Unterschiede. Folgende Pain Points lassen sich nach Ansicht der Nachwuchsgeneration zum Berliner Gastgewerbe formulieren:

- Nachwuchskräfte wählen einen Beruf/eine Ausbildung im Gast-gewerbe, da sie Abwechslungsreichtum, verschiedene Kulturen und die vielfältigen Möglichkeiten in der Branche schätzen, Freu-de an Gastronomie, Reisen und/oder Veranstaltungen haben und die Arbeit mit Menschen schätzen sowie es lieben, Menschen

323

glücklich zu machen. Die Stimmungsbilder zeigen, dass diese Faktoren zwar vielen der Befragten noch immer Freude bereiten, viele andere Teilnehmer jedoch aufgrund der Arbeitsbedingungen und des Arbeitsklimas die Branche verlassen möchten. Damit die Fachkräfte die Freude an der Arbeit behalten und der Branche erhalten bleiben, müssen Gehälter, Arbeitszeiten, die Familienfreundlichkeit und die Du-Kultur im Gastgewerbe verbessert werden (Dankbarkeit und Wertschätzung, Führungsstil, Personalentwicklung und Unterstützung der Auszubildenden). Das spiegelt sich auch in den Attraktivitätsfaktoren für Arbeitgeber wider: Hier stehen Zusammenhalt, Dankbarkeit, Wertschätzung und Respekt sowie der Führungsstil (hier werden vor allem flache Hierarchien und offene Kommunikation wertgeschätzt) im Vordergrund.

- Ein weiterer Aspekt sowohl für die Attraktivität von Arbeitgebern als auch für die Attraktivität des Standorts Berlin ist das Angebot an Weiterbildungen. Hier ist es relevant, ein attraktives Angebot von Weiterbildungen zu haben. Es ist ebenso bedeutsam, umfassend und übersichtlich über das Weiterbildungsangebot zu informieren, wobei die Betriebe miteinbezogen werden sollten. Inhaltlich werden sowohl fachspezifische Weiterbildungen als auch Trainings zu individuellen Kompetenzen/Selbstmanagement und Sprachen gewünscht. Die Workshopteilnehmer nannten sowohl den Wunsch nach betriebsinternen als auch nach externen Weiterbildungen. Wichtig war ihnen in erster Linie, dass die Weiterbildungen als Arbeitszeit anerkannt werden und von qualifizierten Trainern durchgeführt werden. Im Anschluss möchten sie ein Zertifikat für die Weiterbildung erhalten.

- Entscheidende Attraktivitätsfaktoren für den Standort Berlin beziehen sich auf bezahlbaren Wohnraum und die Kosten für den öffentlichen Personennahverkehr.

Abgesehen von den Pain Points lassen sich auch Möglichkeitsfelder ableiten:

- Viele Nachwuchskräfte wünschen sich Austauschprogramme, um andere Betriebe und Tätigkeitsfelder oder Menschen kennenzulernen. Mehrfach wurde der Wunsch nach Stadtführungen und Veranstaltungen für Zugezogene, Auszubildende und Studierende genannt.

- Zur Steigerung der Attraktivität des Standorts Berlin wurde der Wunsch nach der Förderung innovativer und zukunftsweisender Projekte genannt (vor allem in Bezug auf vegetarische und vegane Küche, Urban Gardening und Zero Waste).

4 Fazit

Die Gesamtzahl der Auszubildenden im Berliner Gastgewerbe hat sich nicht so entwickelt wie der Tourismus in Berlin. Letzterer ist, vor der Corona-Pandemie, in den letzten Jahrzehnten kontinuierlich gewachsen. Die Zahlen der Auszubildenden sind hingegen kontinuierlich zurückgegangen. Diese Abnahme bei den Auszubildenden hat sich jedoch nicht in einer signifikanten Steigerung der Studierendenzahlen widergespiegelt. Um den Rückgang bei den Auszubildenden zum Hotelfachmann/zur Hotelfachfrau und zum Koch/zur Köchin wenigstens zu verlangsamen, sind daher dringend Maßnahmen zur Steigerung der Attraktivität der Ausbildung zu ergreifen. Bei der Entwicklung des Ausbildungsberufs zum Hotelkaufmann/zur Hotelkauffrau hat sich hingegen gezeigt, dass dieser in den letzten Jahren an Attraktivität gewonnen hat. Die Rückgänge im Jahr 2020 sind mit der Corona-Pandemie und der Unsicherheit bei den Unternehmen im Gastgewerbe zu erklären.

Es sollten somit für die jeweiligen Ausbildungsberufe individuelle Maßnahmen ergriffen werden, um das Interesse der Auszubildenden an den Ausbildungsbetrieben wieder zu steigern. •

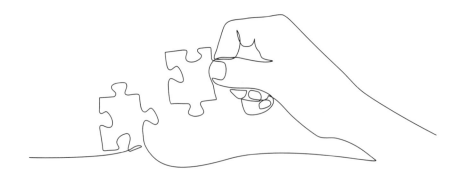

Zielvereinbarungen – das Führungsinstrument der Zukunft?

von Baltrun Backhaus

1 Einleitung

„Nichts ist besonders schwer, wenn du es in kleine Aufgaben teilst."

Henry Ford

Das Gastgewerbe hat sich in den letzten Jahren rasant verändert. Nicht nur die Corona-Krise, sondern auch viele weitere Einflüsse, beispielsweise die Globalisierung oder der demografische Wandel, verändern die Branche. Jedes Unternehmen sollte auf die Veränderungen reagieren und proaktiv zu neuen Lösungsansätzen kommen. Die Planung ist hierbei essenziell und differenziert in nur kurzer Zeit erfolgreiche Unternehmen von Unternehmen mit geringerem Erfolg. Jeder Betrieb hat unterschiedliche Ansprüche und Zukunftsvisionen. Daher ist es umso bedeutsamer, dass jedes Unternehmen individuelle Ziele definiert und an diesen arbeitet (Eyer/Haussmann 2018, S. 13f.).

Es ist für einen Unternehmer nahezu unmöglich, im Alleingang ein großes Unternehmensziel zu erreichen. Alle Mitarbeiter sollten ihren Beitrag leisten, um die Unternehmenswerte und Ziele zu erfüllen. Je mehr Personen an der Erfüllung eines Ziels arbeiten, desto schneller und erfolgreicher kann dieses Ziel erreicht werden. Betriebe, die ihre Mitarbeiter somit an den Unternehmenszielen beteiligen, kommen schneller zu einem Erfolg. Der Prozess, alle Mitarbeiter dafür zu gewinnen und sie zielführend zu involvieren, ist jedoch komplex und zeitaufwendig. Das Führen mit Zielvereinbarungen ist ein Führungsstil, der bereits lange in Unternehmen bekannt ist und angewandt wird. Doch der Arbeitsmarkt unterliegt einem stetigen Wandel und daher gilt es zu bestimmen, ob dieser Führungsstil auch für die nächsten Generationen von Erfolg geprägt sein wird (Wolf 2018, S. 16f.).

2 Zielvereinbarungen als Führungsinstrument

2

Die Vereinbarung von Zielen definiert grundlegend, dass Mitarbeiter und ihre Vorgesetzten gemeinsam über ein zu erreichendes Performance-Level entscheiden (Wolf 2018, S. 25f.). Das Ziel ist hierbei ein gewünschter Zustand in der Zukunft. Somit wird festgelegt, in welche Richtung sich das Unternehmen entwickeln möchte. Für die Steuerung und Planung von Unternehmen sind Ziele essenziell. Sie ermöglichen es dem Unternehmen, Entscheidungen zu treffen und sich auf dem Markt zu positionieren. Durch die Kontrolle der Zielerreichung können Betriebe Probleme früher erkennen und nötige Anpassungen vornehmen (Watzka 2011, S. 19f.).

Bei dem Management by Objectives, dem Führen durch Ziele, hat der Führungsstil der Führungskraft große Auswirkungen auf die Wirksamkeit der Zielvereinbarungen. Bei einem autoritären Führungsstil hat der Mitarbeiter kein Mitspracherecht und die Ziele werden nicht vereinbart, sondern von der Führungskraft festgelegt. Wendet die Führungskraft hingegen den partizipativen Führungsstil an, vereinbaren Mitarbeiter und Vorgesetzte die Ziele in einem gemeinsamen Gespräch (Watzka 2011, S. 25f.). Es ist von Bedeutung, dass sich jedes Unternehmen die nötige Zeit nimmt, um die Ziele mit allen Mitarbeitern gemeinsam zu vereinbaren. Bei einer achtlosen Zielvereinbarung kann die Qualität des Unternehmens sinken und die Mitarbeiter werden demotiviert (Wolf 2018, S. 85ff.).

Noch vor jedem Zielvereinbarungsgespräch legen Unternehmensinhaber oder relevante Anteilseigner strategische Unternehmensziele fest. Diese werden dann im Top-Down-Prinzip entlang aller Hierarchieebenen auf jeden Mitarbeiter heruntergebrochen. Somit hat jeder Beschäftigte individuelle operative Unterziele, die die Strategie des Unternehmens unterstützen (Wolf 2018, S. 85ff.).

Das Zielvereinbarungsgespräch führt der Vorgesetzte stets mit seinem Mitarbeiter. Die Führungskraft hat das Ziel, den Mitarbeiter zu motivieren und die Leistung der Abteilung zu verbessern. Sie sollte stets einen genauen Blick auf die Leistung des Mitarbeiters haben. Zu Beginn des Gesprächs erläutert die Führungskraft ihre Erwartungen an den Mitarbeiter und erklärt, welche Ziele sie für angemessen empfindet. Die tatsächliche Vereinbarung der Ziele findet nun im gemeinsamen Gespräch statt. Der Mitarbeiter hat jederzeit die Möglichkeit, den Zielen zuzustimmen, aber auch Kritik und Änderungsvorschläge zu äußern. Zusätzlich sollten alle Ziele deutlich formuliert werden, sodass es nicht zu Missverständnissen kommen kann. Hierbei empfiehlt sich eine Dokumentation der vereinbarten Ziele (Proske/Reiff 2016, S. 6ff./31).

Ziele werden in Leistungs- und Entwicklungsziele differenziert. Leistungsziele beziehen sich primär auf die Unternehmensstrategie. Hierbei geht es um die qualitative und quantitative Arbeit des Mitarbeiters. Bei der Vereinbarung von Zielen sollten maximal drei Leistungsziele festgelegt werden, denn Entwicklungsziele sind von ebenso hoher Bedeutung. Entwicklungsziele sollen zur Persönlichkeitsförderung des Mitarbeiters beitragen und die eigenen Kompetenzen und Fähigkeiten stärken. Hierbei steht der Beschäftigte im Vordergrund und bekommt die nötige Unterstützung, mit der er seine persönlichen Ziele erreichen kann (Proske/Reiff 2016, S. 22f.).

Für eine optimale Entwicklung des Unternehmens sollten die Ziele so klar wie möglich formuliert werden, damit die Erwartungen an den Mitarbeiter deutlich sind. Das SMART-Modell hilft hierbei. Nach diesem Modell sind optimale Ziele spezifisch, messbar, angemessen, realisierbar und terminiert. Spezifische Ziele sind solche, die konkrete und eindeutig identifizierbare Zustände beschreiben. Zur Messbarkeit bedarf es der Bestimmung eindeutiger Kriterien, die die Ziele überprüfbar machen. Zudem sollten Ziele angemessen sein. Der Mitarbeiter sollte durch das Ziel herausgefordert werden, aber dieses auch erreichen können. Zu leichte oder zu schwere Ziele hemmen die Motivation. Um die Realisierbarkeit des Ziels sicherzustellen, sollte der Mitarbeiter alle nötigen Fähigkeiten und Hilfsmittel zu dessen Erfüllung besitzen. Falls der Beschäftigte nicht genügend Fachkenntnisse besitzt, sollte er die Möglichkeit erhalten, sich diese durch ein Training oder durch Schulungen anzueignen. Abschließend ist es im Sinne der Terminierung bedeutsam, ein genaues Datum festzulegen, an dem das Ziel erfüllt sein soll (Proske/Reiff 2016, S. 22f.).

In einem nächsten Gespräch wird überprüft, ob der Mitarbeiter alle Ziele erreicht hat. Auch hierbei ist es relevant, dass nicht nur die

Führungskraft, sondern auch der Mitarbeiter selbst zu jeder Zeit seine Erwartungen und Bedürfnisse kommunizieren kann. Wenn der Mitarbeiter seine Ziele erreicht, kann dies durch eine entsprechende Gehaltsentwicklung belohnt werden. Somit steigt seine Motivation, auch weiterhin an der Erfüllung von Zielen zu arbeiten. Werden die Ziele nicht erreicht, sollten die Gründe dafür in einem konstruktiven Gespräch besprochen werden. Hierbei kann der Mitarbeiter beispielsweise einen Bedarf an Hilfestellungen ausdrücken oder die Führungskraft kann dem Mitarbeiter Tipps für eine effizientere Arbeitsweise geben. Somit kann die Personalentwicklung in besonderem Maß vorangetrieben werden. (Proske/Reiff 2016, S. 6ff.)

2.1 Die Bedürfnisse der Mitarbeiter

Besonders in der heutigen Zeit wird es immer bedeutsamer, den Mitarbeiter zufriedenzustellen und seine Bedürfnisse zu berücksichtigen. Um die Wünsche bei der Mitarbeiterführung nachvollziehen zu können, sollte die Führungskraft die menschlichen Grundbedürfnisse und deren Bedeutung anhand der Bedürfnispyramide nach Maslow kennen. Diese Pyramide beschreibt die fünf grundlegenden Bedürfnisse jedes Menschen (Watzka 2011, S. 43ff.).

Bedürfnispyramide nach Maslow.
Quelle: In Anlehnung an Watzka 2011.

Das Fundament dafür sind die Grundbedürfnisse. Die Erfüllung dieser Bedürfnisse ist am bedeutendsten, da es sich hierbei auch um lebensnotwendige Bedürfnisse wie die Befriedigung von Hunger und Durst handelt. Wenn die Grundbedürfnisse erfüllt sind, strebt der Mitarbeiter in der nächsten Stufe nach dem Erfüllen der Sicherheitsbedürfnisse. Zur Sicherheit des Arbeitsplatzes zählt in erster Linie der Fortbestand des Arbeitsvertrags. Allerdings wirkt sich die Führung ebenfalls auf die Erfüllung weiterer Sicherheitsbedürfnisse aus. Eine Führungskraft kann dafür sorgen, dass der Mitarbeiter stets weiß, was von ihm erwartet wird. Hierfür bietet sich die klare Definition von Zielen an. Somit erhält der Angestellte klares Feedback zu seiner Arbeitsweise und Unsicherheiten werden vermieden (Watzka 2011, S. 43ff.).

Erst wenn die Grundbedürfnisse und die Sicherheitsbedürfnisse eines Mitarbeiters erfüllt sind, entstehen bei diesem soziale Bedürfnisse. Die Kommunikation innerhalb des Teams und mit den Vorgesetzten wirkt sich stark auf das Wohlbefinden des Mitarbeiters aus. Ein professioneller und respektvoller Umgang ist eine notwendige Basis der Kommunikation. Zusätzlich können außerbetriebliche Feiern oder Teambuilding-Maßnahmen zur Erfüllung der sozialen Bedürfnisse beitragen. Sind auch die sozialen Bedürfnisse gedeckt, wünscht sich der Mitarbeiter Anerkennung. Die Führungskraft sollte den eigenen Mitarbeiter wertschätzen und dessen Arbeit anerkennen. Vereinbart eine Führungskraft mit dem Mitarbeiter gemeinsame Ziele, ist es ratsam, die Anmerkungen des Mitarbeiters zu berücksichtigen und einzubeziehen. Wenn der Mitarbeiter mitentscheiden kann, fühlt er sich respektiert und wertgeschätzt. Zusätzlich ist es bei Zielvereinbarungen von Bedeutung, dass die Führungskraft das Erreichen der Ziele honoriert. Dies kann in Form von materiellen oder immateriellen Belohnungen geschehen (Watzka 2011, S. 43ff.).

An der Spitze der Bedürfnispyramide steht der Wunsch nach Selbstverwirklichung. Dieses Bedürfnis stellt die persönlichen Erwartungen an sich selbst in den Mittelpunkt. Menschen setzen sich selbst Ziele im Leben. Auch am Arbeitsplatz hat jeder Mitarbeiter eine unterschiedliche Anforderung an sich selbst. Bei den Zielvereinbarungen mit der Führungskraft ist es relevant, diese Ziele zu berücksichtigen. Der Vorgesetzte muss Zielen zustimmen, die der persönlichen Entwicklung des Mitarbeiters dienen, um dessen Bedürfnis nach Selbstverwirklichung zu befriedigen. Werden diese Ziele erfüllt, steigt die intrinsische Motivation des Beschäftigten. Diese Motivation ist stark und hilft auch der Führungskraft, da der Mitarbeiter selbstständig die Arbeit optimal erledigt, da dies dessen eigenes Bedürfnis ist. Allerdings wird die Gesamtheit der Ziele zur

Selbstverwirklichung nie komplett erfüllt. Kein Mensch ist stets komplett zufrieden. Die Ziele zur Selbstverwirklichung werden ständig erweitert und geändert, da sich jeder Mensch im Laufe des Lebens ändert. Somit ist ein kontinuierliches Vereinbaren von Zielen am Arbeitsplatz hilfreich. Es wird nie einen Zeitpunkt geben, an dem die Vereinbarung von Zielen hinfällig ist (Watzka 2011, S. 43ff.).

2.2 Vor- und Nachteile von Zielvereinbarungen

In Unternehmen werden Ziele in allen Hierarchieebenen festgelegt. Sie werden vereinbart, um die Strategie des Unternehmens zu verfolgen und zur Erreichung der Unternehmensziele beizutragen. Die Ziele sollen stets die Prozesse im Unternehmen verbessern. Somit sollen beispielsweise die Kosten gesenkt werden, die Erträge sollen steigen oder die Qualität soll erhöht werden (Wolf 2018, S. 25f.).

Zielvereinbarungen können Vorteile für die Führungskraft und den Mitarbeiter mit sich bringen. Die Führungskraft wird deutlich bei der Arbeit unterstützt. Aufgaben und Verantwortung werden an die Mitarbeiter übertragen, was der Führungskraft die Möglichkeit gibt, den Fokus auf die anderen Aufgaben zu erhöhen. Durch eine klare Definition der Anforderungen an den Mitarbeiter kann die Führungskraft die gewünschte Leistung sicherstellen. Auch der Mitarbeiter profitiert von den Zielvereinbarungen. Durch die Ziele erhält dieser eine hohe Klarheit über die Erwartungen der Führungskraft. Da er individuell vereinbarte Aufgaben erhält und Verantwortung gewinnt, wird der Mitarbeiter nicht nur gefördert, sondern auch motiviert. Auch durch die Kontrolle der Zielerfüllungen erhält der Mitarbeiter stets klares Feedback über die eigene Arbeitsleistung und kann sich permanent verbessern (Proske/Reiff 2016, S. 11f.).

Allerdings bringt das Vereinbaren von Zielen einen hohen Aufwand mit sich. Ziele sollten stets gemeinsam festgelegt und klar ausformuliert werden. Dies erfordert viel Arbeitszeit und bringt zusätzlich einen hohen Dokumentationsaufwand mit sich (Wolf 2018, S. 13). Ziele steuern das Verhalten eines Mitarbeiters. Ist ein Ziel kaum durchdacht, kann dies auch negative Auswirkungen haben. Es sollte stets überprüft werden, ob das durch das Ziel ausgelöste Handeln mit den Erwartungen des Vorgesetzten übereinstimmt. Zur Veranschaulichung dieser Herausforderung hilft ein Beispiel: Ein Mitarbeiter hat das Ziel bekommen, täglich hundert Rechnungen zu verschicken. Um das Ziel zu erreichen, arbeitet er besonders schnell. Die Zeit, um die Rechnungen auf ihre Richtigkeit zu überprüfen, nimmt sich der Angestellte nicht, weil er sonst sein Ziel nicht erreicht. Dadurch schafft der Mitarbeiter zwar sein Ziel, aber die Qualität der Arbeit sinkt. Die Kundenbeschwerden häufen sich langsam an und der Aufwand der Arbeit steigt sogar, da der Mitarbeiter nun jede Rechnung ändern und sich bei den Kunden entschuldigen wird. Deswegen sollte sich der Vorgesetzte stets bewusst sein, welches Verhalten er durch welche Zielvorgaben bei dem Mitarbeiter auslöst, und so den Fokus auf die Unternehmensstrategie nicht verlieren (Watzka 2016, S. 56f.).

2.3 Checkliste für erfolgreiche Zielvereinbarungen
Zielvereinbarungen können Unternehmen und deren Mitarbeiter bei der Arbeit erheblich unterstützen. Allerdings ist hierbei eine zielgerichtete Durchführung der Vereinbarungsgespräche nötig. Bei einer fehlerhaften Durchführung könnten Zielvereinbarungen den eigentlichen Zweck verfehlen und somit nur Zeit und Arbeit kosten. Für das erfolgreiche Vereinbaren von Zielen müssen viele Aspekte beachtet werden. Unternehmen, die Zielvereinbarungen neu einführen, brauchen dafür viel Zeit und sollten stets fokussiert sein. Betriebe und auch Führungskräfte, die ihren Zielvereinbarungsprozess optimieren wollen, können diese Checkliste verwenden. Somit werden Fehler vermieden und das Zielvereinbarungsgespräch kann produktiv und zeitsparend gestaltet werden.

Schritt 1: Feedback zu den zuletzt vereinbarten Zielen
Im ersten Schritt werden die Ziele, die beim letzten Gespräch vereinbart worden sind, ausgewertet. Hierbei sollte jedes Ziel einzeln betrachtet werden. Für jedes Leistungsziel und jedes Entwicklungsziel müssen folgende Fragen beantwortet und die Antworten müssen anschließend dokumentiert werden:

- Wurde das Ziel erreicht?
- Welche Hindernisse sind beim Erfüllen des Ziels aufgetreten?
- Was kann bei den nächsten Zielvereinbarungen verbessert werden?

Schritt 2: Neue Ziele gemeinsam vereinbaren
Anschließend findet die eigentliche Zielvereinbarung statt. Hierbei werden Leistungs- und Entwicklungsziele vereinbart. Von beiden Zielarten sollten stets gleich viele festgelegt werden. Drei Leistungsziele und drei

Entwicklungsziele sind ein Richtwert. Jedes einzelne Ziel muss in einem gemeinsamen Gespräch ausgemacht werden. Der Mitarbeiter und die Führungskraft sollten beide gleichermaßen den Zielen zustimmen und die genaue Erwartungshaltung kennen. Um sicherzugehen, dass dies gewährleistet ist, sollten folgende Fragen für jedes einzelne Ziel beantwortet werden können und die Antworten sollten dokumentiert werden:

- Welcher spezifische Erfolg wird erwartet?
- An welcher Messgröße wird der Erfolg erkannt?
- Ist das Ziel von beiden Parteien akzeptiert?
- Welche Mittel und Fähigkeiten fehlen dem Mitarbeiter, um das Ziel erreichen zu können?
- Bis zu welchem Datum soll das Ziel erreicht sein?

3 Führung in der Zukunft

Der Arbeitsmarkt unterliegt einem stetigen Wandel. Die Attraktivität der Unternehmen für Arbeitnehmer gewann in den letzten Jahren an Bedeutung. Die Arbeitgeberattraktivität kann mittlerweile über den Erfolg des Unternehmens entscheiden. Diese Entwicklung ist auf den demografischen Wandel zurückzuführen. Seit Beginn des 21. Jahrhunderts kam es zu deutlich mehr Schul- und Hochschulabsolventen. Diese Entwicklung beeinflusst die Unternehmens- und Mitarbeiterführung eines jeden Unternehmens. Zusätzlich belastet ein zunehmendes Arbeitskräftedefizit den Arbeitsmarkt. Seit 2010 steigt die Zahl der Austritte aus dem Erwerbsalter jährlich. Die Zahl der Neugeborenen sinkt zudem seit 1965. Dadurch nimmt das Angebot an Arbeitskräften jedes Jahr ab. Die Nachfrage hingegen bleibt gleich bzw. steigt teilweise sogar. Dadurch kommt es zu einer hohen Konkurrenz zwischen allen Arbeitgebern. Die Qualität der Mitarbeiterführung ist somit für den Erfolg eines Unternehmens essenziell (Wolf 2018, S. 254ff.).

Durch die Globalisierung und die Digitalisierung werden die Arbeitsabläufe in den Unternehmen zunehmend vielfältiger und komplexer. Wegen des stetigen Drucks der Kostenminimierung wird oft am Einsatz von Führungskräften gespart. Dadurch können sich diese nicht mehr so intensiv wie bisher auf die Mitarbeiter konzentrieren und sollten auf deren verantwortungsbewusste und selbstständige Arbeit vertrauen. Aufgrund dieser Veränderungen können Führungskräfte heute nicht mehr jedes Detail des zuständigen Bereichs beherrschen. Sie müssen sich nun auf die Fachkenntnisse der erfahrenen Mitarbeiter verlassen. Auch neue Mitarbeiter mit wenig Erfahrung können die Führungskräfte bei der Arbeit unterstützen, da ihr Wissen auf dem neuesten Stand ist und diese Mitarbeiter oft neue Impulse zur Prozessoptimierung geben können. (Wolf 2018, S. 16ff.)

Die nächste Generation der Arbeitskräfte ist die Generation Y. Dazu gehören alle Menschen, die zwischen 1980 und 2000 geboren sind. Für eine optimale Mitarbeiterführung im Unternehmen ist es von Bedeutung, die Besonderheiten dieser Generation zu beachten (Parament 2013, S. 7). Die Generation Y ist sich des steigenden Arbeitskräftemangels bewusst und kennt ihre Auswahlmöglichkeiten auf dem Arbeitsmarkt. Wenn sich diese Generation für ein Unternehmen entscheidet, beruht dies auf Freiwilligkeit. Gegen Zwang protestiert tendenziell diese Generation. Sie ist einen Umgang auf Augenhöhe mit jeglichen Vorgesetzten gewohnt und erwartet diesen auch in der Zukunft. Die Mitglieder dieser Generation erwarten, dass Führungskräfte ihnen die Möglichkeit geben, an Prozessen mitzuwirken und bei Entscheidungen mitzureden. Die Selbstverwirklichung ist eines der tragenden Werte der Generation Y. Sie hinterfragt die Sinnhaftigkeit jeder einzelnen Tätigkeit und hat großes Interesse daran, die Ziele und Werte des Unternehmens zu kennen und nachzuvollziehen. Das Unternehmensziel Gewinnmaximierung reicht hierbei nicht aus. Profit als tragendes Element wird von der Generation Y nicht als ausreichend empfunden (Wolf 2018, S. 261ff.).

Führungskräfte können den Bedürfnissen der Generation durch die Vereinbarung von Zielen nachkommen. Sie können den Mitgliedern der Generation die Möglichkeit zur Mitsprache geben und gemeinsam Ziele vereinbaren. Die Generation hat eine hohe Entscheidungsfreudigkeit und kann die Führungskräfte besonders durch kreative Impulse unterstützen. Selbst umfangreiche und schwierige Aufgaben können an die Personen dieser Generation abgegeben werden. Die Generation Y wird dankbar für die Verantwortung und Möglichkeit zur Mitgestaltung sein. Jedoch ist hierbei im Sinne der Selbstverwirklichung zu beachten, dass die Ziele mit den persönlichen Motiven und Fähigkeiten der Generation vereinbar sein sollten (Wolf 2018, S. 261ff.).

4 Fazit

Mitarbeiter gelten als eine der bedeutendsten Ressourcen eines Unternehmens. Die Qualitäten und Fähigkeiten der Mitarbeiter entscheiden darüber, wie effektiv und effizient das Unternehmen wirtschaften kann. Betriebe stehen in einem hohen Konkurrenzdruck. Durch die Globalisierung und Digitalisierung kommt es stets zu mehr Konkurrenz. Gewinnmaximierende Unternehmen sollten ihr Humankapital so gut wie möglich nutzen, um den größten Erfolg zu generieren. Es ist schwierig, ein Ziel individuell als Unternehmensführung umzusetzen. Wird das große Ziel jedoch unter allen Mitarbeitern in kleinere Ziele aufgeteilt, ist es wesentlich unkomplizierter zu erreichen (Wolf 2018, S. 16f.).

Die menschlichen Bedürfnisse haben einen hohen Einfluss auf den Erfolg des Mitarbeiters. Ein Unternehmen, das danach strebt, die Bedürfnisse der Mitarbeiter zu erfüllen, wird sehen, dass diese ihre Arbeit motivierter und erfolgreicher verrichten. Die intrinsische Motivation der Beschäftigten ist nur schwer zu trainieren oder zu erzwingen. Allerdings kann sie direkt durch die Erfüllung der menschlichen Bedürfnisse des Mitarbeiters gestärkt werden. Zielvereinbarungen dienen in erster Linie dazu, die Unternehmensziele zu erreichen und die Produktivität der Mitarbeiter zu steuern. Wird der Mitarbeiter allerdings einbezogen und kann seine persönlichen Entwicklungsziele einbringen, bringen Zielvereinbarungen weit mehr Vorteile mit sich (Watzka 2011, S. 43ff.).

Mögliche Nachteile von Zielvereinbarungen, beispielsweise der hohe Zeitaufwand, sollten beim Einführen von Zielvereinbarungsgesprächen bedacht werden. Es ist zwar aufwendig, den Prozess zu planen und alle festgelegten Ziele zu hinterfragen, dies bringt jedoch einen hohen Erfolg mit sich. Ist die Zeit der Eingewöhnung überwunden, kommen die Vorteile der neuen Unternehmensveränderungen immer mehr zur Geltung (Wolf 2018, S. 13).

In der Zukunft wird dieses Führungsinstrument sowohl für die Unternehmen als auch für deren Mitarbeiter weiterhin an Bedeutung gewinnen. Die Generation Y hat hohe Ansprüche an den Arbeitsmarkt und strebt stets eine Mitbestimmung im Unternehmen an. Werden diese Ansprüche von einem Betrieb erfüllt, kann der Mitarbeiter aus der Generation Y eine starke Bindung zu dem Unternehmen aufbauen. So kann jeder Beschäftigte einen großen Beitrag im Unternehmen leisten. Die Firma kann diese Möglichkeit nutzen und dafür sorgen, dass nicht nur das Unternehmen, sondern auch die Führungskraft und der Mitarbeiter selbst von den Vorteilen der Zielvereinbarungen profitiert. Diese Entscheidung trifft jeder Betrieb selbst (Parament 2013, S. 7ff.). •

Erfolgsfaktoren der externen Unternehmenskommuni-kation zur Gewinnung von Nachwuchs(führungs)kräften

von Pia Stransky

Kapitelinhalt und Relevanz des Themas

In diesem Kapitel geht es um die erfolgreiche Ansprache der Personen der Generation Z, damit diese als Nachwuchskräfte gewonnen werden können. Obwohl sich die Einstellungen und Werte junger Generationen oftmals an gegenwärtigen Trends orientieren, ist es dennoch möglich, dieses Thema generationenunabhängiger zu betrachten. Durch eine stetig steigende Anzahl an Konkurrenzangeboten hat sich der Wettbewerbsdruck der Unternehmen deutlich verschärft. Dies bezieht sich auf die Gewinnung und Bindung von sowohl Kunden als auch Arbeitnehmern. Da das Personal als zentraler Erfoalgsfaktor in Unternehmen gilt, ist die Gewinnung und Bindung von leistungswilligen Mitarbeitern essenziell. Auf das Vorhandensein von Mitarbeitern in ausreichender Anzahl und Leistungsfähigkeit haben allerdings verschiedene Faktoren (negativen) Einfluss, beispielsweise Veränderungen in gesellschaftlichen Rahmenbedingungen (von Walter/ Kremmel 2016, S. 39f.). Eine immer präsenter werdende strukturelle Veränderung der Gesellschaft ist der demografische Wandel, der maßgeblich von einer alternden Bevölkerung geprägt ist (Nelke 2018, S. 137). Diese Tendenz führt zu einem verstärkten Fachkräftemangel, der bereits heute in vielen Branchen spürbar ist. Die Themen Nachwuchsgewinnung sowie -förderung nehmen daher bei den meisten Arbeitgebern an Relevanz zu, was mit einem kontinuierlich steigenden Konkurrenzkampf um qualifizierte Mitarbeiter einhergeht (Wirtz 2021, S. 25). Besonders in Hotelunternehmungen stellen die Mitarbeiter einen entscheidenden Erfolgsfaktor dar, da sie durch ihre Fähigkeiten, ihr Engagement und ihr Verhalten großen Einfluss auf die Qualitätswahrnehmung des Gastes haben (von Freyberg et al. 2019, S. 34f.).

Aus der Ausbildungsbilanz des Gastgewerbes geht die seit dem Jahr 2007 kontinuierlich sinkende Anzahl an bestehenden Ausbildungsverhältnissen hervor, die die Notwendigkeit bzw. den mangelnden Erfolg der Gewinnung von Nachwuchskräften deutlich macht [vgl. DEHOGA Bundesverband o.J.: Ausbildungszahlen (dehoga-bundesverband.de)]. Allein im Jahr 2019 blieben 24,6 % der Ausbildungsplätze zur Hotelkauffrau/zum Hotelkaufmann, gemessen am betrieblichen Gesamtangebot, unbesetzt (BMBF 2021b). Diese Umstände und Gegebenheiten verstärken die Entwicklung, dass die Unternehmen, besonders in der Hotellerie, in der Position sind, sich gegenüber potenziellen Bewerbern zu präsentieren und nicht mehr umgekehrt (Nelke 2018, S. 138). In diesem Zusammenhang haben sowohl die externe Unternehmenskommunikation als auch der Aufbau einer starken Arbeitgebermarke aufgrund des Beitrags zur Steigerung der Arbeitgeberattraktivität und des Rekrutierungserfolgs einen deutlichen Bedeutungszuwachs erfahren (von Walter/Kremmel 2016, S. 4).

Im Rahmen dieses Kapitels wird aufgezeigt, welche Kommunikationsinstrumente sich eignen, um die Aufmerksamkeit der Generation Z auf das Unternehmen und die beruflichen Möglichkeiten zu ziehen. Nachfolgend wird die Kommunikation als Teil des Employer-Brand-Managements dargestellt, ein Einblick in die unterschiedlichen Kommunikationsmöglichkeiten wird gegeben und die Generation Z wird als Zielgruppe vorgestellt. Daraus werden Erfolgsfaktoren abgeleitet, von denen der Aspekt Livekommunikation mithilfe eines Praxisbeispiels ausführlicher erläutert wird.

Einleitung

Eine bedeutende Entscheidungsgrundlage aller Zielgruppen dafür, ob sie in irgendeiner Form mit dem Unternehmen in Kontakt treten, ist das Vorhandensein eines Identifikationspotenzials mit dem Unternehmen. Die Unternehmen stehen demzufolge vor der Herausforderung, eigene Markenpersönlichkeiten zu entwickeln und ihre Positionierung und Werte an die Zielgruppen zu kommunizieren. In der Literatur gibt es für den Begriff ‚Unternehmenskommunikation' verschiedene Definitionen. Eine ausführliche lautet: „Der Begriff Unternehmenskommunikation steht für das systematische und langfristige Gestalten der Kommunikation eines Unternehmens mit seinen wichtigen internen und externen Bezugsgruppen mit dem Ziel, das Unternehmen bei diesen Bezugsgruppen bekannt zu machen und das starke und einzigartige Vorstellungsbild (Image) der Unternehmenspersönlichkeit aufzubauen und kontinuierlich zu entwickeln". Entscheidend dabei sind die Auswahl der Kanäle, die Segmentierung der Anspruchsgruppen sowie die zielgruppenspezifische Aufbereitung der Kommunikationsinhalte (Hillmann 2017, S. 19; 27f.). Es gibt sowohl interne als auch externe Unternehmenskommunikation, wobei sich die externe entsprechend an die externen Stakeholder des Unternehmens richtet und großen Einfluss darauf hat, wie das Unternehmen wahrgenommen wird. Externe Stakeholder sind Kunden, Lieferanten, potenzielle Arbeitnehmer, Investoren, Aktionäre, Medienvertreter, die Gesellschaft, die Politik und der Staat (Rommerskirchen/Roslon 2020, S. 7). Für die einzelnen Anspruchsgruppen sind jeweils unterschiedliche Informationen interessant, die es durch eine differenzierte Unternehmenskommunikation adressatengerecht zu vermitteln gilt (Hillmann 2017, S. 22f.). Im Rahmen dieses Kapitels wird nur eine der vielen Zielgruppen behandelt – die Zielgruppe auf dem Arbeitsmarkt. Die Arbeitgebermarke umfasst die Werte, Strategien und Verhaltensweisen des Unternehmens und verkörpert somit dessen Identität als Arbeitgeber. Dabei wird das Ziel verfolgt, für bestehende und potenzielle Mitarbeiter attraktiv zu sein und diese an das Unternehmen zu binden. Die entsprechende Kommunikation wird ‚Arbeitgeberkommunikation' genannt. Um zu einer Arbeitgebermarke zu gelangen, ist Arbeitgebermarkenbildung oder Employer-Branding erforderlich. Dabei handelt es sich um einen umfassenden Prozess, bestehend aus allen Aktivitäten, die dem Aufbau und der Pflege der Arbeitgebermarke dienen (Fournier et al. 2019, S. 10; 22). Im strategischen Teil wird die Ausgangslage analysiert und die Arbeitgebermarke ausgerichtet. Im operativen Teil geht es um die Kommunikation der Arbeitgebermarke und die Erfolgskontrolle. Die Kommunikation ist somit ein Teil dieses Prozesses und nicht unabhängig zu betrachten.

Kommunikation

Um die Arbeitgebermarke für die verschiedenen Zielgruppen sichtbar zu machen, wird ein ganzheitliches Kommunikationskonzept benötigt. Zur Strukturierung der Gesamtheit der zu verbreitenden Inhalte bietet sich die Einordnung in eine sogenannte Kommunikationspyramide an.

Die Spitze der Pyramide bilden die Kernbotschaften der Ziele – die universellen Botschaften des Unternehmens als Arbeitgeber. Diese werden in allen Maßnahmen der Employer-Branding-Strategie berücksichtigt und sind überall wiederzufinden, beispielsweise auf der Startseite der Karrierewebsite, in Headlines und Slogans sowie auf dem Messedisplay. Die zweite und die dritte Ebene der Pyramide enthalten für die einzelnen Zielgruppen individuelle Botschaften. Die Informationen der zweiten Ebene konkretisieren und ergänzen die Kernbotschaften um zielgruppenorientierte Themen. Platziert werden können diese unter anderem auf Unterseiten der Karrierewebsite, in Stellenausschreibungen oder auf Flyern, die bei Karrieremessen verteilt werden. Die dritte Ebene bietet die Möglichkeit, weitere Themen zu kommunizieren, die kein Teil der Arbeitgeberpositionierung geworden sind. Dabei handelt es sich vermehrt um rationale Benefits, wie Karrierepfade oder Work-Life-Balance. Diese Informationen richten sich hauptsächlich an potenzielle Bewerber, die sich bereits mit dem Unternehmen auseinandergesetzt haben und vertiefende Informationen möchten, und können daher ebenfalls auf Unterseiten der Karrierewebsite und in längeren Broschüren zu finden sein oder in Bewerbungsgesprächen kommuniziert werden (Kriegler 2018, S. 171f.).

Grundsätzlich können alle Kommunikationsaktivitäten in persönliche und unpersönliche eingeteilt werden. Unter ‚unpersönlicher Kommunikation' wird die Massenkommunikation verstanden, also Maßnahmen, mit denen viele Menschen auf einmal angesprochen werden. Diese wird häufig verwendet, um die öffentliche Bekanntheit zu steigern. Sie zeichnet sich dadurch aus, dass die zu kommunizierende Nachricht oft wiederholt wird und schnell Menschen erreichen kann.

Beispiele dafür sind Stellenausschreibungen, Imageanzeigen oder Sponsoring. ‚Persönliche Kommunikation' umfasst unter anderem die Teilnahme an Karrieremessen, Vorträge an Hochschulen, Lehraufträge und Vorlesungen oder Mund-zu-Mund-Propaganda durch Markenbotschafter. Sie zeichnet sich durch einen direkten Kontakt mit der Zielgruppe aus, was zu mehr Glaubwürdigkeit und Individualität in der Ansprache sowie zur besseren Kontrolle über die Wirkung der kommunizierten Botschaft führt (Fournier et al. 2019, S. 43f.).

Die Karrierewebsite ist der zentrale Bestandteil aller Recruiting-Aktivitäten und der relevanteste Kanal für die Employer-Branding-Kommunikation. Unabhängig davon, ob es eine entkoppelte Karrierewebsite gibt oder diese in den allgemeinen Unternehmensauftritt integriert ist, sollte eine schnelle und unkomplizierte Auffindbarkeit gewährleistet sein. Das bezieht sich zum einen auf Suchmaschinen wie Google, in denen eine bestmögliche Platzierung angestrebt wird. Zum anderen gilt es zu beachten, dass die Rubrik auf der Unternehmenswebsite nicht untergeht, sondern beispielsweise durch einen Link in die Hauptnavigation eingebunden ist. Die Karrierewebsite ist eine zielgruppenübergreifende Kommunikationsmöglichkeit, weshalb sich eine Unterteilung in einzelne Berufsgruppen oder Einstiegslevel anbietet. Diese führt zu einer besseren Orientierung für den potenziellen Bewerber. Besonders Berufseinsteiger sind häufig unsicher und wissen nicht genau, welche Berufsgruppen sie interessieren oder welche Erwartungen gerechtfertigt sind. Hier bietet sich eine ausführliche Berufsorientierung an, im Rahmen derer die Berufsbilder und die jeweiligen täglichen Tätigkeiten vorgestellt werden. Zur besseren Veranschaulichung eignen sich zusätzliche Fotos oder Videos. Die Karrierewebsite sollte aktiv dazu genutzt werden, das Unternehmen als solches und als Arbeitgeber zu präsentieren sowie die potenziellen Bewerber zu überzeugen. Dies wird hauptsächlich durch authentische Texte und Bilder erreicht, durch die sich der potenzielle Bewerber persönlich angesprochen fühlt (Knabenreich 2019, S. 1; 20; 73ff.; 92f.).

Auch Social Media werden als Kommunikationskanal für Unternehmen immer relevanter. Eine Möglichkeit dabei ist, dass bestehende Mitarbeiter als Markenbotschafter fungieren und so dazu beitragen, dass das Unternehmen für Externe als attraktiver Arbeitgeber wahrgenommen wird. Das Konzept, Mitarbeiter als Markenbotschafter einzusetzen, kann auf verschiedene Weise umgesetzt werden: Eine Möglichkeit ist, dass die Mitarbeiter die Beiträge, die auf dem Unternehmensaccount veröffentlicht werden, auf ihren privaten Profilen teilen. Dadurch wird die Reichweite gesteigert und die Informationen werden als authentischer wahrgenommen, da die Mitarbeiter sie durch das eigene Reposten bestätigen. Eine weitere Möglichkeit ist, dass die Mitarbeiter eigene Inhalte erstellen, die dann auf dem Unternehmensprofil gepostet werden. Thematisch könnte es zum Beispiel darum gehen, den eigenen Arbeitsalltag darzustellen. Dadurch würde das Identifikationspotenzial mit dem Arbeitgeber gesteigert – zum einen auf der Seite der bestehenden Mitarbeiter, da sie aktiv am Unternehmensauftritt mitwirken können, zum anderen auf der Seite der unternehmensexternen Personen, die so einen besseren Einblick bekommen (Gebel 2020, S. 61ff.).

Events zählen zum Bereich der Live-Kommunikation, in der es hauptsächlich um das Schaffen von Markenerlebnissen geht. Beispiele reichen von Erlebniswelten über Firmenveranstaltungen bis zum Unternehmensauftritt bei Karrieremessen (Kriegler 2018, S. 247). Eine weitere Möglichkeit, den potenziellen Bewerbern einen umfassenden Einblick in den Arbeitsalltag sowie in die Unternehmenskultur zu geben, sind Events wie der Tag der offenen Tür. Dabei steht im Vordergrund, den Arbeitsplatz und die Kollegen kennenzulernen sowie in den einzelnen Abteilungen oder Arbeitsbereichen einen Blick hinter die Kulissen zu erlangen. Der Austausch mit bereits bestehenden Mitarbeiten kann bei der Entscheidung, ob ein Arbeitgeber infrage kommt, hilfreich sein. In solchen Gesprächen kann der Bewerber noch mal andere Informationen erhalten als beispielsweise im Bewerbungsgespräch. Zur Ansprache von Berufseinsteigern eignet sich auch das persönliche Vorstellen in Schulen und Universitäten, bei dem ein Unternehmen aktiv auf potenzielle Bewerber zuzugehen und von Beginn an einen persönlichen Kontakt aufbauen kann.

Vorstellung der Generation Z

Laut Duden ist eine mögliche Definition des Wortes ‚Generation‘ die „Gesamtheit der Menschen ungefähr gleicher Altersstufe mit ähnlicher sozialer Orientierung und Lebensauffassung" (Dudenredaktion o.J.).

Grundsätzlich gilt: Je länger eine Generation bereits beobachtet wird, desto mehr Studien gibt es über sie. Ebenfalls bedeutsam zu erwähnen ist die Unterscheidung zwischen Generationen und Lebensphasen. Es geht also nicht darum, die heute 20-jährigen mit den heute

80-jährigen Menschen insofern zu vergleichen, dass ein 20-jähriger andere Vorstellungen und Ziele hat; sondern es geht darum, zu analysieren, welche Einflüsse das Werteverständnis der einzelnen Generationen geprägt hat (Mangelsdorf 2015, S. 13).

Die Generation Z wird stark von den Megatrends Digitalisierung und Globalisierung beeinflusst. Ein nahezu unbegrenzter Zugang zu Informationen, ständiges Filtern in Verbindung mit einer geringen Aufmerksamkeitsspanne, der Wunsch nach Erfüllung und Selbstverwirklichung sowie das Wertlegen auf ein Alleinstellungsmerkmal sind Faktoren, die die Mitglieder der Generation zu anspruchsvollen Konsumenten und auch Arbeitnehmern macht.

Auch bezogen auf das Berufsleben hat die Generation Z bestimmte Vorstellungen, die es den Unternehmen als Arbeitgeber nicht leicht machen. Neben dem demografischen Wandel ist die Gesellschaft von einem Wertewandel geprägt, der ebenfalls Auswirkungen auf die Arbeitswelt hat. Innerhalb der letzten 50 Jahre hat sich die Einstellung der Menschen zur Arbeit grundlegend geändert: Was in früheren Generationen Pflichtsache war, ist für die jüngeren Generationen eine Möglichkeit, sich frei zu entfalten und persönlich zu entwickeln. Besonders die Freizeit hat einen höheren Stellenwert erreicht (Wirtz 2021, S. 28f.). Das zeigt sich insofern, als das Leben nicht nach der Arbeit ausgerichtet wird, sondern die Arbeit zum Leben passen soll. Das heißt konkret: Der Beruf soll Spaß machen, Möglichkeiten der Selbstverwirklichung bieten, geregelte Arbeits- und vor allem Freizeit enthalten und mit der Familienplanung vereinbar sein. Grundsätzlich besteht das Interesse, Karriere zu machen, allerdings fehlen die Geduld, sich über Jahre oder Jahrzehnte hochzuarbeiten, und die Bereitschaft, die Familie oder die Freizeit dafür zu vernachlässigen. Außerdem hat die Loyalität gegenüber dem Arbeitgeber stark nachgelassen, weshalb sich Personen regelmäßig nach weiteren beruflichen Möglichkeiten umschauen. Die Angehörigen der Generation Z lehnen klassische Hierarchien vermehrt ab, was mit einem veränderten Bild von der Führungskraft einhergeht. Von Bedeutung sind dabei die Aspekte Mentor-Fähigkeit, Kommunikation auf Augenhöhe, transparente Entscheidungen und regelmäßiges Feedback (Hesseet et al. 2019, S. 88f.; 91f.).

Das bereits beschriebene Selbstbewusstsein der Generation Z ist auch im Hinblick auf den Arbeitsmarkt zu erkennen, da das Bewusstsein darüber vorhanden ist, dass sich der demografische Wandel vorteilig auf die Verhandlungsposition der Arbeitnehmer auswirkt. Dass die Generation Z mit dem Smartphone und damit verbunden mit einer

Informationsflut aufgewachsen ist, führt zu der Eigenschaft, Inhalte schnell zu filtern. Das hat zur Folge, dass nur noch außergewöhnliche und besondere Inhalte in Erinnerung bleiben. Allgemein ist ein großer Teil des Lebens digitalisiert oder spielt sich online ab, weshalb das auch im Berufsleben erwartet wird (Maas 2019, S. 48/50/53). Die tägliche Nutzungsdauer des Internets lag im Jahr 2019 bei 205 Minuten und war damit mehr als doppelt so hoch wie im Jahr 2006 (Medienpädagogischer Forschungsverbund Südwest (MPFS) 2020). Diese Entwicklung gilt es für Unternehmen in der Kommunikation zu beachten. Mit der Mediennutzung geht auch Ungeduld einher, da Leistungen häufig zeitnah geliefert werden, sei es die Expresslieferung, das Streaming von überall, Liveticker oder Storys via Social Media. Die Personen der Generation Z sind es tendenziell nicht gewohnt, zu warten (Maas 2019, S. 52).

Herausforderungen für die Arbeitgeber in der Hotellerie

Geregelte Arbeitszeiten sind vor allem während der Ausbildung und bei anschließender Tätigkeit in einer operativen Abteilung nicht zu gewährleisten. Das Hotel ist rund um die Uhr geöffnet, unabhängig von Wochenenden oder Feiertagen. Aufgrund der Möglichkeit, Reisen last Minute zu buchen, wird die Planbarkeit bezüglich des benötigten Personals erschwert, was oft zu einer kurzfristigen Dienstplanung führt. Auch Schichtdienst und körperlich anstrengende Tätigkeiten führen zu einer geringeren Attraktivität der Branche im Vergleich zu anderen Wirtschaftszweigen. Da diese Gegebenheiten allerdings bekannt und auch nicht vollkommen vermeidbar sind, sind die Unternehmen in der Hotellerie gefordert, sich umfangreich mit Attraktivitätsfaktoren der Branche auseinanderzusetzen, um im Wettbewerb um leistungsbereite Arbeitnehmer bestehen zu können.

Erfolgsfaktoren der externen Unternehmenskommunikation

Nachdem Attraktivitätsfaktoren der Branche bzw. des Unternehmens, im besten Fall Alleinstellungsmerkmale, erarbeitet wurden, gilt es, diese bestmöglich zu kommunizieren. Wenn es darum geht, die Generation Z zu erreichen, ist ein digitaler Markenauftritt unerlässlich. Die Grundlage dafür ist die Entwicklung einer Omnichannel-Strategie, die die Aktivitäten auf mehreren Kanälen strukturiert. Ansprechend ist dabei das sogenannte Content-Marketing, in dessen Rahmen authentische Inhalte rund um das Unternehmen geteilt werden. In Bezug auf das Recruiting bietet es sich an, gegebenenfalls einzelne Berufsgruppen vorzustellen oder einen Einblick in den Arbeitsalltag zu geben. Ein weiterer Erfolgsfaktor ist die Tatsache, dass sich die Zielgruppe mit dem Unternehmen und der Marke an sich sowie mit den Werten, die das Unternehmen vertritt, identifizieren kann. Dazu zählt beispielsweise sozial- oder umweltverantwortliches Handeln.

Abseits des digitalen Auftritts ist auch die Schaffung von Erlebnissen eine Möglichkeit, für eine emotionale Bindung zu sorgen. Beispiele in Bezug auf die Arbeitgeberkommunikation können ein außergewöhnlicher Messestand oder ein Tag hinter den Kulissen sein. Ein weiterer Erfolgsfaktor ist die persönliche Kontaktpflege mit der Generation Z über die einzelnen Berührungspunkte mit dem Unternehmen, sei es auf einer Messe oder im Anschluss daran direkt über Social-Media-Plattformen wie Instagram, über ein Chatfenster auf der Karrierewebsite oder auch über WhatsApp (Kleinjohann/Reinecke 2020, S. 25f.; 29f.; 32; 38). Nachfolgend wird auf den Aspekt ‚Events/ Livekommunikation' anhand eines Beispiels eingegangen.

Praxisbeispiel

Als Praxisbeispiel für dieses Kapitel wurden die SEETELHOTELS gewählt. Zu dem Familienunternehmen mit Sitz auf der Insel Usedom zählen 17 Hotels mit insgesamt über 950 Zimmern, die vom Drei-Sterne-Familienresort bis zum Fünf-Sterne-Luxushotel reichen. Die SEETELHOTELS sind der größte touristische Arbeitgeber im Bundesland mit Sitz auf der Insel und beschäftigen in der Saison rund 450 Mitarbeiter und Auszubildende (Seetel Hotel o.J.a). Um Letztere für das Unternehmen zu gewinnen, gibt es das sogenannte Azubi-Casting. Dabei handelt es sich um ein Angebot für Schüler, einen Tag lang die wesentlichen Bereiche des Hotelalltags kennenzulernen, um eine Vorstellung davon zu bekommen, ob eine Ausbildung in der Hotellerie und Gastronomie für sie passend wäre. In Team-Challenges haben die Teilnehmer die Möglichkeit, sich zu präsentieren und sich am Ende des Tages einen Ausbildungsplatz zu sichern (Seetel Hotel o.J.b). Nicht nur das Event an sich gilt dabei als Plattform, um das Unternehmen attraktiv zu präsentieren, sondern es bietet auch Potenzial, darüber auf diversen Kanälen zu berichten. Auf der Internetseite der SEETELHOTELS gibt es den Reiter ‚Über uns‘, der unter anderem die Rubrik ‚Arbeit und Ausbildung‘ enthält. Dort ist die Teilüberschrift ‚Azubi-Casting‘ zu finden, unter der einige Informationen darüber sowie der Link zur Anmeldung abrufbar sind. Außerdem wird auf der Website direkt auf den Facebook-Account und den Blog verwiesen, auf dem ebenfalls darüber berichtet wird (Seetel Hotel o.J.b). Somit handelt es sich um ein ausgefallenes und zielgruppengerechtes Event, das sowohl zur Nachwuchskräftegewinnung als auch zur Repräsentation des Unternehmens dient und auf verschiedene Weise kommuniziert werden kann. •

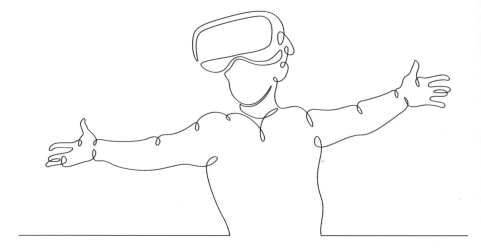

Mitarbeiter
als Markenbotschafter

Potenziale im Kampf um die besten Talente
der Generation Z richtig nutzen

von Jenny Gartner

1 Einleitung

Laut der im Jahr 2015 erstellten Studie ‚Arbeitslandschaft 2040'
ist im Jahr 2040 ein Mangel an 3,9 Millionen Arbeitskräften in
Deutschland zu erwarten. Das bedeutet, dass 3,9 Millionen Arbeitsplätze nicht besetzt werden können, weil qualifiziertes Personal
fehlt (Prognos 2015, S. 55). Diese Entwicklung lässt sich vorrangig
auf den demografischen Wandel zurückführen. In den kommenden
Jahren werden die geburtenstarken Jahrgänge der Babyboomer in
Rente gehen, demnach also aus dem Arbeitsmarkt ausscheiden
und Vakanzen zurücklassen. Problematisch ist dabei, dass in den
darauffolgenden Jahrgängen ein deutlicher Geburtenrückgang zu
verzeichnen war, sodass weniger Fachkräfte ausgebildet werden
konnten als benötigt wurden (Schmidt 2015, S. 9).

Die Auswirkungen des Fachkräftemangels machen sich
bereits finanziell in der deutschen Wirtschaft bemerkbar. Bereits

im Jahr 2015 belief sich der jährliche Verlust auf ca. 20 Milliarden Euro, da Unternehmen Stellen nicht besetzen und demnach nur eigenschränkt produzieren bzw. leisten konnten (Schmidt 2015, S. 8). Dies führt dazu, dass sich der Arbeitsmarkt von einem Verkäufer- zu einem Käufermarkt verwandelt, auf dem der Arbeitsplatz als ein zu verkaufendes Gut gewertet wird und zukünftige Mitarbeiter als Kundschaft, die für dieses Produkt zu begeistern ist (Böttger 2012, S. 4). Arbeitgeber konkurrieren also um die qualifiziertesten Bewerber und befinden sich im War for Talents, also im Kampf um die besten Talente (Schmidt 2015, S. 9). Um in diesem Wettbewerb bestehen zu können, müssen sich Unternehmen als attraktiver Arbeitgeber positionieren. Nur Betriebe, die durch ihre Qualitäten als Arbeitgeber aus der Masse hervorstechen, werden erfolgreich dabei sein, die dringend benötigten Fachkräfte für sich zu gewinnen und diese langfristig zu binden. Unternehmen, denen dies nicht gelingt, werden unweigerlich aus dem Markt verdrängt (Stotz/Wedel-Klein 2013, S. 2). Sie stehen also vor der Herausforderung, ihre Arbeitgeberpositionierung an den Werten der Generation Z, die in den kommenden Jahren mit 12 Millionen Mitgliedern in den Arbeitsmarkt eintreten wird, zu orientieren, um diese als loyale Mitarbeiter zu gewinnen (Schlotter/Hubert 2020, S. 1). Die Zugehörigen dieser Generation sind ab dem Jahr 1995 geboren. Demnach sind sie mit der Digitalisierung aufgewachsen und werden deshalb auch ‚Digital Natives' genannt. Die digitale Umwelt stellt für die Generation Z, anders als für die Vorgängergenerationen, keine Herausforderung mehr dar, sondern ist die Umwelt, die sie kennen und in der sie sozialisiert wurden (Hesse et al. 2019, S. 72). Es ist absehbar, dass die Generation Z aufgrund ihrer Technikaffinität und neuer Kommunikationsformern den Arbeitsmarkt grundlegend verändern wird (Schlotter/Hubert 2020, S. 1).

Diese angepasste Arbeitgeberpositionierung wird am wirksamsten aus den eigenen Reihen, also durch bereits im Unternehmen angestellte Mitarbeiter, die als Markenbotschafter nach innen und nach außen wirken, präsentiert.

Das Ziel dieses Beitrags ist es, die Generation Z als Arbeitnehmer mitsamt ihren Wertevorstellungen vorzustellen und Handlungsempfehlungen für die Praxis dahingehend auszusprechen, wie Personen dieser Generation mithilfe von Mitarbeitern als Markenbotschafter für Unternehmen gewonnen und langfristig gebunden werden können.

2 Markenbotschafter und Corporate Influencer

2.1 Einsatz von Markenbotschaftern im Marketing

Markenbotschafter, auch ‚Brand Ambassador' genannt, sind Personen, die sich öffentlich für eine Marke positionieren (Grote 2021). Es sind immer wiederkehrende Gesichter, die die Werte und Botschaften eines Unternehmens sowohl physisch als auch in sozialen Medien vertreten (Hoffmann 2020, S. 36).

Für diesen Zweck wurden in der Vergangenheit häufig Testimonials eingesetzt. Sie sind prominente Persönlichkeiten, die vor allem in der Werbung als Fürsprecher für Marken agieren. Beispiele dafür sind Thomas Gottschalk für die Marke Haribo oder George Clooney, der seit mehr als zehn Jahren für die Schweizer Kaffeemarke Nespresso wirbt (Kilian 2013, S. 100).

Eine weitere Form der Markenbotschafter sind Influencer, die auf Social-Media-Plattformen einen hohen Bekanntheitsgrad erreicht haben und diesen für die Vermarktung unterschiedlicher Produkte nutzen.

Die letzte Gruppe der Markenbotschafter sind die Corporate Influencer (Hoffmann 2020, S. 57). Sie sind angestellte Personen oder Führungskräfte des Unternehmens und gelten als die „Gesichter der Marke" (Gebel 2020, S. 58). Sie gelten als besonders authentisch, wenn sie Produkte aus persönlicher Überzeugung und ohne Bezahlung weiterempfehlen, da sie die Details der Produkte kennen und hinter diesen stehen. Im Folgenden soll es darum gehen, Mitarbeiter zu Markenbotschaftern zu konvertieren.

2.2 Behavioral Branding

Um aus Mitarbeitern erfolgreiche Markenbotschafter zu machen, ist es für Unternehmen unabdingbar, den Prozess des Behavioral Branding durchdacht umzusetzen. Behavioral Branding beschäftigt sich damit, ob und wie die Mitarbeiter eines Unternehmens markenorientiert handeln. Das Ziel ist es, die Marke durch dieses markenorientierte Verhalten der Mitarbeiter zu stärken und einen langfristigen Unternehmenserfolg zu sichern (Kernstock 2009, S. 6). Das Brand Behavior beschreibt das tatsächliche, markenorientierte Mitarbeiterverhalten (Kernstock 2009, S. 7).

Behavioral Branding kann nur dann gelingen, wenn die Unternehmensführung an der Markenidentität orientiert wird und die Markenversprechen allen Mitarbeitern klar kommuniziert werden, sodass sich ein Marken-Commitment aufbauen kann (Esch/Möll 2009, S. 37). Marken-Commitment beschreibt die Verbundenheit der Mitarbeiter mit der Marke und die Bereitschaft, diese nach außen zu kommunizieren (Esch 2009, S. 42). Bezüglich des Markenwissens und -Commitments bestehen vier Mitarbeitertypen, die das Markenimage beeinflussen (Esch et al. 2009, S. 131).

Raster der Status-quo-Analyse des Marken-Commitments der Mitarbeiter.
Quelle: Esch et al. 2009, S. 130.

Markenbotschafter sind dabei der erstrebenswerte Zustand. Sie verfügen über viel Markenwissen und die Fähigkeit, dieses umzusetzen. Zusätzlich sind sie bereit, dieses Wissen nach außen zu tragen und sich für die Marke zu positionieren. Sie zeigen ein ausgeprägtes Brand-Behavior (Esch et al. 2009, S. 131).

Viel Marken-Commitment und die Bereitschaft, dieses zu kommunizieren, zeigen auch die latenten Markenbotschafter. Allerdings fehlt es ihnen an Markenwissen und notwendigen Fertigkeiten, weswegen das Brand-Behavior noch mangelhaft ist. Durch Schulungen und Weiterbildungen im Bereich des Markenwissens können sie zukünftig dennoch als Markenbotschafter eingesetzt werden (Esch et al. 2009, S. 131).

Markengegner verfügen über das nötige Markenwissen, zeigen aber keine Bindung zur Marke. Oftmals verbleiben diese Mitarbeiter nur aufgrund mangelnder Alternativen im Unternehmen. Das Ziel des Unternehmens sollte es sein, diese Gruppe der Mitarbeiter möglichst klein zu halten (Esch et al. 2009, S. 132).

Als neutral eingestuft werden Mitarbeiter, die über kein Markenwissen verfügen und auch kein Marken-Commitment aufgebaut haben. Nachdem das Markenwissen an diese Mitarbeiter vermittelt wurde, ist erkennbar, ob die sich zu Markenbotschaftern oder -gegnern entwickeln (Esch et al. 2009, S. 131).

In einem Unternehmen sollten möglichst alle der Mitarbeitertypen vertreten sein, sodass der Betrieb nicht an Kreativität verliert und nach Verbesserung streben kann (Esch et al. 2009, S. 132).

2.3 Brand Behavior Funnel

Der ‚Brand Behavior Funnel' beschreibt, wie markenkonformes Verhalten entstehen kann. Dieses Instrument ermöglicht eine individuelle Analyse der Mitarbeiter und lässt eine differenzierte Fehlersuche zu. Die Markenidentität wirkt auf drei aufeinander aufbauende Komponenten, die das Verhalten der Mitarbeiter durch unterschiedliche Erfahrungs- und Lerneffekte beeinflussen (Wentzel et al. 2009, S. 83). Die Komponente Wissen beschreibt die Kenntnisse, die Mitarbeiter von einer Marke bezüglich des markenkonformen Verhaltens haben. Sie sollten Kenntnis darüber haben, welche Verhaltensweisen von den Kunden erwartet werden und welches Verhalten die Markenversprechen einlöst (Wentzel et al. 2009, S. 86). Ohne dieses spezifische Wissen kann das Brand-Behavior nicht umgesetzt werden, da es den Mitarbeitern am Grundverständnis fehlt. Es ist anzumerken, dass sich dieses Wissen um das markenkonforme Verhalten vom allgemeinen Markenwissen unterscheidet, da ersteres deutlich differenzierter ist und positionsabhängig angepasst werden muss (Sturmer 2020, S. 7).

Nachdem das Wissen bei den Mitarbeitern generiert wurde, muss die Bereitschaft, vollen Einsatz für die Marke zu zeigen, erzeugt werden. Diese Bereitschaft wird auch ‚Commitment' genannt und entsteht durch die Bindung der Mitarbeiter an die Marke. Hierbei identifizieren sich die Beschäftigten mit den Werten der Marke und genießen die Arbeit für das Unternehmen. Die Arbeitnehmer handeln dem Unternehmen gegenüber loyal (Sturmer 2020, S. 12).

Die Mitarbeiter benötigen im nächsten Schritt die Fähigkeit, das Markenwissen erfolgreich einzusetzen und das Commitment darzustellen. Diese Kompetenzen sollen dazu genutzt werden, das Markenversprechen ständig nach außen zu kommunizieren und der Kundschaft gegenüber markenkonform zu agieren. Da gerade Kundeninteraktionen komplex und nicht immer vorhersehbar sind, ist es von Bedeutung, dass die Mitarbeiter ihre Fähigkeiten selbstbestimmt anwenden und ihr Verhalten situationsabhängig anpassen können (Wentzel et al. 2009, S. 88).

Durch die Erfüllung der drei genannten Komponenten wird das verbale und nonverbale Verhalten der Mitarbeiter markenkonform und das Behavioral Branding ist abgeschlossen. Aufgrund der Umsetzung des Brand-Behaviors stehen die Aktivitäten der Mitarbeiter im Einklang mit dem Markenversprechen des Unternehmens (Wentzel et al. 2009, S. 89).

2.4 Aktive Corporate Influencer für die Employer-Brand

2.4.1 Abgrenzung zu Markenbotschaftern im allgemeinen Sinn

Der Unterschied zwischen allgemeinen Markenbotschaftern, wie sie bereits vorgestellt wurden, und aktiven Corporate Influencern für die Arbeitgebermarke liegt in dem, was sie vermarkten und wie sie als Markenbotschafter eingesetzt werden. Alle Mitarbeiter eines Unternehmens sind Markenbotschafter, die sich zur Produkt- oder Dienstleistungsmarke positionieren. Aktive Corporate Influencer hingegen sind speziell ausgewählte Mitarbeiter, die nicht die Marke als Produkt, sondern als Arbeitgeber vermarkten. Sie treten in der Öffentlichkeit mit einem Botschafterauftrag speziell für die Employer-Brand ein (Hilker 2021). Sie werden auf Messen, Veranstaltungen oder in den sozialen Medien als aktive Recruiter eingesetzt, um zukünftige Mitarbeiter von der Attraktivität der Arbeitgebermarke zu überzeugen. Dabei sprechen sie über ihre eigenen Erfahrungen und Geschichten, um möglichst authentisch zu wirken und alle Facetten des Unternehmens als Arbeitgeber darzustellen. Sie wirken ebenfalls nach innen, indem sie die Bindung der aktuellen Mitarbeiter an das Unternehmen stärken. Als Vorbilder teilen sie die Vision des Unternehmens und sind in der Lage, Kollegen ebenfalls davon zu begeistern (Bergk/Slomian 2018, S. 227).

Die Begriffe ‚Markenbotschafter' und ‚Corporate Influencer' werden im Folgenden synonym eingesetzt.

2.4.2 Rahmenbedingungen für Mitarbeiter als Markenbotschafter

Um Mitarbeiter für das Wirken als Corporate Influencer zu begeistern und ihre Erfolgschancen zu verbessern, sollte das Unternehmen geeignete Rahmenbedingungen schaffen. Grundsätzlich müssen sich die Mitarbeiter, die als Markenbotschafter eingesetzt werden, im Unternehmen wohlfühlen und gern für die Marke arbeiten. Außerdem muss ihnen Vertrauen und Rückhalt der Unternehmensführung garantiert werden. Ist das nicht der Fall, wirken die Aussagen der Botschafter in den meisten Fällen nicht authentisch und der Einsatz schlägt fehl (Hoffmann 2020, S. 147). Corporate Influencer können nur dann erfolgreich werden, wenn sie einen großen Handlungsspielraum haben und ihren Content individuell bestimmen können. Eine strenge Kontrolle und Einschränkung durch die Geschäftsleitung ist für die glaubwürdige Darstellung der Arbeitgebermarke durch Corporate Influencer hinderlich und wirkt demotivierend (Lüthy 2020, S. 383). Dennoch können und sollten Social-Media-Guidelines erarbeitet werden, die die grundsätzlichen Regeln für die Kommunikation in sozialen Medien darstellen, sodass die Markenbotschafter einen Orientierungsrahmen haben und die Geschäftsleitung eine inhaltliche Übereinstimmung sicherstellen kann (Lüthy 2020, S. 384).

In größeren Unternehmen mit mehr als einem benannten Markenbotschafter ist es zusätzlich sinnvoll, eine hauptverantwortliche Person zu bestimmen, die die unterschiedlichen Corporate Influencer abstimmt und gemeinsame Aktivitäten organisiert (Hoffmann 2020, S. 155).

Die Rahmenbedingungen sollten auch infrastrukturell angepasst werden. So müssen den Markenbotschaftern Zeitkontingente während der Arbeitszeit für die Content-Erstellung eingeräumt werden, damit sie motiviert werden. Auch das Vorhandensein von Smartphones und Internetverbindungen muss gewährleistet sein (Lüthy 2020, S. 383).

3 Wertevorstellungen der Generation Z

Politisch

Die der Generation Z Zugehörigen sind durch verschiedene politische Ereignisse während ihres Erwachsenwerdens geprägt. Dazu zählen zum Beispiel Terroranschläge, wie das Attentat vom 19.12.2016 auf den Weihnachtsmarkt am Breitscheidplatz in Berlin, Bürgerkriege (zum Beispiel Syrien), die europäische Flüchtlingskrise und rechtsradikale Bewegungen (beispielsweise PEGIDA-Demonstrationen). Darauf ist zurückzuführen, dass die Personen der Generation Z tendenziell politisch aktiv sind und engagiert für ihre Meinung eintreten – teilweise auch auf der Straße bei Demonstrationen, wie die Black-Lives-Matter-Proteste gezeigt haben.

Besonders die Gleichstellung aller Menschen und die Umsetzung der Menschenrechte werden von den Mitgliedern der Generation Z regelmäßig vertreten (OC&C Strategy Consultants 2019, S. 20f.).

Ökonomisch

Ökonomisch betrachtet ist die Generation Z stabil aufgewachsen. Die meisten der Mitglieder sind im Vergleich zu denen der Vorgängergenerationen mit einem hohen Lebensstandard sozialisiert. Hieraus resultiert die Tatsache, dass Statussymbole wie teure Autos oder Uhren nicht mehr erstrebenswert sind, sondern mehr Wert auf eine sinnstiftende Beschäftigung gelegt wird (Hesse et al. 2019, S. 81ff.). Trotzdem ist der materielle Besitz von nicht zu unterschätzender Bedeutung. Mitglieder dieser Generation geben ihr Geld insbesondere im Bereich der Technik und Mode aus, wobei sie auch gern auf teurere Marken mit einem hohen Qualitätsversprechen zurückgreifen, durch die sie ihre Individualität ausdrücken können (OC&C Strategy Consultants 2019, S. 7).

Sozial

Verschiedene Bewegungen beeinflussen die Altersgruppe seit ihrer Kindheit in ihrer sozialen Interaktion. Eine relevante Bewegung ist die zunehmende Geschlechtergleichheit und Akzeptanz unterschiedlicher Geschlechterkonzepte (Kleinjohann/Reinecke 2020, S. 18). Das Bewusstsein für die Bedeutsamkeit der Gleichstellung von Frau, Mann und anderen Geschlechtern ist in der jungen Generation tief verankert. Für die Generation Z sind Frauen in Führungspositionen eine Selbstverständlichkeit. Für Zugehörige der Generation Z sind Familie und Freunde bedeutender als beruflicher Erfolg (Hesse et al. 2019, S. 84). Im Bereich der Freundschaften strebt diese Altersgruppe eher nach Qualität als nach Quantität. Enge Freundschaften werden vielen losen Bekanntschaften vorgezogen (Hesse et al. 2019, S. 84). Außerdem sind die Mitglieder der Generation Z mit einer Vielfalt von Ethnien in ihrem persönlichen und beruflichen Umfeld vertraut, sodass auch Vorurteile und Stigmatisierungen gegenüber diesen immer weiter abgebaut werden (OC&C Strategy Consultants 2019, S. 4).

Technisch

Der Begriff ‚Digital Native' wird durch die technischen Entwicklungen, die bereits vor der Geburt der Personen der Generation Z erfolgten, bedingt. Die Digitalisierung, die diese Generation seit jeher begleitet, hat einen bedeutenden Einfluss auf die Entwicklung der jungen

Erwachsenen. So sind sie in der digitalen Welt zu Hause und haben eine hohe Medienkompetenz aufgebaut. Digital Natives haben keine Probleme damit, mehrere Kanäle gleichzeitig zu bedienen. Es wird davon ausgegangen, dass es dieser Altersgruppe deutlich leichter fällt, eine Vielzahl an Informationen schnell aufzunehmen und zu verarbeiten. Allerdings folgt aus dieser Veränderung der Gehirnleistung auch eine geringere Aufmerksamkeitsspanne, die einen sprunghaften Wechsel zwischen nicht abgeschlossenen Aufgaben bewirkt (Hesse et al. 2019, S. 80). Auch das Kommunikationsverhalten der Generation Z unterscheidet sich durch die stetige Medienpräsenz nachhaltig von dem ihrer Vorgängergenerationen. Die Nutzung von Smartphones und sozialen Medien sorgt dafür, dass die Personen dieser Altersgruppe ständig erreichbar und immer online sind (Kleinjohann/Reinecke 2020, S. 17). Dieses Verhalten setzen sie auch für ihren Gesprächspartner in der digitalen Kommunikation voraus, sodass sie die Beantwortung von Nachrichten oder Anfragen in einer deutlich höheren Frequenz erwarten als ihre Elterngeneration, die noch mit dem Briefverkehr per Post und den damit einhergehenden Verzögerungen im Austausch miteinander aufgewachsen ist (Hesse et al. 2019, S. 79).

Ökologisch

Da die Generation Z den Klimawandel ständig vor Augen hat, ist sie aus ökologischer Sicht sensibler und engagierter als ihre Vorgängergenerationen (Kleinjohann/Reinecke 2020, S. 17), was unter anderem die Fridays-for-Future-Demonstrationen erkennen lassen, bei denen die Mitglieder der Generation Z ca. 70 % der Demonstranten ausmachen (Sommer et al. 2019, S. 11). Das Wissen um den Klimawandel und die damit einhergehenden Folgen führt zum Streben nach einem umfänglich umweltbewussten Lebensstil. Bedeutend ist dabei vor allem der Aspekt der Nachhaltigkeit. So legen viele Mitglieder dieser Altersgruppe besonderen Wert auf nachhaltig hergestellte, verpackungsarme Produkte aus der Region (PricewaterhouseCoopers (PwC) 2020, S. 22).

Persönlich

Die Persönlichkeitsentwicklung der jungen Generation ist durch die vermehrte Nutzung von sozialen Medien maßgeblich durch Influencer beeinflusst (OC&C Strategy Consultants 2019, S. 12). Für die Mitglieder der Generation Z ist es wesentlich, durch ihre Einzigartigkeit herauszustechen und diese Individualität auch nach außen mithilfe der sozialen Medien darzustellen. Die Personen dieser Altersgruppe suchen sich häufig außergewöhnliche und einzigartige Hobbys und Erlebnisse und präsentieren diese auch öffentlich mithilfe ihrer Social-Media-Profile (Kleinjohann/Reinecke 2020, S. 18).

3.1 Implikationen für die Praxisanwendung

Aus den bisher ermittelten Informationen lassen sich nunmehr auch die Erfolgsfaktoren für den Einsatz von Mitarbeitern als Markenbotschafter in Unternehmen ableiten, um die Generation Z vom Unternehmen als attraktiver Arbeitgeber zu überzeugen. Diese Erfolgsfaktoren sind vor allem für diese Generation bedeutsam, da sie von sich selbst behauptet, ihren Arbeitgebern nicht loyal gegenüberzustehen und keine Hemmungen zu haben, das Arbeitsverhältnis zu beenden, wenn die Konditionen nicht passen (Hesse et al. 2019, S. 81; Schlotter 2020, S. 11).

Um die Personen der Generation Z als neue potenzielle Mitarbeiter zu erreichen, ist es unabdingbar, Vakanzen digital zu veröffentlichen und die digitalen Unternehmenskanäle zu pflegen sowie aktuell zu halten. Vor allem ihre Technikaffinität bedingt, dass gerade diese Kanäle von der Generation Z hauptsächlich genutzt werden, um sich über offene Stellen oder das Unternehmen selbst zu informieren. Dabei sollten im Idealfall aktuell angestellte Personen als Markenbotschafter fungieren. Durch Accounts wird der Social-Media-Kanal des Unternehmens an unterschiedlichen Tagen von verschiedenen Mitarbeitern geführt, die ihren Alltag und spannende oder unterhaltsame Situationen ungefiltert teilen. Das Unternehmen hat hierdurch die Möglichkeit, sein Vertrauen gegenüber seinen Mitarbeitern in Form der Markenbotschafter darzustellen (Leopold 2019, S. 38). Auch kurze Beiträge, in denen Führungspersonen Fragen von Interessierten beantworten, können dazu führen, dass die Authentizität und auch die Sympathie des Unternehmens als Arbeitgeber gesteigert werden. Eine weitere Möglichkeit, Mitarbeiter als Markenbotschafter einzusetzen, wären Videoblogs, in denen derzeitige Beschäftigte bestimmte Themen aus ihrer Sicht erklären. So könnten sie beispielsweise Interessierten den Bewerbungsprozess erläutern, hilfreiche Tipps dazu geben oder diesen auch in Kurzform mit anderen Teammitgliedern durchspielen und dieses Video dann veröffentlichen. Durch diese Maßnahmen werden die Mitglieder der Generation Z auf ihren bevorzugten Kommunikationskanälen abgeholt und können für das Unternehmen begeistert werden.

Die Vorstellung der Markenbotschafter sowie ihres Werdegangs im Unternehmen und ihrer Motivation, im Unternehmen zu bleiben, auf der unternehmenseigenen Karriere-Website hilft zusätzlich dabei, neue Talente auf der Suche nach einem Arbeitsplatz zu leiten und sie vom Unternehmen zu überzeugen (Leopold 2019, S. 37).

Indem Markenbotschafter auch gleichzeitig als Recruiter eingesetzt werden, bieten sie Arbeitssuchenden eine klare Kontaktperson, die mithilfe von Messenger-Programmen direkt kontaktiert werden kann und somit für Fragen zu Verfügung steht (Bourmer 2015, S. 175).

Markenbotschafter sind auch für die physische Präsenz bei Messen und Veranstaltungen bedeutsam, da sie die Marke erlebbar machen und einen Dialog mit potenziellen Mitarbeitern herstellen können. Sie sind reale Personen, die über ihren beruflichen Alltag und auch ihren Betrieb berichten und dabei die Werte des Unternehmens verkörpern können (Hoffmann 2020, S. 57).

Aktive Markenbotschafter fördern das Brand-Commitment von Kollegen, da sie durch ihre Identifikation mit dem Unternehmen in der Lage sind, andere Mitarbeiter von der Vision und den Werten der Arbeitgebermarke zu überzeugen (Bergk/Slomian 2018, S. 227). Neben dem persönlichen Gespräch bieten sich auch hierfür Mitarbeiter-Blogs an, in denen auch das Engagement für soziale Projekte von der Geschäftsführung oder den als Markenbotschafter eingesetzten Mitarbeitern aufgezeigt wird (Bergk/Slomian 2018, S. 234).

4 Fazit

Da dieser Beitrag im Rahmen einer Bachelorthesis erstellt wurde, wurde speziell bezüglich der Generation Z eine intensive Literaturrecherche durchgeführt, die mit einer Umfrage untermauert wurde, bei der ca. 200 Mitglieder der Generation Z zu ihren persönlichen Erwartungen an sowie Erfahrungen mit unterschiedlichen Arbeitgebern befragt wurden. Hierdurch konnten detaillierte Einblicke in die Erwartungen der Generation Z gewährleistet werden, die an verschiedenen Stellen die Relevanz einer auf diese Generation angepassten Employer-Branding-Strategie bestätigt haben.

Der Einsatz von Mitarbeitern als aktive Markenbotschafter kann vorrangig zu einer Steigerung der Sympathie und der Authentizität führen, wodurch Arbeitsuchende von der Attraktivität eines Unternehmens als Arbeitgeber überzeugt werden können, während aktuelle Mitarbeiter eine ausgeprägte Loyalität zu ihrem derzeitigen Arbeitsplatz aufbauen. Grundvoraussetzung für den Einsatz von Markenbotschaftern ist aber, dass die ausgewählten Mitarbeiter neben dem Markenwissen auch über das Commitment zur Marke verfügen und die Fähigkeit besitzen, ebendieses nach außen zu kommunizieren. Markenbotschafter sind dann besonders authentisch, wenn diese den Alltag des Unternehmens widerspiegeln und wenn erkennbar ist, dass sie gern für das Unternehmen arbeiten. Erfolgreiche Einsatzmöglichkeiten sind hierbei Videoblogs und Account-Takeovers.

Es ist also zu erkennen, dass Unternehmen, die Mitarbeiter als Markenbotschafter einsetzen, erfolgreich darin sein werden, qualifizierte Personen als Mitarbeiter zu gewinnen und sie im besten Fall langfristig an das Unternehmen zu binden, also das Brand-Commitment nachhaltig zu steigern.

Es ist ersichtlich, dass Unternehmen umdenken müssen, um in diesem durch den Fachkräftemangel bedingten Wettbewerb bestehen zu können. Führungsetagen müssen einsehen, dass sich die Beziehung von Mitarbeitern zum Unternehmen im Vergleich zu anderen Generationen grundlegend verändert hat. Nun müssen sie unentdeckte Potenziale nutzen, die in der Vergangenheit möglicherweise nicht nötig waren, um offene Stellen zügig und effizient zu besetzen. ●

Literatur-
und Quellverzeichnis

Abel Consulting (o.J.): Homeoffice im Hotel – entspannt und in Ruhe arbeiten, [online] https://www.homeoffice-im-hotel.de/ [abgerufen am 15.07.2021].

Albrecht, J. (2018): Kulturelle Diversität in Teams gewinnbringend nutzen, in: Wirtschaft & Weiterbildung, Bd. 29, Nr. 1, S. 34-36.

Allgemeiner Deutscher Automobil-Club e.V. (ADAC) (2020): Die Corona-Pandemie und ihre Wirkung auf die Reiselust der Deutschen, [online] https://assets.adac.de/image/upload/v1614703175/ADAC-eV/KOR/Text/PDF/ADAC_Tourismusstudie_Zusammenfassung_kcbht0.pdf [abgerufen am 08.07.2021].

Arbeitsgemeinschaft öffentlich-rechtliche Rundfunkanstalten Deutschland (ARD)/ Zweites Deutsches Fernsehen (ZDF) (2020): Ergebnisse der ARD/ZDF-Onlinestudie 2020, [online] https://www.ard-zdf-onlinestudie.de/files/2020/2020-10-12_Onlinestudie2020_Publikationscharts.pdf [abgerufen am 18.11.2021].

Armutat, S./Birner, U./Grauer, S./Kraemer, R./Krause, A./Nickel, U./Rinke, W./ Rohrbeck, U. (2014): Integriertes Gesundheitsmanagement – Konzept und Handlungshilfen für die Wettbewerbsfähigkeit von Unternehmen, in: Deutsche Gesellschaft für Personalführung e.V. (DGFP): PraxisEdition, Bd. 107, Bielefeld: Bertelsmann.

Arnold, H. (2015): Einsichten zu Social Media Recruiting – Wie Sie Netzwerke wirklich richtig nutzen, 2. Auflage, Freiburg: Haufe Lexware.

Balaš, M./Strasdas, W. (2020): Erfassung von Auswirkungen des deutschen Outbound – Tourismus auf die Nachhaltigkeit in bereisten Ländern, Zentrum für Nachhaltigen Tourismus, [online] https://www.zenat-tourismus.de/images/aktuelles/2020_12_09_texte_232-2020_themenpapier_outbound-tourismus.pdf [abgerufen am 08.06.2021].

Baran, E. (2018): Employer Branding – Komm zu uns, bleib bei uns, binde dich an uns – So bauen Sie eine starke Arbeitgeber-Marke auf, Wiesbaden: Springer Gabler.

Baumanns, R. (2009): Unternehmenserfolg durch Betriebliches Gesundheitsmanagement – Nutzen für Unternehmen und Mitarbeiter, Eine Evaluation, in: Feuerstein, G. (Hrsg.), Gesundheitspolitik, Bd. 4, Stuttgart: Ibidem.

Becker, F. (2019): Mitarbeiter wirksam motivieren – Mitarbeitermotivation mit der Macht der Psychologie, Berlin: Springer.

Belsch, S. (2016): Mitarbeiterbindung – So sichern Sie Ihre wertvollste Ressource, Hamburg: Igel RWS.

Bergk, A./Slomian, P. (2018): Corporate Influencer – Warum der Geschäftsführer nicht immer die Hauptrolle spielen muss, in: Schach, A./Lommatzsch, T. (Hrsg.), Influencer Relations – Marketing und PR mit digitalen Meinungsführern, Wiesbaden: Springer Gabler, S. 225-235.

Bergmann, F. (2004): Neue Arbeit, Neue Kultur, Freiburg im Breisgau: Arbor.

Bergsleitner, F./Rückel, D. (2021): Akzeptanz von Distance Working bei Führungskräften, in: HMD Praxis der Wirtschaftsinformatik, Bd. 58, Nr. 4, S. 788-799.

Berlin Tourismus & Kongress GmbH (2021a): 15-Minuten-Stadt – Zu Fuß die schönsten Kieze der Stadt entdecken, [online] https://www.visitberlin.de/de/15-minuten-stadt-berlin [abgerufen am 10.08.2021].

Berlin Tourismus & Kongress GmbH (2021b): Online-Event – Transformationsprozesse & Megatrends, zitiert nach M. Beyer im TourismusHub von visitBerlin, [online] https://about.visitberlin.de/TourismusHub#E-Learnings [abgerufen am 20.06.2021].

BerlinOnline Stadtportal GmbH & Co. KG (2020): Homeoffice im Hotel: Neues Arbeiten während der Corona-Krise, [online] https://www.berlin.de/special/jobs-und-ausbildung/bewerbung-und-arbeit/homeoffice/6130750-6121985-homeoffice-im-hotel-neues-arbeiten-waehr.html [abgerufen am 08.07.2021].

Berthel, J./Becker, F. G. (2021): Personal-Management – Grundzüge für Konzeptionen betrieblicher Personalarbeit, 12. Auflage, Stuttgart: Schäffer-Poeschel.

Betterspace GmbH (2021): Der Teufelskreis „Personalmangel" und wie Sie ihn durchbrechen, [online] https://betterspace360.com/teufelskreis-personalmangel-durchbrechen/ [abgerufen am 11.12.2021].

Bieller, C./Drexler, C./Enns, L./Fehrentz, L./Fischer, S./Krumbein, L./Kumpf, T./Mayer, M./Moser, I./Paikert, M./Rögele, S./Rupp, J./Schabel, J./Walz, N./Wittl, R./Zimmer, A. (2017): Interne Kommunikation neu gedacht – Perspektiven der Digitalisierung, Universität Hohenheim, [online] https://komm.uni-hohenheim.de/fileadmin/einrichtungen/komm/PDFs/Komm/Unternehmenskomm/Interne_Kommunikation_neu_gedacht.pdf [abgerufen am 12.11.2021].

Bildungsmarkt e.V. (2014): Ausbildung im Berliner Gastgewerbe – zwischen Jugendkultur und Unternehmenskultur – Angebote aus dem Projekt match!, [online] https://www.vielfalt-mediathek.de/wp-content/uploads/2020/12/match_angebotskatalog.pdf [abgerufen am 09.12.2021].

Bongen, R./Schreijäg, J./Walter, C. (2021): Warum kommen Arbeitskräfte nicht zurück?, Tagesschau, [online] https://www.tagesschau.de/investigativ/panorama/corona-arbeitskraeftemangel-101.html [abgerufen am 19.12.2021].

Borchardt, H.-J. (2012): Positives Image, mehr Nachfrage – Wie Ihr guter Ruf für mehr Nachfrage sorgt und den Verkauf ankurbelt, [online] https://www.akademie.de/de/wissen/positives-unternehmens-image-mehr-nachfrage [abgerufen am 15.12.2021].

Borkmann, V. (2020): Futurehotel – Das smarte resiliente Hotel – Wie hilft die Digitalisierung den Hotels in Zeiten der Corona-Krise und danach?, Stuttgart: Fraunhofer Institut für Arbeitswirtschaft und Organisation.

Borkmann, V./Rief, S./Weber, C. (2011): Futurehotel Hoteliersbefragung – Studie aus dem Forschungsprojekt Futurehotel, Stuttgart: Fraunhofer Institut für Arbeitswirtschaft und Organisation.

Bosch, G./Hüttenhoff, F./Weinkopf, C. (2019): Hotel- und Gaststättengewerbe, in: Kontrolle von Mindestlöhnen, Wiesbaden: Springer Fachmedien, S. 237-275.

Böttger, E. (2012): Employer Branding – Verhaltenstheoretische Analysen als Grundlage für die identitätsorientierte Führung von Arbeitgebermarken, Wiesbaden: Gabler.

Bourmer, I. (2015): Zum Geleit – Kunden und Mitarbeiter als Markenbotschafter im Netz, in: Linnhoff-Popien, C./Zaddach, M./Grahl, A. (Hrsg.), Marktplätze im Umbruch – Digitale Strategien für Services im Mobilen Internet, Heidelberg/Berlin: Springer Vieweg, S. 175-177.

Brand Trust GmbH (2022): Arbeitgebermarke/Employer Branding, Brand Trust, [online] https://www.brand-trust.de/de/glossar/arbeitgebermarke.php [abgerufen am 28.11.2021].

Bratzel, S./Tellermann, R. (2005): Statt eines Vorworts – Innovationsbedingungen in der Automobilindustrie – Einführende Bemerkungen, in: Innovationen in der Automobilindustrie - Strukturen - Prozesse - Fallbeispiele, Aachen: Shaker, S. III-VI.

Brickwedde, W. (2020): Wie kommen Ihre Stellenangebote in Social Media?, in: Dannhäuser, R. (Hrsg.), Praxishandbuch Social Media Recruiting – Experten Know-How/ Praxistipps/Rechtshinweise, 4. Auflage, Wiesbaden: Springer Gabler, S. 693-719.

Broich, D. J. (2015): Mitarbeiterbindung in KMU – Analyse von Instrumenten und Maßnahmen, Hamburg: Igel RWS.

Bruce, A./Jeromin, C. (2020): Corporate Purpose – Das Erfolgskonzept der Zukunft – Wie sich mit Haltung Gemeinwohl und Profitabilität verbinden lassen, Wiesbaden: Springer Gabler.

Bruch, H./Heißenberg, G./Lohmann, T. R./Szlang, J. (2019): People-Management 2025 – Zwischen Kultur- und Technologieumbrüchen, PricewaterhouseCoopers (PWC), [online] https://www.pwc.de/de/human-resources/pwc-study-people-management-2025.pdf [abgerufen am 05.12.2021].

Bruch, H./Lee, P./Meier, S. (2021): Top Job - Trendstudie, Arbeitgeberattraktivität im Wandel – Wie man Mitarbeitende heute zu Fans macht, Topjob, [online] https://www.topjob.de/ wissenswertes/detail/trendstudie-arbeitgeberattraktivitaet/ [abgerufen am 27.11.21].

Bruhn, M. (2004): Begriffsabgrenzungen und Erscheinungsformen von Marken, in: Handbuch Markenführung – Kompendium zum erfolgreichen Markenmanagement: Strategien - Instrumente - Erfahrungen, 2. Auflage, Wiesbaden: Gabler, S. 3-49.

Bruhn, M./Stauss, B. (Hrsg.) (2010): Serviceorientierung im Unternehmen – Forum Dienstleistungsmanagement, Wiesbaden: Gabler.

Buchhorn, G. (2021a): Experteninterview, persönlich geführt durch Sophie Buske am 13.12.2021 zum Thema „HoGa-Campus ". Gerrit Buchhorn ist stellvertretender Hauptge-schäftsführer des DEHOGA Berlin.

Buchhorn, G. (2021b): Experteninterview, persönlich geführt durch Sendy Mangelmann am 08.12.2021 zum Thema „Personalabwanderung". Gerrit Buchhorn ist stellvertreten-der Hauptgeschäftsführer des DEHOGA Berlin.

Buckesfeld, Y. (2012): Employer Branding – Strategie für die Steigerung der Arbeitgeberattrak-tivität, in: KMU, 2. Auflage, Hamburg: Diplomica.

Bundesagentur für Arbeit (2021a): Anzahl der sozialversicherungspflichtig Beschäftigten im Gastgewerbe in Deutschland von 2004 bis 2021, zitiert nach de.statista.com, [online] https://de.statista.com/statistik/daten/studie/330163/umfrage/anzahl-der-beschaeftigten-im-gastgewerbe-in-deutschland/ [abgerufen am 15.12.2021].

Bundesagentur für Arbeit (2021b): Beschäftigte nach Wirtschaftszweigen (WZ 2008) – hochgerechnete Werte, [Datensatz], [online] https://statistik.arbeitsagentur.de/ Statistikdaten/Detail/202111/iiia6/beschaeftigung-sozbe-monatsheft-wz/monatsheft-wz-d-0-202111-pdf.pdf?__blob=publicationFile&v=1 [abgerufen am 04.12.2021].

Bundesamt für Migration und Flüchtlinge (BAMF) (2021): Fachkräfteeinwanderungsgesetz, [online] https://www.bamf.de/SharedDocs/Meldungen/DE/2021/210301-am-fachkraefte-einwanderungsgesetz.html?nn=283120 [abgerufen am 13.12.2021].

Bundesanstalt für Arbeitsschutz und Arbeitsmedizin (BAuA) (2019): Flexible Arbeitszeit-modelle – Überblick und Umsetzung, [online] https://www.baua.de/DE/Angebote/ Publikationen/Praxis/A49.pdf?__blob=publicationFile [abgerufen am 15.11.2021].

Bundesministerium der Justiz (BMJ) (1998): Verordnung über die Berufsausbildung im Gastgewerbe, Gesetze im Internet, [online] https://www.gesetze-im-internet.de/ gastgewausbv_1998/GastgewAusbV_1998.pdf [abgerufen am 15.11.2021].

Bundesministerium für Arbeit und Soziales (BMAS) (o.J.): Teilhabechancengesetz, [online] https://www.bmas.de/DE/Service/Gesetze-und-Gesetzesvorhaben/teilhabe-chancengesetz.html [abgerufen am 14.12.2021].

Bundesministerium für Bildung und Forschung (BMBF) (o.J.): Employer Branding: Die eigene Institution als Arbeitgeber positionieren, [online] https://www.research-in-germany.org/deutsche-institutionen/marketing-know-how/marketingtrends/ employer-branding.html [abgerufen am 02.12.21].

Bundesministerium für Bildung und Forschung (BMBF) (2021a): Der Berufsbildungs-bericht, [online] https://www.bmbf.de/bmbf/de/bildung/berufliche-bildung/ strategie-und-zusammenarbeit-in-der-berufsbildung/der-berufsbildungsbericht/ der-berufsbildungsbericht_node.html [abgerufen am 01.12.2021].

Bundesministerium für Bildung und Forschung (BMBF) (2021b): Berufe mit hohem Anteil an unbesetzten Ausbildungsplätzen am betrieblichen Gesamtangebot im Jahr 2020, zitiert nach de.statista.com, [online] https://de.statista.com/statistik/daten/studie/155817/umfrage/ berufe-mit-hohem-anteil-an-unbesetzten-ausbildungsplaetzen/ [abgerufen am 30.05.2021].

Bundesministerium für Gesundheit (o.J.): Coronavirus-Pandemie (SARS-CoV-2) – Chronik bisheriger Maßnahmen und Ereignisse, [online] https://www.bundesgesundheitsministerium.de/coronavirus/chronik-coronavirus.html [abgerufen am 05.07.2021].

Bundesministerium für Wirtschaft und Energie (BMWi) (2017): Wirtschaftsfaktor Tourismus in Deutschland, [online] https://www.bmwi.de/Redaktion/DE/Publikationen/Tourismus/wirtschaftsfaktor-tourismus-in-deutschland-lang.pdf?__blob=publicationFile&v=18 [abgerufen am 25.10.2021].

Bundesministerium für Wirtschaft und Energie (BMWi) (2013): Fachkräfte sichern: Flexible Arbeitszeitmodelle, [online] https://www.bmwi.de/Redaktion/DE/Publikationen/Ausbildung-und-Beruf/fachkraefte-sichern-flexible-arbeitszeitmodelle.pdf?__blob=publicationFile&v=3 [abgerufen 02.12.2021].

Bundesministerium für Wirtschaft und Klimaschutz (BMWK) (o.J.): Das Fachkräfteeinwanderungsgesetz auf einen Blick, [online] https://www.make-it-in-germany.com/de/visum-aufenthalt/fachkraefteeinwanderungsgesetz?mtm_campaign=search-inland-fkeg [abgerufen am 12.12.2021].

Bundesverband der Deutschen Tourismuswirtschaft (BTW) (2015): Entwicklungsfaktor Tourismus, [online] http://www.btw.de/cms/upload/Tourismus_in_Zahlen/Entwicklungsfaktor_Tourismus/Entwicklungsfaktor_Tourismus_Kurzfassung.pdf [abgerufen am 25.10.2021].

Burmann, C./Halaszovich, T./Schade, M./Klein, K./Piehler, R. (2021): Identitätsbasierte Markenführung, Grundlagen-Strategie-Umsetzung-Controlling, 4. Auflage, Wiesbaden: Springer Gabler.

Burmann, C./Meffert, H./Koers, M. (2005): Stellenwert und Gegenstand des Markenmanagements, in: Markenmanagement – Identitätsorientierte Markenführung und praktische Umsetzung, 2. Auflage, Wiesbaden: Gabler, S. 3-13.

Chikato, D./Dannhäuser, R. (2020): So zünden Sie mit XING Ihren Recruiting-Turbo, in: Dannhäuser, R. (Hrsg.), Praxishandbuch Social Media Recruiting – Experten Know-How/Praxistipps/Rechtshinweise, 4. Auflage, Hamburg/Filderstadt: Springer Gabler, S. 37-148.

Clemens, M. (2019): Ein Punktesystem würde für Deutschland mehr ausländische Fachkräfte bringen als das neue Gesetz: Kommentar, Deutsches Institut für Wirtschaftsforschung, [online] https://www.diw.de/sixcms/detail.php?id=diw_01.c.628844.de [abgerufen am 13.12.2021].

Cloosterman, M./Hoekstra, L. (2019): Vermögenswert Marke – Mit Brand Management messbar zum Unternehmenserfolg beitragen, Wiesbaden: Springer Gabler.

Corsten, H. (1989): Überlegungen zu einem Innovationsmanagement – Organisationale und personale Aspekte, in: Die Gestaltung von Innovationsprozessen – Hindernisse und Erfolgsfaktoren im Organisations-, Finanz- und Informationsbereich, Berlin: Erich Schmidt, S. 1-56.

Dannhäuser, R. (2020): Trends im Recruiting, in: Praxishandbuch Social Media Recruiting, 4. Auflage, Filderstadt: Springer Gabler, S. 1-36.

Dautzenberg, N./Wichert, J. (2018): Arbeitgeber, Wirtschaftslexikon Gabler, [online] https://wirtschaftslexikon.gabler.de/definition/arbeitgeber-29864/version-253461 [abgerufen am 12.11.2021].

Davidson, C. N. (2011): Now You See it – How the Braine Science of Attention Will Transform the Way We Live, Work and Learn, New York City: Viking.

Dearwork UG (haftungsbeschränkt) (o.J.): Wie funktioniert eigentlich – Die 4-Tage-Woche, [online] https://dearwork.de/wie-funktioniert-eigentlich-die-4-tage-woche/ [abgerufen am 03.01.2022].

Depenau, D. (2021): Experteninterview, persönlich geführt von Mitja V. Dombrowski am 09.12.2021 zum Thema „Best Practice: Innovatives Personalmanagement im Gastgewerbe". David Depenau ist 2. Vorsitzender bei der Hoteldirektorenvereinigung Deutschland.

Der Europäische Hof Hotel Europa Heidelberg GmbH (o.J.): Startseite, [online] https:// www.europaeischerhof.com/ [abgerufen am 08.12.2021].

Deutsche Angestellten Krankenkasse (DAK) (2021): Inwiefern stimmen Sie den folgenden Aussagen zu den Vorteilen von Homeoffice zu?, zitiert nach de.statista.com, [online] https://de.statista.com/statistik/daten/studie/1135485/umfrage/vorteile-von-homeoffice-in-deutschland/ [abgerufen am 24.11.2021].

Deutsche Bahn AG (DB) (2020): Daten & Fakten 2020, [online] https://www.deutschebahn. com/resource/blob/6066940/3d1c3864381befc7b3f3ea7b9a675922/DuF2020-data.pdf [abgerufen am 26.11.2021].

Deutsche Employer Branding Akademie (DEBA) (o.J.): Employer-Branding-Strategien „made by DEBA", [online] https://www.employerbranding.org/beratung/strategie [abgerufen am 13.10.2021].

Deutsche Industrie- und Handelskammer (DIHK) (2021): Ausbildungsbilanz des Gastgewerbes 1991-2020, zitiert nach dehoga-bundesverband.de, [online] https://www. dehoga-bundesverband.de/zahlen-fakten/ausbildungszahlen/ [abgerufen am 30.10.2021].

Deutsche Presse-Agentur (DPA) (2021a): Personalmangel im Gastgewerbe – NGG fordert "Kulturwandel", Welt, 21.10.2021, [online] https://www.welt.de/regionales/ rheinland-pfalz-saarland/article234539866/Personalmangel-im-Gastgewerbe-NGG-fordert-Kulturwandel.html [abgerufen am 21.10.2021].

Deutsche Presse-Agentur (DPA) (2021b): Das Nadelöhr der „unendlichen Wachstumsbran-che", Allgemeine Hotel- und Gastronomie-Zeitung, 22.11.2021, [online] https://www.ahgz. de/hotellerie/news/personalmangel-das-nadeloehr-der-unendlichen-wachstumsbran-che-303336 [abgerufen am 11.12.2021].

Deutsche Stiftung Weltbevölkerung (DSW) (2021): Soziale und demografische Daten weltweit – DSW-Datenreport 2021, [online] https://www.dsw.org/wp-content/up-loads/2021/10/DSW-Datenreport_2021_web.pdf [abgerufen am 10.12.2021].

Deutscher Fachverlag GmbH (2013): Lob für deutsches Ausbildungssystem, in: Lebensmittel Zeitung, 21.10.2021, [online] https://www.lebensmittelzeitung.net/handel/karriere/-Lobt-deutsches-Ausbildungssystem--98743?crefresh=1 [abgerufen am 12.12.2021].

Deutscher Hotel- und Gaststättenverband (DEHOGA) (2021a): Umsatz im Gastgewerbe in Deutschland von 2010 bis 2020, zitiert nach de.statista.com, [online] https://de.statista.com/statistik/daten/studie/232922/umfrage/umsatz-im-deutschen-gastgewerbe/ [abgerufen am 30.10.2021].

Deutscher Hotel- und Gaststättenverband (DEHOGA) (2021b): DEHOGA-Umfrage zur wirtschaftlichen Lage im Oktober – Licht und Schatten im Gastgewerbe, [online] https://www.dehoga-bundesverband.de/presse-news/pressemitteilungen/detail/news/dehoga-umfrage-zur-wirtschaftlichen-lage-im-oktober/?tx_news_pi1%5Bcontroller%5D=News&tx_news_pi1%5Baction%5D=detail&cHash=26fb2b28ed43 6f9f86377f7c75d42a8e [abgerufen am 05.11.2021].

Deutscher Hotel- und Gaststättenverband (DEHOGA) (2021c): DEHOGA-Zahlenspiegel III/2021, [online] https://www.dehoga-bundesverband.de/fileadmin/Startseite/04_Zahlen___Fakten/07_Zahlenspiegel__Branchenberichte/Zahlenspiegel/DEHOGA-Zahlenspiegel_3._Quartal_2021.pdf [abgerufen am 11.12.2021].

Deutscher Hotel- und Gaststättenverband (DEHOGA) (2021d): Fachkräftesicherung, [online] https://www.dehoga-bundesverband.de/branchenthemen/fachkraeftesicherung/ [abgerufen am 12.12.2021].

Deutscher Hotel- und Gaststättenverband (DEHOGA) (2021e): Wahlcheck Bundestagswahl 2021 – 26. September Tag der Entscheidung, [online] https://www.dehogabw.de/servicecenter/servicecenter-details/downloadFile/dehoga_wahlcheck_2021.html?tx_mmservicecenter_srvcenter%5Bfile%5D=3666 [abgerufen am 25.01.2022].

Deutscher Hotel- und Gaststättenverband (DEHOGA) (2020): Zwischenbilanz in Gastronomie und Hotellerie 2020, [online] https://www.dehoga-bundesverband.de/fileadmin/Startseite/06_Presse/Publikationen/Booklet_Corona.pdf [abgerufen am 30.10.2021].

Deutscher Hotel- und Gaststättenverband (DEHOGA) (2019): Branchenbericht - DEHOGA-Konjunkturumfrage Herbst 2019, [online] https://www.dehoga-bundesverband.de/fileadmin/Startseite/04_Zahlen___Fakten/07_Zahlenspiegel__Branchenberichte/Branchenbericht/DEHOGA-Branchenbericht_Herbst_2019.pdf [abgerufen am 23.01.2022].

Deutscher Hotel- und Gaststättenverband (DEHOGA) (2017): Die Bedeutung des Hotel- und Gaststättengewerbes, [online] https://www.dehoga-bundesverband.de/fileadmin/Startseite/06_Presse/Pressemitteilungen/IW-Studie/Studie_IW_Consult_2017_Bedeutung_des_Gastgewerbes_final.pdf [abgerufen am 30.10.2021].

Deutscher Hotel- und Gaststättenverband (DEHOGA) (2016): Karriere als Profi-Gastgeber – Vielfältig und voller Perspektiven, [online] https://www.dehoga-bundesverband.de/ausbildung-karriere/ [abgerufen am 01.12.2021].

Deutscher Hotel- und Gaststättenverband Mecklenburg-Vorpommern (DEHOGA-MV) (2021): Unsere Befürchtungen haben sich bestätigt, die Branche ist noch längst nicht über den Berg – 30 Prozent der gastgewerblichen Unternehmen bangen immer noch um ihre Existenz, [online] https://www.dehoga-mv.de/aktuelles/dehoga-news/detail/unsere-befuerchtungen-haben-sich-bestaetigt-die-branche-ist-noch-laengst-nicht-ueber-den-berg-30-prozent-der-gastgewerblichen-un.html [abgerufen am 06.10.2021].

Deutscher Reiseverband (DRV) (2021): Der deutsche Reisemarkt – Zahlen und Fakten 2020, [online] https://www.drv.de/public/Downloads_2021/21-03-08_DRV_ZahlenFakten_Digital_2020.pdf [abgerufen am 25.10.2021].

Deutscher Reiseverband (DRV) (2019): Chefsache Business Travel Studie 2019, [online] https://www.chefsache-businesstravel.de/wp-content/uploads/2019/12/DRV-Berichtsband-Business-Travel-2019.pdf [abgerufen am 07.07.2021].

Deutscher Tourismusverband (DTV) (2021): Zahlen, Daten, Fakten – Das Tourismusjahr 2020 im Rückblick, [online] https://www.deutschertourismusverband.de/fileadmin/Mediendatenbank/Bilder/Presse/Presse_PDF/DTV_ZDF_2021.pdf [abgerufen am 30.10.2021].

Deutsches Wirtschaftswissenschaftliches Institut für Fremdenverkehr e.V. (DWIF) (2021a): Fachkräftemangel im Tourismus durch Corona-Krise massiv verschärft, [online] https://www.dwif.de/news/item/corona-gastgewerbe-beschaeftigte-update.html [abgerufen am 30.10.2021].

Deutsches Wirtschaftswissenschaftliches Institut für Fremdenverkehr e.V. (DWIF) (2021b): 100.000 sozialversicherungspflichtig Beschäftigte weniger im Gastgewerbe, [online] https://www.dwif.de/news/item/corona-gastgewerbe-beschaeftigte-update-nov.html [abgerufen am 29.11.2021].

Diakonie Deutschland Evangelisches Werk für Diakonie und Entwicklung e.V. (o.J.): Langzeitarbeitslosigkeit, [online] https://www.diakonie.de/langzeitarbeitslosigkeit [abgerufen am 13.12.2021].

Dietl, S. F./Hennecke, M. (2021): Ausbildung 4.0 – Digitale Transformation in der Berufsausbildung gestalten und nutzen, 2. Auflage, Freiburg: Haufe-Lexware.

Dillerup, R./Stoi, R. (2016): Unternehmensführung – Management & Leadership, 5. Auflage, München: Franz Vahlen.

Döring, D. (2016): Fachkräftemangel in der Hotellerie – Wege aus der Krise, [Bachelorarbeit, Hochschule Mittweida], [online] https://monami.hs-mittweida.de/frontdoor/deliver/index/docId/7324/file/Druckreif_Thesis_Fachkr%c3%a4ftemangel_Donnerstag.pdf [abgerufen am 11.12.2021].

Drath, K. (2016): Resilienz in der Unternehmensführung – Was Manager und ihre Teams stark macht, 2. Auflage, Freiburg: Haufe-Lexware.

Dudenredaktion (o.J.a): Resilienz, in: Duden, [Wörterbucheintrag], [online] https://www.duden.de/rechtschreibung/Resilienz [abgerufen am 03.01.2021].

Dudenredaktion (o.J.b): Generation, in: Duden, [Wörterbucheintrag], [online] https://www.duden.de/rechtschreibung/Generation [abgerufen am 30.05.2021].

•

E

Eckert, M./Widrat, S. (2016): Messeauftritt planen – Top vorbereitet für Messen – in 13 Schritten, Impulse, [online] https://www.impulse.de/gruendung/so-planen-sie-ihren-messeauftritt/1027366.html [abgerufen am 15.11.2021].

Edelman GmbH (2021): Edelman Trust Barometer 2021 – Global Report, [online] https://www.edelman.com/sites/g/files/aatuss191/files/2021-03/2021%20Edelman%20Trust%20Barometer.pdf [abgerufen am 11.12.2021].

Edelman GmbH (2019): Edelman Trust Barometer 2019 – Global Report, [online] https://www.edelman.com/sites/g/files/aatuss191/files/2019-02/2019_Edelman_Trust_Barometer_Global_Report.pdf [abgerufen am 11.12.2021].

Elsässer, F./Keller, S./Schlote-Sautter, B./Giegrich, R. (2018): Ausbildung im Gastgewerbe – Zwischen Euphorie und Abbruch, in: Beerheide, E./Georg, A./Goedicke, A./Nordbrock, C./Seiler, K. (Hrsg.), Gesundheitsgerechte Dienstleistungsarbeit – Diskontinuierliche Erwerbsverläufe als Herausforderung für Arbeitsgestaltung und Kompetenzentwicklung im Gastgewerbe, Wiesbaden: Springer VS, S. 133-155.

Esch, F.-R./Hartmann, K./Ströder, K. (2009): Analyse und Stärkung des Markencommitment in Unternehmen, in: Tomczak, T./Esch, F.-R./Kernstock, J./Hermann, A. (Hrsg.), Behavioral Branding – Wie Mitarbeiterverhalten die Marke stärkt, 2. Auflage, Wiesbaden: Gabler, S. 121-139.

Esch, F.-R./Möll, T. (2009): Marken im Gehirn – Emotionen pur – Konsequenzen für die Markenführung, in: Esch, F.-R./Armbrecht, W. (Hrsg.), Best Practice der Markenführung, Wiesbaden: Gabler, S. 21-35.

Expensya SA (2020): Auswirkungen von Corona auf Dienstreisen und geschäftliche Ausgaben, [online] https://blog.expensya.com/de/auswirkungen-von-corona-auf-dienstreisen-und-geschaeftliche-ausgaben [abgerufen am 25.05.2021].

Eyer, E./Haussmann, T. (2018): Zielvereinbarung und variable Vergütung – Ein praktischer Leitfaden – nicht nur für Führungskräfte – Mit elf ausführlichen Fallbeispielen, 7. Auflage, Wiesbaden: Springer Gabler.

•

F

FAVI SA (o.J.): Kundenorientiert seit 1957 und verpflichtet sich für eine nachhaltige Entwicklung, [online] http://www.favi.com/de/unternehmen [abgerufen am 07.06.2021].

Felfe, J. (2020): Mitarbeiterbindung, 2. Auflage, Göttingen: Hogrefe.

Fischer, M./Nelke, A. (2018): 30 Minuten Employer Branding, Offenbach: Gabal.

Flüter-Hoffmann, C. (2019): Generation Y und Z – Neue Herausforderungen für die Arbeitgeber, in: Unternehmerbrief Bauwirtschaft – Ratgeber für die Bauwirtschaft und die Wertschöpfungskette Bau, Bd. 42, Nr. 1, S. 9-13.

Förster, M. (2021): Arbeitnehmer zunehmend unzufrieden mit Job und Vorgesetzten, Heise, [online] https://www.heise.de/news/Arbeitnehmer-zunehmend-unzufrieden-mit-Job-und-Vorgesetzten-6230707.html [abgerufen am 09.12.2021].

Forster, S. (2015): Bodo Janssen über New Work bei Upstalsboom, Neukurs, [online] https://neukurs.net/blog/inspiration/bodo-janssen-ueber-new-work-bei-upstalsboom/ [abgerufen am 31.12.2021].

Fournier, J./Dürig, U.-M./Peters, K./Weers, J.-P. (2019): Marke und Branding, in: Hesse, G./Mattmüller, R. (Hrsg.), Perspektivwechsel im Employer Branding, 2. Auflage, Wiesbaden: Springer Gabler, S. 19-54.

Franke, F./Felfe, J. (2011): Diagnose gesundheitsförderlicher Führung – Das Instrument „Health-oriented Leadership", in: Badura, B./Ducki, A./Schröder, H./Klose, J./Macco, K. (Hrsg.), Fehlzeiten-Report, Berlin/Heidelberg: Springer, S. 3-13.

Fränkle, M. (2021): Experteninterview, persönlich geführt von Mitja V. Dombrowski am 12.12.2021 zum Thema „Best Practice: Innovatives Personalmanagement im Gastgewerbe". Marcus Fränkle ist Geschäftsführer des Hotels "Der Blaue Reiter".

Freizeit Verlag GmbH (2021): Fachkräftemangel für fast 80 Prozent der Betriebe ein Problem, [online] https://www.tophotel.de/dehoga-fachkraeftemangel-fuer-fast-80-prozent-ein-problem-114502/ [abgerufen am 08.10.2021].

Freizeit Verlag GmbH (2018): Das Konzept hinter den Koncept Hotels – "Wir sind die Antwort auf Airbnb", [online] https://www.tophotel.de/das-konzept-hinter-den-koncept-hotels-wir-sind-die-antwort-auf-airbnb-26034/ [abgerufen am 04.01.2022].

Freizeit Verlag GmbH (2017): Employer Branding – Nachhaltiges Personal-Management, [online] https://www.tophotel.de/employer-branding-nachhaltiges-personal-management-15114/ [abgerufen am 17.11.2021].

Freyer, W./Schreyer, M. (2018): Emotion, Mehrwert, Personalisierung – Neuer Innovationsmanagementansatz für Dienstleistungsinnovationen im Hotellerievertrieb und -marketing, in: Ehlen, T./Scherhag, K. (Hrsg.), Aktuelle Herausforderungen in der Hotellerie – Innovationen und Trends, Berlin: Erich Schmidt, S. 205-230.

Furkel, D. (2021): Vier Tage arbeiten, drei Tage frei, Haufe, [online] https://www.haufe.de/personal/hr-management/traube-tonbach-fuehrt-die-vier-tage-woche-ein_80_557422.html [abgerufen am 03.01.2021].

Gabler, K. (2021): Radikaler denken und handeln, in: Allgemeine Hotel- und Gastronomie-Zeitung, 02.08.2021, [online] https://www.ahgz.de/karriere/news/interview-radikaler-denken-und-handeln-302811 [abgerufen am 19.11.2021].

Gallup Inc. (2021): Engagement Index 2020, Docplayer, [online] https://docplayer.org/210091172-Engagement-index-2020.html [abgerufen am 26.11.2021].

Gardini, M. A./Brysch, A. A. (Hrsg.) (2013): Personalmanagement im Tourismus – Erfolgsfaktoren erkennen – Wettbewerbsvorteile sichern, Berlin: Erich Schmidt.

Gastfreund GmbH (2021): Hotelpersonal entlasten – Digitale Helfer auf dem Vormarsch, [online] https://blog.gastfreund.net/2021/09/23/hotelpersonal-entlasten-digitale-helfer-auf-dem-vormarsch/ [abgerufen am 27.12.2021].

Gatterer, H. (o.J.): Unsere neue Zukunft – Mit den Megatrends in die Post-Corona-Zeit, Zukunftsinstitut, [online] https://www.zukunftsinstitut.de/artikel/mit-den-megatrends-in-die-post-corona-zeit/ [abgerufen am 09.08.2021].

Gebel, A. (2020): Social Media im Tourismusmarketing – Wie Urlaubsanbieter in sozialen Medien Sichtbarkeit und Direktbuchungen steigern, Wiesbaden: Springer Gabler.

Geißler, C. (2007): Eine Arbeitgebermarke?, Manager Magazin, [online] https://www.manager-magazin.de/harvard/eine-arbeitgebermarke-a-a1208a5f-0002-0001-0000-000052974732 [abgerufen am 13.10.2021].

GLOBE (2014): GLOBE CEO Study, [online] https://globeproject.com/study_2014 [abgerufen am 14.06.2021].

Glocke, B. (2019): Die Azubi-Marktmacht wächst, in: Allgemeine Hotel- und Gastronomie-Zeitung, 01.06.2019, [online] https://www.ahgz.de/karriere/news/die-azubi-marktmacht-waechst-269029 [abgerufen am 20.11.2021].

Glocke, B. (2018): DHA-Kurs qualifiziert zum Betrieblichen Gesundheitsmanager, in: Allgemeine Hotel- und Gastronomie-Zeitung, 12.04.2018, S. 20.

Goedicke, A./Beerheide, E. (2018): Institutionelle und tätigkeitsbezogene Bedingungen der Arbeits- und Beschäftigungsqualität im Gastgewerbe, in: Beerheide, E./Georg, A./Goedicke, A./Nordbrock, C./Seiler, K. (Hrsg.), Gesundheitsgerechte Dienstleistungsarbeit – Diskontinuierliche Erwerbsverläufe als Herausforderung für Arbeitsgestaltung und Kompetenzentwicklung im Gastgewerbe, Wiesbaden: Springer VS, S. 15-42.

Goh, E./Muskat, B./Tan, A. H. T. (2017): The Nexus between Sustainable Practices in Hotels and Future Gen Y Hospitality Students' Career Path Decisions, in: Journal of Teaching in Travel & Tourism, Bd. 17, Nr. 4, S. 1-27.

Götzke, M. (2020): Homeoffice im Hotel – „Hier schaffe ich in drei Stunden mehr als in zehn Stunden zuhause", Deutschlandfunk Kultur, [online] https://www.deutschlandfunkkultur.de/homeoffice-im-hotel-hier-schaffe-ich-in-drei-stunden-mehr.1001.de.html?dram:article_id=476141 [abgerufen am 25.05.2021].

Gräfin von Moltke, S. (2021): Experteninterview, persönlich durchgeführt von Carla Schinzel am 01.11.2021 zum Thema „Hotel Gut Steinbach – Best Practice innovative Hotelkonzepte". Susanne Gräfin von Moltke ist Eigentümerin des Relais & Châteaux Gut Steinbach.

Große Klönne, L./Woischwill, B. (2013): Trainee Knigge – Der Ratgeber für den erfolgreichen Karriere-Start, 2. Auflage, Wiesbaden: Springer Gabler.

Großklaus, R. H. G. (2015): Positionierung und USP – Wie Sie eine Alleinstellung für Ihre Produkte finden und umsetzen, 2. Auflage, Wiesbaden: Springer Gabler.

Grote, S. (2021): Brand Ambassadors – Was sind Markenbotschafter und warum sind sie wichtig?, Meltwater, [online] https://www.meltwater.com/de/blog/brand-ambassadors-markenbotschafter [abgerufen am 17.05.2021].

Guhlemann, K./Krüger, F./Georg, A./Katenkamp, O. (2016): Gestaltungsoptionen von Berufskarrieren im Gastgewerbe – Kontinuierlich wechselhaft, in: Frerichs, F. (Hrsg.), Altern in der Erwerbsarbeit – Perspektiven der Laufbahngestaltung, Wiesbaden: Springer VS, S. 313-326.

Haitzer, A. (2011): Bewerbermagnet – 365 inspirierende Ideen, wie IHR Unternehmen Top-Bewerber magnetisch anzieht, Neubeuern: Quergeist.

Handelsblatt GmbH (2017): Welche Bedeutung haben Geschenke für Mitarbeiter?, zitiert nach de.statista.com, [online] https://de.statista.com/statistik/daten/studie/873566/umfrage/umfrage-in-deutschland-zur-wirkung-von-geschenken-fuer-mitarbeiter/ [abgerufen am 06.12.2021].

Hans-Böckler-Stiftung (2021): Anteil der im Homeoffice arbeitenden Beschäftigten in Deutschland vor und während der Corona-Pandemie 2020 und 2021, zitiert nach de.statista.com, [online] https://de.statista.com/statistik/daten/studie/1204173/umfrage/befragung-zur-homeoffice-nutzung-in-der-corona-pandemie/ [abgerufen am 24.11.2021].

Hansen, N. K./Hauff, S. (2019): Talentmanagement – Trends, Herausforderungen und strategische Optionen, in: Busold, M. (Hrsg.), War for Talents – Erfolgsfaktoren im Kampf um die Besten, 2. Auflage, Hamburg: Springer Gabler, S. 35-46.

Hänssler, K. H. (Hrsg.) (2011): Management in der Hotellerie und Gastronomie – Betriebswirtschaftliche Grundlagen, 8. Auflage, München: De Gruyter Oldenbourg.

Hartung, T./Wilde, T. C. (2021): Touristik muss sich bei jungen Menschen "bewerben", Reise vor 9, [online] https://www.reisevor9.de/inside/touristik-muss-sich-bei-jungen-menschen-bewerben [abgerufen am 01.12.2021].

Haufe Akademie GmbH & Co. KG (o.J.): New Work– Warum ist die Zeit jetzt reif?, [online] https://www.haufe-akademie.de/new-work [abgerufen am 28.12.2021].

Hays PLC (2021a): HR-Report 2021 Schwerpunkt New Work – Eine empirische Studie des Instituts für Beschäftigung und Employability IBE und Hays, [online] https://www.hays.de/documents/10192/118775/hays-hr-report-2021-new-work-de.pdf [abgerufen am 01.11.2021].

Hays PLC (2021b): Was sind geeignete Maßnahmen zur Mitarbeiterbindung und setzen Sie diese in Ihrem Unternehmen bereits um?, zitiert nach de.statista.com, [online] https://de.statista.com/statistik/daten/studie/682330/umfrage/umfrage-zu-wichtigen-massnahmen-zur-mitarbeiterbindung-und-deren-umsetzung/ [abgerufen am 06.12.2021].

Hebbard, S. (2020): Tourism, Travel & COVID-19 – The new narrative for Southern and Eastern Africa during a crisis vortex, Hamburg: KR Publishing.

Heesen, B./Meusburger, C. W. (2021): Basiswissen Investition und Planung in der Hotellerie – Schneller Einstieg in die investive, operative und strategische Planung, 2. Auflage, Wiesbaden: Springer Gabler.

Heider, Y. (2020): Digitales Management Teil 5 – New Work und virtuelle Führung, Tourismusnetzwerk Hessen, [online] https://www.hessen.tourismusnetzwerk. info/2020/11/30/teil-5-new-work-virtuelle-fuehrung/ [abgerufen am 28.12.2021].

Hein, D. (2018): Mehrheit der Deutschen steht Influencern skeptisch gegenüber, Horizont, [online] https://www.horizont.net/marketing/nachrichten/umfrage-zur-hype-disziplin-das-halten-die-deutschen-wirklich-von-influencern-171586 [abgerufen am 11.12.2021].

Heming, T. (2021): Wie Corona und Inflation Arbeitnehmer in die Zange nehmen, in: WirtschaftsWoche, 21.09.2021, [online] https://www.wiwo.de/my/technologie/blick-hinter-die-zahlen/blick-hinter-die-zahlen-82-tarife-und-loehne-wie-corona-und-inflation-arbeitnehmer-in-die-zange-nehmen/27632134.html [abgerufen am 19.12.2021].

Hernstein Institut für Management und Leadership (2017): Burn-out – Sind ausgeglichene Work-Life-Balance und Resilienz die Antwort?, [online] https://www.hernstein.at/fileadmin/user_upload/HMR/HMR_4_2017__Burn-out_Work-Life-Balance.pdf [abgerufen am 15.02.2022].

Herrmann, D./Hüneke, K./Rohrberg, A. (2012): Führung auf Distanz – Mit virtuellen Teams zum Erfolg, Wiesbaden: Springer Gabler.

Herrmann, H.-P./Wetzel, P. (2018): Fernweh und Reiselust – Streifzüge durch die Tourismuspsychologie, Berlin: Springer.

Hesse, G./Mayer, K./Rose, N./Fellinger, C. (2019): Herausforderungen für das Employer Branding und deren Kompetenzen, in: Hesse, G./Mattmüller, R. (Hrsg.), Perspektivwechsel im Employer Branding – Neue Ansätze für die Generationen Y und Z, 2. Auflage, Wiesbaden: Springer Gabler, S. 55-104.

Hieker, C./Pringle, J. (2021): The Future of Leadership Development – Disruption and the Impact of Megatrends, London: Cham Palgrave Macmillan.

Hilker, C. (2021): Markenbotschafter – Wie Corporate Influencer Marketing für Unternehmen erfolgreich gelingt, Hilker Consulting, [online] https://www.hilker-consulting.de/influencer-marketing/lmarkenbotschafter-wie-corporate-influencer-marketing-fuer-unternehmen-erfolgreich-gelingt [abgerufen am 19.05.2021].

Hillmann, M. (2017): Das 1x1 der Unternehmenskommunikation – Ein Wegweiser für die Praxis, 2. Auflage, Wiesbaden: Springer Fachmedien.

Hochheim, H. (2018): Von der Messeforschung zur Messewissenschaft – Aktuelle und zukünftige Trends bei Messen, in: Mannheimer Beiträge zur Betriebswirtschaftslehre – Messe heute und morgen: Eine qualitative Entscheiderstudie zur Messebeteiligung durch Unternehmen der MRN, Bd. 1, Nr. 1, S. 11-20.

Hochschule für Wirtschaft und Recht Berlin (HWR Berlin) (2021a): BWL/Tourismus, [online] https://www.hwr-berlin.de/studium/studiengaenge/detail/39-bwltourismus/ [abgerufen am 11.12.2021].

Hochschule für Wirtschaft und Recht Berlin (HWR Berlin) (2021b): Fachbereich 2 Duales Studium Wirtschaft - Technik, [online] https://www.hwr-berlin.de/hwr-berlin/ fachbereiche-und-zentralinstitute/fb-2-duales-studium/ [abgerufen am 11.12.2021].

Hofmann, J./Piele, A./Piele, C. (2019): New Work, Best Practices und Zukunftsmodelle, Stuttgart: Fraunhofer Institut für Arbeitswirtschaft und Organisation IAO.

Horny, T. (2021): Reisetrend 2021 – So beeinflusst Corona die Urlaubsplanung, Nordbayern, [online] https://www.nordbayern.de/freizeit-events/reise/reisetrends-2021-so-beeinflusst-corona-die-urlaubsplanung-1.10748568 [abgerufen am 30.05.2021].

Huck-Sandhu, S. (Hrsg.) (2016): Interne Kommunikation im Wandel – Theoretische Konzepte und empirische Befunde, Wiesbaden: Springer VS.

Hudson, S. (2020): COVID-19 and Travel – Impacts, Responses, Outcomes, Oxford: Goodfellow Publishers.

ifo Institut - Leibniz-Institut für Wirtschaftsforschung an der Universität München e.V. (2021): Die Post-Covid-19-Wirtschaft – Welche unerwarteten Spuren hinterlässt die Krise in Branchen, Regionen und Strukturen?, [online] https://www.ifo.de/publikationen/2021/zeitschrift-einzelheft/ifo-schnelldienst-032021 [abgerufen am 29.11.2021].

Immerschitt, W./Stumpf, M. (2019): Employer Branding für KMU – Der Mittelstand als attraktiver Arbeitgeber, 2. Auflage, Wiesbaden: Springer Gabler.

Industrie- und Handelskammer Berlin (IHK)/Deutscher Hotel- und Gaststätten-verband (DEHOGA) (2021): Ausbildungszahlen im Gastgewerbe 2010 bis 2020, vgl. kumulierte Daten von IHK und DEHOGA, zugesandt am 20.09.2021.

Innerhofer, E. (2012): Strategische Innovationen in der Hotellerie – Eine ressourcenorientierte Fallstudienanalyse touristischer Dienstleistungsunternehmen, Wiesbaden: Gabler.

ITM Beratungsgesellschaft mbH & Initiative D21 e.V. (2021): Digital Skills Gap – So (unterschiedlich) digital kompetent ist die deutsche Bevölkerung, Initiatived21, [online] https://initiatived21.de/app/uploads/2021/08/digital-skills-gap_so-unterschiedlich-digital-kompetent-ist-die-deutsche-bevlkerung.pdf [abgerufen am 15.11.2021].

Jäger, S. (2007): Mitarbeiterbindung – Zur Relevanz der dauerhaften Bindung in modernen Unternehmen, in: Personal Online, Bd. 59, Nr. 2, S. 55.

Jahn, C. (2021): Wie digital sind Bewerber?, Softgarden e-recruiting GmbH, [online] https:// softgarden.com/de/studie/wie-digital-sind-bewerber/ [abgerufen am 05.12.2021].

Jahnke, M. (2021): Influencer Marketing – Eine Bestandsaufnahme, in: Influencer Marketing – Für Unternehmen und Influencer - Strategien, Erfolgsfaktoren, Instrumente, rechtlicher Rahmen, 2. Auflage, Wiesbaden: Springer Gabler, S. 1-21.

Jesuthasan, R. (2020): Mitarbeiter-Austausch als Win-win-Situation, Willis Towers Watson, [online] https://www.willistowerswatson.com/de-DE/Insights/2020/05/reinvent-jobs-to-build-organizational-resilience-in-uncertain-times [abgerufen am 22.11.2021].

K

Kämpfe, K./Betz, T. (2020): Wie Fach- und Lehrkräfte die deutsche Sprache am Übergang Kita Grundschule fördern, in: Skorsetz, N./Bonanati, M./Kucharz, D. (Hrsg.), Diversität und soziale Ungleichheit – Herausforderungen an die Integrationsleistung der Grundschule, Wiesbaden: Springer, S. 185-189.

Kempermann, H./Lichtblau, K. (2020): Handlungserfordernisse zur Stützung der deutschen Tourismuswirtschaft während der Covid-19-Krise, IW Consult [online] https://www.iwconsult.de/fileadmin/user_upload/projekte/2020/Politische_Handlungserfordernisse_zur_Stuetzung_der_Tourismusbranche/Rettungsfonds_fu__r_die_Tourismuswirtschaft.pdf [abgerufen am 25.10.2021].

Kernstock, J. (2009): Behavioral Branding als Führungsansatz – Mit Behavioral Branding das Unternehmen stärken, in: Tomczak, T./Esch, F.-R./Kernstock, J./Hermann, A. (Hrsg.), Behavioral Branding – Wie Mitarbeiterverhalten die Marke stärkt, 2. Auflage, Wiesbaden: Gabler, S. 3-33.

Kernstock, J./Brexendorf, T. O. (2019): Die Corporate Brand in Richtung Mitarbeiter gestalten und verankern, in: Esch, F.-R./Tomczak, T./Kernstock, J./Langner, T./Jedler, J. (Hrsg.), Corporate Brand Management – Marken als Anker strategischer Führung von Unternehmen, 4. Auflage, Wiesbaden: Springer Gabler, S. 285-307.

Kientzler, F. (2019): Die 5 Ebenen der Zielgruppenanalyse – Der Schlüssel zum Herz der Kund:innen, Suxeedo, [online] https://suxeedo.de/magazine/communications/zielgruppenanalyse/ [abgerufen am 28.11.2021].

Kirig, A. (o.J.): Tourismus nach Corona – Alles auf Resonanz!, Zukunftsinstitut, [online] https://www.zukunftsinstitut.de/artikel/tourismus-nach-corona-alles-auf-resonanz/ [abgerufen am 25.05.2021].

Kirsches, T. H./Schmoll, E. (2010): Der (un)inszenierte Messeauftritt – Zur Diskussion um die optimale ITB-Messestandgestaltung – Ein Plädoyer für mehr Emotionalität am B2B-Messestand, Jade HS, [online] https://www.jade-hs.de/fileadmin/fb_wirtschaft/4_Forschung-und-Praxis/Institute/ITF/kirstges-schmoll-messegestaltung-web-qualitaet.pdf [abgerufen am 15.11.2021].

Kleinjohann, M./Reinecke, V. (2020): Marketingkommunikation mit der Generation Z – Erfolgsfaktoren für das Marketing mit Digital Natives, Wiesbaden: Springer Gabler.

Knabenreich, H. (2019): Karriere-Websites mit Wow!-Effekt – Wie Sie Karriereseiten gestalten, denen kein Bewerber widerstehen kann, Wiesbaden: Springer Gabler.

Knabenreich, H. (2012): Daily Web 2.0 – Geschichten erzählen, Dialoge wagen, in Beziehungen investieren, in: Rath, B. H./Salmen, S. (Hrsg.), Recruiting im Social Web - Talentmanagement 2.0 - So begeistern Sie Netzwerker für Ihr Mitmach-Unternehmen!, Göttingen: BusinessVillage, S. 109-131.

Knecht, S. (2014): Erfolgsfaktor Quereinsteiger – Unentdecktes Potential im Personalmanagement, Wiesbaden: Springer Gabler.

Kochhan, C./Kitze, C./Bolduan, G. (2021): Bewerberkommunikation für Hochschulabsolventen der Generation Y – Erfolgreiches Recruiting im War for Talents – Status quo, Erwartungen und Perspektiven, Wiesbaden: Springer Gabler.

Kogel, M./Grund, E./Kohler, A./Immerfall, S. (2014): Verhaltensprävention im betrieblichen Setting – Implementation und Evaluation des Bewegungsprogramms "Bewegte Pause", in: Prävention und Gesundheitsförderung, Bd. 9, Nr. 1, S. 10-15.

Kolbeck, F./Rauscher, M. (2020): Tourismusmanagement – Die betriebswirtschaftlichen Grundlagen, 3. Auflage, München: Franz Vahlen.

Koll, W. (2021): Zur Gleichstellung beim Entgelt von Frauen und Männern mit gleicher Qualifikation, in: Zeitschrift für Wirtschaftspolitik, Bd. 101, Nr. 8, S. 645-651.

Koncept Hotels Verwaltungs GmbH (o.J.): Was uns antreibt - Unser Konzept, [online] https://www.koncepthotels.com/ueber-uns/ [abgerufen am 04.01.2022].

Kreitel, W. A. (2008): Ressource Wissen – Wissensbasiertes Projektmanagement erfolgreich im Unternehmen einführen und nutzen, Wiesbaden: Gabler.

Krell, G. (2011): Grundlegend: Ecksteine, Gleichstellungscontrolling, Verständnis und Verhältnis von Gender und Diversity, in: Krell, G./Ortlieb, R./Sieben, B. (Hrsg.), Chancengleichheit durch Personalpolitik – Gleichstellung von Frauen und Männern in Unternehmen und Verwaltungen, 6. Auflage, Wiesbaden: Gabler, S. 3-24.

Kriegler, W. R. (2018): Praxishandbuch Employer Branding – Mit starker Marke zum attraktiven Arbeitgeber werden, 3. Auflage, Freiburg/München/Stuttgart: Haufe Group.

Krobath, K./Oberrauter-Zabransky, B. (2020): Studie – Employer Branding besteht Corona-Test, Stepstone, [online] https://www.stepstone.at/wp-content/uploads/2020/06/Identifire-Studie-Employer-Branding-Besteht-Corona-Test-FINAL.pdf [abgerufen am 19.11.2021].

Kruchem, T. (2021): Digitale Identität – Leben in der überwachten Gesellschaft, Deutschlandfunk Kultur, [online] https://www.deutschlandfunkkultur.de/digitale-identitaet-leben-in-der-ueberwachten-gesellschaft.976.de.html?dram:article_id=486012 [abgerufen am 26.05.2021].

Küblböck, S./Standar, M. (2016): Fachkräftemangel im Gastgewerbe – Eine empirische Untersuchung am Beispiel der Hotellerie in der Region Braunschweig-Wolfsburg, in: Zeitschrift für Tourismuswissenschaft, Bd. 8, Nr. 2, S. 285-317.

Kwidzinski, R. (2019): Kommt die Ausbildungsreform?, in: Allgemeine Hotel- und Gastronomie-Zeitung, 23.03.2019, S. 31.

•

L

Laloux, F. (2017): Reinventing Organizations visuell – Ein illustrierter Leitfaden sinnstiftender Formen der Zusammenarbeit, München: Franz Vahlen.

Lanes & Planes GmbH (o.J.): Post Corona – Prognosen zur Zukunft von Dienstreisen, [online] https://www.lanes-planes.com/blog/post-corona-prognosen-zur-zukunft-von-dienstreisen/ [abgerufen am 08.07.2021].

Laufer, H. (2011): Zielvereinbarungen – kooperativ, aber konsequent – Ziele gemeinsam vereinbaren, beharrlich verfolgen, erfolgreich verwirklichen, Offenbach: Gabal.

Lecturio GmbH (2019): Das 70:20:10 Modell – Die moderne Form der Weiterbildung, [online] https://www.lecturio.de/magazin/individuelle-weiterbildung-70-20-10-modell/#6-dynamische-wissensgesellschaft-veraendert-lernstrategien [abgerufen am 14.12.2021].

Leibfried, A. (2017): Vorzüge der Branche besser verkaufen, in: Allgemeine Hotel- und Gastronomie-Zeitung, 12.08.2017, S. 2.

Leopold, A. (2019): Vom Kandidaten zum Markenbotschafter – Spielregeln für erfolgreiches Recruiting, in: Brommer, D./Hockling, S./Leopold, A. (Hrsg.), Faszination New Work – 50 Impulse für die neue Arbeitswelt, Wiesbaden: Springer Gabler, S. 31-40.

Lies, J. (2018): Employer Branding, Wirtschaftslexikon Gabler, [online] https://wirtschaftslexikon.gabler.de/definition/employer-branding-53538 [abgerufen am 18.10.2021].

Lindenberg, G. (2021): Employer Branding für Hotellerie und Gastronomie – So gewinnen Sie jetzt neue Mitarbeiter, Hotelcareer, [online] https://www.hotelcareer.de/blog/employer-branding-fuer-hotellerie-und-gastronomie/ [abgerufen am 11.12.2021].

Lingnau, V./Willenbacher, P. (2013): Die Rolle des Controllings bei der Gestaltung von Anreizsystemen, in: Beiträge zur Controlling-Forschung, Econstor, [online] https://www.econstor.eu/bitstream/10419/79247/1/756342759.pdf [abgerufen am 15.12.2021].

Loffing, D./Loffing, C. (2010): Mitarbeiterbindung ist lernbar – Praxiswissen für Führungskräfte in Gesundheitsfachberufen, Berlin/Heidelberg: Springer.

Lorenz, H. (2012): Der perfekte Messeauftritt – Tipps für die Zeitplanung, Das Unternehmerhandbuch, [online] https://das-unternehmerhandbuch.de/messeauftritt-zeitplanung/ [abgerufen am 17.11.2021].

Losem, M. (o.J.): Der Fachkräftemangel?!, Deutsche Hotelakademie, [online] https://www.dha-akademie.de/blog/kein-ende-des-fachkraeftemangels [abgerufen am 12.12.2021].

Lüthy, A. (2020): Recruiting und Employer Branding mit den Mitarbeitern – Corporate Influencer als Unternehmensbotschafter, in: Dännhäuser, R. (Hrsg.), Praxishandbuch Social Media Recruiting - Experten Know-How / Praxistipps / Rechtshinweise, 4. Auflage, Wiesbaden: Springer Gabler, S. 377-412.

Lutz, B. (Hrsg.) (2018): Frauen in Führung – Modernität und Agilität – wie die Veränderung der Unternehmensprozesse und Kultur Innovation fördert, Berlin/ Heidelberg: Springer Gabler.

Maas, R. (2019): Generation Z für Personaler und Führungskräfte und jeden, der die Jungen verstehen muss – Ergebnisse der Generation-Thinking-Studie, München: Carl Hanser.

Machtfit GmbH (2021): Gallup Report 2020 – Mitarbeiterbindung stärken und Fehlzeiten reduzieren, [online] https://www.machtfit.de/bgm-studien/gallup-report/ [abgerufen am 24.06.2021].

Malik, F. (2014): Führen, Leisten, Leben – Wirksames Management für eine neue Welt, Frankfurt am Main/New York: Campus.

Mangelsdorf, M. (2015): Von Babyboomer bis Generation Z – Der richtige Umgang mit unterschiedlichen Generationen im Unternehmen, Offenbach: Gabal.

Marketagent Online Research GmbH (2020): Reisen nach Corona – Deutschland, [online] https://www.allianz-partners.de/content/dam/onemarketing/awp/allianz-partners-de/pressetexte/studien/20200723_Allianz_Partners_Ergebnisse_Studie_Covid19.pdf [abgerufen am 13.07.2021].

Marquardt, M./Kaspers, M. (2020): Social Media Recruiting mit Instagram, in: Dannhäuser, R. (Hrsg.), Praxishandbuch Social Media Recruiting, 4. Auflage, Wiesbaden: Springer Fachmedien, S. 315-345.

Mattmüller, R./Reif, M. K./Buckmann, J./von Zittwitz, F./Diercks, J./Kupka, K./ Bender, J./Berentzen, J./Hoog, P./Grewe, T./Robeck, K./Balke, A./Hahn, K./ Kieglas, S./Herde, A. (2019): Fallstudien zu aktuellen Herausforderungen im Employer Branding und Personalmarketing, in: Hesse, G./Mattmüller, R. (Hrsg.), Perspektivwechsel im Employer Branding, 2. Auflage, Wiesbaden: Springer Gabler, S. 105-200.

Mayer, T.-L. (2008): Advanced project Management: Herausforderungen – Praxiserfahrungen – Perspektiven, Berlin: LIT.

Mayer, V. (2020): Fachkräftemangel im Gastgewerbe, Ursachen und Gegenmaßnahmen – Ein Empfehlungskatalog für kleine, privat geführte Hotel- und Restaurantbetriebe, München: Grin.

Medienpädagogischer Forschungsverbund Südwest (MPFS) (2020): Anteil von Kommunikation, Spielen, Informationssuche und Unterhaltung an der Internetnutzungszeit Jugendlicher in den Jahren 2008 bis 2020, zitiert nach de.statista.com, [online] https://de.statista.com/statistik/daten/studie/29694/umfrage/inhaltliche-verteilung-der-internetnutzung-durch-jugendliche-ab-2008/ [abgerufen am 30.05.2021].

M

meinestadt.de GmbH (2017): Mobile Recruiting Studie, Fachkräfte mit Berufsausbildung – per Smartphone zum neuen Job, [online] https://unternehmen.
meinestadt.de/studien/Whitepaper_Mobile_Recruiting_Studie.pdf
[abgerufen am 27.11.21].

Mentzel, W. (1983): Unternehmenssicherung durch Personalentwicklung – Mitarbeiter motivieren, fördern und weiterbilden, 2. Auflage, Freiburg im Breisgau:
Haufe.

·

Naundorf, J. (2016): Kritische Analyse von Employer Awards im Kontext des
Employer Branding, München: Rainer Hampp.

Nebling, H. (2019): Zukunfts-Branche oder Branche ohne Zukunft?, Food-Service,
[online] https://www.food-service.de/management/news/fachkraeftemangel-
zukunftsbranche-oder-branche-ohne-zukunft-42710 [abgerufen am 09.11.2021].

Nelke, A. (2018): Talentmanagement und Employer Branding – Zukunftsfähigkeit
sichern – Wertschöpfung schaffen, in: Ternès, A./Wilke, C.-D. (Hrsg.), Agenda
HR – Digitalisierung, Arbeit 4.0, New Leadership, Wiesbaden: Springer Fachmedien,
S. 137-156.

Neu, D. (2021): Personal im Gastgewerbe – „Schmerzhafte Verluste, kein Exodus",
ZDF, [online] https://www.zdf.de/nachrichten/politik/corona-gastronomie-
personal-probleme-100.html [abgerufen am 13.10.2021].

Neumann, A. (2020): Bleisure Travel – Das sind die neuesten Entwicklungen,
Chefsache Business Travel, [online] http://www.chefsache-businesstravel.
de/2020/12/16/bleisure-travel-das-sind-die-neuesten-entwicklungen/ [abgerufen
am 06.07.2021].

**Neumüller Ingenieurbüro GmbH & Neumüller Personalberatung Regina Neumüller
e.K. (2021):** Fachkraft, [online] https://www.neumueller.org/glossary-terms/
fachkraft-2/ [abgerufen am 12.12.2021].

News aktuell GmbH (2019): news aktuell Trendreport 2019, [online] https://s-media-
comm.ch/wp-content/uploads/2019/08/newsaktuell_trendreport_2019_schweiz.pdf
[abgerufen am 13.12.2021].

NG GmbH Brockhaus (o.J.): Image, in: Wörterbuch, [Wörterbucheintrag], [online]
https://brockhaus.de/ecs/enzy/article/image [abgerufen am 03.12.2021].

Nicolai, C. (2019): Personalmanagement, 6. Auflage, München: utb.

Nier, H. (2018): Warum Mitarbeiter kündigen, zitiert nach de.statista.com, [online]
https://de.statista.com/infografik/14086/warum-mitarbeiter-kuendigen/ [abgerufen
am 06.12.2022].

Niggemeier, A. (2020): Die Führung von morgen – Eine Analyse der akademischen
Ausbildung von Führungskräften, Wiesbaden: Springer.

OC&C Strategy Consultants LLP (2019): Eine Generation ohne Grenzen – Generation Z wird erwachsen, [online] https://www.occstrategy.com/media/1904/eine-generation-ohne-grenzen_.pdf [abgerufen am 01.09.2021].

Olfert, K./Pischulti, H. (2017): Grundlagen, in: Olfert, K. (Hrsg.), Kompakt-Training – Praktische Betriebswirtschaft, 7. Auflage, Herne: Kiehl, S. 17-58.

Opodo Deutschland (2020): Näher, länger, kurzfristiger – 5 Reisetrends, die wir aus dem Corona-Jahr mitnehmen: eDreams ODIGEO präsentiert Studie "A Year in Travel – 2020", [online] https://www.presseportal.de/pm/101081/4792868 [abgerufen am 16.06.2021].

Orange YC GmbH (o.J.): Job Rotation – Definition, Vorgehensweise und Praxis, [online] https://www.agentur-jungesherz.de/hr-glossar/job-rotationdefinition-vorgehensweise-und-praxis/ [abgerufen am 22.11.2021].

Osthus, T. (2015): Chefsache Empowerment – Wie es einem Unternehmer gelingt, dass seine Mitarbeiter Verantwortung übernehmen und über sich hinauswachsen, Wien: Linde.

Parament, A. (2013): Die Generation Y – Mitarbeiter der Zukunft motivieren, integrieren, führen, 2. Auflage, Wiesbaden: Gabler.

Peters, C. (2021): Employer Reputation – So wichtig ist der Ruf eines Arbeitgebers im Employer Branding, Managementportal, [online] https://www.managementportal.de/inhalte/artikel/fachbeitraege/14-marketing/1151-employer-branding.html [abgerufen am 19.11.2021].

Petkovic, M. (2008): Employer Branding – Ein markenpolitischer Ansatz zur Schaffung von Präferenzen bei der Arbeitgeberwahl, 2. Auflage, München: Rainer Hampp.

Petry, T. (2018): Social Media Personalmarketing Studie 2018, HS RM, [online] https://www.hs-rm.de/fileadmin/Home/Fachbereiche/Wiesbaden_Business_School/Forschungsprofil/Forschungsprojekte/HSRM_WBS_Petry-T_Studie_Social-Media_Personalmarketing_2018.pdf [abgerufen am 18.11.2021].

Pfuderer, N. (o.J.): Die Pandemie sorgt für Verschiebung auf der Megatrend-Map, Zukunftsinstitut, [online] https://www.zukunftsinstitut.de/artikel/pandemie-verschiebungen-megatrend-map/ [abgerufen am 09.07.2021].

Pikkemaat, B./Peters, M./Weiermair, K. (Hrsg.) (2006): Innovationen im Tourismus – Wettbewerbsvorteile durch neue Ideen und Angebote, Berlin: Erich Schmidt.

PricewaterhouseCoopers GmbH (PwC) (2020): Gen Z is Talking. Are you Listening? , [online] https://www.pwc.de/de/handel-und-konsumguter/gen-z-is-talking-are-you-listening.pdf [abgerufen am 01.09.2021].

Privathotels Dr. Lohbeck GmbH & Co. KG (2018): Erlebte Momente – Gast in den Privathotels Dr. Lohbeck, 15 Jahrgang, Ausgabe 1/2018, [online] https://www.lohbeck-privathotels.de/wp-content/uploads/2018/01/EM01-2018-final.pdf [abgerufen am 02.12.2021].

Privathotels Dr. Lohbeck GmbH & Co. KG (o.J.a): Karriere – Wir freuen uns auf neue Kolleginnen und Kollegen, [online] https://www.rotheforelle.de/de/karriere/ [abgerufen am 26.11.2021].

Privathotels Dr. Lohbeck GmbH & Co. KG (o.J.b): Karriere im Cliff Hotel Rügen Resort & Spa – Unseren Mitarbeitern bieten wir, Cliff Hotel Rügen [online] https://www.cliff-hotel.de/de/karriere/ [abgerufen am 26.11.2021].

Prognos AG Berlin (2015): Studie – Arbeitslandschaft 2040, [online] https://www.prognos.com/sites/default/files/2021-01/20150521_prognos_arbeitslandschaft2040-final.pdf [abgerufen am 01.12.2021].

Proske, H./Reiff, E. (2016): Zielvereinbarungen und Jahresgespräche, 3. Auflage, Freiburg: Haufe.

Pütter, K. (2019): HR – So hat 25hours sein Employer Branding optimiert, TopHotel, [online] https://www.tophotel.de/hr-so-geht-employer-branding-bei-25hours-45693/ [abgerufen am 08.12.2021].

Raatz, C. (2021): Personal-Mangel im Gastgewerbe – Mit Dampfer auf Azubi-Suche, Donaukurier, [online] https://www.donaukurier.de/nachrichten/wirtschaft/Ausbildung-Gastgewerbe-Sachsen-Deutschland-Personal-Mangel-im-Gastgewerbe-Mit-Dampfer-auf-Azubi-Suche;art154664,4792016 [abgerufen am 25.10.2021].

Ramos Lobato, P. (2017): Geförderte Beschäftigung für Langzeitarbeitslose – Integrationserleben am Rande der Arbeitsgesellschaft, Wiesbaden: Springer VS.

Randstad (2010): Üben Sie neben Ihrer hauptberuflichen Tätigkeit noch eine ehrenamtliche Tätigkeit aus?, zitiert nach de.statista.com, [online] https://de.statista.com/statistik/daten/studie/154275/umfrage/ausuebung-ehrenamtlicher-taetigkeit-durch-berufstaetige/ [abgerufen am 28.11.2021].

Raschhofer Indigo Consulting Holding (R.I.C.H.) GmbH (2021): Soulkitchen Gruppe, [online] https://soulkitchen.world/ [abgerufen am 23.11.2021].

Riesner, S. (2021a): Experteninterview, persönlich geführt durch Lina Tamara Emmerich am 11.11.2021 zum Thema „Attraktivitätsfaktoren für Arbeitsplätze im Gastgewerbe". Sebastian Riesner ist Geschäftsführer der Gewerkschaft Nahrung-Genuss-Gaststätten (NGG).

Riesner, S. (2021b): Experteninterview, persönlich geführt durch Sendy Mangelmann am 03.12.2021 zum Thema „Personalabwanderung". Sebastian Riesner ist Geschäftsführer der Gewerkschaft Nahrung-Genuss-Gaststätten (NGG).

Roman, M. (2021): Personal nicht die drängendste Herausforderung, in: Allgemeine Hotel- und Gastronomie-Zeitung, 01.11.2021, [online] https://www.ahgz.de/gastronomie/news/umfrage-unter-gastronomen-personal-nicht-die-draengendste-herausforderung-303749?utm_source=%2Fmeta%2Fnewsletter%2Fextra-news&utm_medium=newsletter&utm_campaign=nl1036&utm_term=42bf3cf43de8a433e83b202e2d9e7654 [abgerufen am 01.11.2021].

Rommerskirchen, J./Roslon, M. (2020): Einführung in die moderne Unternehmens-kommunikation – Grundlagen, Theorien und Praxis, Wiesbaden: Springer Gabler.

Rudnicka, J. (2021a): Statistiken zur Frauenquote, zitiert nach de.statista.com, [online] https://de.statista.com/themen/873/frauenquote/ [abgerufen am 10.12.2021].

Rudnicka, J. (2021b): Frauenanteil in den Vorständen der 100 bzw. 200 größten deutschen Unternehmen von 2006 bis 2020, zitiert nach de.statista.com, [online] https://de.statista.com/statistik/daten/studie/180102/umfrage/frauenanteil-in-den-vorstaenden-der-200-groessten-deutschen-unternehmen/ [abgerufen am 10.12.2021].

Rudnicka, J. (2021c): Gender Pay Gap – Verdienstabstand zwischen Männern und Frauen in Deutschland von 1995 bis 2020, zitiert nach de.statista.com, [online] https://de.statista.com/statistik/daten/studie/3261/umfrage/gender-pay-gap-in-deutschland/ [abgerufen am 10.12.2021].

Rudnicka, J. (2021d): Durchschnittliche Bruttomonatsverdienste vollzeitbeschäftigter Arbeitnehmer (ohne Sonderzahlungen) nach Wirtschaftsbereichen im 4. Quartal 2020, zitiert nach de.statista.com, [online] https://de.statista.com/statistik/daten/studie/1789/umfrage/durchschnittseinkommen-in-deutschland-nach-branchen/ [abgerufen am 17.12.2021].

Runkel, C. (2018): Employer Branding für die Logistik – Mit Social Media eine attraktive Arbeitgebermarke entwickeln, Wiesbaden: Springer Gabler.

Rupacher, A. (2020): Candidate Persona – Erfolgreichere Kandidatensuche mit Profiling, E-Recruiter, [online] https://www.erecruiter.net/b/candidate-persona-erstellen [abgerufen am 28.11.2021].

Rydoo N.V. (2020): Geschäftsreisen nach dem Coronavirus – Wie reisen wir künftig?, [online] https://www.rydoo.com/de/ressourcen/blog/other/geschaftsreisen-nach-dem-coronavirus-wie-werden-unsere-dienstreisen-kuenftig-aussehen/ [abgerufen am 15.06.2021].

Sakreida, A. (2022): Experteninterview, persönlich geführt durch Ruben Plachy am 05.01.2022 zum Thema „Arbeitgeberimage und Attraktivitätsfaktoren von Arbeitgebern am Beispiel der Scandic Hotels Deutschland". Antje Sakreida ist HR Managerin der Scandic Hotels Deutschland.

Sarica, R. M. (2020): Gesunde Führung in der VUKA-Welt – Orientierung, Entwicklung und Umsetzung in die Praxis, Stuttgart: Haufe Lexware.

Sass, E. (2019): Mitarbeitermotivation, Mitarbeiterbindung – Was erwarten Arbeitneh-mer?, Wiesbaden: Springer Gabler.

Schallehn, M. (2012): Marken-Authentizität – Konstrukt, Determinanten und Wirkung aus Sicht der identitätsbasierten Markenführung, Wiesbaden: Gabler.

S

Scherhag, M. (2020): Candidate Centricity – Der Kandidat im Mittelpunkt des Recruiting-Prozesses, in: Verhoeven, T. (Hrsg.), Digitalisierung im Recruiting – Wie sich Recruiting durch künstliche Intelligenz, Algorithmen und Bots verändert, Wiesbaden: Springer Gabler, S.67-77.

Schiebeck, H. (2019): Digitale HR-Kommunikation – Innovatives Video-Recruiting, in: Ternès, A./Englert, M. (Hrsg.), Digitale Unternehmensführung – Kommunikationsstrategien für ein exzellentes Management, Wiesbaden: Springer Gabler, S. 319-329.

Schindler, B. (2021): Alexander Scharf – Mitarbeiter first!, Presstaurant, [online] https://www.presstaurant.de/alexander-scharf [abgerufen am 09.11.2021].

Schleer, C./Calmbach, M. (2014): IHK-Jugendstudie, Zusammenfassung der Studienergebnisse und Empfehlungen für die unternehmerische Praxis, SINUS-Institut, [online] https://www.stuttgart.ihk24.de/blueprint/servlet/resource/blob /662902/9af6b5507b01c71be49248a6e2701066/handlungsempfehlung-data.pdf [abgerufen am 27.11.21].

Schlote-Sautter, B./Herter-Eschweiler, R./Keller, S. (2018): Beschäftigungs- und Betriebsstrukturen im Gastgewerbe, in: Beerheide, E./Georg, A./Goedicke, A./ Nordbrock, C./Seiler, K. (Hrsg.), Gesundheitsgerechte Dienstleistungsarbeit – Diskontinuierliche Erwerbsverläufe als Herausforderung für Arbeitsgestaltung und Kompetenzentwicklung im Gastgewerbe, Wiesbaden: Springer VS, S. 43-78.

Schlotter, L. (2020): Generationenkompass 2020 – Die bundesweite Expertenstudie für Entscheider im HR-Management zu den Young Professionals der Generation Z, Stuttgart: Springer Gabler.

Schlotter, L./Hubert, P. (2020): Generation Z – Personalmanagement und Führung – 21 Tools für Entscheider, Wiesbaden: Springer Gabler.

Schmidt, C. (2015): Employer Branding – Notwendigkeit und Gestaltungsmöglichkeiten, in: Klein, N./Stoffel, J./Schmidt, C./Oertel, N. (Hrsg.), Employer Branding – Wie können Unternehmen den "War for Talents" gewinnen und qualifizierte Mitarbeiter binden?, Norderstedt: Grin, S. 7-24.

Schmidt, H. J. (Hrsg.) (2007): Internal Branding – Wie Sie Ihre Mitarbeiter zu Markenbotschaftern machen, Wiesbaden: Gabler.

Schneider, S. (2012): Social Media – der neue Trend in der Personalbeschaffung – Aktive Personalsuche mit Facebook, Xing & Co.?, Hamburg: Diplomica.

Schnell, N./Schnell, A. (2019): New Work Hacks – 50 Inspirationen für modernes und kreatives Arbeiten, Wiesbaden: Springer Gabler.

Schnitzler, S. (2020): Online-Kommunikation im Recruiting für KMU – Reifegrade von Employer Branding & Candidate Experience, Wiesbaden: Springer Gabler.

Schrammel, T. (2019): Die ersten Bewerbungen für Schüler und Studierende – Ein persönlicher Ratgeber für Ausbildung, Gap-Jahr, (Duales) Studium und Praktika, Wiesbaden: Springer.

Schröder, C./Schlepphorst, S./Kay, R. (2015): Research-Report – Bedeutung der Digitalisierung im Mittelstand, Econstor, [online] https://www.econstor.eu/bitstream/10419/125512/1/844755060.pdf [abgerufen am 01.11.2021].

Schwerdt, R. (2021): Fachkräftemangel im Tourismus durch Corona-Krise massiv verschärft, dwif, [online] https://www.dwif.de/news/item/corona-gastgewerbe-beschaeftigte-update.html [abgerufen am 13.10.2021].

Seetel Hotel GmbH & Co. Betriebs – KG (o.J.a): Unternehmerfamilie Seelige-Steinhoff, [online] https://www.seetel.de/ueber-uns/das-familienunternehmen/familie-seelige-steinhoff.html [abgerufen 01.06.2021].

Seetel Hotel GmbH & Co. Betriebs – KG (o.J.b): Azubi Casting der Seetelhotels Usedom, [online] https://www.seetel.de/ueber-uns/arbeiten-bei-seetelhotels/azubi-casting.html [abgerufen am 01.06.2021].

Sekretariat der Ständigen Konferenz der Kultusminister der Länder in der Bundesrepublik Deutschland (o.J.):
Downloadbereich Rahmenlehrpläne, [online] https://www.kmk.org/themen/berufliche-schulen/duale-berufsausbildung/downloadbereich-rahmenlehrplaene.html [abgerufen am 02.12.2021].

Sieben, D. (2021): Weg von „Hire and Fire": qualifizierte Mitarbeiter finden und halten, in: Schweißen und Schneiden, Bd. 73, Nr. 6, S. 347-348.

Siems, D. (2021): Der Mangel ist chronisch – und wird ab 2023 dramatisch, WELT, [online] https://www.welt.de/wirtschaft/article234849536/Fachkraeftemangel-Zwei-Drittel-aller-Unternehmen-betroffen.html [abgerufen am 05.11.2021].

Simmeth, F. (2020): 5 Tipps für agile Ausbilder, in: Allgemeine Hotel- und Gastronomie-Zeitung, 05.11.2020, S. 11.

Sinek, S. [TedxPuget Sound] (2009): How great leaders inspire action, [Onlinevideo] https://www.ted.com/talks/simon_sinek_how_great_leaders_inspire_action?language=de [abgerufen am 30.05.2021].

Sinek, S./Meat, D./Docker, P. (2018):
Finde dein Warum – Der praktische Wegweiser zu deiner wahren Bestimmung, 6. Auflage, München: Redline.

Sleeperoo GmbH (o.J.): Sleeperoo als Arbeitgeber, [online] https://www.sleeperoo.de/jobs/ [abgerufen am 14.06.2021].

Socialnet GmbH (o.J.): Empowement.de – Potenziale nutzen, [online] https://www.empowerment.de/ [abgerufen am 07.06.2021].

Softgarden e-recruiting GmbH (2021b): Folgende Aspekte sind für mich als Bewerber durch Corona wichtiger geworden, zitiert nach de.statista.com, [online] https://de.statista.com/statistik/daten/studie/1275255/umfrage/aspekte-die-fuer-bewerber-waehrend-corona-wichtiger-geworden-sind-in-deutschland/ [abgerufen am 24.11.2021].

Softgarden e-recruiting GmbH (2019): Bewerbungsreport – Wie nehmen Kandidaten aktuell Recruitingprozesse wahr?, [online] https://softgarden.com/de/studie/bewerbungsreport-wie-nehmen-kandidaten-aktuell-recruitingprozesse-wahr/ [abgerufen am 21.11.2021].

Sommer, M./Rucht, D./Haunss, S./Zajak, S. (2019): Fridays for Future – Profil, Entstehung und Perspektiven der Protestbewegung in Deutschland, Böll, [online] https://www.boell.de/sites/default/files/fridays_for_future_studie_ipb.pdf?dimension1=division_iup [abgerufen am 21.05.2021].

Sonntag, U. (2021): RA 2021 – Erste ausgewählte Ergebnisse der 51. Reiseanalyse, FUR e.V., [online] https://reiseanalyse.de/erste-ergebnisse/ [abgerufen am 08.07.2021].

Sonntag, U./Reif, J./Schmücker, D./Eisenstein, B. (2020): RA Business 2020 – Zentrale Ergebnisse zu Einstellungen und Verhalten bei Übernachtungsgeschäftsreisen der Deutschen, FUR e.V., [online] https://reiseanalyse.de/ra-business-2020// [abgerufen am 08.07.2021].

Sreechinth, C. (2016): Legendary Quotes of Benjamin Franklin, o.O: CreateSPace Independent Publishing Platform.

Stadler, N. (2021): Experteninterview, persönlich geführt durch Vivien Lehmann am 11.11.2021 zum Thema "New Work". Nadine Stadler ist Head of Soulkitchen Academy.

Statista GmbH (2020): Statistiken zum Arbeitsmarkt in Deutschland, zitiert nach de.statista.com, [online] https://de.statista.com/themen/5602/arbeitsmarkt-in-deutschland/#dossierKeyfigures [abgerufen am 15.12.2021].

Statista GmbH (2017): Wie wichtig war Ihnen die Möglichkeit zur Weiterbildung bei Ihrer Entscheidung für Ihren aktuellen Arbeitsplatz?, zitiert nach de.statista.com, [online] https://de.statista.com/prognosen/1016109/umfrage-zur-relevanz-von-moeglichkeiten-zur-weiterbildung-bei-der-arbeitgeberwahl [abgerufen am 23.11.2021].

Statistisches Bundesamt (2021a): Beschäftigte im Gastgewerbe nach ausgewählten Wirtschaftszweigen, [online] https://www.destatis.de/DE/Themen/Wirtschaft/Konjunkturindikatoren/Gastgewerbe-Tourismus/hug340.html;jsessionid=5050F26651223 34ACDA650425F65CFE3.live711 [abgerufen am 15.12.2021].

Statistisches Bundesamt (2021b): Altersstruktur der Bevölkerung in Deutschland zum 31. Dezember 2020, zitiert nach de.statista.com, [online] https://de.statista.com/statistik/daten/studie/1351/umfrage/altersstruktur-der-bevoelkerung-deutschlands/ [abgerufen am 20.01.2022].

StepStone Deutschland GmbH (2021): Ambassador Hotel & Spa St. Peter-Ording - Auszubildende Hotelfachmann/ Hotelfachfrau (m/w/d) 2021, [online] https://www.hotelcareer.de/popup.php?sei_id=8&id=2886576&switch_spr_id=1&cid=kunde_2641___widget [abgerufen am 26.11.2021].

Stotz, W./Wedel-Klein, A. (2013): Employer Branding – Mit Strategie zum bevorzugten Arbeitgeber, 2. Auflage, München: Oldenbourg.

Studyflix GmbH (o.J.): Scrum Methode, [online] https://studyflix.de/wirtschaft/scrum-methode-3426 [abgerufen am 28.12.2021].

Sturmer, M. (2020): Corporate Influencer – Mitarbeiter als Markenbotschafter, Wiesbaden: Springer Gabler.

•

Tageskarte GmbH & Co. KG (2021a): TUI sieht großen Nachholeffekt bei Reisen, [online] https://www.tageskarte.io/tourismus/detail/tui-sieht-grossen-nachholeffekt-bei-reisen.html [abgerufen am 09.07.2021].

Tageskarte GmbH & Co. KG (2021b): Caroline von Kretschmann – Tausende Likes für einen Tanz, [online] https://www.tageskarte.io/war-noch-was/detail/caroline-von-kretschmann-tausende-likes-fuer-einen-tanz.html [abgerufen am 21.11.2021].

Tageskarte GmbH & Co. KG (2021c): Beschäftigtenzahl in Hotels und Restaurants sinkt unter Millionengrenze, [online] https://www.tageskarte.io/zahlen/detail/beschaeftigtenzahl-in-hotels-und-restaurants-sinkt-unter-millionengrenze.html [abgerufen am 13.10.2021].

Tageskarte GmbH & Co. KG (2021d): DEHOGA-Umfrage – 80 Prozent der Hoteliers und Gastronomen beklagen Personalmangel, [online] https://www.tageskarte.io/zahlen/detail/dehoga-umfrage-80-prozent-der-hoteliers-und-gastronomen-beklagen-personalmangel.html [abgerufen am 13.10.2021].

Tageskarte GmbH & Co. KG (2020): Wie sich das Reisverhalten der Deutschen durch Corona verändert hat, [online] https://www.tageskarte.io/tourismus/detail/wie-sich-das-reiseverhalten-der-deutschen-durch-corona-veraendert-hat.html [abgerufen am 09.07.2021].

Taleb, N. N. (2010): The Black Swan – Second Edition – The Impact of the Highly Improbable Fragility, 2. Auflage, New York: Random House Publishing Group.

Teamstage (2021): 23+ Monumental Motivation Statistics for 2021, [online] https://teamstage.io/motivation-statistics/ [abgerufen am 22.06.2021].

Ternès, A. (2018): Digitale Transformation – HR vor enormen Herausforderungen, in: Wilke, C.-D./Ternès, A. (Hrsg.), Agenda HR – Digitalisierung, Arbeit 4.0, New Leadership, Wiesbaden: Springer Gabler, S. 3-12.

Theile-Ochel, S. (2019): Nur kein Neid! Trinkgeld-Regelung, in: Allgemeine Hotel- und Gastronomie-Zeitung, 24.08.2019, S. 6-7.

Treier, M./Uhle, T. (2016): Einmaleins des betrieblichen Gesundheitsmanagements – Eine Kurzreise in acht Etappen zur gesunden Organisation, Wiesbaden: Springer.

Tretzack, L./Giersch S. (2021): Arbeiten bei PACE Berlin, [online] https://pace.berlin/ueber-uns/karriere/ [abgerufen am 15.11.2021].

•

Ullah, R./Witt, M. (2018): Praxishandbuch Recruiting – Grundlagenwissen – Prozess-Know-how – Social Recruiting, 2. Auflage, Stuttgart: Schäffer-Poeschel.

Upstalsboom Kultur & Entwicklung GmbH (o.J.a): Die Geschichte, [online] https://www.der-upstalsboom-weg.de/der-upstalsboom-weg/die-geschichte/ [abgerufen am 31.12.2021].

Upstalsboom Kultur & Entwicklung GmbH (o.J.b): Unsere Werte, [online] https://www.der-upstalsboom-weg.de/der-upstalsboom-weg/unsere-werte/ [abgerufen am 31.12.2021].

Väth, M. (2016): Arbeit – die schönste Nebensache der Welt: Wie New Work unsere Arbeitswelt revolutioniert, Offenbach: Gabal.

Verband Deutsches Reisemanagement e.V. (VDR) (2020): Anzahl der Geschäftsreisen von deutschen Unternehmen in den Jahren von 2004 bis 2019, zitiert nach de.statista.com, [online] https://de.statista.com/statistik/daten/studie/72112/umfrage/anzahl-der-geschaeftsreisen-seit-2004/ [abgerufen am 08.06.2021].

Verband Internet Reisevertrieb e.V. (VIR) (2021):
VIR Daten & Fakten zum Online-Reisemarkt 2021, [online] https://v-i-r.de/marktforschung/daten-und-fakten-zum-online-reisemarkt/ [abgerufen am 14.06.2021].

Verhoeven, T. (2016): Zahlen, Daten und Fakten zu Candidate Experience in Deutschland – Eine Übersicht der aktuellsten Studienergebnisse zum Thema Candidate Experience in Deutschland, in: Candidate Experience – Ansätze für eine positiv erlebte Arbeitgebermarke im Bewerbungsprozess und darüber hinaus, Wiesbaden: Springer Gabler, S. 17-24.

VistaJet (2021): The future of business travel – driving global success, [online] https://www.vistajet.com/businesstravel/ [abgerufen am 16.06.2021].

Vladimirov, K. (2021): Jeder sechste Beschäftigte hat das Gastgewerbe im Corona-Jahr verlassen, NGG, [online] https://www.ngg.net/presse/pressemitteilungen/2021/jeder-sechste-beschaeftigte-hat-das-gastgewerbe-im-corona-jahr-verlassen/ [abgerufen am 27.12.2021].

Voigt, P. (2017): Homeoffice – Segen oder Fluch, in: Arbeitsrecht im Betrieb, Bd. 3, S. 6-11.

Volo, S. (2004): Foundations for an innovation indicator for tourism – an application to SME, in: Keller, P./Bieger, T. (Hrsg.), The Future of Small and Medium Sized Enterprises in Tourism, St. Gallen: Editions AIEST, S. 361-376.

von Bonin, A. (2020): Azubis finden – 9 Erfolgstipps aus der Praxis, in: Allgemeine Hotel- und Gastronomie-Zeitung, 24.01.2020, S. 11.

von Freyberg, B./Zeugfang, S./Schmidt, L. (2019): Strategisches Management für die Hotellerie, 2. Auflage, Berlin/Boston: De Gruyter Oldenbourg.

von Koop, D. (2015): Focusing – Die Sprache der Intuition, Wiesbaden: Springer.

von Kretschmann, C. (2021): Experteninterview, persönlich geführt durch Patricia Höntsch am 08.12.2021 zum Thema „Führung". Caroline von Kretschmann ist geschäftsführende Gesellschafterin vom Hotel Europäischer Hof Heidelberg.

von Walter, B./Kremmel, D. (Hrsg.) (2016): Employer Brand Management – Arbeitgebermarken aufbauen und steuern, Wiesbaden: Springer Gabler.

W

Wagner, C. (2018): Bewerber im Fokus – Wie erstelle ich Candidate Personas?, Softgarden, [online] https://softgarden.com/de/blog/wie-erstelle-ich-candidate-personas/ [abgerufen am 28.11.2021].

Waller, T. (2020): Personal Brand Management – Marketing Human Value, Cham: Springer.

Watzka, K. (2016): Ziele formulieren – Erfolgsvoraussetzungen wirksamer Zielvereinbarungen, Wiesbaden: Springer Gabler.

Watzka, K. (2011): Zielvereinbarungen in Unternehmen – Grundlagen, Umsetzung, Rechtsfragen, Wiesbaden: Springer Gabler.

Weitzel, T./Maier, C./Weinert, C./Pflügner, K./Oehlhorn, C./Wirth, J./Laumer, S. (2020a): Mobile Recruiting – Ausgewählte Ergebnisse der Recruiting Trends 2020, Universität Bamberg, [online] https://www.uni-bamberg.de/fileadmin/uni/fakultaeten/ wiai_lehrstuehle/isdl/Recruiting_Trends_2020/Studien_2020_02_Mobile_Recruiting_Web.pdf [abgerufen am 15.11.2021].

Weitzel, T./Maier, C./Weinert, C./Pflügner, K./Oehlhorn, C./Wirth, J./Laumer, S. (2020b): Social Recruiting und Active Sourcing – Ausgewählte Ergebnisse der Recruiting Trends 2020, Universität Bamberg, [online] https://www.uni-bamberg.de/fileadmin/uni/fakultaeten/ wiai_lehrstuehle/isdl/Recruiting_Trends_2020/Studien_2020_01_Social_Recruiting_Web. pdf [abgerufen am 16.11.2021].

Welfens, P. J. J. (2020): Corona-Weltrezession – Epidemiedruck und globale Erneuerungs-Perspektiven, Wiesbaden: Springer.

Wentzel, D./Tomczak, T. (2009): Ein sozialpsychologischer Erklärungsansatz von Brand Behavior, in: Tomczak, T./Esch, F.-R./Kernstock, J./Hermann, A. (Hrsg.), Behavioral Branding – Wie Mitarbeiterverhalten die Marke stärkt, 2. Auflage, Wiesbaden: Gabler, S. 47-64.

Wentzel, D./Tomczak, T./Kernstock, J./Brexendorf, T./Henkel, S. (2009): Der Funnel als Analyse- und Steuerungsinstrument von Brand Behavior, in: Tomczak, T./ Esch, F.-R./Kernstock, J./Hermann, A. (Hrsg.), Behavioral Branding – Wie Mitarbeiterverhalten die Marke stärkt, 2. Auflage, Wiesbaden: Gabler, S. 81-99.

Westermann, R. (2019): DEHOGA plant Gütesiegel für Ausbildung, in: Allgemeine Hotel-und Gastronomie-Zeitung, 06.09.2021, S. 2.

Wick, J. (2021): Unternehmenskommunikation – Ein umfassender Leitfaden zu Corporate Communication & PR, Hubspot, [online] https://blog.hubspot.de/ marketing/unternehmenskommunikation [abgerufen am 26.11.2021].

Wilkens, B. (2021): Aussteiger packen aus, in: fvw TravelTalk, 15.10.2021, S. 58-59.

Willi, H./Geissbühler, P. (2014): Employer Branding und Internal Branding – Arbeitgeberimage und Unternehmensmarke für und durch Mitarbeitende aktiv gestalten, HRToday, [online] https://www.hrtoday.ch/de/article/employer-branding-und-internal-branding [abgerufen am 10.12.2021].

Wingen, L. (2020): Instagram für Öffentlichkeitsarbeiter*innen, in: Bettendorf, S. (Hrsg.), Instagram-Journalismus für die Praxis – Ein Leitfaden für Journalismus und Öffentlichkeitsarbeit, Wiesbaden: Springer VS, S. 121-135.

Wirtz, K. (2021): Nachhaltiges Personalmanagement – Ein zukunftsfähiges Konzept oder konzeptlos in die Zukunft?, Augsburg: Rainer Hampp.

Wolf, G. (2018): Zielvereinbarungen in der Praxis – Aufwand reduzieren, Nutzen maximieren, Chancen realisieren, Freiburg: Haufe.

•

Xing kununu Prescreen GmbH (o.J.): Soulkitchen Gruppe, [online] https://www.kununu.com/at/soulkitchen-gruppe1 [abgerufen am 20.11.2021].

•

YouGov PLC (2015): YouGov Survey Results, [online] https://d25d2506sfb94s.cloudfront.net/cumulus_uploads/document/g0h77ytkkm/Opi_InternalResults_150811_Work_W.pdf [abgerufen am 20.11.2021].

•

Zanger, C/Klaus, K./Kießling, T./Menke, N. (2009): Markenkommunikation bei Energieversorgern – Entwicklung und Erfolgsmessung einer Imagekampagne am Beispiel der WVV, in: Gelbrich, K./Souren, R. (Hrsg.), Kundenintegration und Kundenbindung – Wie Unternehmen von ihren Kunden profitieren, Wiesbaden: Springer Fachmedien, S. 181-192.

Zöller, S. (2019): Ja zur Digitalisierung! – Mit der richtigen Einstellung die Zukunftsfähigkeit des Unternehmens sichern, Wiesbaden: Springer.

Zukunftsinstitut GmbH (o.J.a): Mobilität – Trendbegriffe und Definitionen, [online] https://www.zukunftsinstitut.de/dossier/megatrend-mobilitaet/ [abgerufen am 06.07.2021].

Zukunftsinstitut GmbH (o.J.b): Die Megatrends, [online] https://www.zukunftsinstitut.de/dossier/megatrends/ [abgerufen am 16.06.2021].

Zukunftsinstitut GmbH (o.J.c): Megatrend Gesundheit, [online] https://www.zukunftsinstitut.de/dossier/megatrend-gesundheit/ [abgerufen am 10.08.2021].

Zukunftsinstitut GmbH (o.J.d): Die Megatrends – Definition, [online] https://www.zukunftsinstitut.de/dossier/megatrends/#definition [abgerufen am 07.12.2021].

Zukunftsinstitut GmbH (o.J.e): Megatrend New Work, [online] https://www.zukunftsinstitut.de/dossier/megatrend-new-work/ [abgerufen am 08.12.2021].

Zukunftsinstitut GmbH (o.J.f): Fachkräftesicherung im Tourismus – Resonanz als Erfolgsfaktor, [online] https://www.zukunftsinstitut.de/artikel/tourismus/resonanz-gegen-fachkraeftemangel-im-tourismus/ [abgerufen am 10.12.2021].

Zweites Deutsches Fernsehen [Phoenix] (2019): Matthias Horx, Zukunfts- und Trendforscher, zu "Unsere Welt in Zukunft", [YouTube-Video] https://www.youtube.com/watch?v=rXo9YbT4_48 [abgerufen am 15.12.2021].

•

25hours Hotel Company (2021): 25hours Hotels starten Pilotprojekt für 4-Tage-Woche, [online] https://www.25hours-hotels.com/docs/25hours_hotels_4_tage_woche.pdf [abgerufen am 14.12.2021].

25hours Hotel Company (2020): COME AS YOU ARE – 25hours Hotel Company präsentiert 25hours people als neue Arbeitgebermarke, [online] https://www.25hourshotels.com/docs/25hours_hotels_employer_branding.pdf [abgerufen am 14.12.2021].

25hours Hotel Company (o.J.): 4-Day-Workweek, [online] https://www.25hours-people.com/ [abgerufen am 14.12.2021]

Autorenverzeichnis

Aisenbrey, Alexander ▶ S. 108
**Geschäftsführender Direktor des Hotels Der Öschberghof –
Donaueschingen**
1. Vorsitzender des Fair Job Hotels e. V. – Donaueschingen
*„Die Hospitality Industrie wird aus meiner Sicht sehr schnell zur alten
Stärke oder darüber hinaus zurückkehren. Der Wunsch zu verreisen
wird ungebrochen sein. Die Hotellandschaft wird sich in Deutschland
verändern. Der Markt wird immer mehr kettenlastig und eine Flut an
neuen Brands der großen Ketten wird jegliche Qualität von 0–5* besetzen.
Privatgeführte Hotels haben gute Chancen, zu bestehen, doch sie werden
nur noch reduziert auf dem deutschen Hotelmarkt vertreten sein. Weltweit wird sich die Branche auf die VUCA Welt einstellen müssen. Neben
der Digitalisierung wird die Nachhaltigkeit das neue Reisen bestimmen.
Ich bin überzeugt, dass die Agilität unserer Branche, die angebotenen
Dienstleistungen zu neuen Stärken und Höhenflügen wachsen lässt."*

Apitzsch, Alexander ▶ S. 260
**Studierender des dualen Studiengangs BWL/International
Tourism 2019**
Ausbildungsbetrieb: Steigenberger Hotel Am Kanzleramt – Berlin
*„Jede Krise birgt auch immer eine Chance. Auch die Corona-
Pandemie, als eine der größten Krisen für den globalen Tourismus,
lässt diverse Potenziale erkennen. Ebendiese gilt es zu nutzen und
auch aus einer solch negativen Situation gestärkt hervorzugehen."*

Backhaus, Baltrun ▶ S. 326
Studierende des dualen Studiengangs BWL/Tourismus 2019
Ausbildungsbetrieb: Berlin Marriott Hotel – Berlin
*„Jeder Mensch reist gerne! Deshalb ist es besonders wichtig, die
Jobs in der Tourismusbranche nicht zu verlieren. Ich möchte daran
arbeiten, dass die Branche als Arbeitsplatz immer attraktiver wird."*

Baumann, Anna Paula ▶ S. 234
Studierende des dualen Studiengangs BWL/Tourismus 2019
Ausbildungsbetrieb: H4 Hotel Berlin Alexanderplatz – Berlin
*„Das Reisen erweitert unseren Horizont ungemein. Doch ohne
Personal kann die Tourismusbranche nicht überleben. Aufgrund des
Fachkräftemangels müssen deshalb alternative Wege gefunden
werden."*

Behm, Sven ▶ S. 142
Studierender des dualen Studiengangs BWL/Tourismus 2019
Ausbildungsbetrieb: H4 Hotel Berlin Alexanderplatz – Berlin
*„Das Wichtigste beim Reisen ist, dass es nicht auf Kosten von
Umwelt, Kulturen, Menschen oder Tieren geschieht. Es sollte stets ein
Austausch sein, bei dem alle Betroffenen profitieren – und zwar auch,
wenn sie nicht in der Lage sind, sich zu Wort zu melden."*

Bernhard, Tim ▶ S. 174
Studierender des dualen Studiengangs BWL/Tourismus 2019
Ausbildungsbetrieb: Berlin Tourismus & Kongress GmbH /
visitBerlin – Berlin
*„Es ist mir wichtig, dass zu jedem Zeitpunkt der Mensch im Mittel-
punkt des Handelns und der Entscheidung steht."*

Buske, Sophie ▶ S. 22 und S. 34
Studierende des dualen Studiengangs BWL/Tourismus 2019
Ausbildungsbetrieb: Berlin Tourismus & Kongress GmbH /
visitBerlin – Berlin
„Ohne Tourismus ist die Welt weniger bunt!"

Cleven, Hennes ▶ S. 272
Studierender des dualen Studiengangs BWL/Tourismus 2020
Ausbildungsbetrieb: Hotel NEPTUN Betriebsgesellschaft mbH –
Warnemünde
*„Im Tourismus zu arbeiten, ist eine Herzensangelegenheit. Wir
schätzen es, anderen Menschen eine schöne Zeit zu bereiten.
Umso wichtiger ist es, in der Zukunft das Image vom Tourismus zu
verbessern und den Weg zu einer Branche mit mehr Perspektiven und
Wertschätzung zu ebnen."*

Conradi, Tim ▶ S. 272
Studierender des dualen Studiengangs BWL/Tourismus 2020
Ausbildungsbetrieb: H+ Hotel Hannover – Hannover
„Der Schlüssel zu einer sehr guten Servicequalität sind motivierte,
zufriedene Mitarbeiter, die Spaß an ihrem Beruf haben."

Derdula, Sarah ▶ S. 272
Studierende des dualen Studiengangs BWL/Tourismus 2020
Ausbildungsbetrieb: Kongresshotel Potsdam – Potsdam
„Die Wertschätzung und Anerkennung der Fachkräfte sollten steigen.
Nutzen Sie die Stärken Ihrer Mitarbeiter und involvieren Sie die!"

Dombrowski, Mitja Valentin ▶ S. 88
Studierender des dualen Studiengangs BWL/Tourismus 2019
Ausbildungsbetrieb: TMB Tourismus-Marketing Brandenburg
GmbH – Potsdam
„Ich möchte innovativer Touristiker und Gastgeber für Menschen
verschiedener Kulturen sein und einen weitreichenden Austausch
ermöglichen."

Dönmezer, Zeynep ▶ S. 300
Studierende des dualen Studiengangs BWL/International
Tourism 2019
Ausbildungsbetrieb: Berlin Marriott Hotel – Berlin
„Neue Länder und deren Kulturen kennenlernen zu können, ist ein
Privileg, und ich bin froh Teil einer Branche zu sein, die genau das
ermöglicht."

Ehrke, Josefa ▶ S. 272
Studierende des dualen Studiengangs BWL/Tourismus 2020
Ausbildungsbetrieb: Hotel NEPTUN Betriebsgesellschaft mbH –
Warnemünde
„Ein kurzer Blick in die Zukunft genügt, um zu erkennen, dass die
jetzige Chance genutzt werden muss für den Erhalt und für die
weiterführende Entwicklung der noch heute bestehenden Unterneh-
men der Tourismusbranche."

Emmerich, Lina Tamara ▶ S. 196
Studierende des dualen Studiengangs BWL/Tourismus 2019
Ausbildungsbetrieb: Hapimag – Ostseebad Binz
„Ich bin dankbar für das Privileg, Reisen unternehmen zu können.
Auf der Welt gibt es zu viele unterschiedliche Orte, um sein Leben
nur an einem zu verbringen. Dafür muss sich die Tourismusbranche
stets weiterentwickeln und darf nicht in der Vergangenheit stecken
bleiben."

Fischer, Emely Linda ▶ S. 272
Studierende des dualen Studiengangs BWL/Tourismus 2020
Ausbildungsbetrieb: Seenland Oder-Spree e. V. – Bad Saarow
„Wertschätzend, fördernd, innovativ – so sollten die touristischen
Fachkräfte behandelt werden, damit diese ihre Leidenschaft, Men-
schen bei ihrer schönsten Zeit des Jahres, ihrem Urlaub, glücklich zu
machen, nie verlieren."

Fresia, Sophie ▶ S. 80
Studierende des dualen Studiengangs BWL/Tourismus 2019
Ausbildungsbetrieb: Berlin Marriott Hotel – Berlin
„Tourismus – ein einzigartiger Wirtschaftssektor im ständigen
Wandel."

Gartner, Jenny ▶ S. 346
Studierende des dualen Studiengangs BWL/Tourismus 2018
Ausbildungsbetrieb: a&o Hostels GmbH & Co. KG – Berlin
„Auch der Tourismus bleibt nicht vom Fachkräftemangel verschont.
Ob Hotel, Reiseveranstalter oder Reiseanbieter – touristische
Dienstleister stehen jetzt vor der Aufgabe, fähiges Personal für sich
zu gewinnen. Wie im Produktmarketing muss nunmehr auch im
Bereich des Employer-Branding auf ein durchdachtes Social-Media-
Marketing gesetzt werden!"

Höntsch, Patricia Josefine ▶ S. 116
Studierende des dualen Studiengangs BWL/International Tourism 2019
Ausbildungsbetrieb: Vienna House Andel's – Berlin
„Reisen ist für mich ein fundamentaler Teil des Lebens und des Lernens.
Die Schnelllebigkeit der Tourismusbranche ermöglicht stetige Verbesse-
rung und bietet großes Potenzial für Nachwuchs."

Hüttemann, Anika ▶ S. 272
Studierende des dualen Studiengangs BWL/Tourismus 2020
Ausbildungsbetrieb: Potsdam Marketing und Service GmbH
(PMSG) – Potsdam
„Neben fairer Bezahlung gewinnen weiche Faktoren wie Respekt,
Wertschätzung, ein vertrauensvoller Umgang und Talentförderung
zunehmend an Bedeutung. Mit der Investition in die Zufriedenheit
der Mitarbeitenden gewinnt man am Ende zufriedene Gäste.“

Jägle, Ann-Kathrin ▶ S. 272
Studierende des dualen Studiengangs BWL/Tourismus 2020
Ausbildungsbetrieb: Berlin Marriott Hotel – Berlin
„Es heißt im Gastgewerbe: Der Gast ist König. Aber es ist an der Zeit,
sich mit der Frage auseinanderzusetzen, was der Mitarbeitende ist.
Wir konnten sehen, was das Gastgewerbe ohne Gäste ist – nichts.
Aber was ist das Gastgewerbe ohne Mitarbeitende? Die Antwort
lautet – auch nichts! Das Ziel ist daher: Mitarbeitende aus dem
Gastgewerbe die gleiche Wertschätzung entgegenzubringen wie den
Gästen!“

Khalid, Jasmin ▶ S. 130
Studierende des dualen Studiengangs BWL/Tourismus 2018
Ausbildungsbetrieb: Vienna House Andel's Berlin – Berlin
„Der Tourismus war und wird immer die Repräsentation von
Sehnsucht, Abenteuer, Freude und Einzigartigkeit sein. Die zukünftig
weiter steigenden Anforderungen an die Tourismusbranche beruhen
daher auf dem simplen Grundbedürfnis der Mitarbeitenden und
Gäste, in der Fremde Vertrautheit wiederzufinden.“

Koydl, Maximilian ▶ S. 272
Studierender des dualen Studiengangs BWL/Tourismus 2020
Ausbildungsbetrieb: Hapimag Binz – Binz
„Mut, Beherztheit, Courage – ‚Es hat immer so funktioniert' zieht
nicht mehr. Wer sich einen Wandel im Äußeren herbeisehnt, muss ihn
erst im Inneren vollbracht haben! Der Tourismus braucht innovatives,
mutiges Handeln! Wer das unterstützt, wird sich auch vor innovativen,
mutigen Fachkräften nicht retten können.“

Krüger, Stefan ▶ S. 312
Lehrbeauftragter
Hochschule für Wirtschaft und Recht Berlin
„Mein Wunsch für das Gastgewerbe ist, dass sich die Beschäftigten
wieder mit vollem Engagement für die Gäste einsetzen können und
sich keine Gedanken über ihre persönliche und finanzielle Zukunft
machen müssen. Es darf nicht nur zufriedene und glückliche Gäste
im Gastgewerbe geben, es muss auch zufriedene und glückliche
Beschäftigte geben.“

Lehmann, Vivien ▶ S. 68
Studierende des dualen Studiengangs BWL/Tourismus 2019
Ausbildungsbetrieb: Arkona Strandhotel Dr. Hutter e. K –
Ostseebad Binz
„Reisen bedeutet für mich, Abenteuer zu erleben und Geschichten zu
sammeln, die ich später mal meinen Enkelkindern erzählen kann.“

Lubina, Nathalie ▶ S. 272
Studierende des dualen Studiengangs BWL/Tourismus 2020
Ausbildungsbetrieb: Private Palace Hotels – Binz
„Im Gastgewerbe sind wir Glücklichmacher - wir arbeiten dafür,
anderen Menschen eine unverwechselbare Erfahrung mitzugeben.
Doch das schaffen wir nur, wenn wir daran arbeiten, dass die Arbeit-
nehmer glücklich sind. Glück ist eine Spirale und wir sollten darauf
achtgeben, dass es keine Abwärtsspirale wird! Die neue Generation
hat viele Ideen, um das zu erreichen - Sie müssen uns nur zuhören!“

Mahlmeister, Chiara Lisa-Marie ▶ S. 272
Studierende des dualen Studiengangs BWL/Tourismus 2020
Ausbildungsbetrieb: Hotel Bristol Berlin – Berlin
„So vielfältig die Tourismusbranche ist, so individuell sind auch ihre
Mitarbeiter. Wir verdienen Wertschätzung und Gehör! Denn, wer
glücklich ist, kann andere umso glücklicher machen.“

Mangelmann, Sendy ▶ S. 222
Studierende des dualen Studiengangs BWL/Tourismus 2019
Ausbildungsbetrieb: Adina Apartment Hotel Berlin Mitte (Adina Hotel Operations GmbH) – Berlin
„Ich möchte etwas bewegen. Das ist nur machbar, wenn alte Strukturen aufgebrochen werden. Die Zeit für Veränderungen ist gekommen."

Müller, Lea ▶ S. 184
Studierende des dualen Studiengangs BWL/Tourismus 2019
Ausbildungsbetrieb: Arkona Strandhotel Dr. Hutter e. K – Ostseebad Binz
„Reisen bedeutet für mich, absolute Freiheit und Abenteuer zu erleben. Interessante Menschen kennenzulernen, Grenzen zu sprengen und einfach ich selbst zu sein. Einfach runterkommen vom Alltag und neue Energie schöpfen."

Müller, Sophie ▶ S. 166
Studierende des dualen Studiengangs BWL/Tourismus 2019
Ausbildungsbetrieb: Seenland Oder-Spree e. V. – Bad Saarow
„Damit das Reisen weiterhin ein Ruhepol im Leben eines jeden Menschen bleibt, ist es wichtig, die Tourismusbranche aufrechtzuerhalten. Dafür sind wir – die neue Generation Touristiker – da."

Pawletta, Nicole ▶ S. 210
Studierende des dualen Studiengangs BWL/Tourismus 2019
Ausbildungsbetrieb: Strandhotel Heringsdorf – Seebad Heringsdorf
„Beim Reisen geht es mittlerweile nicht mehr nur um die Sehenswürdigkeiten, sondern viel mehr um die Erlebnisse. Es bedeutet Freiheit und dem Alltagstress zu entfliehen. Daher ist es umso wichtiger, den Tourismus nachhaltig zu fördern."

Plachy, Ruben ▶ S. 154
Studierender des dualen Studiengangs BWL/Tourismus 2019
Ausbildungsbetrieb: Grün Berlin GmbH – Berlin
„Ich möchte, dass die Menschen im Tourismus Freude daran haben, zu reisen und zu arbeiten. Dazu sollte dies nachhaltig geschehen, sodass in der Zukunft Menschen die gleichen Erfahrungen machen können wie damals."

Rabe, Michaela ▶ S. 272
Studierende des dualen Studiengangs BWL/Tourismus 2020
Ausbildungsbetrieb: Adina Apartment Hotel Berlin Mitte (Adina Hotel Operations GmbH) – Berlin
„Die Arbeitsbedingungen in der Tourismusbranche müssen so weit verbessert werden, dass sie kein K.-o.-Kriterium darstellen, selbst für Arbeitnehmer, die mit Leidenschaft in dieser Branche tätig sind."

Radensleben, Lilly Marie ▶ S. 272
Studierende des dualen Studiengangs BWL/Tourismus 2020
Ausbildungsbetrieb: Berlin Marriott Hotel – Berlin
„Wer im Tourismus arbeitet, hat die Chance, an den schönen Dingen des Lebens und der Reise der Gäste teilzuhaben und diese auch maßgeblich zu beeinflussen. Um diese Qualitäten auch in Zukunft gewährleisten zu können, ist eine steigende Wertschätzung der Mitarbeiter unabdingbar."

Prof. Dr. Rochnowski, Sandra ▶ S. 5 und S. 312
Fachleiterin BWL/Tourismus, Direktorin des Instituts für Nachhaltigkeit der HWR Berlin, Akademische Direktorin für den Masterstudiengang Nachhaltigkeits- und Qualitätsmanagement (NaQM)
Hochschule für Wirtschaft und Recht Berlin
„Nichts ist so beständig wie der Wandel." (Heraklit von Ephesus, 535–475 v.Chr.) „Resilienz ist für mich die empathische und zentrale Führungseigenschaft in der modernen VUCA-Welt (Volatility/Volatilität, Uncertainty/Unsicherheit, Complexity/Komplexität und Ambiguity/Mehrdeutigkeit). Sie ist essenziell, um als Führungskraft auf Herausforderungen und Veränderungen zukunftsweisend einzugehen und weitreichende Entscheidungen im unternehmerischen Kontext zu treffen. Der Tourismus und die Hotellerie erfordern zeitgemäße Lösungen für die Führung der neuen Generation Z und nachhaltiges Wachstum."

Röhl, Vanessa ▶ S. 272
Studierende des dualen Studiengangs BWL/Tourismus 2020
Ausbildungsbetrieb: Kongresshotel Potsdam – Potsdam
„Obwohl der Erfolg eines Unternehmens von innen kommt, so wird er doch durch die Zufriedenheit der Mitarbeiter nach außen getragen."

Rüdinger, Sonja ▶ S. 272
Studierende des dualen Studiengangs BWL/Tourismus 2020
Ausbildungsbetrieb: Sheraton Berlin Grand Hotel Esplanade– Berlin
„Wenn der Erfahrungsschatz der berufserfahrenen Mitarbeiter den
Berufseinsteigern Ideen für Veränderungen aufzeigt, ist es immer
auch eine Wertschätzung der Mitarbeiter und ihrer Arbeit."

Schinzel, Carla ▶ S. 248
Studierende des dualen Studiengangs BWL/Tourismus 2019
Ausbildungsbetrieb: Hotel Bristol Berlin – Berlin
„Das Reisen hat eine bedeutende Rolle in der Gesellschaft eingenom-
men und ist ein Teil im Leben, den man nicht mehr missen möchte.
In der Zukunft wird es daher immer bedeutsamer, die Jobs in der
Tourismusbranche wertzuschätzen und attraktiver zu gestalten."

Schulte-Limbeck, Tristan ▶ S. 272
Studierender des dualen Studiengangs BWL/Tourismus 2020
Ausbildungsbetrieb: TMB Tourismus-Marketing Brandenburg
GmbH – Potsdam
„Der Schlüssel zu einem gesunden und erfüllten Leben ist es,
glücklich und motiviert zu sein. Dies gilt vor allem für den beruflichen
Werdegang, weswegen die Mitarbeiterzufriedenheit ausschlaggebend
für das Unternehmen sein sollte."

Sieslack, Georg ▶ S. 100
Studierender des Studiengangs Nachhaltiges Tourismusmanage-
ment 2020 (HNE Eberswalde), ehemaliger Studierender des dualen
Studiengangs BWL/Tourismus 2017
„Der Tourismus ist Katalysator unserer Gesellschaft. In ihm spiegelt
sich alles wider. Egal wohin wir gehen, die Gesellschaft wird uns
folgen!"

Specht, Jonathan ▶ S. 272
Studierender des dualen Studiengangs BWL/Tourismus 2020
Ausbildungsbetrieb: Victor's Residenz-Hotel Berlin – Berlin
„Wenn der Unternehmenserfolg nicht nur in Auslastung und Umsatz,
sondern auch in Mitarbeiterzufriedenheit gemessen wird, dann ist
das Gastgewerbe auf dem richtigen Weg."

Steiert, Emily Luise ▶ S. 272
Studierende des dualen Studiengangs BWL/Tourismus 2020
Ausbildungsbetrieb: Hotel AMANO – Berlin
„Die Gesundheit ist zwar nicht alles, aber ohne Gesundheit ist alles
nichts – Wir müssen anfangen, aufeinander achtzugeben, uns zuzuhö-
ren und offen für Veränderungen zu sein. Wir verbringen die meiste Zeit
unseres Lebens auf der Arbeit, weshalb es wichtig ist, dass sich jeder
wohlfühlt. Aufmerksamkeit, Toleranz und Gesundheit sind hierbei die
Bausteine, die benötigt werden, um einen sicheren Raum zu schaffen."

Stransky, Pia ▶ S. 336
Studierende des dualen Studiengangs BWL/Tourismus 2018
Ausbildungsbetrieb: H4 Hotel Berlin am Alexanderplatz – Berlin
„Höher, schneller, weiter? Persönlicher! Der Tourismus der Zukunft
lebt von echten Begegnungen und bleibenden Eindrücken; Entschleu-
nigung und Abschalten statt Schnelllebigkeit und Digitalisierung –
das wäre zumindest meine Wunschvorstellung."

Weinsheimer, Adrienne ▶ S. 54
Studierende des dualen Studiengangs BWL/Tourismus 2019
Ausbildungsbetrieb: Seehotel Schloss Klink – Klink
„Nachhaltigkeit lehrt uns so viel und wird doch von den meisten
abgelehnt. Lasst es uns ändern und eine faire, gerechte Welt schaffen
für alle Menschen und die Umwelt."

Studienjahrgang 2019 BWL/ Tourismus und BWL/ International Tourism

„Wir sind die Zukunft von morgen!" Als Studienjahrgang möchten wir zum Umdenken anregen. Viele Systeme in der touristischen Wirtschaft sind veraltet und haben sich nicht an aktuelle Trends angepasst. Deswegen fordern wir nicht nur eine ökologische und ökonomische Nachhaltigkeit im Tourismus. Unser Fokus liegt besonders auf der sozialen Nachhaltigkeit. Warum? Wir sind die Arbeitnehmer der Zukunft. Wenn nicht wir, wer kann dann die alten Traditionen und Ansichten in den Unternehmen aufbrechen und diese durch neue Innovationen ersetzen? Best-Practice-Beispiele zeigen bereits jetzt, wie gute Personalführung in der Praxis umgesetzt wurde. Wer nicht bereit für Veränderungen ist oder uns Barrieren setzt, wird am Ende mit mehr als nur einem Fachkräftemangel konfrontiert sein. Deswegen setzen wir mit diesem Buch unser Statement und hoffen, gehört zu werden und Ihre Zustimmung zu erhalten.

Alexander Apitzsch, Baltrun Backhaus, Anna Paula Baumann, Sven Behm, Tim Bernhard, Sophie Buske, Zeynep Dönmezer (hier nicht im Bild), Mitja Valentin Dombrowski, Lina Tamara Emmerich, Sophie Fresia (hier nicht im Bild), Patricia Josefine Höntsch, Vivien Lehmann, Sendy Mangelmann, Lea Müller, Sophie Müller, Nicole Pawletta, Ruben Plachy, Prof. Dr. Sandra Rochnowski, Carla Schinzel, Adrienne Weinsheimer

Das Studienprojekt: Personal-gewinnung – dargestellt für die Dr. Lohbeck Privathotels

„Warum studieren Sie Tourismus in Zeiten von Corona?" Dies ist wohl die Frage, die dem Kurs des Studiengangs BWL/Tourismus 2020 am häufigsten gestellt wurde, als dieser im Herbst 2020 an der Hochschule für Wirtschaft und Recht Berlin (HWR Berlin) mit dem Studium begann. Für einige Menschen schien es unverständlich, weshalb junge Menschen in einer Branche arbeiten wollten, die so stark von der Corona-Pandemie getroffen wurde wie kaum eine andere. Der Kurs sieht die Coronakrise zwar als Herausforderung, ebenso jedoch als große Chance, im Tourismus Veränderungen zu bewirken. Themenschwerpunkte sind dabei unter anderem Nachhaltigkeit und Digitalisierung, aber auch die Problematik der Gewinnung von Auszubildenden und Fachkräften. Ob in der Hotellerie, im Destinationsmanagement oder bei Reisevermittlern- und Reiseveranstaltern, die Studierenden wollen neue Wege in der Tourismusindustrie finden, aufzeigen und mitgestalten.

Hennes Cleven, Tim Conradi, Sarah Derdula, Josefa Ehrke, Emely Linda Fischer, Anika Hüttemann, Ann-Kathrin Jägle, Maximilian Koydl, Nathalie Lubina, Chiara Lisa-Marie Mahlmeister, Michaela Rabe, Lilly Marie Radensle-ben, Mario Reincke (Dr. Lohbeck Privathotels), Prof. Dr. Sandra Rochnowski (HWR Berlin), Vanessa Röhl, Sonja Rüdinger, Tristan Schulte-Limbeck, Arne Söhns (Dr. Lohbeck Privathotels), Jonathan Specht, Emily Luise Steiert

RESILIENTE
PERSONALSICHERUNG
IM GASTGEWERBE